现代商贸流通
重大战略研究丛书

教育部人文社科重点研究基地
浙江工商大学现代商贸研究中心
浙江工商大学现代商贸流通体系建设协同创新中心资助

构建新发展格局：现代流通畅通国际国内双循环的机理与对策研究

肖 亮 著

中国财经出版传媒集团
经济科学出版社
Economic Science Press

图书在版编目（CIP）数据

构建新发展格局：现代流通畅通国际国内双循环的机理与对策研究/肖亮著. --北京：经济科学出版社，2022.10

ISBN 978-7-5218-4099-5

Ⅰ.①构… Ⅱ.①肖… Ⅲ.①中国经济-经济发展-研究 Ⅳ.①F124

中国版本图书馆 CIP 数据核字（2022）第 190768 号

责任编辑：于　源　郑诗南
责任校对：王肖楠
责任印制：范　艳

构建新发展格局：现代流通畅通国际国内双循环的机理与对策研究

肖　亮　著

经济科学出版社出版、发行　新华书店经销

社址：北京市海淀区阜成路甲 28 号　邮编：100142

总编部电话：010-88191217　发行部电话：010-88191522

网址：www.esp.com.cn

电子邮箱：esp@esp.com.cn

天猫网店：经济科学出版社旗舰店

网址：http://jjkxcbs.tmall.com

北京密兴印刷有限公司印装

710×1000　16 开　21.25 印张　326000 字

2022 年 11 月第 1 版　2022 年 11 月第 1 次印刷

ISBN 978-7-5218-4099-5　定价：85.00 元

（图书出现印装问题，本社负责调换。电话：010-88191510）

前言

PREFACE

加快构建“以国内大循环为主体、国内国际双循环相互促进新发展格局”的关键在于促进形成并充分发挥强大国内统一市场的优势，畅通生产与消费、城市与农村、内贸与外贸、区域与区域四大子循环。但受体制羁绊和利益冲突等束缚，在扩大内需并畅通四大循环的过程中，仍存在不少“梗阻”现象。从生产与消费循环来看，新发展格局下需求结构和生产函数均发生重大变化，生产体系内部循环不畅和供求脱节现象显现，畅通生产与消费循环，需面临局部消费扩容与低效供给的空间失衡、消费升级与优质供给的错位失衡、新兴消费与有效供给的结构失衡等问题。从城市与农村循环来看，重工轻农、重城轻乡、城乡分割的发展特征仍然较为明显，实现城市与农村深度融合，需面临城乡发展差距拉大、城乡二元结构突出、城乡基础设施衔接不够畅通，以及城乡公共服务不均等问题，这些问题导致城乡融合发展受阻。从内外贸市场循环来看，推动内外贸一体化，需面临内外贸不同线、不同标、不同质，以及优质出口商品转内销面临巨大困难等系列难题。从区域与区域循环来看，构建统一开放的国内强大市场，需面临不同形式的区域市场壁垒和利益藩篱，以及主要流通通道沿线节点城市设施衔接不畅等问题。

2020年9月9日，习近平总书记在中央财经委员会第八次会议上强调，流通体系在国民经济中发挥着基础性作用，构建新发展格局，必须把建设现代流通体系作为一项重要战略任务来抓。作为连接生产与消费的重要桥梁，联通城市与农村的重要通道，链接全球要素资源的重要窗口，现代流通体系既是国内统一大市场的重要组成部分、打通国内大循环的关键抓手，也是加快形成以国内大循环为主体、国内国际双循环相互促进的新发展格局的重要载体。统筹推进现代流通体系建设，不仅是破解上述双循环“痛点”“堵点”和“难点”的重要途径，而且能在更大范围内把强大统一国内市场联系起来，更大限度地把国内国际两个市场、两种资源统筹利用起来，将庞大的国内消费需求及其带动的投资需求转化为畅通“生产与消费、城市与农村、内贸与外贸、区域与区域”四大子循环的重要动力，为有效应对当前复杂严峻国际形势，破除区域壁垒、行政壁垒、部门壁垒和内外市场壁垒，促进形成更高水平、更高质量和更高层次国内国际双循环新发展格局，提供重要支撑。

作者及其研究团队长期从事现代流通领域理论研究和智库服务工作，近年来先后承担了国家社会科学基金课题《复杂社群情境下即时众包物流平台协同演化机理及治理机制研究》(19BGL098)、商务部重大招投标课题《互联网经济背景下流通升级战略研究》《深化电子商务进农村》、商务部国内贸易“十四五”发展规划课题《发展现代内贸流通畅通内外循环的战略与政策研究》、浙江工商大学2021年度商务部专项课题《现代流通体系畅通双循环的机理与路径研究》(2021SWB014Z)、浙江省哲学社科重大课题《扩大内需、促进消费和生产双升级》(20NDYD55ZD)，参与了国家发展和改革委员会《“十四五”现代流通体系建设规划》、商务部《“十四五”国内贸易发展规划》等国家部委和省市相关规划的专家研讨及修改工作。期间，团队撰写了《加快推动实施流通升级战略》《提升电子商务进农村畅通国内城乡大循环》

《制约我省扩大内需的主要瓶颈及对策建议》等30余份成果要报，牵头起草了《智慧商圈建设与管理规范》（DD33/T 2310－2021）、《商业综合体运营管理与评价规范》（DB33/T 2523－2022）等多项行业标准。部分成果在商务部《调研与参考》、浙江省人民政府办公厅《浙江政务信息》、浙江省社科联《浙江社科要报》、浙江省发改委《研究与建议》编发，并获多项省部级及以上领导肯定性批示，其中的多项行业标准被商务部、浙江省人民政府、浙江省商务厅等部门应用采纳，部分成果转化为政府部门文件并正式印发。本书正是团队基于上述课题研究和智库服务形成的最终成果。

全书共九章。第一章阐释了双循环新发展格局下现代流通体系建设内涵及特征，分析了“十三五”期间我国流通业发展现状、主要问题和面临新形势。第二章对扩内需、双循环、乡村振兴、现代流通等领域的理论研究和政策实践，进行了系统评述。第三章从区域市场协同度、生产与消费畅通度、城乡发展融合度和内外市场链接度五个维度出发，建立了中国双循环发展水平评价指标体系，并基于2002～2020年的统计数据，对全国及30省份的双循环发展水平进行了定量评价和分析。第四章构建了流通业畅通双循环能力评价指标体系，并基于2011～2020年的统计数据，从中国流通业畅通双循环能力指数和市场支撑力、现代化能力、国际化能力、区域贡献力四个二级指标出发，对我国流通业畅通双循环的能力进行了系统评价，深入剖析了当前我国流通业畅通双循环可能面临的短板和瓶颈。第五章深入分析了现代流通体系畅通双循环的作用，提出了现代流通畅通生产与消费循环、城市与农村循环、跨区域市场循环、内外贸市场循环的机理及路径。第六章结合杭州市湖滨路创建国家级高品质步行街、宁波市海曙区创建省级夜间经济示范城市、杭州市城西银泰商圈创建省级示范智慧商圈、丽水市松阳县创建国家级电子商务进农村示范县、杭州市创建供应链创新与应用试点城市等典型案例，提炼总结了双循环新发展格局下国内贸易高质量发展案例与浙江经验。第七章提出了中国跨境电商综试区创新演化模型及动力机制，并以中国（杭州）跨境电商综试区为典型案例，总结提炼了双循环新发展格局下跨境电商综试区高质量发展经验。第八章提出了发展现代流通畅通双循环的战略目标、战略思路、战略路径，以及八大重点任务。第九章从加强组织领导、强化规划实施、加强财政金融扶持、落实用地保障、加大税费优惠、优化行业管理、改善营商环境、加强人才支撑等方面，提出了现代流通畅通双循环的政策建议。

本书受国家社会科学基金课题《复杂社群情境下即时众包物流平台协同演化机理及治理机制研究》（19BGL098）、浙江省软科学重点项目《农村电商赋能高质量发展建设共同富裕示范区的机理与对策》（2022C25042）资助。其中，肖亮教授负责全书编辑和统稿工作，并承担了全书主要章节核心内容的撰写和修改；余福茂教授、柯彤萍博士、郑勇军教授、邱毅副教授、张亚男博士、王家玮博士等参与了本书部分章节的研讨、撰写及修改工作；研究生龙天、骆林勇、雷嘉君、高铜、王欣宇、张佳、王丹丹等参与了本书文献综述的整理，以及部分章节的初稿撰写。同时，作者及其团队在本书撰写期间，参与了商务领域夜间经济试点、高品质步行街试点、智慧商圈示范、电子商务进农村示范、供应链创新与应用试点等试点项目的现场调研和专家咨询工作，得到了相关部门及单位在调研及资料收集上给予的大力支持，在此表示衷心感谢！

由于双循环新发展格局构建和现代流通体系建设是党中央、国务院在新的历史发展阶段，结合当前我国经济社会发展的需求，有针对性地提出的国家发展的重大战略，属于新生事物，在理论和实践上都是少有系统探索的新命题和处女地。受作者能力局限，书中有关论述难免出现谬误，恳请同行、读者提出批评意见，以便逐步完善。此外，由于本书写作过程中参阅了大量相关文献资料，难免出现参考文献引用的疏忽，因此，对于本书中引用但是由于疏忽而没有在参考文献中准确指出资料出处的情况，表示诚挚的歉意。

肖亮

2022 年 8 月于浙江工商大学

目 录
CONTENTS

第一章

现代流通体系建设内涵、现状与趋势

第一节 现代流通体系建设内涵及特征

流通体系是指一个国家和地区内从生产到消费之间相关环节及其支撑要素构成的体系。既包括连通生产与消费的批发零售业、住宿餐饮业、交通运输及仓储业、电子商务业、居民生活服务业等产业门类，也包括基础设施、制度环境、人才队伍、技术服务、金融信用等为上述产业发展提供重要支撑的配套服务体系。随着新一轮科技革命的发展，流通体系扮演角色和承担功能发生革命性变化，流通已不仅是商品从生产者到消费者的转移过程，更是市场体系的重要载体和现代市场经济体制的重要组成部分，是供求机制、价格机制发挥作用的重要载体，是资源优化配置的关键机制。首先，流通是信息处理中枢，发挥着捕捉国内外消费者信息和生产者信息的优势，承担国内市场信息传导功能；其次，流通是社会化生产中枢，可化被动为主动，积极参与产品的生产和制造，承担结构优化牵引功能；再次，流通是社会资源配置中枢，具备整合生产者供给、形成现实产品的能力，承担市场资源配置功能；最后，流通更是科技创新中枢，具备了分析和预测消费者需求、促进产品升级的能力，是创新驱动机制得以充分发挥的关键因素。

中央财经委员会第八次会议指出，“建设现代流通体系对构建新发展格局具有重要意义”“国内循环和国际循环都离不开高效的现代流通体系”①，不仅明确了现代流通体系的基本内涵及重要意义，更明确指出构建新发展格局，必须将建设现代流通体系作为一项重要战略任务来抓。2022 年 4 月 10 日正式出台的《中共中央 国务院关于加快建设全国统一大市场的意见》，进一步提出“加快建设高效规范、公平竞争、充分开放的全国统一大市场”。而加快建设全国统一大市场，破除各种封闭小市场、自我小循环，有利于用足用好超大规模市场优势，畅通国内大循环，形成对全球要素资源的强大吸引力，并通过国际大循环进一步提升国内大循环的效率和水平。

综上所述，双循环新发展格局下现代流通体系建设内涵是以促进供需协同升级、流通降本增效为基本出发点，通过充分发挥精准衔接产销的市场信息传导功能、引导生产方式转变的结构牵引功能、深度链接内外市场的要素资源配置功能和推动经济社会全面数字化转型的科技创新功能，大力推动现代流通体系的数字化、国际化、绿色化、网络化、普惠化、融合化转型，从而促进流通主体体系、流通客体体系、流通技术体系、流通网络体系、流通治理体系五大体系的全面升级，实现更高水平的生产与消费循环、更高质量的城市与农村循环、更高层次的内外贸市场循环、更加协调的跨区域市场循环，最终将现代流通体系打造成为实现经济良性循环流转和产业关联畅通、全面构建双循环新发展格局的重要战略支撑。其中，“四大功能”是决定现代流通体系畅通双循环能力高低的关键条件，“五体系”升级是双循环新发展格局下现代流通体系建设的核心内容，推动流通方式“六化”转型则是现代流通体系建设的基本方向。现代流通体系畅通“双循环”的理论框架模型如图 1－1 所示。

---

① 《人民日报：把建设现代流通体系作为重要战略任务来抓》，载《人民日报》2020 年 9 月 11 日 02 版。

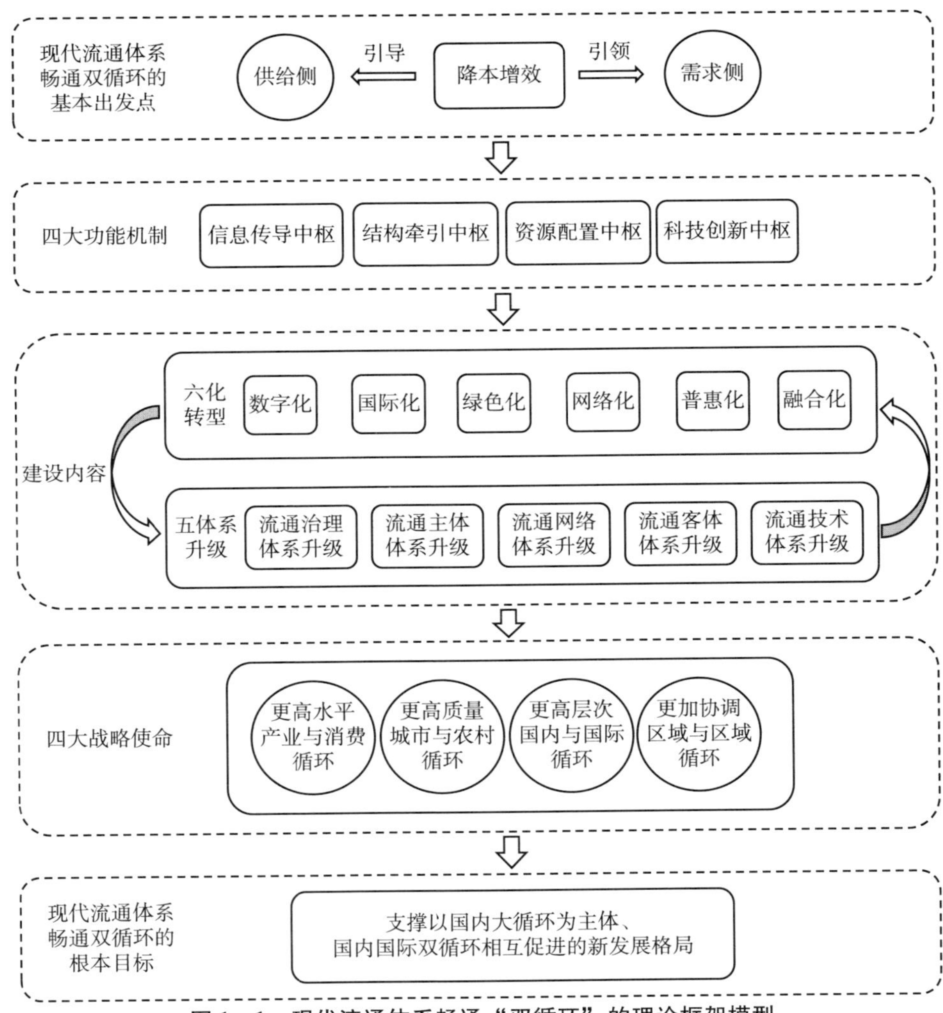

图1-1　现代流通体系畅通“双循环”的理论框架模型

一、四大功能机制

（一）信息传导机制

2021年3月5日，国务院总理李克强在第十三届全国人民代表大会第四次会议上作的《政府工作报告中》指出：“促进消费与投资有效结合，实现供需更高水平动态平衡”①。流通作为生产与消费的桥梁，在促进供需匹配方面发挥着重要的双向引导和调节作用。王晓东等（2020）认为，流通业通过向制造业反馈需求信息发挥先导性。通过利用其在生产和消费之间的桥梁纽带地位向上游反馈需求情况。而对于下游而言，胡东宁和李沐霖（2020）提出，通过扩大流通活动范围，提升流通效率，流通企业能够为消费群体提供更全面的商品信息。因此，现代流通体系对于供给侧及需求侧而言均具有信息传导功能，其承担着捕捉消费者信息和生产者信息、推动产销对接以及缓解市场交易信息不对称等重要作用，能够化解企业结构性过剩产能，提高供给与需求之间的匹配度和适应性。

在双循环新发展格局背景下，只有强化供需匹配，实现精准对接，才能改善生产与市场脱节的现状，畅通宏观经济循环，而这也是国家对现代流通体系建设的要求之一。如图 1－2 所示，在“需求侧—现代流通体系—供给侧”链条方面，流通处在供给侧与需求侧之间，对需求侧信息的变动具有高度敏感性，一方面能够更低成本、更高效率地察觉和捕捉消费升级引发的

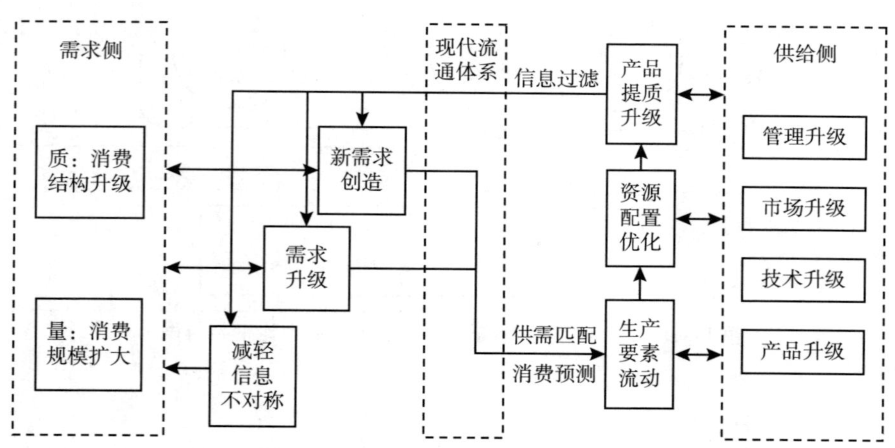

图 1－2　现代流通体系畅通“双循环”的信息传导机制

① 李克强：《（两会受权发布）政府工作报告》，新华网，2021 年 3 月 12 日，http：//www.xinhuanet.com/politics/2021－03/12/c_1127205339.htm.

市场消费需求变化并实时反馈至供给侧；另一方面通过搭建市场信息系统，生产企业能够分析消费需求及收入年龄等结构的变化预测未来的消费走势，进行针对性产品提质升级及新产品开发，缓解传统生产企业面对快速变化的消费需求时难以化被动为主动的局面，实现供给侧升级。

在“供给侧—现代流通体系—需求侧”链条方面，消费者总是希望获取更多的购物信息，使自己在购物中处于有利地位（邓发云和林志新，2013），但目前消费信息不对称的问题致使消费需求低频，严重制约了消费潜力的释放。现代流通体系为供给侧与需求侧的信息沟通搭建了桥梁，能够将生产升级带来的新技术、新产品和新服务及时反馈至需求侧，激发消费者更高层次的需求或创造新需求。同时，也能将消费升级需求信息及时传递到供给侧并推动需求侧升级（丁琪和陈刚，2019）；此外，作为市场交易信息的“过滤器”，现代流通体系能够有效减少商品及服务交易过程的信息不对称现象，确保消费者获得产品信息的真实性，保障其合法权益，提升消费体验及消费规模。

（二）结构牵引机制

流通引导生产方式转变的结构牵引功能已受到国内外学者的高度关注。从供给侧来看，汪旭晖和陈佳琪（2021）认为，流通业逐步推动制造业由以“制造”为中心转向以“流通”为中心，同时流通逐渐成为价值创造的主体，产品则演变为价值创造的载体。这一角色转换推动制造业价值链由低端向中高端转化，进而优化制造业布局，促进制造业转型升级。从需求侧来看，刘婉瑛和尤绪超（2019）认为流通规模扩大有利于增强居民消费的便利性和可得性，逐步改变其消费习惯，进而形成新消费模式、优化消费结构（旷健玲，2019）。可见，现代流通体系能够带动需求侧消费升级，并为供给侧生产方式转型提供更加坚实的支撑，最终促进形成供需互促、产销并进的良性循环，如图1－3所示。

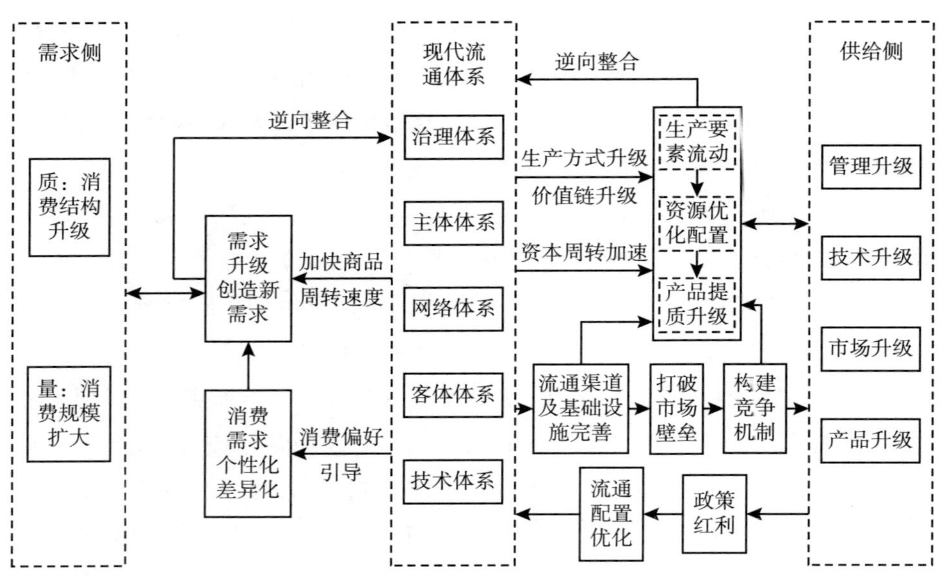

图1-3　现代流通体系畅通“双循环”的结构牵引机制

在“需求侧—现代流通体系—供给侧”链条方面，首先，消费升级过程表现为消费规模持续扩大和消费结构持续优化，并促使消费者持续产生新的或更高层次的消费需求。而提升流通技术应用效率、优化流通产业结构是满足新消费需求，确保消费持续升级的重要因素（谢家贵，2020）。其次，流通与生产之间同样存在着相互促进作用（王晓东等，2020）。一方面，随着现代流通体系优化升级，流通功能得以优化延展，向供给侧提供的生产性服务专业化程度提高，间接推动供给侧改变生产方式，推动生产企业由加工制造向研发、设计、标准、品牌、供应链管理等高附加值区段转移，进而推动供给侧升级；另一方面，现代流通体系可提高要素资源流动效率，助力生产企业加速商品价值实现，加快资本周转，推动资源更多地投入研发设计、设备更新、人才引进等方面，进而推动供给侧升级。最后，电子商务等流通新业态的快速崛起打破了产品和要素区域交流的阻碍，改善了空间联系，以更便捷、更快速的方式实现了产业和要素在更大空间范围内的流通与交换，一方面优化了供给结构，另一方面能够发挥市场调节作用，构建健康、良性循环的市场竞争机制，打造统一大市场，推动供给侧升级。

在“供给侧—现代流通体系—需求侧”链条方面，从供给侧与现代流通体系的互动逻辑来看，一方面，商品流通效率较低，一定程度上会导致商品积压，对商品流通活动形成负面影响（胡东宁和李沐霖，2020）。因此，为适应供给侧升级的趋势，流通业自身必须优化升级；另一方面，随着供给侧改革不断推进，相关部门陆续出台多项政策。如 2020 年 12 月 22 日中华人民共和国工业和信息化部印发的《工业互联网创新发展行动计划（2021—2023 年）》提出要广泛普及网络化协同、个性化定制、服务化延伸、数字化管理等新模式新业态。在政策落实过程中，可利用政策红利，优化现代流通体系。而流通现代化会对消费行为方式产生影响，为消费升级提供支撑（胡东宁和李沐霖，2020）。从现代流通体系与需求侧的互动逻辑来看：一方面，现代流通体系在提升传统消费规模的同时，加速了网上零售等新型消费的孵化，增强了商品及服务流通渠道的畅通度，有利于促进消费、创造消费需求，优化消费结构；另一方面，现代流通体系能够对消费者偏好进行合理引导，推动定制生产等模式创新发展，不仅可以促进消费结构优化，还能够提高消费者边际消费倾向，激发消费潜力。

（三）资源配置机制

2020 年 8 月 24 日，习近平总书记在经济社会领域专家座谈会上指出：“新发展格局决不是封闭的国内循环，而是开放的国内国际双循环。”① 新发展格局是通过扩大内需更好地联动国内国际市场，实现国内改革与对外开放的相互促进，以更高水平的对外开放打造国际合作和竞争新优势（曹允春和连昕，2021）。但由于内外贸市场割裂，市场主体较难根据市场信号自主进行内外贸业务活动的选择与转换。而流通具有深度链接内外贸市场的要素资源配置功能。如王先庆（2020）认为，流通基础设施是连通内外贸市场的重要战略节点和支援中心。通过流通基础设施建设能够打破内外市场资源沟通瓶颈，打通区域之间、城乡之间以及城市内部商品物流的主干动脉及微

① 《习近平在经济社会领域专家座谈会上的讲话》，载《人民日报》2020 年 8 月 25 日 02 版。

循环通道（柳思维等，2020）。胡德宁（2021）认为，通过大力发展跨境电商等流通新业态，能够更紧密联结国内国际两个市场，打破原有的内外贸易界限，统筹两种资源，真正实现内外贸一体化发展。

双循环的核心任务之一是面对高度不确定的外部环境，充分借助国内市场潜力巨大、产业链条完整、战略空间回旋大的优势，扭转以往过度依赖国际大循环的发展格局，打造国内国际相互促进的双循环模式。构建现代流通体系是顺应双循环战略，统筹内外的必然要求（王雪峰和荆林波，2021）。传统流通体系由于辐射范围受限，统筹国内国际两个市场的能力较弱。高度数字化、网络化、国际化的现代流通体系能够有效地破除区域壁垒，增强流通渠道通畅度，推动要素资源在更广范围内有序流动，实现内外市场协同发展。如图 1－4 所示，在“需求侧—现代流通体系—供给侧”链条方面，高远（2019）认为，消费升级已成为我国流通业发展的重要驱动力，对流通业发展具有显著促进作用。而强大的现代流通体系具备深度链接内外贸市场的能力，能够推动更大范围内的供需匹配，打破优质出口商品转内销的信息

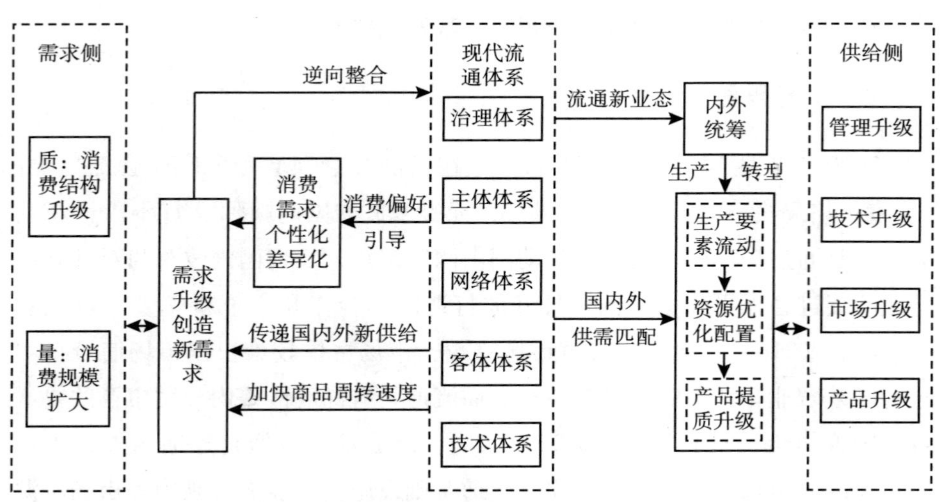

图 1－4　现代流通体系畅通“双循环”的资源配置机制

壁垒，为具有产品品质优势的外贸企业与国内零售企业搭建沟通渠道，为外贸产品找到新销路的同时，也为内贸企业带来国际消费的新趋势，最终促进内贸协同发展，助力构建双循环新发展格局。尤其是网络直播、跨境电商等新业态为内外贸发展提供了新平台，使得全球供应链上下游联结更加紧密，可打破要素自由流动的壁垒和障碍，推动国外要素资源的引进及国内要素资源“走出去”，破解制造业价值链长期中低端锁定困境，带动我国制造业增长方式从“数量追赶”转向“质量追赶”。

在“供给侧—现代流通体系—需求侧”链条方面，首先，流通企业内外贸市场拓展能力不断增强，其沟通国内国际生产的能力随之提升，能够将国外生产企业新技术、新发明及新供给传递至国内，激发消费者更高层次的需求或创造新需求，推动消费结构升级。其次，当前我国制造业尚未形成针对不同消费人群提供差异化产品供给的能力，导致居民消费需求外溢，大量消费流向国外。国内企业可借助现代流通体系，利用大数据手段对消费者进行合理引导，提供个性化定制服务，不仅可以满足消费者需求，优化消费结构，还能够带动扩大消费规模。最后，传统内外贸市场一直以来存在着严重地区分割现象，交易中间环节多、中间成本高，导致交易市场运作效率低下（冯君琦，2017）。跨境电商、直播电商等新业态的发展及流通基础设施的完善，能够打通制约经济增长的消费堵点，增强商品流通渠道的畅通度，促进资金周转，推动内外贸企业将价值链或产业链延伸到国内外要素或产品市场，从而提升消费规模，创造新的消费需求。

（四）科技创新机制

流通是科技创新中枢，是创新驱动机制得以充分发挥的关键因素。现有部分学者对流通的科技创新功能进行了阐释。对于供给侧而言，任保平和豆渊博（2021）认为，信息技术的变革催生了流通新业态的发展，也为产业结构的升级带来了新的契机。新业态能够促进各领域新技术交叉融合，重构现代产业技术体系，引领新兴产业集群发展，淘汰落后产能，推动传统产业提质增效，创造出新的发展优势（陆明，2020）。而对于需求侧而言，新型基础设施的发展能够促进消费便利化、场景化，孵化培育消费新热点，推动消费转型升级（任保平和豆渊博，2021）。

现代流通体系能够更好地凝聚科技创新研发合力，优化供应链、产业链和价值链资源，逐步形成链条化经济，促进产业链全链数字化创新，助力双循环新发展格局的打造。如图1－5所示，在“需求侧—现代流通体系—供给侧”链条方面，从需求侧与现代流通体系互动逻辑看，消费需求变化对企业技术创新具有拉动作用（产健和许正中，2020），能够推动流通业加快应用数字化技术、智慧物流技术等，提高现代流通体系服务水平，更好适应需求侧不断升级的消费需求。从现代流通体系与供给侧的互动逻辑看，一方面，现代流通体系能够赋能制造企业，引导其通过科技创新实现新旧动能的转换，推动我国产业价值链由低端向中高端迈进，提升我国产业在全球产业链地位。另一方面，现代流通体系还可通过技术赋能带动或联合供给侧中小企业和科研机构，通过规模效应形成新的产业集群，这种联动效应会通过知识、技能和专业的整合互补，影响创新联动和产业演进（李政和杨思莹，2017）。

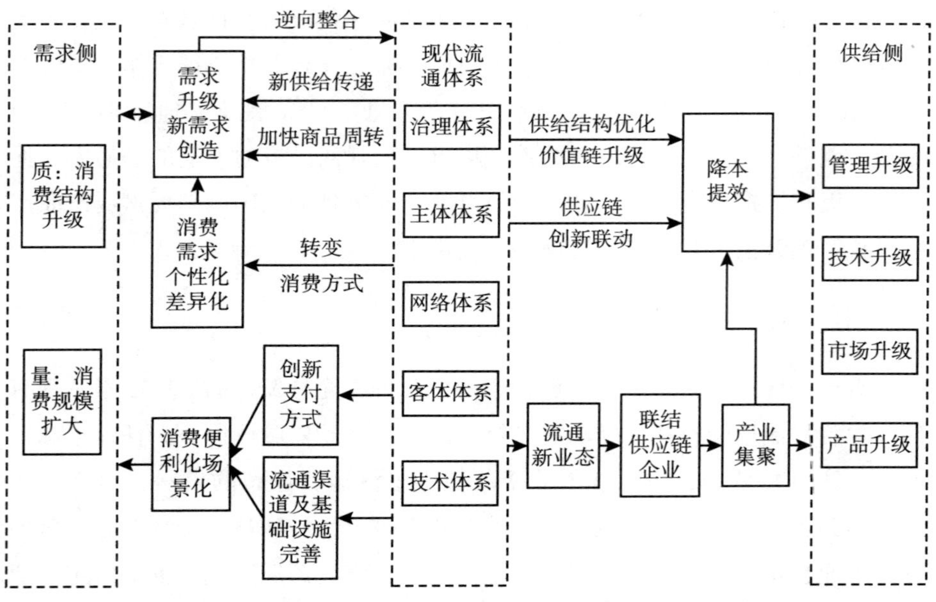

图1－5　现代流通体系畅通“双循环”的科技创新机制

在“供给侧—现代流通体系—需求侧”链条方面，现代流通体系能够提高产销对接效率，引领消费需求结构转变（胡东宁和李沐霖，2020）。具体而言：第一，现代流通体系能够将产业升级带来的新发明、新技术、新供给，快速便捷地反馈至需求侧，激发消费者更高层次的需求或创造新需求。第二，流通数字化是现代流通体系建设的主要内容，有助于打通流通过程中的堵点，畅通流通渠道，缩短产品周转时间（祝合良和石娜娜，2017），进而促进消费扩容提质。第三，现代流通领域涌现的新技术、新业态和新模式，能够在满足居民高品质、个性化消费升级需求的同时带动消费方式转变，优化消费结构，提升消费规模，释放我国的内需潜力。如移动支付的多样性及便利性满足了不同的消费者，提升了消费便捷性。且“互联网 + 消费”模式不断创新使得更加多元化的消费场景被勾画出来。第四，现代流通体系通过创新技术赋能，打造集约高效、经济适用、智能绿色、安全可靠的新型消费基础设施，能够消除地区分割和行业垄断的市场扭曲现象，辐射更多消费者，向其提供更加优质的商品与服务，从而提升消费规模，推动消费升级。

二、促进五体系升级

（一）流通治理体系升级

党的十九届五中全会提出要实施高标准市场体系建设行动[①]。而由市场营商环境、流通管理体制及法律法规等构成的流通治理体系正是建设高标准市场体系的重要内容。它既包括政府对流通过程的管理和服务，也包括流通过程中的各类市场主体、中介组织、媒体和消费者等社会力量共同参与的自律性管理活动中涉及的规制体系。流通治理体系升级的核心在于通过法律手段、行政手段及行业标准约束等方式建立健全流通管理机制，打造统一协调、分级负责、反应迅速的市场管理体制和协调机制，充分发挥政策规制作

① 曾铮：《以高标准市场体系建设和高水平对外开放促进形成新发展格局》，人民网，2020 年 11 月 03 日，http：//theory. people. com. cn/n1/2020/1103/c40531 – 31916261. html.

用以构建规范化发展的营商环境。

（二）流通主体体系升级

建设现代流通体系的关键在于强化流通主体。流通主体主要是指从事流通活动的市场经营主体。流通主体体系则是不同流通主体联结组成的体系。流通主体体系升级的核心在于构筑流通企业竞争新优势。其中既包括采用连锁经营等现代流通方式来提升传统流通企业经营能力以及应用数字化技术等现代化理念来创新流通企业新模式，构筑新商业生态；也包括主体间提升产业横纵向一体化串联的能力，通过资源整合及共享构建竞争优势。

（三）流通网络体系升级

王雪峰和荆林波（2021）认为“双循环”不是要淡化对外开放，而是畅通内部循环和促进内外循环连接转换顺畅。这首先就是要打破地区封锁与分割，破除地区保护主义。流通网络是通过流通点、线连接而成的纵横交错、形如蛛网的流通结构有机体，不同流通网络则构成了支撑经济交易转移的流通网络体系。流通网络体系是经济循环发展中要素和产品实现空间位移的重要载体和渠道。构建现代流通网络体系的关键在于流通基础设施和渠道升级。通过推进核心商圈、产业园区、物流枢纽及高能级开放经济平台的建设与优化，完善商品零售渠道体系、工业品分销体系、农产品分销体系以及生产资料分销体系，构建高效快捷、安全有序的现代流通渠道网络。

（四）流通客体体系升级

流通客体体系主要指流通领域中用来交换的商品及服务构成的体系。曹允春和连昕（2021）认为，现代流通体系在产品和服务供给方面可以不断化解企业结构性过剩产能，以市场需求来引导生产供给向高质量发展。流通客体体系的升级，一方面在于通过孵化新业态、新模式、新经济、新型消费提升服务水平，推动形成供需精准对接的流通客体体系；另一方面在于通过商品流通过程中的品牌赋能提升流通商品的服务品质及产品附加值，增强商品和服务竞争力。

（五）流通技术体系升级

现代流通技术体系主要指更低成本、更高效率地支撑现代流通体系正常运转的一系列信息技术手段。现代流通技术体系升级的核心在于推进数智融合及全链融合，利用互联网平台企业数字化转型的先发优势，通过底层数据协同、中台数智运营、前端数字服务等融合手段推动产业链全链数字化水平提升，提高流通体系整体效能。

三、推动“六化”转型

（一）数字化

李天宇和王晓娟（2021）认为，数字经济既是中国经济转型和提质增效的“新蓝海”，也是我国经济构建双循环新发展格局和建设现代化经济体系的重要路径。流通数字化是以新信息技术为支撑，为解决新技术背景下供求矛盾及提升流通效率的手段（谢莉娟和王晓东，2020），其核心是把握新一轮数字技术发展趋势，加快流通基础设施的数字化改造，提升流通要素资源的数据化程度，实现更大范围、更广领域、更深层次的线上线下融合，进而依托数智融合及产业链全链数字化提升加速赋能传统流通企业，推动其逐步发展为现代流通体系的同时推进新产业、新业态、新模式的发展，促进创新链、产业链的代际跃升。

（二）国际化

徐锋等（2018）认为，流通体制改革的目标在于提高对外开放水平，实现内外贸一体化。习近平总书记曾多次指出：“坚持立足国内和全球视野相统筹，提高流通的对外开放水平”[①]。流通国际化是将流通范围扩大至更

① 中共商务部党组：《实现开放发展必须坚持统筹国内国际两个大局》，新华网，2016 年 2 月 19 日 http：//www. xinhuanet. com/politics/2016 －02/19/c_128734151. htm.

广泛的区域，推动更深层次的要素流动，促进供需匹配。其关键在于进一步发挥流通联结内外贸市场的“粘合剂”作用，通过畅通内外贸渠道深化流通业发展，破除妨碍内外生产要素市场化配置的障碍，实现国内外流通要素资源的自由、有序流动，促进“双循环”新发展格局形成，其中既包括国外流通要素资源的引进，也包括国内流通要素资源“走出去”。

（三）绿色化

马克思主义商品流通理论指出，流通是联系自然与人、个人与社会从而联系自然与社会的载体，是个人与自然、个人与社会、自然与社会的使用价值和价值的交换体系（晏维龙，2009）。现代流通体系绿色化是以绿色化为导向发展的新型现代流通体系。进一步推动现代流通体系绿色化的关键在于基于绿色发展理念，以资源集约、环境友好、可持续为主要目标，优化公共服务设施、推动信息技术开发创新以及提升物流基础设施的利用效率，打造绿色、环保、低碳的产业链，构建绿色循环流通体系。

（四）网络化

王雪峰和荆林波（2021）提出，推进“双循环”新发展格局构建的关键在于畅通内部循环和促进内外循环连接转换顺畅。而基础设施是流通的骨架，现代流通体系的网络化发展即为依托流通基础设施及流通渠道升级打造辐射全球的流通网络体系。其关键在于通过流通网络推动产品和要素等打破区域市场壁垒，以更便捷、更快速的方式实现产业和要素在更大空间范围内的流通与交换，使现代流通体系成为双循环的战略支点，培育高质量发展的动力源和增长极。

（五）普惠化

2021 年 6 月 3 日，国务院总理李克强在全国就业创业工作暨普通高等学校毕业生就业创业工作电视电话会议上提出：“要进一步强化公共服务机构的基础和兜底功能”“坚持经济发展就业导向”“支持中小微企业、个体工商户等市场主体进一步纾困和增强发展活力”①。现代流通体系较传统流通而言能够实现更大范围、更高层次的经济普惠化发展。而实现现代流通体系普惠化的关键在于：一方面，发挥流通业的劳动密集型产业优势，吸纳大量劳动人口就业，促进稳岗扩岗；另一方面，依托于公益性或准公益性流通基础设施建设及数字信息技术，联结价值链主体，整合价值创造的各个环节，建立价值共同体、利益共同体，进一步促进商产融合，实现供给侧协同发展。

（六）融合化

王雪峰和荆林波（2021）认为流通业已经进入融合期，主要表现为线上线下融合加快，基于平台的商流、物流、信息流、资金流融合趋势显现，生产和消费也呈产销合一的融合态势。现代流通体系融合化发展能够促进要素资源的有效配置。推动流通业融合化主要在于促进传统流通供应链各环节变革，优化流通要素资源的组织方式，如柔性化、连锁化、供应链组织化等，通过高能级虚实平台的打造及基于平台的产业生态链重构优化流通要素资源的配置机制，整合流通资源，推动传统流通升级为现代流通体系，并在更高水平上实现“内涵式”融合发展。

第二节　中国流通业“十三五”时期发展状况

一、流通业规模持续扩大

从流通业增加值来看，2020 年我国流通业增加值 153218.5 亿元，占第

---

① 《李克强对全国就业创业工作暨普通高等学校毕业生就业创业工作电视电话会议作出重要批示》，新华网，2021 年 6 月 3 日，http：//m.xinhuanet.com/2021－06/03/c_1127527625.htm.

三产业和 GDP 的比重分别为 27.7% 和 15.1%①。其中，批发和零售业增加值 95686.1 亿元；交通运输、仓储和邮政业增加值 41561.7 亿元；住宿和餐饮业增加值 15970.7 亿元（见图 1－6）。从流通业固定资产投资额来看，流通业固定资产投资额从 2015 年的 74671.6 亿元增长到 2020 年的 81179.8 亿元。其中，批发和零售业全社会固定资产投资 8696.1 亿元，住宿和餐饮业全社会固定资产投资 5542.2 亿元，交通运输、仓储和邮政业全社会固定资产投资 66941.4 亿元（见图 1－7）。从流通业城镇非私营单位就业人数来看，2020 年流通业城镇非私营单位就业人员达 1855.7 万人。其中，批发和零售业城镇非私营单位就业人员达 786.9 万人，住宿和餐饮业城镇非私营单位就业人数达 256.6 万人，交通运输、仓储及邮电通信业城镇非私营单位就业人员达 812.2 万人（见图 1－8）。此外，仅社交电商从业人数就达到 7700.0 万人②。

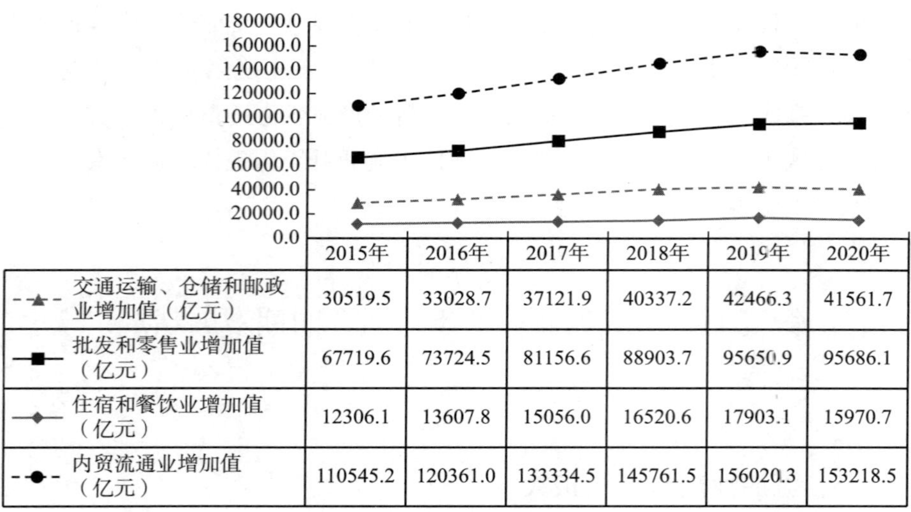

	2015年	2016年	2017年	2018年	2019年	2020年
交通运输、仓储和邮政业增加值（亿元）	30519.5	33028.7	37121.9	40337.2	42466.3	41561.7
批发和零售业增加值（亿元）	67719.6	73724.5	81156.6	88903.7	95650.9	95686.1
住宿和餐饮业增加值（亿元）	12306.1	13607.8	15056.0	16520.6	17903.1	15970.7
内贸流通业增加值（亿元）	110545.2	120361.0	133334.5	145761.5	156020.3	153218.5

图 1－6　2015～2020 年流通业增加值变化

资料来源：2015～2020 年《中国统计年鉴》。

① 《2020 中国统计年鉴》，国家统计局，2021 年 09 月 23 日，http：//www.stats.gov.cn/tjsj/ndsj/2020/indexch.htm.

② 刘永：《社交电商活力旺，云集乘风而上前景好》，第一电商网，2021 年 2 月 20 日，https：//www.firstdsw.com/xw/163.html .

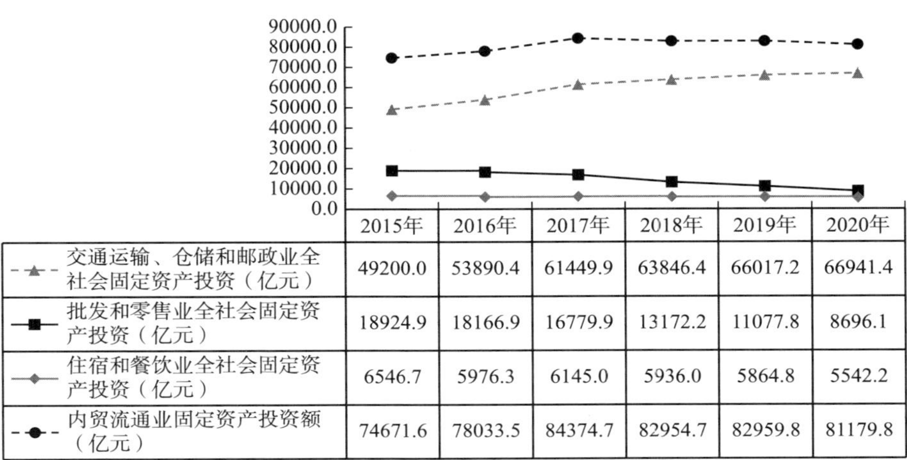

	2015年	2016年	2017年	2018年	2019年	2020年
交通运输、仓储和邮政业全社会固定资产投资（亿元）	49200.0	53890.4	61449.9	63846.4	66017.2	66941.4
批发和零售业全社会固定资产投资（亿元）	18924.9	18166.9	16779.9	13172.2	11077.8	8696.1
住宿和餐饮业全社会固定资产投资（亿元）	6546.7	5976.3	6145.0	5936.0	5864.8	5542.2
内贸流通业固定资产投资额（亿元）	74671.6	78033.5	84374.7	82954.7	82959.8	81179.8

图 1－7　2015～2020 年流通业全社会固定资产投资

资料来源：2015～2020 年《中国统计年鉴》。

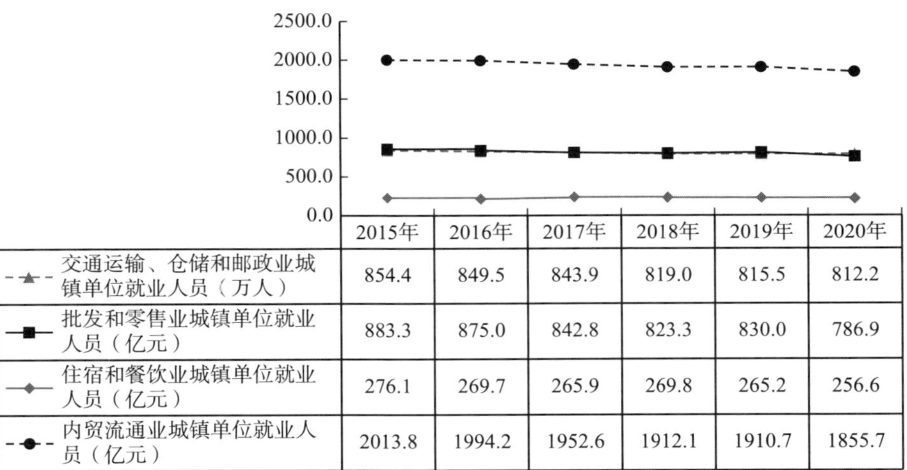

	2015年	2016年	2017年	2018年	2019年	2020年
交通运输、仓储和邮政业城镇单位就业人员（万人）	854.4	849.5	843.9	819.0	815.5	812.2
批发和零售业城镇单位就业人员（亿元）	883.3	875.0	842.8	823.3	830.0	786.9
住宿和餐饮业城镇单位就业人员（亿元）	276.1	269.7	265.9	269.8	265.2	256.6
内贸流通业城镇单位就业人员（亿元）	2013.8	1994.2	1952.6	1912.1	1910.7	1855.7

图 1－8　2015～2020 年流通业城镇非私营单位就业人员

资料来源：2015～2020 年《中国统计年鉴》。

二、现代流通方式应用加速

从电子商务交易规模来看，2015～2020 年，我国电子商务交易额从 217900.0 亿元增长至 372100.0 亿元，增长率为 70.8%；网络零售额从 38773.0 亿元增长到 117600.0 亿元，增长率为 203.3%；网络零售额占社会消费品零售总额的比重由 12.9% 增长至 30.0%[①]；农村网络零售额从 3530.0 亿元增长至 17900.0 亿元，增长率为 407.1%。农产品网络零售额从 1500.0 亿元增长至 5750.0 亿元，增长率为 283.3%（见图 1－9）。从零售企业连锁化经营程度来看，2015～2020 年，我国连锁零售企业商品销售额从 35400.4 亿元下降至 33903.9 亿元；零售业企业商品销售总额从 114255.3 亿元增长至 130988.4 亿元（见图 1－10）；连锁零售企业商品销售额占零售业企业商品销售额的比重在 0.25～0.31 小幅波动，最高达到 0.3098（见图 1－11）。从连锁零售企业统一配送程度来看，2015～2019 年，我国连锁零售企业统一配送商品购进额变化较小，稳定在 24000.0 亿元左右，2020 年受新冠肺炎疫情影响，我国连锁零售企业统一配送商品购进额降至 20205.8 亿元；2015～2019 年，连锁零售企业商品购进总额从 30556.8 亿元增长至 31358.0 亿元，2020 年连锁零售企业商品购进总额受疫情影响降至 27830.2 亿元（见图 1－12）；连锁零售企业统一配送比例在 2016 年达到最高为 0.7789，之后逐年下降，2020 年为 0.7277（见图 1－13）。

三、企业竞争力显著提升

从龙头企业来看，涌现了一批具有较强竞争力的流通龙头企业。据统计，2020 年《财富》世界 500 强榜单的互联网服务和零售分榜单中，共上榜 7 家

① 梁绮琪：《零售行业数据分析：2020 年中国网络零售占社会总零售 30%》，艾媒网，2021 年 3 月 29 日，https://www.sohu.com/a/462100525_728793.

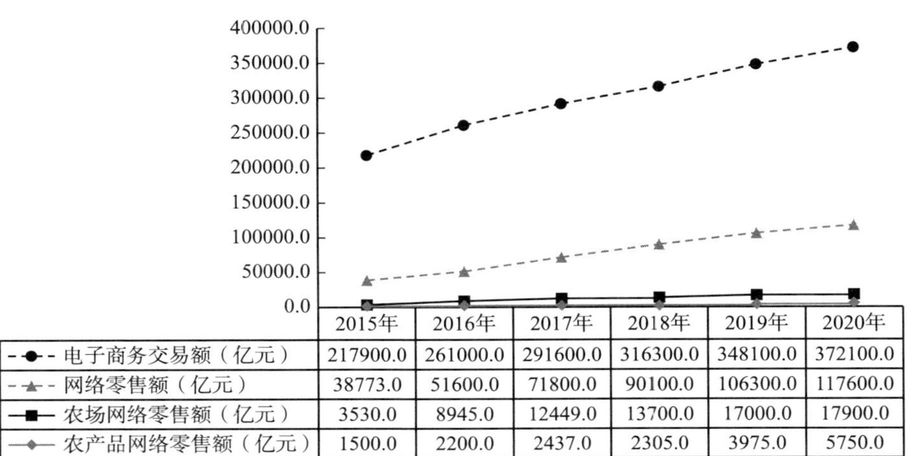

	2015年	2016年	2017年	2018年	2019年	2020年
电子商务交易额（亿元）	217900.0	261000.0	291600.0	316300.0	348100.0	372100.0
网络零售额（亿元）	38773.0	51600.0	71800.0	90100.0	106300.0	117600.0
农场网络零售额（亿元）	3530.0	8945.0	12449.0	13700.0	17000.0	17900.0
农产品网络零售额（亿元）	1500.0	2200.0	2437.0	2305.0	3975.0	5750.0

图 1-9　2015~2020 年电子商务交易规模的主要指标

资料来源：2015~2020 年《中国统计年鉴》。

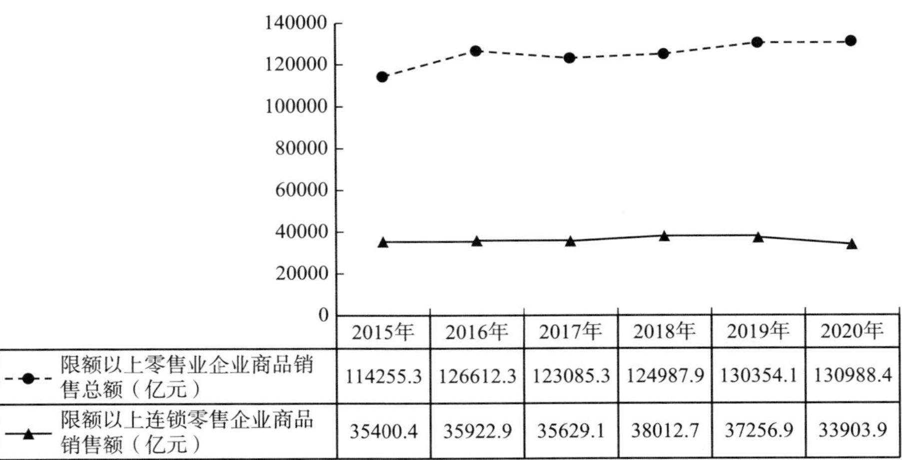

	2015年	2016年	2017年	2018年	2019年	2020年
限额以上零售业企业商品销售总额（亿元）	114255.3	126612.3	123085.3	124987.9	130354.1	130988.4
限额以上连锁零售企业商品销售额（亿元）	35400.4	35922.9	35629.1	38012.7	37256.9	33903.9

图 1-10　2015~2020 年限额以上零售企业商品销售总额

资料来源：2015~2020 年《中国统计年鉴》。

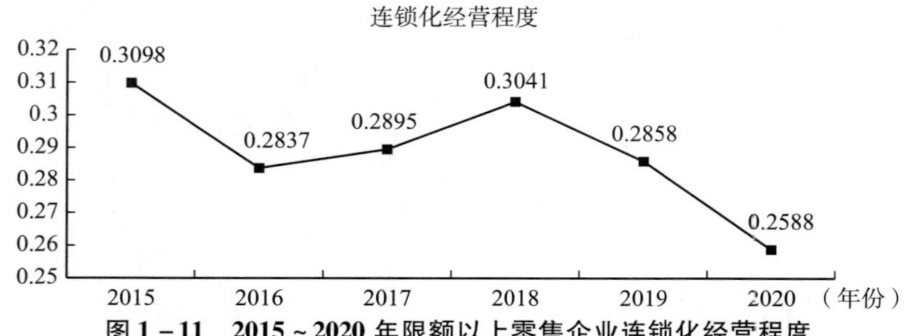

图 1-11　2015～2020 年限额以上零售企业连锁化经营程度

资料来源：2015～2020 年《中国统计年鉴》。

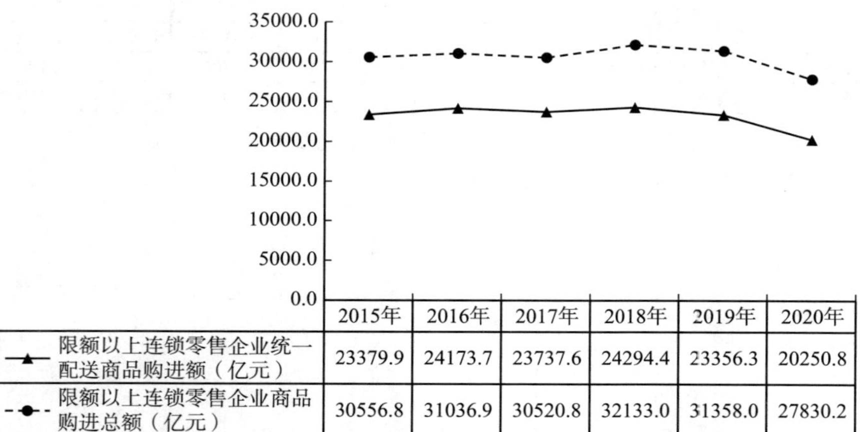

	2015年	2016年	2017年	2018年	2019年	2020年
限额以上连锁零售企业统一配送商品购进额（亿元）	23379.9	24173.7	23737.6	24294.4	23356.3	20250.8
限额以上连锁零售企业商品购进总额（亿元）	30556.8	31036.9	30520.8	32133.0	31358.0	27830.2

图 1-12　2015～2020 年限额以上连锁零售企业商品购进额

资料来源：2015～2020 年《中国统计年鉴》。

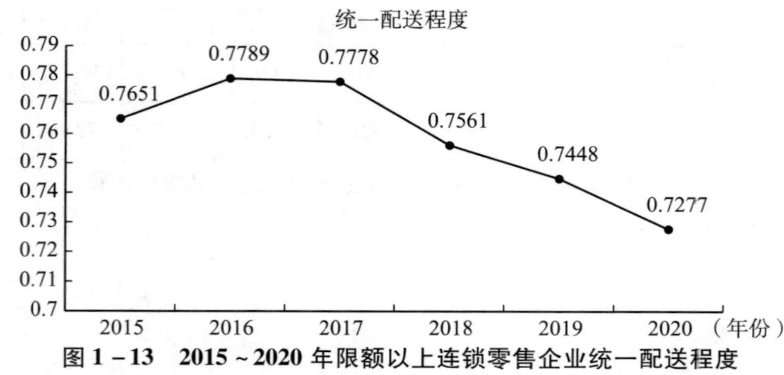

图 1-13　2015～2020 年限额以上连锁零售企业统一配送程度

资料来源：2015～2020 年《中国统计年鉴》。

企业，其中，我国占据4席，占总数的57.1%；贸易分榜单中，共上榜19家企业，其中，我国上榜10家，占总数的52.6%；在专业零售分榜单中，共上榜10家，其中，我国上榜2家，占总数的20.0%，位列第二①。此外，在现代物流领域，按国家标准评定的A级物流企业总数已超过6000家，其中5A级358家②。2020年物流企业50强物流业务收入合计13589.0亿元，50强物流企业门槛提高到40.6亿元③。从经营效益来看，2015～2020年，我国限额以上批发业企业主营业务收入从358481.3亿元增长至658881.0亿元（见图1－14），主营业务利润率基本稳定在7.0%左右（见图1－15）；限额以上零售业企业主营业务收入从99452.6亿元增长至

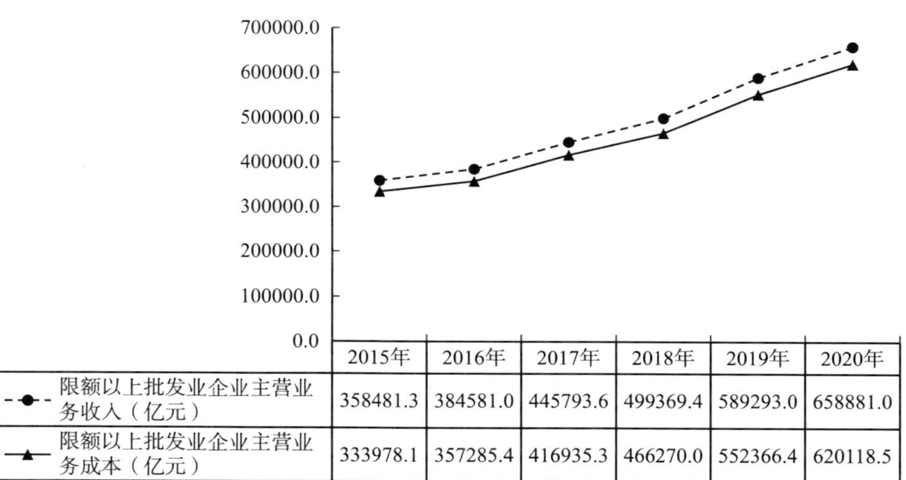

	2015年	2016年	2017年	2018年	2019年	2020年
限额以上批发业企业主营业务收入（亿元）	358481.3	384581.0	445793.6	499369.4	589293.0	658881.0
限额以上批发业企业主营业务成本（亿元）	333978.1	357285.4	416935.3	466270.0	552366.4	620118.5

图1－14　2015～2020年限额以上批发业企业主营业务经营情况

资料来源：2015～2020年《中国统计年鉴》。

① 刘万里：《最新世界500强地图：中国133家入围 全球第一（附榜单）》，新浪财经，2020年8月10日，https：//finance. sina. com. cn/manage/mroll/2020－08－10/doc-iivhuipn7925220. shtml.

② 老李：《何黎明：研究新课题 迎接新格局》，网易订阅．头条，2020年12月1日，https：//www. 163. com/dy/article/FSPF92RJ05507HPG. html.

③ 苏丁：《2021年度中国物流企业50强排名：中国远洋海运集团居首，顺丰、京东物流、圆通、韵达、百世进前十 …》，澎湃新闻网，2022年2月18日，https：//www. thepaper. cn/newsDetail_forward_16770686.

图 1－15　2015～2020 年限额以上批发业企业主营业务利润率

资料来源：2015～2020 年《中国统计年鉴》。

118869.3 亿元（见图 1－16），主营业务利润率从 13.32% 增长至 15.30%（见图 1－17）；从库存水平来看，2015～2020 年，我国限额以上批发业企业商品销售总额从 401312.2 亿元增长至 733272.8 亿元（见图 1－18），

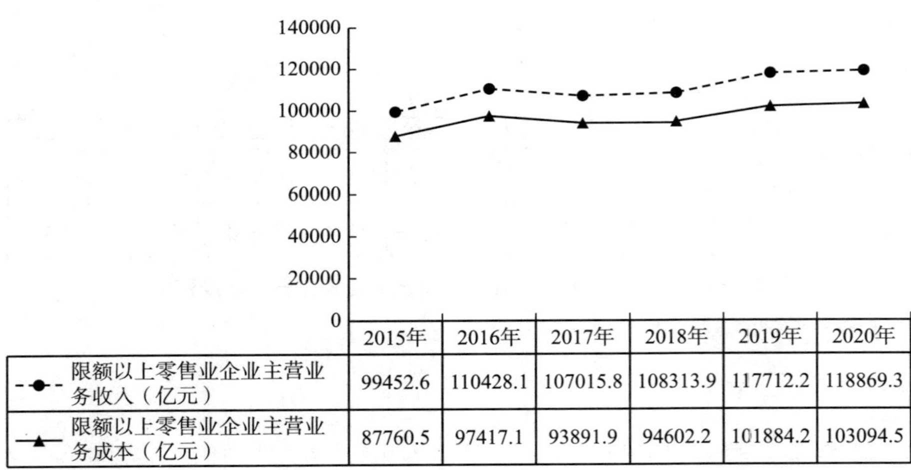

	2015年	2016年	2017年	2018年	2019年	2020年
限额以上零售业企业主营业务收入（亿元）	99452.6	110428.1	107015.8	108313.9	117712.2	118869.3
限额以上零售业企业主营业务成本（亿元）	87760.5	97417.1	93891.9	94602.2	101884.2	103094.5

图 1－16　2015～2020 年限额以上零售业企业主营业务经营情况

资料来源：2015～2020 年《中国统计年鉴》。

图 1－17　2015～2020 年限额以上零售业企业主营业务利润率

资料来源：2015～2020 年《中国统计年鉴》。

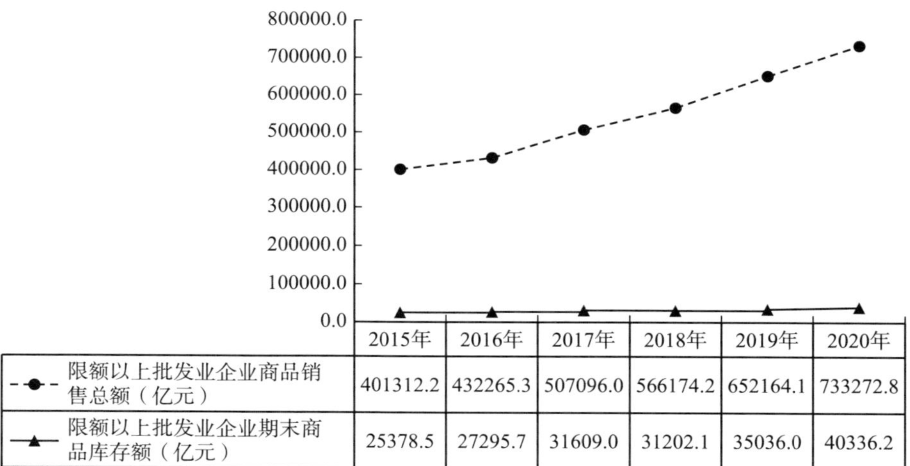

	2015年	2016年	2017年	2018年	2019年	2020年
限额以上批发业企业商品销售总额（亿元）	401312.2	432265.3	507096.0	566174.2	652164.1	733272.8
限额以上批发业企业期末商品库存额（亿元）	25378.5	27295.7	31609.0	31202.1	35036.0	40336.2

图 1－18　2015～2020 年限额以上批发业企业商品销售及库存情况

资料来源：2015～2020 年《中国统计年鉴》。

库存率从 6.32% 下降至 5.50%（见图 1－19）；我国限额以上零售业企业商品销售总额从 114255.3 亿元增长至 130988.4 亿元（见图 1－20），库存率从 9.81% 下降至 9.65%（见图 1－21）；从业态创新来看，流通业正在成为互联网时代业态创新和模式创新最为活跃的领域。如电子商务领域直播电商、社区拼购、零售数字化、跨境电子商务等新模式新业态不断涌现；传统百货、餐饮、旅游、教育、医疗等服务业的线上化范围不断延伸。以百货零售业为例，据《2019—2020 年中国百货零售业发展报告》显示，超过七成零售百货企业已开展了电商业务。其中，70.0% 的企业开设了公众号商城，56.0% 开设了小程序商城，46.0% 拥有自建网络销售平台；入驻第三方网络销售平台的企业有 36.0%。另外，21.4% 的受访企业拥有自建移动 APP。

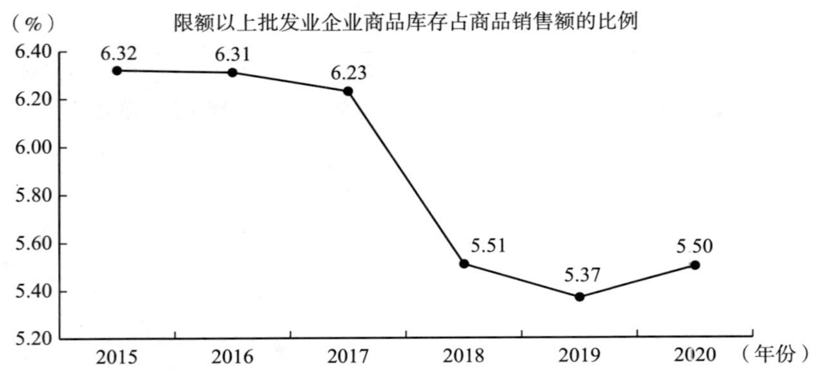

图 1－19　2015～2020 年限额以上批发业企业商品库存占销售额比例

资料来源：2015～2020 年《中国统计年鉴》。

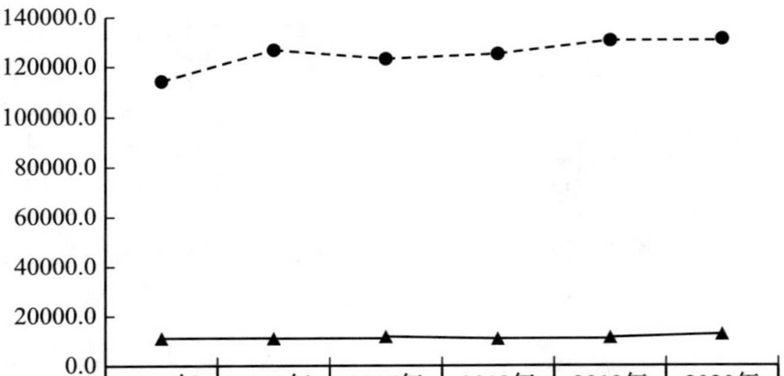

	2015年	2016年	2017年	2018年	2019年	2020年
限额以上零售业企业商品销售总额（亿元）	114255.3	126612.3	123085.3	124987.9	130354.1	130988.4
限额以上零售业企业期末商品库存额（亿元）	11213.2	11092.9	11788.0	10915.1	11374.2	12646.7

图 1－20　2015～2020 年限额以上零售业企业商品销售及库存

资料来源：2015～2020 年《中国统计年鉴》。

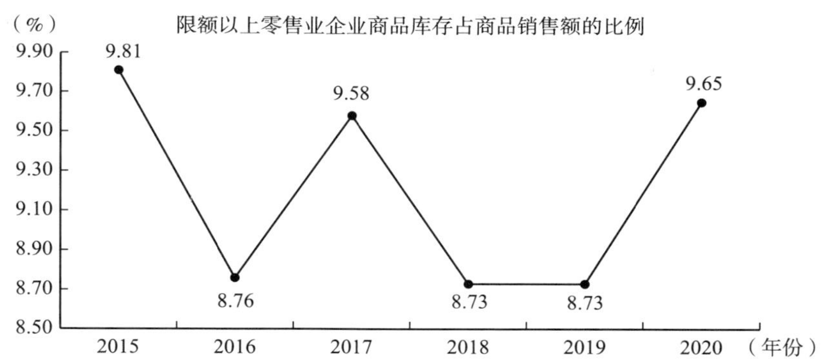

图 1－21　2015～2020 年限额以上零售业企业商品库存占销售额比例

资料来源：2015～2020 年《中国统计年鉴》。

四、流通业国际化步伐加快

从对外直接投资总量来看，据《中国统计年鉴》数据，2020 年我国流通业的对外直接投资净额达 2934925 万美元，占全部对外直接投资净额的 19.09%。其中，批发和零售业对外直接投资净额达 2299764 万美元，住宿和餐饮业对外直接投资净额达 11841 万美元，交通运输/仓储和邮政业对外直接投资净额达 623320 万美元（见图 1－22）。此外，据商务部、国家统计局和国家外汇管理局联合发布的《2020 年度中国对外直接投资统计公报》，2020 年我国批发和零售业、住宿和餐饮业、交通运输/仓储和邮政业对外直接投资流量分别为 2300000 万美元、12000 万美元和 623000 万美元。从实际利用对外直接投资来看，2020 年我国批发和零售业实际利用外商直接投资金额达 1184445 万美元，占全部实际利用外商直接投资额的 8.20%；住宿和餐饮业实际利用外商直接投资金额达 82415 万美元，占全部实际利用外商直接投资额的 0.57%；交通运输/仓储和邮政业实际利用外商直接投资金额达 499859 万美元，占全部实际利用外商直接投资额的 3.46%（见图 1－23）。从空间分布构成来看，截至 2019 年底，我国批发和零售业在中国香港和东盟的直接投资流量占比分别为 58% 和 10.4%，在美国和欧盟的直接投资流量占比分别为 3.9% 和 6.6%[①]。住宿和餐饮业境外投资的主要经济体为欧盟，其次为澳大利亚和美国，其他国家和地区较少。从企业国际化业务占比来看，流通企业海外市场拓展加快，海外业务占比显著提高。如根据阿里巴巴 2020 财年财报，截至 2020 年 3 月 31 日止的 12 个月，来赞达（Lazada）、速卖通及阿里巴巴其他国际零售业务的年度活跃消费者超过 1.8 亿元[②]。以位居世界 500 强企业的物产中大集团为例，其已在中国香港、新加坡、加拿大、印度尼西亚、越南、土耳其、阿联酋等地建有完善的供应链服务体系。从“走出去”经营业态来看，主要是以销售中国商品为主的批发市场，业态较为单一。如俄罗斯“海宁楼”、南非“中华门商业中心”、美国洛杉矶的中国商贸城等。随着中国流通企业竞争力的不断增强，也有不少连锁零售企业、电子商务企业开始在全球布局。如名创优品在全球拥有超过 4200 家门店，进驻包括美国、加拿大、俄罗斯、澳大利亚、德国等 80 多个国家和地区，其中公司直接运营的门店有 129 家。

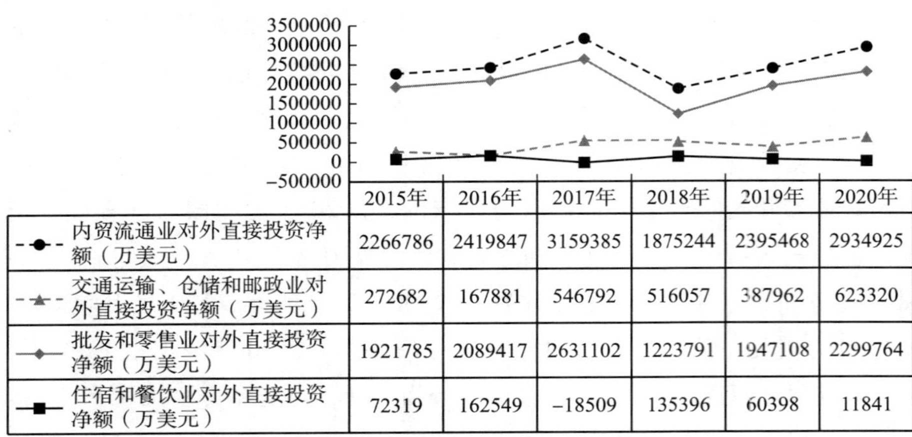

	2015年	2016年	2017年	2018年	2019年	2020年
内贸流通业对外直接投资净额（万美元）	2266786	2419847	3159385	1875244	2395468	2934925
交通运输、仓储和邮政业对外直接投资净额（万美元）	272682	167881	546792	516057	387962	623320
批发和零售业对外直接投资净额（万美元）	1921785	2089417	2631102	1223791	1947108	2299764
住宿和餐饮业对外直接投资净额（万美元）	72319	162549	-18509	135396	60398	11841

图 1-22　2015～2020 年流通业对外直接投资情况

资料来源：2015～2020 年《中国统计年鉴》。

① 谭璐：《中国对世界主要经济体直接投资概况分析》，搜狐网，2022 年 2 月 8 日，https：//www.sohu.com/a/521015494_120961824.

② 陈焕：《阿里巴巴 2020 财年交易额破 1 万亿美元》，杭州网，2020 年 5 月 22 日，https：//ori.hangzhou.com.cn/ornews/content/2020-05/22/content_7740524.htm.

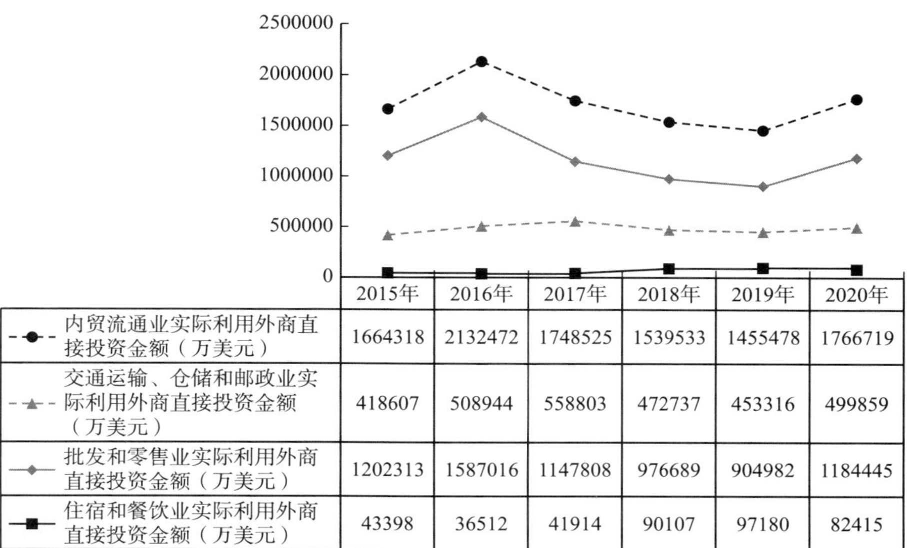

	2015年	2016年	2017年	2018年	2019年	2020年
内贸流通业实际利用外商直接投资金额（万美元）	1664318	2132472	1748525	1539533	1455478	1766719
交通运输、仓储和邮政业实际利用外商直接投资金额（万美元）	418607	508944	558803	472737	453316	499859
批发和零售业实际利用外商直接投资金额（万美元）	1202313	1587016	1147808	976689	904982	1184445
住宿和餐饮业实际利用外商直接投资金额（万美元）	43398	36512	41914	90107	97180	82415

图 1－23　2015～2020 年流通业实际利用外商直接投资情况

资料来源：2015～2020 年《中国统计年鉴》。

五、高能级流通平台加速形成

从流通枢纽来看，2015 年确定了北京、天津、石家庄、太原、呼和浩特、沈阳、大连、长春、哈尔滨、上海、南京、苏州、杭州、宁波、合肥、福州、厦门、南昌、济南、青岛、郑州、武汉、长沙、广州、深圳、南宁、海口、重庆、成都、贵阳、昆明、拉萨、西安、兰州、西宁、银川、乌鲁木齐这 37 个国家级流通节点城市，唐山等 66 个区域流通节点城市，一批大中城市在全国流通中的集聚、辐射和枢纽功能不断凸显①。从物流枢纽来看，截至 2021 确定了天津港口型国家物流枢纽、太原陆港型（生产服务型）国家物流枢纽、营口港口型国家物流枢纽、上海商贸服务型国家物流枢纽等 70 个国家物流枢纽城市，涵盖陆港型、空港型、港口型、生产服务型、商

① 于熙：《西安等 37 城列入国家级流通节点城市》，中国日报网，2015 年 6 月 3 日，http://cnews.chinadaily.com.cn/2015－06/03/content_20897317.htm.

贸服务型和陆上边境口岸型这6种类型[①]；同时，规模以上物流园区发展到2000个左右，17个国家骨干冷链物流基地、70个多式联运示范项目顺利推进，初步形成了连通国内主要城市的重要物流通道。从自由贸易试验区来看，截至2021年，我国共有18个自由贸易试验区，包含55个片区，大部分片区重点发展3至6个产业领域，已初步形成"现代商贸及金融为主、战略性新兴产业为辅"的产业格局，为内外贸市场循环提供了重要支撑[②]。从跨境电子商务综试区来看，截至2021年底我国先后确定了杭州、宁波、天津、上海、重庆、合肥、郑州、广州、成都、大连、青岛、深圳、苏州等5批105个跨境电子商务综试区，有力地推动了跨境电商的快速发展，带动了进出口贸易高质量发展，更好地链接了国内国际生产与消费资源[③]。从综合保税区来看，截至2021年1月，共建立了苏州工业园综合保税区等147个综合保税区，综合保税区整合了原保税区、出口加工区、保税物流园区等多种外向型功能，成为我国开放层次最高、优惠政策最多、功能最齐全、手续最简化的特殊高能级对外开放区域[④]。

第三节　中国构建现代流通体系的主要瓶颈

一、流通发展面临体制机制障碍

主要体现在：一是受制度、观念和利益羁绊，现代流通体系建设一直没

---

① 左宗鑫：《"十四五"首批25个国家物流枢纽建设名单发布》，腾讯网，2021年11月30日，https：//new. qq. com/rain/a/20211130A07ENF00.

② 东西智库股份有限公司，《2020年中国自由贸易试验区发展白皮书》，https：//www. dx2025. com/archives/84586. html.

③ 李伊：《商务部公布2021年跨境电商综试区评估结果》，电商报，2022年3月31日，https：//www. dsb. cn/181499. html.

④ 胡俊：《全国政协委员夏先鹏：建议在厦门设立"空港综合保税区"》，中国网，2021年3月9日，http：//www. china. com. cn/txt/2021－03/09/content_77289879. html.

有在全国形成共识并赋予其应有的战略地位，其作为共同着力点对生产和消费的协同联动作用尚未充分发挥。二是适应“现代流通体系”的管理体制尚未建立，条块分割、多头管理等问题依然普遍存在，与电商、网络直播等流通新业态相适应的监管机制仍在探索。三是产业政策层面受到一定程度“歧视”。长期以来，各级地方政府对流通业的资金支持相对农业和工业偏低；流通企业用水、用电价格相对工业企业偏高，项目建设用地难以充分保障。四是制度创新及政策落地实施滞后于流通业发展。如部分流通新业态超出了政府职能的传统监管范畴，存在监管盲区，商品质量良莠不齐，假冒伪劣问题突出等；一些政策创新落地有待加快，以养老消费为例，2019 年，60 岁以上居民占我国总人口数的比重超过 20%，也是高储蓄特征最为显著的群体①。但受长期照护保险制度等社会福利保障政策落地实施的影响，老年消费形成消费新增长点仍有较大难度。五是内外贸一体化体制机制尚未形成，长期以来内外贸市场存在明显的不同线、不同标和不同质现象，一定程度上制约了双循环新发展格局的构建。

二、流通业发展质量仍有待提高

主要体现在：一是产业总体规模仍有待扩大。据统计，2020 年我国流通业增加值占 GDP 的比重为 15.08%，低于美日欧发达国家（地区）25% ~28% 左右的水平②。二是国际化经营程度依然偏低。以零售业为例，我国零售企业大多未在境外开展业务，少数已在境外开展业务的零售企业，其境外业务占比也基本在 10% 以下，而全球前 250 强零售商平均在 10 个国家开展业务且境外业务收入占比达到 22.8%③。三是集约化经营程度不高。

---

① 岳彩周：《社科院报告：农村人口老龄化严峻，60 岁及以上人口比重超 20%》，新京报，2022 年 5 月 7 日，https://baijiahao.baidu.com/s?id=1732162446301059077&wfr=spider&for=pc.

② 《2020 中国统计年鉴》，国家统计局，2020 年 9 月 23 日，http://www.stats.gov.cn/tjsj/ndsj/2020/indexch.htm.

③ 德勤：《2020 全球零售力量》，东方财富网，2022 年 12 月 14 日，https://data.eastmoney.com/report/zw_industry.jshtml?encodeUrl=ScBBDl3y6EXD5YU7Z9WCBGxQ9rC4Q5YTBtXs7FAUToE=.

据统计，2020 年限额以上零售业单位中的超市零售额比上年增长 3. 1%，百货店、专业店和专卖店分别下降 9. 8%、5. 4% 和 1. 4%[①]。

三、流通设施急需补短板强弱项

主要体现在：一是国家级流通节点城市的供应链设施建设滞后，且连通关键流通节点城市的重要物流通道仍不畅通，流通成本总体依然较高。如我国工业品存货率在 10. 0% 左右，远高于日本等发达国家 5. 0% 的水平；物流成本占 GDP 的比重在 14. 7%，与美国、日本等发达国家 8. 0% ~9. 0% 的物流费用占 GDP 比重仍有一定距离[②]。二是城市流通设施存在结构性失衡。如城市大型商业综合体过多，而受投资收益率较低等因素影响，城市社区商业设施和公益性流通设施总体供给不足，影响了城市流通效率和便利消费。三是支撑农村消费扩容提质的设施不足。根据蚂蚁商联年会报道，2020 年我国乡村人口占全国人口的 39. 4%，将近 40. 0%。但乡村消费品零售额仅占全国 13. 5%，还有很大落差，农村消费潜力还没有完全释放[③]。其中，我国农村人均商业面积仅为城市的 1/10，超过一半的县城没有 3 万平方米以上的商业综合体。1/3 的乡镇没有商品交易市场，53. 0% 的村没有 50 平方米以上的综合日用商店，只有 30. 0% 的村有具备营业执照的餐馆，农村地区互联网普及率为 52. 3%，比城市低 24. 1 个百分点[④]。四是支撑新兴消费热点的设施滞后。以生鲜消费为例，据中物联冷链委的数据显示，2020 年我国在果蔬、肉类、水产品上的冷链流通率分别只有 22. 0%、34. 0% 和 41. 0%。而欧美在 95. 0% 以上，肉类更是 100. 0%。以夜间消费为例，据商

---

① 《国家统计局：2020 年社会消费品零售总额 391981 亿元》，中国新闻网，2021 年 01 月 18 日，https：//www. chinanews. com. cn/cj/2021/01 – 18/9389868. shtml.

② 韩军：《集装箱运输行业研究：运费货值比视角下，长期价格中枢在哪里?》，东方财富网，2021 年 12 月 23 日，https：//caifuhao. eastmoney. com/news/20211223164535752010980.

③ 《2020 中国统计年鉴》，国家统计局，2020 年 09 月 23 日，http：//www. stats. gov. cn/tjsj/ndsj/2020/indexch. htm.

④ 《商务部戴松君：加强县域商业体系建设 农村消费潜力待释放》，中国政府网，2021 年 6 月 17 日，http：//www. gov. cn/zhengce/2021 – 06/17/content_5618670. htm .

务部城市居民消费习惯调查报告显示，我国 60.0% 的消费发生在夜间，但受夜间消费设施滞后、交通配套设施不足等因素影响，夜间消费尚未成为我国城市消费的新增长点。

四、流通企业供应链管理能力偏弱

主要体现在：一是缺少一批具有较强国际市场竞争力和全球资源整合能力的流通龙头企业，品牌和渠道控制力较弱，全球供应链运营服务能力不强。二是供应链管理模式普及应用程度不高。大多数流通企业的商业模式仍以简单的进销差价为主，精准对接生产端和消费端的能力不强，优质商品和服务的供给能力不足。三是供应链集约化运作程度不高，集中采购、连锁经营、统一配送等现代流通方式有待普及应用，流通效率和成本有待改善。据调查，我国流通企业物流成本占企业总成本的比重一般在 20.0% 以上，高于一般企业 15.0% 左右的平均水平①。物流成本占产品成本的比重约在 30.0% ~40.0%，而发达国家一般为 10.0% ~15.0%②。四是供应链数字化程度不高。据《中国数字经济发展白皮书》显示，2020 年我国第三产业数字经济渗透率仅为 8.9%，同时，流通企业的供应链数字化应用主要集中在交易和营销等前端环节，采购、物流和运营等中后端环节的数字化程度不高。五是全球供应链支撑体系急需加强。目前“走出去”流通企业带动出口的商品大多是消费品，品类成千上万，单品价值不高，批次多，由分布在我国不同地区甚至不同国家的几百家乃至几千家企业共同生产，并通过流通企业的全球供应链体系分销至全球多个国家数以百计的分销网点，对供应链响应速度、物流成本控制、本地化配送体验和便利化退换货等要求较高。

---

① 钱志新：《成本经济》，中国经济时报，2006 年 05 月 25 日，https：//lib. cet. com. cn/paper/szb_con/57717. html.

② 马常艳：《我国流通成本有多高？每个环节加价 5% 以上》，中国经济网，2017 年 06 月 12 日，http：//www. ce. cn/xwzx/gnsz/gdxw/201706/12/t20170612_23560392. shtml .

五、流通业国际化经营程度不高

主要体现在：一是内贸企业“走出去”的主动意愿和信心明显不足。我国流通企业大多仍以国内市场为主，缺乏“走出去”的主动意愿和充足信心，境外业务收入占企业总收入的比重普遍较低。如德勤咨询《2020 全球零售力量》报告显示，全球前 10 大零售商平均在 13 个国家开展业务，全球前 250 强零售商平均在 10 个国家开展业务且境外业务零售收入占比达到 22.8%。而以中国企业迪信通为例，即使该企业已在三大洲、6 个国家开展通信数码零售及分销业务，在尼日利亚、西班牙等地成为最具影响力的通信数码零售品牌，但其境外业务零售收入占比仅为 2.1%。二是“走出去”企业的经营模式难以适应海外市场。从采购环节来看，由于中国流通企业国际化经验不足，全球商品采购能力普遍较弱，海外货品组织和开发难度大，造成流通企业“走出去”后仍以经营国内商品为主，面临因文化习俗差异带来的部分产品受众有限、因商品运费和退换货成本增加带来的商品竞争力不足等问题。从分销环节来看，相对全球知名流通企业和目的国流通企业在本国拥有较高知名度的品牌、较为成熟的分销渠道而言，我国流通企业品牌在海外市场的认知度和影响力不高、资金实力不强、分销渠道布局的成本较高且难度较大。如苏宁通过并购日本 LAOX 株式会社，在日本拥有 12 家连锁店铺。但据 2021 年日经中文网消息，LAOX 于 2020 年合并最终损益亏损 166 亿日元，苏宁系持股比例从 65.0% 降至 30.0%①。三是“走出去”的综合配套服务体系尚未建立。由于国内外在国情、语言和文化等方面存在巨大差异，流通企业“走出去”面临市场信息不透明的巨大风险，急需政府及相关机构提供海外市场信息服务。但目前我国熟悉海外市场的品牌、商标、法律、物流、营销、培训等专业服务机构力量不足。四是“走出去”的境外服务设施有待提升。目前主要是依托境外经贸功能区或海外仓，但境外经

---

① 王小孟：《苏宁出售日本乐购仕部分股权 持股比例降至 30%》，电商报，2021 年 12 月 6 日，http：//news. winshang. com/html/069/4164. html.

贸功能区仍以服务制造业“走出去”为主，集聚的服务资源与流通企业“走出去”需求存在较大差异；而海外仓大多以提供仓储配送服务功能为主，品牌、营销、商标等商务服务功能及能力较为欠缺。

第四节　中国流通业发展面临的新形势

一、高质量经济发展新阶段对现代流通体系建设提出新要求

从消费来看，我国人均水平正进入高收入阶段，已形成全球最大规模的中等收入群体，人民对美好生活的要求不断提高，以国内大循环为主体的经济正逐步从投资出口拉动转向创新和消费驱动的内生经济。而随着消费对经济发展的基础性作用进一步彰显，并从关注价格的生存温饱型向追求品质的小康发展型逐步转变，中高端商品和服务消费需求得到充分释放，个性化、多样化消费渐成主流，多品种、小批量、多批次的交易方式将更受到消费者青睐。从产业来看，一方面，新技术、新业态和新模式正加速与产业融合，成为经济发展新的原动力，推动工业企业、产业乃至社会生产模式的深刻变革，高技术含量、高复杂度和高国际分工地位产品的生产规模和生产能力将得到大幅提升，生产过程智能化、专业化和信息化将进一步提高；另一方面，2021 年 1 月 31 日，中共中央办公厅、国务院办公厅印发《建设高标准市场体系行动方案》，强调要建成统一开放、竞争有序、制度完备、治理完善的高标准市场体系，也将进一步推动市场结构持续优化。从贸易来看，区域经济增长新旧动能转换离不开新型贸易这一重要引擎，其本质是新型贸易与传统贸易的互动甚至替代。未来流通业将继续扮演拉动经济快速增长的重要角色。尤其是《区域全面经济伙伴关系协定》（RCEP）和《中欧投资协定》（CAI）等新一代全球经贸协定的签署，将对我国流通业发展提出新要求。

二、双循环新发展格局为现代流通体系建设提供新支撑

习近平总书记在2020年5月14日召开的中共中央政治局常委会会议上强调："要建设以国内大循环为主体、国内国际双循环相互促进的新发展格局"①。根据国际经验，"十四五"时期我国最终消费支出对经济增长贡献将超过60%，最终消费率预计将进一步提高约4～5个百分点；数年内中国零售市场将超过美国成为全球第一大市场，未来十年中国新增消费需求将超过美国和西欧的总和。从国内大循环看，内循环是国内经济持续发展根本的、主要的动力来源。通过构建国内大循环，能够充分利用我国完备的工业体系，发挥强大的国内市场优势和创新潜能，加快构建完整的内需体系，在更大范围把生产和消费联系起来，将规模巨大、多元创新的消费需求及其带动的投资需求，转化为流通业发展的新动力，形成新的增长点和增长极。同时，流通业通过创新产品、服务和商业模式，可进一步创造并带动新的消费。从国内国际双循环看，国内国际相互促进的新发展格局的建立旨在有机统筹国内国际两个大局，利用国内国际两个市场、两种资源，不断培育我国参与国际合作和竞争的新优势。两个市场、两种资源的协同将为我国现代流通体系建设提供更大的支撑，能够更好地发挥我国超大规模经济体引力场作用，聚集全球商品和资源要素，促进形成国际合作和竞争新优势。

三、数字技术加速发展为现代流通体系建设创造新机遇

以5G、人工智能、区块链等为代表的"新基建"构筑了数字经济的内核。在国家政策引导下，全国各地加快新基建投资布局，不断夯实数字经济内在根基。一方面，数字经济已全面融入我国经济社会各领域，成为推动流

① 洪俊杰：《"双循环"相互促进，高质量发展可期》，央广网，2020年7月9日，https：//baijiahao. baidu. com/s？ id = 1671744759335842786&wfr = spider&for = pc.

通业变革的重要驱动力。2021 年 5 月 14 日，据中国社会科学院数量经济与技术经济研究所、社会科学文献出版社共同发布的《数字经济蓝皮书：中国数字经济前沿（2021）》测算，2020 年中国数字经济增加值规模超过 19 万亿元（19144.7 亿元），占 GDP 比重约为 18.8%。据上海社科院预计，2030 年中国数字经济将达到 150 万亿元，占 GDP 比重达到 80.0% 左右。2021 年 1 月 29 日，商务部办公厅发布的《关于加快数字商务建设 服务构建新发展格局的通知》提出要开展消费数字化升级行动、"数商兴农"行动、"丝路电商"行动、数字化转型赋能行动、数字商务服务创新行动五项行动，以此加快数字商务建设。这也将深入改变传统流通业的商业逻辑和运行方式，加速流通数字化转型、智能化改造和跨界融合，推动流通新技术新业态新模式蓬勃发展。另一方面，新冠肺炎疫情的暴发，在很大程度上改变了消费者的消费行为习惯。疫情期间，无接触配送、远程医疗、智能机器人等无接触服务深入人心，非接触式和简单迅速式的消费行为模式逐渐形成，消费渠道开始走向"云端"。传统流通企业正在积极主动拥抱新零售理念和数字经济手段，通过大数据、人工智能等新技术优化管理，深入了解顾客需求、消费偏好，增强顾客与产品的互动场景，进而实现精准推荐与体验式营销，提高销售业绩。

四、乡村振兴战略实施为现代流通体系建设拓展新空间

新时代背景下，以城乡一体化治理推进共同富裕，是推进生态化、现代化、协调化发展的新要求，有利于塑造可持续发展新优势、实现经济社会生产方式历史性跨越、形塑有序共富新格局（张笑菡，2022）现代流通体系建设对实施乡村振兴战略，促进城乡高质量融合发展具有十分重要意义。党的十九大首次提出了"实施乡村振兴战略"，2018 年 1 月 2 日《中共中央国务院关于实施乡村振兴战略的意见》指出："要鼓励支持各类市场主体创新发展基于互联网的新型农业产业模式，深入实施电子商务进农村综合示

范，加快推进农村流通现代化”[①]。这意味着，激发农村流通体系活力，使农业产、供、销、服全面立体化推进成为战略重点。2019 年国务院办公厅印发《关于加快发展流通促进商业消费的意见》，其中第六条和第七条提到：“加快发展农村流通体系”“扩大农产品流通”。这意味着，围绕农村电商的发展，需要加快从生产、加工、仓储、物流等全过程的农村供应链体系改造升级，加快农村流通现代化步伐。2020 年 1 月 2 日中共中央、国务院《关于抓好“三农”领域重点工作确保如期实现全面小康的意见》提出“有效开发农村市场，扩大电子商务进农村覆盖面，支持供销合作社、邮政快递企业等延伸乡村物流服务网络，加强村级电商服务站点建设，推动农产品进城、工业品下乡双向流通”。这意味着，实现城乡生产与消费有效衔接，需要进一步完善农产品流通体系。2021 年中央一号文件提出“加快完善县乡村三级农村物流体系，改造提升农村寄递物流基础设施，深入推进电子商务进农村和农产品出村进城，推动城乡生产与消费有效对接”，也明确了构建现代流通体系的构想。2021 年商务部等 17 部门印发《关于加强县域商业体系建设 促进农村消费的意见》提出，“健全农村流通网络”“创新流通业态和模式”“完善农产品流通骨干网”，这意味着，农村流通体系建设在拉动农村消费中发挥着重要作用，通过农村现代化流通体系建设，不仅可破除城乡壁垒，促进消费市场持续下沉，带动城乡居民生活品质提升，而且可促进农业生产方式转型，带动乡村经济结构调整和转型升级，确保农民收入持续增长。

五、消费需求持续扩容提质为现代流通体系建设增添新动能

消费连续 7 年成为我国经济增长的第一拉动力，2020 年对经济增长贡献达到 54.3%[②]。党的十九届五中全会进一步提出“全面促进消费”，意味

① 《中共中央 国务院关于实施乡村振兴战略的意见》，中国政府网，2018 年 2 月 4 日，https://www.gov.cn/zhengce/2018-02/04/content_5263807.htm.

② 邓浩：《中经评论：在消费升级中不断增强发展韧性》，中国经济网，2021 年 10 月 20 日，http://views.ce.cn/view/ent/202110/20/t20211020_37011544.shtml.

着消费在国民经济中的重要性被进一步突出。当前我国正处在消费变革关键时期，消费领域出现了提质扩容、方式创新、市场重塑、消费分化等革命性变化。具体体现在：从内容看，消费内容从商品为主向服务为主转变，服务消费、文化消费、信息消费等成为新的消费热点；消费层次从关注价格向追求品质转变，产品换代消费、品牌商品消费、进口商品消费受到高度关注；消费观念日益向绿色消费、健康消费等新型消费理念转型。从区域看，随着农村人均收入快速上升，农村人口对商品、服务需求呈扩大趋势。据统计，截至2020年底，农村居民人均可支配收入为17131元，保持稳定增长[①]。从人群看，新常态下我国的主力消费群体、消费偏好和消费结构正在发生深刻变革，青年和老年人群需求正成为引领消费升级的重要因素，以健康、美容、教育、文化、体育、旅游为代表的新兴消费需求充分释放。从方式看，网络消费是未来人民群众的主要消费方式。具体体现在：消费渠道从线下向线上线下融合转变，网络消费、智能消费、无接触消费等消费方式占比越来越高。未来，消费升级还有巨大的扩容空间和发展潜力，消费升级在推动流通现代体系建设方面的动能将明显增强。

六、内外发展面临的不确定性对现代流通体系建设构成新挑战

从国际经济形势来看：一是西方逆全球化思潮抬头，世界贸易组织（WTO）改革任重道远，给外贸外资工作带来不利影响；特别是受全球疫情蔓延的影响，世界经济受到重创，各国为了自保，更加重视本土供应商，加剧了逆全球化思潮，逆全球化发展趋势逐渐明显。二是虽然中美经贸摩擦和谈判的结果可能会有反复，但是美国加大对我国遏制的态度和决心已较为明确；而新兴国家市场在体量和质量上均难以与美欧日等发达国家市场媲美，进一步开拓国际市场难度加大。三是新冠肺炎疫情带来的世界经济下滑，导致供应链、产业链和市场渠道遭受深度创伤甚至断裂，使得当前国际分工模式和全球价值链发生根本性改变，可能进一步导致世界经济陷入深度衰退。

① 《进一步深挖农村消费潜力》，载《经济日报》2021年2月21日。

根据国际货币基金组织（IMF）2021 年 1 月 26 日发布的《全球经济展望报告》预测，2020 年全球经济将萎缩 3.5%。急需通过流通促进消费提质扩容，推动释放国内消费市场潜力，形成强大国内市场。从国内经济形势来看：一是全球新冠肺炎疫情暴发以来，国际形势日趋复杂严峻，我国投资和出口需求受到明显抑制，已影响就业和金融稳定。二是拉动经济增长的三驾马车中，投资一直在高位运行，出口也一直稳步上升，但内需相对不足，居民消费倾向有所下降，消费需求未得到充分激发。三是产业转型升级压力大，我国制造业既面临日本、德国等发达国家的高端压制，也面临越南、印度等发展中国家的低成本追赶，两面夹击现象日益突出。现代流通体系建设能够在更大范围把生产和消费联系起来，扩大交易范围，推动分工深化，提高生产效率，促进产销衔接和供需匹配，畅通国民经济大循环，提高经济运行质量和效益。

七、共同富裕国家战略实施为现代流通体系建设构造新格局

共同富裕不仅是中国共产党百年奋斗的重要使命，更是新时代发展的主旋律。党的十九届五中全会提出“2035 年全体人民共同富裕取得更为明显的实质性进展”；2021 年 11 月，党的十九届六中全会通过《中共中央关于党的百年奋斗重大成就和历史经验的决议》，确定社会主义中国将坚定不移走全体人民共同富裕的道路；2021 年 6 月 10 日中共中央、国务院发布《中共中央国务院关于支持浙江高质量发展建设共同富裕示范区的意见》；习近平总书记在“七一”重要讲话中要求“推动人的全面发展、全体人民共同富裕取得更为明显的实质性进展”；2021 年 8 月 17 日中央财经委员会第十次会议提出推进共同富裕的更多具体措施，表明共同富裕的内涵特征和实现路径已基本确定，共同富裕进入实质性推进阶段。共同富裕是将加快缩小城乡、区域和收入分配三大差距作为主攻方向，现代流通体系建设既能通过引导现代生产发展，以“提低、扩中、限高”的方式调节收入分配、促进现代消费，引领城乡、区域和行业协调发展，缩小贫富差距；又能通过现代流通体系的优化和升级，搭建商品、人才、技术

等要素资源在不同区域自由流动的桥梁，促进人口、资本等要素在更大范围、更高层次、更广空间高效流动与合理配置，增强城乡间、区域间、行业间发展的平衡性和充分性，缩小和消除城乡间、区域间、行业间贫富差距，实现共同富裕。

第二章

相关理论研究与政策实践

第一节　扩内需理论与政策

一、扩内需政策实践

1998 年 2 月，中共中央、国务院发出《关于转发〈国家计划委员会关于应对东南亚金融危机，保持国民经济持续快速健康发展的意见〉的通知》，强调要“立足扩大国内需求，加强基础设施建设”，第一次明确将“扩大国内需求”作为一项政策提出。事实上，内需不足是过去二十多年来，评价中国经济运行使用频率最高的词汇之一。当前国际政治经济格局发生深刻变革，世界百年未有之大变局加速演化。在外需不确定性增加的情况下，强调扩大内需，是防范宏观经济波动的重要举措。形成强大国内市场，构建新发展格局，是党的十九届五中全会提出的明确要求。“十三五”规划以来，相关部门先后发布多项扩大内需的政策，如 2017 年《国务院关于进一步扩大和升级信息消费持续释放内需的指导意见》明确要坚持创新驱动、坚持需求拉动、坚持协同联动；2018 年《中共中央国务院关于完善促进消费体制机制进一步激发居民消费潜力的若干意见》指出，消费是最终需求，既是生产的最终目的和动力，也是人民对美好生活需要的直接体现；2019年《进一步优化供给推动消费平稳增长 促进形成强大国内市场的实施方案（2019年）》《加大力度推动社会领域公共服务补短板强弱项提质量 促进形成强大国内市场的行动方案》提出突出以供给侧结构性改革为主线，高质量供给催生创造新的市场需求为目的，勾勒出形成国内强大市场的全新消费版图；2020年，国务院办公厅先后发布《关于进一步做好稳外贸稳外资工作的意见》《关于以新业态新模式引领新型消费加快发展的意见》《关于推进对外贸易创新发展的实施意见》等文件，瞄准需求"痛点"，多渠道增加优质产品和服务供给，并提出稳定消费预期、提振消费信心的具体政策措施。

通过对政策进行梳理，扩大内需的核心内容包括以下八个方面。

一是挖掘新消费增长点，拓展消费空间，创新消费体验，优化消费环境。如完善相关法律法规，把职工带薪休假制度落到实处；发展多种形式的休闲经济，满足消费者需求；利用零售电商、直播电商等新业态新模式，提升消费体验，创新无接触式消费模式，探索发展智慧超市、智慧商店、智慧餐厅等新零售业态等。

二是完善有利于提高居民消费能力的收入分配制度。一方面完善个人所得税专项附加扣除方案，针对性降低居民的纳税负担，增加居民收入，激发居民消费潜力；另一方面加大惠农政策，提高中低收入者收入水平，缩小收入分配差距。如提高粮食最低收购价格，提高良种补贴、农机具补贴等标准。同时提高低收入群体等社保对象待遇水平，增加城市和农村低保补助，继续提高企业退休人员基本养老金水平和优抚对象生活补助标准。

三是推动积极的财政政策。实施更大规模的减税降费，较大幅度增加地方政府专项债券规模，改善货币政策传导机制，提高直接融资比重，解决好民营企业和小微企业融资难、融资贵问题。

四是鼓励和支持民间投资健康发展，合理扩大信贷规模。加大对重点工程、"三农"、中小企业的信贷支持，有针对性地培育和巩固消费信贷增长点。同时围绕中高端消费需求的发展方向引导和布局投资，尤其在教育、医疗、养老、文化、体育、娱乐等高成长性和抗周期性行业加大投资密度。

五是推进基建补短板。一方面紧密结合新型城镇化、乡村振兴和城乡一体化建设加快农村基础设施建设。加大村庄公路、电网建造、农村沼气、饮水安全等工程建设力度；另一方面，加快铁路、公路和机场等重大基础设施建设，完善高速公路网，安排中西部干线机场和支线机场建设，加快城市电网改造。

六是坚定推进供给侧结构性改革。减少低端和无效供给，扩大有效和中高端供给，以更有效的供给满足消费者需求。坚定不移地落实“三去一降一补”，通过“去产能、去库存”为有效供给腾空间，调整国内的供求矛盾；通过“去杠杆、降成本”提高企业竞争力，为满足国内需求提供更多物美价廉的商品；通过“补短板”实行进口替代，将消费者的国外需求转化为国内需求。要着力推动技术进步与生产效率提高，优化商品品类与质量，并且通过减少生产成本来带动商品价格的降低，让国人能够提高自身的边际消费倾向，激发消费潜力。

七是加快流通发展。“十三五”时期，我国流通体系已初步形成主体多元、方式多样、开放竞争的发展格局，对推动消费升级、促进扩大消费具有重要意义。要促进流通新业态新模式发展，形成更多流通新平台、新业态、新模式。加强流通基础设施建设，加快农村流通发展的同时拓展出口产品内销渠道。

八是推动对外开放。适应新形势、把握新特点，推动由商品和要素流动型开放向规则、管理、标准等制度型开放转变。降低关税，鼓励跨境电商经营，放宽市场准入，全面实施准入前国民待遇加负面清单管理制度，保护外商在华合法权益，特别是知识产权，允许更多领域实行独资经营，建设开放高地，推动各类生产要素跨境自由有序安全便捷流动。

二、扩内需的理论研究

从内外环境变化看，为保持我国国民经济持续健康增长，必须从以往过度依靠外需转向主要依靠内需。因此，大力培育内需市场成为我国促进经济增长的长期战略方针和根本着力点。从现有研究来看，扩大内需主要集中在以下几方面。

（一）扩大内需的基本内涵

目前国内学术界对于扩大内需基本内涵的研究，主要是从历史与现实、理论与实践、国内与国际紧密结合等不同维度去解读。从历史与现实维度来看，扩大内需不仅指扩大内需规模，抑或扩大内需的增长速度，更主要的是指提高内需率（胡鞍钢，2020）。从理论与实践维度来看，扩大内需本质上就是通过刺激国内市场上的消费供给来扩大居民消费需求（王杨，2021）。从国内与国际紧密结合维度来看，扩大内需是利用国内市场，它相对于扩大外需和出口导向而言，与是否参与全球经济的循环进程没有直接的关系，即扩内需既能以开放的方式进行，如进口国外要素在国内加工并在国内外销售；也能以封闭的方式进行，如在国内完成产业链的整个价值增殖过程，不与国际经济发生任何联系（刘志彪，2012）。

（二）扩大内需的战略动机

实施扩大内需战略的现实原因，学术界主要从国内外经济环境变化、经济发展需要和社会条件支持等几个方面进行探讨和分析。就现有研究成果来看，实施扩大内需战略有其深刻的国际背景，主要存在以下三种观点：第一，欧洲主权债务危机持续发酵，西方主要经济体失业率居高不下，世界经济增长动力明显减弱，风险因素增加，经济低迷可能是一个长期趋势（洪银兴，2013；左然，2020）。第二，世界经济增长下滑、通胀水平抬升和发达国家复杂多变的经济形式，会通过多种渠道对我国发展产生影响（李克强，2012；席涛，2019）。第三，全球贸易保护主义抬头，扩大出口遇到越来越多的摩擦、壁垒和障碍，国际竞争更趋激烈（黄茂兴，2012）。因此，只有立足扩大内需，才能使我国的发展立于不败之地。从国内看，实施扩大内需战略：一方面是因为国内经济发展面临的投资与消费关系不协调、居民消费不足、消费与储蓄关系失调、体制机制障碍、产品与服务品质较低、市场分割、过度干预等问题与挑战（郭春丽，2012；黄茂兴，2012；何代欣，2017；张杰和金岳，2020）。另一方面是因为我国已具备实施扩大内需的现实条件和基础，主要表现在能源、交通、通信等基础设施和基础产业投资需求巨大；城乡居民消费需求继续从总体小康向全面小康过渡，消费结构逐步升级，最终消费需求潜力巨大；产业结构优化升级；改革的推进和市场经济的完善等方面（于淑清，2010；刘志彪，2012；武赫和张嘉昕，2012）。

（三）扩大内需的战略路径

扩大内需作为适应我国主要矛盾变化、更好满足人民美好生活的必然要求和适应我国发展阶段、环境和条件变化的主动选择，如何有效扩大内需成为社会关注的焦点。因此，对于实施扩大内需战略的实践路径，成为学者们研究的重点。目前，国内学者主要围绕加快推进经济结构调整、保障和改善民生、深化体制机制改革、促进经济社会协调发展四个角度来展开对扩大内需战略的研究。以推动经济结构调整的角度，学者们主要从加快推进城镇化，促进城乡协调发展、大力发展服务业，扩大城乡消费需求、促进区域协调发展，培育新的经济增长极（武赫和张嘉昕，2012；黄茂兴，2012；江小涓，2010）等方面进行分析；以保障和改善民生的角度，学者们主要从改变传统消费观念，积极挖掘消费潜力、提高居民收入水平、加快农村居民的消费升级（李克强，2012；黄湘萌，2019）等方面展开论述；以深化体制机制改革的角度，学者们主要从优化投资环境、坚持供给侧结构性改革、实行积极的财政政策、实行更加灵活适度的稳健货币政策、强化就业优先政策（何代欣，2017；刘江宁，2020；胡鞍钢，2020）等方面进行讨论；以促进经济社会协调发展的角度，学者们主要从优化社会保障体系建立、推进收入分配和社会保障制度改革、形成基本公共服务均等化的体制机制（郭春丽，2012；周利兴，2014）等方面展开分析（见表2－1）。

表 2－1　　扩大内需的理论研究情况

主题	研究视角和内容	代表性观点和研究成果
扩大内需的基本范畴	内涵界定	因国内消费需求不足等因素而采取的措施（王建国，2000）；扩大内需率，降低净出口率（郭春丽，2012）；扩大投资需求与消费需求（闫坤等，2015）；扩大内需的真正落脚点是构建起国内大循环为主的新发展格局（刘元春，2021）
	地位	扩大内需是长期战略方针、基本立足点、重要举措（宋宝安等，2015）；内外环境的压力下扩大内需尤为重要（刘伟，2019）；扩大内需、促进居民消费是必要的路径选择（刘艳瑞，2020）；社会主义经济大循环下要以扩大内需为重点（杨承训，2020）
	作用	扩大内需可避免贸易摩擦阻碍我国经济的良性发展（吴红蕾，2018）；扩大内需有利于国民经济发展和人民生活水平提高（肖海晶，2011）；扩大内需政策有利于中国制造业出口结构优化（祁飞等，2012）；有利于解决城乡发展等问题（周利兴，2014）
扩大内需相关关系	扩大内需与科技进步、出口贸易、城镇化、存在关系；对工资上涨、工业技术创新与产品创新存在正向促进作用	科技进步同扩大内需消费之间互为因果（赵爱东等，2018）；扩大内需以及工资上涨对东、西、中部地区的出口贸易均能产生正向的促进作用，作用存在差异（陈启斐和李平华，2013）；实现与生产率相匹配的对外贸易结构转型升级有助于扩大内需（王朝南，2014）；城镇化与内需之间存在双向因果关系（刘慧媛和吴开尧，2015）；人口城镇化水平与内需呈现正相关（刘铠豪，2017）；有效需求增加对工业技术创新和产品创新产生显促进作用（朱琴和姜彩楼，2016）
	以扩大内需为背景的相关研究	中部地区崛起路径（刘守义，2012）；消费主义的遏制与科学消费的促进；利用国内市场优势。融入更高层次的全球经济分工格局（武斐婕，2015）；效率与公平问题（李云娥，2016）
扩大内需阻碍因素	体制机制、生产等因素对扩大内需存在阻碍	生产因素、投资因素、分配因素、消费因素、政策因素、体制因素和信用缺失（肖海晶，2011）；体制转轨和产权制度不合理（杨元庆和杨继瑞，2011）；内需与外需的复杂关联、居民消费不足、产品与服务品质较低、市场分割及过度干预（何代欣，2017）；突出体制机制障碍（张杰和金岳，2020）
扩大内需相关路径	加快推进经济结构调整	加快推进城镇化，促进城乡协调发展、大力发展服务业，扩大城乡消费需求、促进区域协调发展，培育新的经济增长极（武赫和张嘉昕，2012；黄茂兴，2012；江小涓，2010）
	保障和改善民生	改变传统消费观念，积极挖掘消费潜力、提高居民收入水平、加快农村居民的消费升级（李克强，2012；黄湘萌，2019）
	深化体制机制改革	优化投资环境、坚持供给侧结构性改革、实行积极的财政政策、实行更加灵活适度的稳健货币政策、强化就业优先政策（何代欣，2017；刘江宁，2020；胡鞍钢，2020）
	促进经济社会协调发展	优化社会保障体系建立、推进收入分配和社会保障制度改革、形成基本公共服务均等化的体制机制（郭春丽，2012；周利兴，2014）

第二节　双循环理论与政策

一、双循环政策实践

2020 年 5 月 14 日，中央政治局常务委员会会议基于供给、需求视角首次提出“构建国内国际双循环相互促进的新发展格局”的经济战略，强调“要深化供给侧结构性改革，充分发挥我国超大规模市场优势和内需潜力，构建国内国际双循环相互促进的新发展格局”①。第一次明确指出，我国竞争优势是超大规模的生产优势和内需潜力，目标是构建一个国内国际双循环相互促进的发展新格局。随后，习近平总书记在 2020 年 7 月 21 日主持召开的企业家座谈会上，进一步明确指出以下三点：第一，“中国开放的大门不会关闭，只会越开越大。以国内大循环为主体，绝不是关起门来封闭运行”。第二，“以国内大循环为主体，绝不是关起门来封闭运行，而是通过发挥内需潜力，使国内市场和国际市场更好联通，更好利用国际国内两个市场、两种资源，实现更加强劲可持续的发展”。第三，“从长远看，经济全球化仍是历史潮流，各国分工合作、互利共赢是长期趋势。我们要站在历史正确的一边，坚持深化改革、扩大开放，加强科技领域开放合作，推动建设开放型世界经济，推动构建人类命运共同体”②。这次会议上强调的“集中力量办好自己的事”，也可以视为“内循环为主”另一种形式的概括。2020 年 7 月 30 日，中央政治局会议再次强调了“双循环”的政策思路，进一步明确了“双循环”的发展格局，不是一项短期考虑，而是

① 《【央视快评】构建国内国际双循环相互促进的新发展格局》，人民网，2020 年 5 月 16 日，http：//opinion. people. com. cn/n1/2020/0516/c1003 - 31711809. html。

② 《习近平主持召开企业家座谈会并发表重要讲话》，中国政府网，2020 年 7 月 21 日，http：//www. gov. cn/xinwen/2020 - 07/21/content_5528789. htm。

“从持久战的角度加以认识”①。至此，“畅通国民经济循环”在空间上拓展到了“双循环”，在时间上拓展到了持久、中长期的视角。这也意味着，“双循环”将成为中长期经济政策的总体指导思路，尤其对“十四五”期间的经济工作部署产生重要影响。2020 年 8 月 24 日，习近平总书记在中南海主持召开的经济社会领域专家座谈会上强调“双循环”新发展格局提出的现实背景，指出“这个新发展格局是根据我国发展阶段、环境、条件变化提出来的，是重塑我国国际合作和竞争新优势的战略抉择”。会议进一步强调“要坚持供给侧结构性改革这个战略方向，扭住扩大内需这个战略基点，使生产、分配、流通、消费更多依托国内市场，提升供给体系对国内需求的适配性，形成需求牵引供给、供给创造需求的更高水平动态平衡”②。当然，新发展格局决不是封闭的国内循环，而是开放的国内国际双循环。这也意味着，“双循环”是以国内大循环为主体、国内国际双循环相互促进的新发展格局。2020 年 9 月 1 日，习近平总书记主持召开中央全面深化改革委员会第十五次会议，会议指出“构建新发展格局，我们是有显著制度优势和坚实改革基础的”，同时，“当前形势下，构建新发展格局面临不少新情况新问题，要善于运用改革思维和改革办法，统筹考虑短期应对和中长期发展，既要在战略上布好局，也要在关键处落好子”③。这也意味着我国既有构建新发展格局的优势同时也面临着严峻的挑战。2020 年 10 月 29 日党的十九届五中全会公报中再次强调，以内循环为主体，“坚持扩大内需这个战略基点，加快培育完整内需体系，把实施扩大内需战略同深化供给侧结构性改革有机结合起来，以创新驱动、高质量供给引领和创造新需求。要畅通国内大循环，促进国内国际双

---

① 《习近平主持中共中央政治局会议 决定召开十九届五中全会 分析研究当前经济形势和经济工作》，中国政府网，2020 年 7 月 30 日，http：//www.gov.cn/xinwen/2020-07/30/content_5531313.htm。

② 《为中国新发展阶段指明方向》，人民网，2020 年 8 月 28 日，http：//media.people.com.cn/n1/2020/0828/c40606-31839769.html。

③ 《习近平主持召开中央全面深化改革委员会第十五次会议强调：推动更深层次改革实行更高水平开放 为构建新发展格局提供强大动力》，中国政府网，2020 年 9 月 1 日，http：//www.gov.cn/xinwen/2020-09/01/content_5539118.htm。

循环，全面促进消费，拓展投资空间”①。会议再次确认强调，新发展格局是以国内大循环为主体。2020 年 11 月 4 日，习近平总书记在上海国际进口博览会开幕式上的讲话中强调开展国内国际双循环的重要性，指出“中国提出构建以国内大循环为主体、国内国际双循环相互促进的新发展格局。这决不是封闭的国内循环，而是更加开放的国内国际双循环，不仅是中国自身发展需要，而且将更好造福各国人民”②。2021 年 1 月 31 日，中共中央办公厅、国务院办公厅印发的《建设高标准市场体系行动方案》指出，“建设高标准市场体系是加快完善社会主义市场经济体制的重要内容，对加快构建以国内大循环为主体、国内国际双循环相互促进的新发展格局具有重要意义”③。这也意味着建设高标准市场体系是加快构建新发展格局的重大战略抉择。

通过双循环的政策溯源发现，发展格局调整的本质是基于国际国内矛盾和中国发展现实做出的长期战略选择。首先，我国经济社会矛盾变化是推进双循环新发展格局的内在原因。当前我国社会主要矛盾已经转化为人民日益增长的美好生活需要和不平衡不充分的发展之间的矛盾。一方面，改革开放以来高增长背后一定程度上存在高污染、高消耗、高杠杆等问题；另一方面，核心技术缺乏、地区之间和城乡之间发展不平衡问题凸显。同时，随着对外开放红利缩减，只有推动国内改革，坚持扩大内需，才能在全球化中获得更大的发展空间；而长期积累的全球经济失衡是推进双循环新发展格局的外在动因。对外开放边际收益减弱导致原有对外开放红利减退，加上面临个别国家的贸易保护，只有畅通国内大循环，提升中国经济在全球经济中的质量和吸引力，才能够把握主动权，更好地融入国际市场，充分利用两种资源、两个市场，实现国内经济的高质量发展，以新全球化推动全球经济再平

---

① 《立足战略基点培育完整内需体系》，人民网，2021 年 6 月 16 日，http：//theory. people. com. cn/n1/2021/0616/c40531 –32131352. html。

② 《习近平：中国新发展格局不是封闭的国内循环，而是更加开放的国内国际双循环》，人民网，2020 年 11 月 4 日，http：//politics. people. com. cn/n1/2020/1104/c1024 –31919087. html。

③ 《中共中央办公厅 国务院办公厅印发《建设高标准市场体系行动方案》》，中国政府网，2021 年 1 月 31 日，http：//www. gov. cn/zhengce/2021 –01/31/content_5583936. htm。

衡。其次，良好的国内经济基础是推进双循环新发展格局的基础保障。改革开放以来，我国已经基本完成工业化。当前，我国具有世界最完整的现代化工业体系，且是世界上唯一拥有联合国产业分类中全部工业门类的国家，具有国内大循环的基本前提。同时，我国供给侧结构性改革能够有效缓解内部结构矛盾，增强经济韧性。并且，我国近年来科技创新能力增强，国际专利申请数量已经超过美国成为全球第一，在全球价值链中的地位稳步攀升，对外依赖性减弱。我国对外贸易延续稳中向好态势，对外开放呈现新格局，自贸区扩容、“一带一路”建设、人民币国际化等稳步推进。最后，新冠肺炎疫情冲击等外部环境变化是推进双循环新发展格局的重要因素。一方面，新冠肺炎疫情的冲击使得全球经济陷入深度衰退，国际贸易和投资大幅萎缩、国际金融市场动荡、国际交往受限。而且，由于疫情还将持续相当长一段时间，这种冲击也将具有一定的持续性。另一方面美国贸易保护主义、地缘政治风险加剧，全球经济的不确定性和社会的不稳定性加剧，中国必须在一个更加不确定的世界中谋求发展。

二、双循环理论研究

双循环发展格局是立足中国经济发展新阶段，依据当前国内经济发展矛盾和国外环境新变化，将国情与世情、历史与现实、短期与长期联系起来，为推动中国经济社会高质量发展提出的重大决策。为了深刻理解和把握双循环新发展格局的思想，进一步厘清当前学术界关于双循环新发展格局的研究状况，本部分主要从双循环新发展格局的提出背景、科学内涵、面临挑战和实践路径等方面进行梳理与归纳分析。

（一）双循环新发展格局的提出背景

学术界主要从国内外经济形势的严峻，构建双循环新发展格局的基础、优势、价值等几个方面进行探讨和分析。主要体现在：首先，双循环新发展格局是应对逆经济全球化和新冠肺炎疫情挑战的必然选择（王新城和霍忻，2020）。世界范围内新冠肺炎疫情的暴发使全球产业链及总供给受到重创，美国更是实施“脱钩”或逆全球化政策，贸易保护主义抬头，外部摩擦不断深化，我国外部环境风险加剧，不确定性、不稳定性增强（徐奇渊，2020；夏诗园和郑联盛，2021）。其次，双循环新发展格局是建设以人民为中心的社会主义现代化经济强国的必然选择（刘鹤，2021）。双循环新发展格局把人民对美好生活的需要作为国内产业资本循环的引力源，以扩大内需为战略基点，着力解决经济社会发展中不平衡不充分的问题，为了更好地提升人民的生活品质创造条件（张卫良和何秋娟，2021）。最后，双循环新发展格局是顺应大国经济发展规律，充分发挥中国经济优势的必然选择（任君和黄明理，2021）。中国具有经济发展的强大韧性、空间和潜力，还有独特的比较优势和集成优势。中国不仅有超大规模市场带来的可持续发展红利，也有非常完备的制造业配套体系及相对完整的产业供应链，还正在成为具有强大进口、出口、转口能力的全球性贸易中心。中国和“一带一路”沿线特别是周边国家的经济合作关系越来越紧密（陈文玲，2020；陈甬军和晏宗新，2021）。

（二）双循环新发展格局的科学内涵

双循环新发展格局的核心要义是在新发展理念的指导下，以国内大循环为主体，以防范和化解重大风险为保障，集中力量消除国民经济循环的各种梗阻，在补齐中国经济短板的基础上，积极融入国际大市场，实现高水平的国际大循环，实现国内和国际双循环协调发展（樊纲，2020；魏杰，2020；钱学锋和裴婷，2021）。首先，新发展理念是双循环新发展格局的重要指导方针（何星亮，2021）。其中，创新是新发展格局的动力源；协调是新发展格局的稳定器；绿色是双循环新发展格局的基础；开放是新发展格局的保障；共享是新发展格局的目标追求（王钰鑫和王耀鸿，2021；张燕生，2021）。其次，国内大循环是双循环的主体（高伟等，2021），以国内循环为主就是要以完善内需体系和促进创新为重点，集中力量解决生产、分配、流通、消费等方面的扭曲和障碍，实现产业升级和消费升级（董志勇和李成明，2020；夏诗园和郑联盛，2021）。最后，国内循环和国际循环相互促进是新发展格局的重要条件（张永亮，2020）。一方面，国内循环是国际循环的前提；另一方面，国际循环为国内循环迈向高层次发展提供动力（张礼卿，2021；李震等，2021）。

（三）双循环新发展格局面临挑战

双循环新发展格局的形成和发展，仍面临诸如消除短板、改革体制、创新供给、降低成本等挑战，学术界主要从微观、中观和宏观三个层面进行探讨。微观层面。从流通角度看，由于市场分割、传统流通环节过多、流通基础设施薄弱等因素导致流通不畅（刘瑞等，2021）。从消费角度看，受近年来经济下行压力较大等因素影响，居民收入增长有所放缓，特别是中间偏下收入户的收入增速最低，居民部门快速加杠杆客观上透支了长期消费能力（王微和刘涛，2020）。从生产角度看，产业链的安全性遭遇挑战，产业基础高级化面临障碍（曹秋静，2021）。从分配角度看，当前收入差距呈现复杂多变的特征，城乡收入差距依然不容乐观，东西部收入分配差距十分明显（姜国强，2021）。中观层面。金融和实体经济在一定程度上还存在着不甚协调的状况（董艳玲和安帅，2021），地方政府债务规模特别是地方隐性债务规模不断膨胀，已经成为中国未来经济发展的“灰犀牛”（夏诗园和郑联盛，2021）。宏观层面。从政策角度看，从注重短期宏观调控的经济效应逐步转向推进具有长期价值的可持续发展战略（姜国强，2021）。从要素角度看，宏观经济运行中供给与需求的适配性不断提升，但供给与需求的深层次结构性矛盾难以在短期内化解（董艳玲和安帅，2021）。从制度角度看，税收、金融等相关制度尚不完善，其弊端有待进一步消除（任君和黄明理，2021）。

（四）双循环新发展格局实践路径

研究主要从培育消费新增长点，开辟投资新空间，加快构建完整的内需体系，增强市场韧性和抗冲击能力，完善制度保障，以建立国内统一大市场，实现国内与国际循环相互促进的视角展开。如郭晴（2020）指出，未来应将扩大内需作为经济内循环的主要抓手，通过调整区域经济布局推动内循环协调发展，以产业升级驱动经济内循环快速发展，推动国内国际联动发展和积极参与全球经济治理。张任远（2020）认为，通过着力扩大内需，开辟消费市场新空间；通过着力开放发展，打造国际竞争新优势；通过着力创新发展，培育科技竞争新动力；通过全面深化改革，疏通经济双循环新通道。蒲清平和杨聪林（2020）提出，构建“双循环”新发展格局需要明确“双循环”一个要义，打通供需两个端口，耦合产业链、供应链、创新链三个链条，循环劳动力、土地、资本、技术四大要素，练好新理念、新科技、新经济、新基建、新机制五大内功。李中建和王泉源（2020）研究认为：在综合统筹点线面、国内国际、“一带一路”、城乡等合理规划的基础上，打造“新基建”强劲动力支持，同时从供给、需求两端发力，打通需求和供给内部良性循环。促进要素市场化改革，充分发挥现代生产要素的创造性。发挥先进区域发展的比较优势，带动落后区域协同发展，同时打破城乡循环间要素平等交换和自由流动的壁垒，方能促进双循环发展格局均衡发展，真正实现循环畅通，达到疏通路径的效果。

（五）双循环发展评价体系研究

如何准确测度和衡量双循环发展水平，目前学术界尚未形成统一的观点。归纳起来，双循环的衡量主要有两种方式。第一类研究认为，双循环发展近似等同于国民经济依靠国内、国际循环的比重，故主要采用反映经济外向型依赖度的单一指标衡量双循环发展水平，如通过进出口总额与 GDP 之比来表示的外贸依存度指标（陆江源，2020）、构建省际调出与出口比较偏好指数考察中国经济循环的内外导向选择问题（丁晓强等，2021）、通过支出法计算 GDP 中净出口贡献的比重（陆江源和杨荣，2021）等。第二类研究认为，双循环发展具有多维属性，应考虑从不同维度构建双循环发展指标体系，如陈全润等（2020）基于世界投入产出模型，提出以我国对本国及国外最终需求的依存度衡量我国参与国内循环、国际循环的相对程度。周玲玲等（2021）从最终需求视角着手，以中国区域间非竞争型投入产出表为基础，将消费、投资与出口分别剥离出直接依存度与间接依存度，构建了国际循环与国内循环的联通机制，探讨了 2012 年与 2017 年中国国内国际双循环的发展格局。黎峰（2021）运用投入产出模型构建国内国际双循环的理论分析框架，揭示国内国际双循环的现状与特征。杨耀武（2021）从“双循环”新发展格局看中国经济结构变迁，通过构造反映经济结构状况的多指标综合评价体系，对 1994 ~ 2019 年中国经济结构变迁状况进行了测度。任保显（2020）以双循环新发展格局为背景，从生产、分配、流通和消费四个环节以及经济活动的外部性共 5 个方面对经济高质量发展水平进行量化。谢守祥和田孟明（2021）基于“双循环”格局，从宏观经济、支持环境、基础设施、政府效能四个层面建立 13 个一级指标和 30 个二级指标的营商环境评价体系，并对 2018 年沿海 11 个省份的营商环境进行实证研究（见表 2 – 2）。

表 2 – 2　　双循环理论研究情况

主题	研究视角和内容	代表性观点和研究成果
背景	构建双循环新发展格局的基础、优势、价值	双循环新发展格局是应对逆经济全球化和新冠肺炎疫情挑战的必然选择（王新城和霍忻，2021）；双循环新发展格局是建设以人民为中心的社会主义现代化经济强国的必然选择（刘鹤，2020）；双循环新发展格局是顺应大国经济发展规律，充分发挥中国经济优势的必然选择（任君和黄明理，2021）
内涵	科学内涵	新发展理念是双循环新发展格局的重要指导方针（何星亮，2021）；国内大循环是双循环的主体（高伟等，2021）；国内循环和国际循环相互促进是新发展格局的重要条件（张永亮，2020）
面临挑战	微观、中观和宏观三个层面	微观层面。流通角度（刘瑞等，2021），消费角度（王微和刘涛，2020），生产角度（曹秋静，2021），分配角度（姜国强，2021）。中观层面。金融和实体经济存在不协调状况（董艳玲和安帅，2021），地方政府债务（夏诗园和郑联盛，2021）。宏观层面。政策角度（姜国强，2021），要素角度（董艳玲和安帅，2021），制度角度（任君和黄明理，2021）
路径	培育消费新增长点，开辟投资新空间，加快构建完整的内需体系，增强市场韧性和抗冲击能力等	扩大内需作为经济内循环的主要抓手（郭晴，2020）。开辟消费市场新空间，打造国际竞争新优势，培育科技竞争新动力，疏通经济双循环新通道（张任远，2020）。明确一个要义，打通两个端口，耦合三个链条，循环四大要素，练好五大内功（蒲清平和杨聪林，2020）。打通需求和供给内部良性循环，促进要素市场化改革，发挥先进区域发展比较优势，打破城乡循环间要素平等交换和自由流动的壁垒（李中建和王泉源，2020）

续表

主题	研究视角和内容	代表性观点和研究成果
评价	双循环测度和评价	双循环的衡量主要有两种方式。第一类研究认为，双循环发展近似等同于国民经济依靠国内、国际循环的比重，故主要采用反映经济外向型依赖度的单一指标衡量双循环发展水平（陆江源，2020），第二类研究认为，双循环发展具有多维属性，应考虑从不同维度构建双循环发展指标体系（黎峰，2021）

第三节　乡村振兴理论与政策

一、乡村振兴政策实践

中国乡村建设萌芽于原始社会氏族公社聚落，始于 20 世纪初民间自发进行的乡村建设运动，兴于新中国成立初期的土地改革运动，盛于 2005 年国家主导开展的新农村建设，成于 2018 年国家实施的新时代乡村振兴战略，走过了漫长的发展历程。2012 年中共中央、国务院印发《关于加快推进农业科技创新持续增强农产品供给保障能力的若干意见》，强调同步推进工业化、城镇化和农业现代化。2013 年中共中央、国务院印发《关于加快发展现代农业，进一步增强农村发展活力的若干意见》，加大农村改革力度、政策扶持力度，强调发展现代农业。2014 年中共中央、国务院印发《关于全面深化农村改革加快推进农业现代化的若干意见》，健全城乡发展一体化体制机制，强调推进农业现代化。2015 年中共中央、国务院印发《关于加大改革创新力度加快农业现代化建设的若干意见》，强调要继续全面深化农村改革，通过改革创新力度推进农业现代化。2016 年中共中央、国务院印发《关于落实发展新理念加快农业现代化实现全面小康目标的若干意见》，重点强调落实发展新理念加强农业现代化。2017 年中共中央、国务院印发《中共中央国务院关于深入推进农业供给侧结构性改革加快培育农业农村发展新动能的若干意见》，提出加大农村改革力度，激活农业农村内生发展动力等，重点强调农村供给侧改革。2017 年，党的十九大报告提出了将乡村振兴战略作为新时代“三农”工作的总抓手，为解决城乡差距、建设美丽乡村、实现共同富裕提供了新的思路和方法，并且提出了我国实施乡村振兴的总要求：产业兴旺、生态宜居、乡风文明、治理有效、生活富裕。2018 年中央一号文件《关于实施乡村振兴战略的意见》，明确了实施乡村振兴战略的时代意义、总体要求以及目标任务，为实施乡村振兴战略指明了方向。2019 年中央一号文件提及“乡村振兴”16 次，将实施乡村振兴战略作为做好“三农”工作的重要抓手。2020 年《中共中央关于制定国民经济和社会发展第十四个五年规划和二〇三五年远景目标的建议》中讲道：“优先发展农业农村，全面推进乡村振兴”①。2020 年 12 月召开的中央农村工作会议上，习近平总书记围绕新发展阶段“三农”工作作出重要部署。在牢牢把住粮食安全主动权方面指出：“粮食多一点少一点是战术问题，粮食安全是战略问题”② 各主要部委的政策，均向农村倾斜。2021 年，中央一号文件《中共中央国务院关于全面推进乡村振兴加快农业农村现代化的意见》发布，对新发展阶段优先发展农业农村、全面推进乡村振兴作出总体部署，为做好当前和今后一个时期“三农”工作指明了方向（见表 2 - 3）。

表 2 - 3　国家层面关于实施乡村振兴战略的政策汇总

发布时间	发布部门	政策名称	主要内容
2018 - 02 - 04	中共中央国务院	中央一号文件：《中共中央国务院关于实施乡村振兴战略的意见》	到 2020 年，乡村振兴取得重要进展，制度框架和政策体系基本形成；到 2035 年，乡村振兴取得决定性进展，农业农村现代化基本实现；到 2050 年，乡村全面振兴，农业强、农村美、农民富全面实现

① 刘杨、潘惠文：《中共中央关于制定国民经济和社会发展第十四个五年规划和二〇三五年远景目标的建议》，人民网，2020 年 11 月 4 日，http：//hi. people. com. cn/n2/2020/1104/c231187 - 34392483. html。

② 于文静、王立彬、高敬、胡璐：《牢牢把住粮食安全主动权——以习近平同志为核心的党中央带领人民干好这件头等大事》，人民网，2022 年 9 月 23 日，http：//finance. people. com. cn/n1/2022/0923/c1004 - 32532486. html。

续表

发布时间	发布部门	政策名称	主要内容
2018-09-26	中共中央国务院	《国家乡村振兴战略规划（2018-2022年）》	规划以习近平总书记关于“三农”工作的重要论述为指导，按照产业兴旺、生态宜居、乡风文明、治理有效、生活富裕的总要求，对实施乡村振兴战略作出阶段性谋划，分别明确至2020年全面建成小康社会和2022年召开党的二十大时的目标任务，细化实化工作重点和政策措施，部署重大工程、重大计划、重大行动，确保乡村振兴战略落实落地
2020-07-16	农业农村部	《全国乡村产业发展规划（2020-2025年）》	发掘乡村功能价值，强化创新引领，突出集群成链，延长产业链，提升价值链，培育发展新动能，聚焦重点产业，聚集资源要素，大力发展乡村产业，为农业农村现代化和乡村全面振兴奠定坚实基础
2021-03-22	中共中央国务院	中央一号文件：《中共中央国务院关于全面推进乡村振兴加快农业农村现代化的意见》	把乡村建设摆在社会主义现代化建设的重要位置，全面推进乡村产业、人才、文化、生态、组织振兴，充分发挥农业产品供给、生态屏障、文化传承等功能，走中国特色社会主义乡村振兴道路，加快农业农村现代化，加快形成工农互促、城乡互补，协调发展、共同繁荣的新型工农城乡关系，促进农业高质高效，乡村宜居宜业、农民富裕富足
2021-03-22	中共中央国务院	《关于实现巩固拓展脱贫攻坚成果同乡村振兴有效衔接的意见》	到2025年，脱贫攻坚成果巩固拓展，乡村振兴全面推进，脱贫地区经济活力和发展后劲明显增强，乡村产业质量效益和竞争力进一步提高，农村基础设施和基本公共服务水平进一步提升，生态环境持续改善，美丽宜居乡村建设扎实推进，乡风文明建设取得显著进展，农村基层组织建设不断加强，农村低收入人口分类帮扶长效机制逐步完善，脱贫地区农民收入增速高于全国农民平均水平。到2035年，脱贫地区经济实力显著增强，乡村振兴取得重大进展，农村低收入人口生活水平显著提高，城乡差距进一步缩小，在促进全体人民共同富裕上取得更为明显的实质性进展

续表

发布时间	发布部门	政策名称	主要内容
2021－03－31	财政部、国家乡村振兴局、国家发展改革委、国家民委、农业农村部、国家林业和草原局	《中央财政衔接推进乡村振兴补助资金管理办法》	衔接资金用于支持各省（自治区、直辖市，以下统称各省）巩固拓展脱贫攻坚成果同乡村振兴有效衔接。衔接资金按照巩固拓展脱贫攻坚成果和乡村振兴、以工代赈、少数民族发展、欠发达国有农场巩固提升、欠发达国有林场巩固提升、“三西”农业建设任务进行分配
2021－06－01	全国人民代表大会常务委员会	《中华人民共和国乡村振兴促进法》	各级人民政府应当将乡村振兴促进工作纳入国民经济和社会发展规划，并建立乡村振兴考核评价制度、工作年度报告制度和监督检查制度
2021－09－17	中国银保监会	《支持国家乡村振兴重点帮扶县工作方案》	银行业金融机构要持续加大信贷投放，努力实现重点帮扶县各项贷款平均增速高于所在省份贷款增速，力争到2025年底，各重点帮扶县存贷比达到所在省份县城平均水平
2021－12－14	国家乡村振兴局、中华全国工商业联合会	《“万企兴万村”行动倾斜支持国家乡村振兴重点帮扶县专项工作方案》	将通过重点民营企业对接、东西部协作对接、省内民营企业对接三种渠道，力争实现民营企业与160个重点帮扶县对接全覆盖，通过“帮县带村”等形式，逐步向行政村延伸

通过对政策梳理，乡村振兴的核心内容以下六个方面。

一是推动农业由增产导向转向提质导向。深化农业供给侧结构性改革，走质量兴农之路，必须深入推进农业绿色化、优质化、特色化、品牌化发展，调整优化农业生产力布局，推动农业由增产导向转向提质导向。农业由增产导向转向提质导向要突出强基固本和提质增效两大重点，处理好政府和市场、国际国内两个市场两种资源的关系。

二是促进小农户和现代农业发展有机衔接：处理好发展适度规模经营和扶持小农生产的关系，是乡村振兴的重大政策问题。要坚持家庭小农生产为基础与多种形式适度规模经营为引领相协调，既要把定发展规模经营是农业现代化必由之路的前进方向，也要认清小规模农业经营是很长一段时间内我国农业基本经营形态的基本国情农情。一方面，要实施新型农业经营主体培育工程，培育发展家庭农场、合作社、龙头企业、社会化服务组织和农业产业化联合体，发展多种形式适度规模经营。另一方面，必须立足农户家庭经营的基本面，注重发挥新型农业经营主体带动作用，采取普惠性的政策扶持措施，培育各类专业化市场化服务组织，提升小农生产经营组织化程度，改善小农户生产设施条件，提升小农户抗风险能力，扶持小农户拓展增收空间，着力强化服务联结，把小农生产引入现代农业发展轨道。

三是以绿色发展引领乡村振兴。以绿色发展引领乡村振兴是一场深刻革命。必须牢固树立和践行绿水青山就是金山银山的理念，落实节约优先、保护优先、自然恢复为主的方针，统筹山水林田湖草系统治理，严守生态保护红线，以绿色发展引领乡村振兴。

四是焕发乡风文明新气象，提升农民精神风貌。乡村振兴，既要塑形，也要铸魂，要形成文明乡风、良好家风、淳朴民风，推动农村全面进步、农民全面发展。必须坚持物质文明和精神文明一起抓，提升农民精神风貌，不断提高乡村社会文明程度。在精神文明方面，必须以社会主义核心价值观为引领，坚持教育引导、实践养成、制度保障三管齐下，采取符合农村特点的有效方式，加强农村思想道德建设，加强农村公共文化建设，开展移风易俗行动，弘扬乡村文明。在物质文明方面，要加强传统村落保护，深入挖掘农村特色文化，加强对非物质文化遗产的整理、提升展示和宣传。

五是坚持自治、法治、德治相结合。乡村振兴离不开稳定和谐的社会环境，要加强和创新乡村治理，建立健全党委领导、政府负责、社会协同、公众参与、法治保障的现代乡村社会治理体制，健全自治、法治、德治相结合的乡村治理体系，让农村社会既充满活力又和谐有序。

六是健全城乡融合发展机制体制，强化乡村振兴制度性供给。深化农村土地制度改革，建立健全土地要素城乡平等交换机制，加快释放农村土地制度改革的红利。健全投入保障制度，创新投融资机制，加快形成财政优先保障、金融重点倾斜、社会积极参与的多元投入格局。实施积极有效人才政策，畅通智力、技术、管理下乡通道，培育新型职业农民。

二、乡村振兴理论研究

（一）乡村振兴理论研究

乡村振兴是一个全面振兴的综合范畴，既包括经济、社会和文化振兴，还包括治理体系、民生保障和生态文明的振兴。世界发达国家在跨越“中等收入陷阱”的进程中，都十分重视乡村地区的经济社会发展，强调改善乡村生活环境，提高乡村居民生活水平，减小城乡发展差距。如20世纪50年代日本的“新村建设”、德国的“乡村地区发展”、英国的“乡村农业发展”、韩国开展的“新村运动”、基于可持续理念的美国乡村规划与建设等乡村振兴运动。期间，各国政府还出台了一系列乡村振兴规划及政策，如美国的《美国农业部发展计划》，欧盟的《共同农业政策》及LEADER系列计划、爱尔兰的《可持续农村发展战略政策框架》①。与之同时，国外学者也从理论研究视角出发，对乡村振兴问题进行了研究，如伍德（2008）、卡尔等（2009）、李（2016）、野中和小野（2015）、米利蒂奇等（2017）分别对东亚地区，克罗地亚、日本等国家的农村振兴发展计划和实践进行经验介绍；鲍伊等（2014）、刘等（2014）、迈克劳林（2016）从乡村治理角度出发，对乡村振兴有关理论进行了探讨；以及乡村居民福利改善与收入水平提高（特里帕蒂，2014）、乡村居民消费行为及偏好（巴特等，2015；哈达尔等，2017）、乡村居民收入水平与消费结构演变的关系（库尔卡尼，2011）、乡村流通设施建设与改善（伽林，2017）、乡村金融以及网络消费行为研究（谢蒂，2014）、中小企业对乡村振兴的积极作用（法伊扎等，2021）等。此外学者们也从可持续发展的视角对乡村旅游与乡村振兴的关系进行了研究。如迈赫迪等（2020）以伊朗为例，研究了旅游业在乡村发展中的作用。埃夫格拉福娃等（2020）以俄罗斯为例，研究了农业旅游对乡村发展的作用。

---

① 王林龙、余洋婷、吴水荣：《国外乡村振兴发展经验与启示》载《世界农业》2018年第12期。

我国学者主要围绕乡村经济与社会发展等方面来展开。黄季焜（2020）、项继权（2009）、黄祖辉（2020）、潘家恩（2004）等学者对当前和未来农业农村发展的基础性、理论性研究问题进行了梳理；韩俊（2020）、刘彦随（2018）、陈锡文（2017）对新时期中国城乡发展的主要问题和战略问题进行了探索；王勇（2016）、张勇（2016）、潘家恩（2017）研究讨论了乡村衰败、乡村复兴、城乡矛盾与城乡失衡等问题；高慧智等（2014）、魏广龙和崔云飞（2016）等采用案例研究方法，对我国一些地区的乡村振兴探索实践进行了深入剖析，总结其主要做法、取得的成效和成功经验。还有部分学者从社会学角度讨论了乡村建设时代价值、乡村社会秩序重构与乡村复兴问题（申明锐等，2015；沈费伟等，2017）。

随着2018年中央一号文件的出台，关于乡村振兴的研究开始逐渐地深入和具体，主要集中在对乡村振兴战略的时代背景、科学内涵、重要意义、现实路径、国内外经验与启示等方面的研究。

一是关于乡村振兴概念的研究，多从其本义出发界定其概念。张京祥等（2014）从乡村转型角度阐述了乡村复兴的概念，强调乡村的自治、繁荣与独特性。何慧丽（2012）则从保留乡村传统基因的角度，探讨了乡村复兴的概念，强调乡村复兴是相对于历史悠远的传统乡村而形成的、一种否定之否定的辩证取向。

二是关于乡村振兴战略时代背景的研究，学术界对于乡村振兴战略时代背景的研究多从农村的转型现状、我国社会主要矛盾转换、人民对美好生活需要、社会主义现代化强国要求等方面展开研究与论述。梁新莉和胡哲文（2018）从历史发展、时代进步和以人为本发展理念等角度，认为乡村振兴战略体现了新时代中国特色社会主义的新矛盾和新要求。王思斌（2018）则从农村发展不平衡不充分的矛盾以及“弱生态位”的现状，论述了乡村振兴战略实施的现实背景。刘晓雪（2018）则从党的十八大以来农村发展取得的成就和贯彻落实党的十九大报告精神的角度，阐述了乡村振兴战略的时代背景。

三是关于乡村振兴战略的科学内涵的研究，学术界关于乡村振兴战略的科学内涵的阐述，多围绕“二十字”方针的要求展开，侧重点各有差别。

廖彩荣和陈美球（2017）从乡村振兴战略本身出发，探讨了乡村振兴战略科学内涵本身所包含的本质、总体要求、主要目标和主要内容。王亚华和苏毅清（2017）认为乡村振兴的科学内涵包括提出的农村现代化的新任务、城乡融合发展的新思路、更长的土地承包期限、规划好的乡村治理秩序以及人才队伍发展方向等方面的内容。黄祖辉（2018）则认为准确把握产业兴旺、生态宜居、乡风文明、治理有效、生活富裕这“二十字”方针的科学内涵和要求，是认识乡村振兴战略的重点。

四是关于乡村振兴战略的重要意义研究，学术界关于乡村振兴战略意义的探讨，多从对农村发展思想的升华、新时代乡村发展的思想指南等角度阐述理论意义，多从对“三农”问题的解决、社会主要矛盾解决、社会主义现代化建设、中国梦等视角阐述现实意义。李军国（2018）从现实实践角度阐述了乡村振兴战略实施对社会主要矛盾解决、全面建成小康社会的重要意义。徐俊忠（2017）从农村发展思想角度阐述了乡村振兴战略提出的理论意义。徐洁和韩莉（2003）从中国农业经济发展视角，探讨了韩国乡村振兴对中国乡村发展的价值。

五是关于乡村振兴战略实施的现实路径的研究，学术界对乡村振兴战略实施路径的探讨，多从理论层面和实践层面给予可行性建议，探讨角度多样，研究成果丰富。刘合光（2018）从建立和完善体制机制角度探讨了乡村振兴的路径。段雪珊和黄祥祥（2018）深入分析和总结了我国乡村振兴的路径，认为应该“以深化乡村重点领域改革、创新农村金融供给、培育新型人才、传统组织功能治理转型等”作为新时代乡村振兴的路径选择。叶兴庆等（2018）提出，当前乡村振兴战略与以往相比较，具有以下重大变化：从“生产发展”到“产业兴旺”，要求农业农村经济更加全面繁荣发展；从“生活宽裕”到“生活富裕”，要求持续促进农民增收、促进农民消费升级、提高农村民生保障水平；从“村容整洁”到“生态宜居”，要求促进农业农村可持续发展，建设人与自然和谐共生的现代化农业农村；从“管理民主”到“治理有效”，要求健全自治、法治、德治相结合的乡村治理新体系，以更高标准促进乡风文明。乡村振兴应以实施乡村振兴战略为统领，以强化活化乡村的制度供给和城乡融合的体制机制创新为支撑，以“活业—活人—活村”为路径，实现“产业兴旺、生态宜居、乡风文明、治理有效、生活富裕”（刘守英，2018）。实施乡村振兴战略就是要从根本上解决“三农”问题，其根本目标就是要推进农业农村现代化（熊小林，2018；魏后凯，2018）。与此同时，随着互联网的快速发展，电子商务对乡村振兴的贡献和作用受到高度关注。刘承昊（2019）提出，乡村振兴以农村产业转型升级为关键支撑，要求引入现代化新要素提升农业经济效益。电商作为一种新的经济形态和创业动力引擎，通过“互联网+”与农业融合，实现了农业资源及产品的重新配置、集成与关联，创新了乡村发展动力。杜永红（2019）认为，乡村振兴战略的首要任务是深入实施精准扶贫与精准脱贫，而电子商务进农村正是促进精准脱贫攻坚与乡村振兴有机结合的重要手段。

六是关于国外乡村振兴的经验与启示的研究。学术界多从国外乡村振兴采取的政府财政、基础设施建设、产业扶持、教育投入、收入补贴、进行互助合作等层面展开研究。邢成举等（2018）从文献整理角度，研究了乡村振兴的历史源流，探讨了韩日台的乡村建设对乡村振兴提供的可资借鉴。丁旭（2015）则从日本、中国台湾及大陆地区相关乡村建设的理论出发，总结了其对中国农村发展的启示。综上所述，学术界关于乡村振兴进行了多角度、多层面的理论探讨，初步勾勒了乡村振兴的基本轮廓，为我们进一步研究和分析中国乡村振兴的未来发展具有重要借鉴价值（见表2-4）。

表2-4　乡村振兴理论研究

主题	研究视角和内容	代表性观点和研究成果
乡村振兴基础理论	乡村振兴概念研究	强调乡村的自治、繁荣与独特性（张京祥等，2014）；乡村复兴是对乡村凋敝现状的整体更改圈（何慧丽，2012）。
	乡村振兴战略时代背景研究	新时代中国特色社会主义的新矛盾和新要求（梁新莉和胡哲文，2018）；从农村发展不平衡不充分的矛盾以及“弱生态位”的现状做研究（王思斌，2018）；从党的十八大及党的十九大角度出发（刘晓雪，2018）。

续表

主题	研究视角和内容	代表性观点和研究成果
乡村振兴基础理论	乡村振兴战略的科学内涵	从乡村振兴战略本身出发探讨其本质、总体要求等（廖彩荣等，2017）；认为包含新任务、城乡发展新思路等多个方面（王亚华和苏毅清，2017）；准确把握“二十字”方针的科学内涵和要求（黄祖辉，2018）。
	乡村振兴战略的重要意义	从实践角度探讨（李军国，2018）；农村发展思想角度（徐俊忠，2017）；农业经济发展视角（徐洁等，2003）。
乡村振兴实践探索	乡村振兴战略的现实路径	建立和完善体制机制（刘合光，2018）；化乡村重点领域改革、创新农村金融供给等（段雪珊和黄祥祥，2018）；提出四要求（叶兴庆，2018）；研究了根本目标和根本问题（熊小林，2018；魏后凯，2018）；电商助力乡村振兴（刘承昊，2019）；电子商务是重要手段（杜永红，2019）；文献整理角度探讨路径（邢成举等，2018）；日本、中国台湾及大陆地区相关乡村建设经验启示（丁旭，2015）。

（二）城乡融合理论研究

城乡融合的思想最早由马克思提出，通过分析人类生产力和生产关系的多样性及发展变化规律，认为城市与乡村发展关系依次经历乡村孕育城市的依存阶段、城乡关系失衡的对立阶段、社会协同发展的融合阶段（方世敏和李向阳，2021）。而国内城乡融合的研究最早出现于20世纪80年代之后（汪巽人，1983；韩理，1984），研究指出城乡关系的发展过程包含城乡二元结构阶段、城乡关系反复阶段、城乡融合发展三个阶段（方世敏和李向阳，2021），城乡融合是和谐社会建设的根基（罗新阳，2005），是社会主义新农村建设的理论基石（徐杰舜，2008）。城乡融合具有城乡功能互补、差距缩小、生活方式趋同，城乡职能兼有等特点（魏清泉，1998）。学者们构建了城市空间融合的理论框架并进行了实证研究（黄瑛和张伟，2010；王振亮，2000），分析了从城乡分割到城乡融合的发展道路（李红玉，2013），提出了城乡融合型城镇化战略（李文宇，2015）和城乡融合的五种模式（陈艳清，2015）。党的十九大报告提出城乡融合发展理念，明确了乡村与城市同等的战略地位。学者们从城乡融合与乡村振兴的科学内涵角度，进行了理论探讨与机理阐释（何仁伟，2018），提出了中国新时代城乡融合与乡村振兴研究的重点内容与前沿领域（刘彦随，2018），分析了乡村振兴战略下城乡融合的逻辑、关键与路径（陈丹和张越，2019），对中国西部地区城乡融合的分化进行了评价（郭磊磊和郭剑雄，2019）。

1. 城乡融合的内涵分析

从系统整体观的角度讲，城乡融合是城市和乡村系统及组成要素不断相互作用、共同进化形成新的统一体。从空间意义上讲，城乡融合就是资本、权力、社会关系空间再生产的恰当性表达，更能凸显城乡以人为中心的社会生产和社会生活。城乡融合不仅是社会经济结构的转换过程，更是原有城乡空间结构再组织的过程；城乡融合不是以城带乡的城市偏向主义，也不是以城乡无差别为导向的均衡主义，而是在保留城乡各自特色的基础上实现联动发展，共同推动区域整体进步。城乡空间融合的理想状态并非依附，而是互补和互构；并非二元并立，而是一元共存（张扬金和邓观鹏，2021）。城乡融合是城乡二元结构走向城乡一体化发展的关键，在经济转轨、增长方式转型的背景下，城市和乡村的发展不应被看作独立的过程，而应作为深层次的经济社会结构转变的产物，强调城乡互动与融合发展，改变现有城乡分离、此消彼长的发展格局，共同推动新型城镇化与乡村振兴发展进程（杨志恒，2019）。

2. 城乡融合的影响因素与驱动机制

城乡融合发展的基础是城乡之间产业、设施、制度与生态环境之间的融合（杨志恒，2019），对于影响城乡发展融合的因素，有学者认为新型城镇化与乡村振兴战略是城乡融合的重要推手，城镇化和工业化能引起乡村社会经济结构的重新塑造（杨萍和尚正永，2020），并导致农村社会经济形态和地域空间格局的重构（龙花楼等，2012），使得城乡空间呈现新格局；有学者认为市场是城乡发展的驱动力，也有学者则认为权力行为是主要因素（刘耀林等，2014）。此外，学者们还分析了居民流动性、资金流、通信流、知识流动、土地市场等要素对城乡空间网络与城乡融合的影响。对于驱动城乡融合发展的机制，总体来看是各种动力要素之间的相互关系和作用机理，可以归纳为三种基本模式："自上而下型"模式强调中心城市和地方政府的决定性作用，提出以'城'为主体推动城乡发展，"自下而上型"强调小城镇在吸纳农村剩余劳动力，带动乡村经济、社会发展的作用，"结合型"认为城乡转型发展的主要动力机制包括"自下而上的集聚力机制""自上而下的扩散力机制"以及"对外开放的外力机制"（杨萍和尚正永，2020）。

从驱动力的作用方式看，城乡融合发展是政策制度力量与经济自发力量共同作用下的产物（杨志恒，2019）。现阶段政策制度力量主要体现在搭建"促进人的全面发展"的框架，从供给侧改革到共享发展，政策关注重点放在城乡居民收入差距缩小、乡村经济多元化发展、基本公共服务均等化和基础设施完善等方面（赵德起和陈娜，2019；高帆，2019；年猛，2020），着力解决发展不平衡、不充分问题。由城乡融合发展衍生出多元化社会治理理念，从人的角度重新考虑对城乡地域的改造，通过政策协调制度隔离下不同利益团体主张，完善城乡融合发展机制（陈丹和张越，2019）。从经济自发力量看，由于农业与非农业部门之间的生产率差距缩小，城乡生产要素无限供给与要素投入规模效应递增现象不再，要素供需结构的匹配成为地区新增长点的源泉，特别是作为生产者和消费者职能合一的人口，通过释放人口的消费需求挖掘人口与产业之间的"结构红利"，成为主导城乡生产要素流动的思维导向，不断激活城乡融合发展的内生动力（高帆，2019；金成武，2019）。这两种力量作用下，城乡人口身份转换与区间迁移成为影响城乡融合发展演化的关键。一方面，人口对生活品质的追求超过对收入和就业的需求，使得城乡人口迁移形式更加多样化，乡村人口由外迁为主的异地不完全城镇化逐步转向就地实现市民化，改变了以城市地域扩张为主导的城乡融合发展表现形式；另一方面，在人口汇聚、现代产业体系构建与城镇、农村社区有机更新的推动下，更广泛的地域走向城乡融合发展道路，尤其是地随人走的人地挂钩模式加剧了地区间的人口争夺，而弱化了地区内部的城乡差异，乡村人口生产生活方式的非农化转型成为城乡融合发展新的表现形式（杨志恒，2019；张英男等，2019）（见表 2－5）。

表 2-5　　城乡融合理论研究

主题	研究视角和内容	代表性观点和研究成果
城乡融合演进规律	国内外学者对城乡融合的探究	经历乡村孕育城市的依存阶段、城乡关系失衡的对立阶段、社会协同发展的融合阶段（方世敏和李向阳，2021）；包含城乡二元结构、城乡关系反复阶段、城乡融合发展三个阶段（汪巽人，1983；韩理，1984）
城乡融合基础理论	城乡融合的内涵	系统整体观的角度（袁莉，2020）；城乡空间融合的理想状态是互补和互构的一元共存（张扬金和邓观鹏，2021）
	城乡融合的影响因素与驱动机制	新型城镇化与乡村振兴战略是城乡融合的重要推手（杨萍和尚正永，2020），市场是城乡发展的驱动力，权力行为是主要因素（刘耀林等，2014）。此外，学者们还分析了居民流动性、资金流、通信流、知识流动、土地市场等要素对城乡空间网络与城乡融合的影响。对于驱动城乡融合发展的机制，总体来看是各种动力要素之间的相互关系和作用机理，可以归纳为三种基本模式："自上而下型"模式，"自下而上型"模式，"结合型"模式（杨萍和尚正永，2020）
城乡融合运行理论	驱动力的作用方式	政策制度力量与经济自发力量共同作用（杨志恒，2019）

第四节　现代流通理论与政策

一、现代流通政策实践

"十三五"期间，以深入推进流通体制改革，建设法治化营商环境为目标，国务院、国务院办公厅及相关国家部委突出问题导向，强调体制机制创新，连续出台一系列关于流通体制改革、流通业态创新、流通主体培育、流通服务优化、法治化营商环境建设、诚信体系建设、标准体系建设等的政策文件和行动纲领。政策覆盖面之广、"含金量"之高、实施力度之大为我国历史上罕见，直接推动了我国流通业的改革发展。如 2016 年国家发展改革委等 24 个部门联合下发《关于印发促进消费带动转型升级行动方案的通知》，提出要通过积极发挥新消费引领作用，加快培育形成新供给，从而在更高层次上推动供需矛盾的解决，为经济社会发展增添新动力。2018 年国务院办公厅印发《完善促进消费体制机制实施方案（2018－2020 年）》，从进一步放宽服务消费领域市场准入、完善促进实物消费结构升级的政策体系、加快推进重点领域产品和服务标准建设、建立健全消费领域信用体系、优化促进居民消费的配套保障、加强消费宣传推介和信息引导六个方面，加快破解制约居民消费最直接、最突出、最迫切的体制机制障碍，增强消费对经济发展的基础性作用；《中共中央国务院关于完善促进消费体制机制进一步激发居民消费潜力的若干意见》提出，以消费升级引领供给创新、以供给提升创造消费新增长点的循环动力持续增强，实现更高水平的供需平衡，居民消费率稳步提升。2019 年政府工作报告提出以“发展消费新业态新模式，促进线上线下消费融合发展”[①] 等为手段，推动消费增长，促进形成强大国内市场，持续释放内需潜力；《国务院办公厅关于加快发展流通促进商业消费的意见》提出，为了推动流通创新发展，优化消费环境，促进商业繁荣，激发国内消费潜力，更好满足人民群众消费需求，促进国民经济持续健康发展，从促进流通新业态新模式发展、推动传统流通企业创新转型升级等二十个方面提出相关意见；国家发展改革委关于印发《进一步优化供给推动消费平稳增长促进形成强大国内市场的实施方案（2019 年）》的通知也提出，着力引导企业顺应居民消费升级大趋势，加快转型升级提升供给质量和水平，以高质量的供给催生创造新的市场需求，更好满足人民群众对美好生活的向往，促进形成强大国内市场，推动消费平稳增长。2020 年国家发展改革委等 23 个部门联合印发《关于促进消费扩容提质加快形成强大国内市场的实施意见》，提出要大力优化国内市场供给、重点推进文旅休闲消费提质升级、着力建设城乡融合消费网络、加快构建“智能＋”消费生态体系、持续提升居民消费能力、全面营造放心消费环境；2020 年 9 月，习近平总书记在中央财经委员会第八次会议上指出，流通体系在国民经济中发挥着基础性作用，构建新发展格局，必须把建设现代流通体系作为一项重要战

---

① 李克强：《2019 年政府工作报告》，中国政府网，2020 年 5 月 29 日，http：//www. gov. cn/zhuanti/2019qglh/2019lhzfgzbg/。

略任务来抓，为构建以国内大循环为主体、国内国际双循环相互促进的新发展格局提供有力支撑；2020 年国家发展改革委等 14 个部门联合印发《推动物流业制造业深度融合创新发展实施方案》，强调推进物流降本增效，促进制造业转型升级，聚焦大宗商品物流、生产物流、消费物流、绿色物流、国际物流、应急物流 6 个重点领域，明确了推动物流业制造业深度融合、创新发展的主攻方向；2020 年 10 月，中国共产党第十九届五中全会通过的《中共中央关于制定国民经济和社会发展第十四个五年规划和二〇三五年远景目标的建议》提出，“依托强大国内市场，贯通生产、分配、流通、消费各环节”“健全现代流通体系”“降低企业流通成本”①；2020 年 12 月，中央经济工作会议指出，“加快构建以国内大循环为主体、国内国际双循环相互促进的新发展格局，要紧紧扭住供给侧结构性改革这条主线，注重需求侧管理，打通堵点，补齐短板，贯通生产、分配、流通、消费各环节，形成需求牵引供给、供给创造需求的更高水平动态平衡，提升国民经济体系整体效能”②。2021 年 2 月，国务院新闻办公室举行“加快商务高质量发展 服务构建新发展格局”发布会，会议提出将通过“六个提升”来建设现代流通体系，包括提升流通网络布局、提升流通基础设施、提升流通主体竞争力、提升流通发展方式、提升供应链现代化水平以及提升内外贸一体化程度。

通过对相关政策进行梳理，现代流通体系建设的核心内容有以下六个方面。

一是建设更加全面的市场流通体系。为适应经济社会发展要求，实现“国内大循环为主体”的目标，需要建设适应更大国内市场流通规模和水平的流通基础设施及流通能力体系，贯通生产、分配、流通、消费各环节。

二是提高国内市场的国际化水平，实现国内市场与国际市场在国内的高度统一。因此需要进一步改造和提升适应国际需求的国内流通基础设施、流通运营与服务体系、流通治理体系，推进物流降本增效。

---

① 《中共中央关于制定国民经济和社会发展第十四个五年规划和二〇三五年远景目标的建议》，中国政府网 2020 年 11 月 3 日，http：//www. gov. cn/zhengce/2020 - 11/03/content_5556991. htm。

② 《注重需求侧管理 推动供给和需求更高水平动态平衡》，人民网，2021 年 4 月 13 日，http：//theory. people. com. cn/n1/2021/0413/c40531 - 32076217. html。

三是居民消费水平升级推动国内消费平稳增长。进一步建设城乡融合消费网络，优化国内市场供给，发展消费新业态新模式，促进线上线下消费融合发展，形成强大国内市场。

四是持续推进供给侧结构性改革。注重需求侧管理，形成需求牵引供给、供给创造需求的更高水平动态平衡，发挥新消费引领作用，加快培育形成新供给。

五是建立现代流通新标准。尽快设计和建立面向未来的流通新标准、新规则、新范式、新平台，以确保中国在全球流通体系中的话语权。

六是推动现代流通体系建设与本土制造业升级相耦合。在双循环理念下，将我国的自主品牌培育、产业链体系构建、消费市场升级等衔接起来，以更广范围、更深领域、更高效率的流通体系建设，衔接和畅通生产、流通、分配、消费的内生大循环。此外，将现代流通体系与制造业新业态结合起来，把消除制约我国制造业升级的技术与市场双重约束作为探索方向。

二、现代流通理论研究

（一）流通现代化战略理论

1. 流通发展一般理论

改革开放四十多年来，我国流通由一个行业发展成为对国民经济具有较大影响力的产业，成为国民经济的先导产业，商贸流通业的建设规模、发展速度、流通主体、流通方式都发生了深刻变化。流通理论的研究已经从一个量的积累，实现了质的飞跃。无论在流通的形态、流通的结构还是流通的方向等方面，都发生了根本性的变化，研究主要聚焦于流通地位与作用、流通的相关关系和流通产业安全等方面。

流通本身是动态的，是一个流的过程，流的过程要求通，所以现代流通的本质就是要打破一切束缚流通、限制流通的障碍，实现顺畅流通、便利流通。因此，从关税及贸易总协定一直到后来的世界贸易组织（WTO），差不多几十年的历程，其核心内容就是四个字：一个是流通的“自由”，一个是流通的“便利”（陈文玲，2012）。流通地位与作用方面，基于对社会再生产的一般性规律的分析及其经济本质的界定，发现流通、生产和消费共同构建了社会再生产的完整体系，生产、流通和消费本质上就是维持社会再生产有序进行和保障社会经济顺畅运行的“三驾马车”。流通的作用在于使用价值的升华、传递与交易费用的节约（张得银等，2014）。流通的相关关系方面，基于经济学共生理论，商贸流通与地区经济表现出明显共生关系（邢小丽，2017）。运用恩格尔系数表征国民消费水平，利用物流效率系数表征我国的流通供给体系质量，研究流通供给体系质量与消费之间关系，发现我国流通供给体系的质量持续向好，有效促进了国民消费水平的增长（刘念，2018）。流通产业安全方面，流通产业安全是指一国流通业在开放条件下保持有序竞争、健康发展，总体上和地域上均不受外国资本潜在控制威胁的状态（纪宝成和李陈华，2012）。流通产业安全关系着流通产业的健康发展和国民经济的繁荣稳定，应通过规制保证国家对流通产业的控制，维护流通市场的稳定，同时，要加强人力资本投资和研发创新，减少流通环节，降低流通成本，努力消除地方保护主义，以确保流通产业安全和可持续发展，使之成为经济增长的有效推动力（申珅，2015）。在近年来扩大内需方针的引导下，我国商贸流通业的发展环境有了很大改善，市场体系基本建立，流通体制改革不断深化，流通领域结构明显优化，进入了一个新的发展阶段（任保平，2012）。

2. 流通现代化理论

1982 年，党的十二大提出“全面开创社会主义现代化建设的新局面”的战略目标，此后理论界开始探讨流通现代化的问题。现代流通体系是基于互联网、大数据、人工智能等新技术，且以各种新业态新模式为核心的流通系统（王先庆，2020）。最初是从商业的角度提出的，即所谓“商业现代化”，包括商业技术现代化、商业结构现代化和经营管理现代化等内容。进入 21 世纪后，流通现代化的研究范围进一步扩大，代表性观点包括阶段说（宋则，2003）、动态过程说（晏维龙，2002）、综合说（李飞，2003）和现代说（瞿春玲和李飞，2012）。从构成要素上看，流通现代化包括五个构成要素，即商流的物质层面、物流的物质层面、信息流物质层面、商品流通的制度层面和商品流通的观念层面（李飞，2003）。流通现代化的外延主要包括流通制度现代化、流通组织现代化、流通方式现代化、流通技术现代化、流通观念现代化、流通人才现代化六个方面（涂洪波，2012）。在此背景下，现代流通技术逐步取代传统流通技术，现代化的流通观念成为现代流通发展的关键；流通产业的专业化水平不断提高，信息化、服务专业化成为流通现代化的主要特征；流通产业发展所需要的市场化程度不断提高，流通效率不断提高（周伟，2011）。然而，目前我国流通体系建设面临现代化程度偏低、区域间发展不平衡、流通资源配置和运行体制机制上存在堵点，以及缺少具有国际竞争力的现代物流企业等问题（郝玉柱，2020；荣晨等，2021）。新发展格局下，应当积极塑造市场化、法治化、国际化的营商环境，构建高效、快捷、便利的综合交通运输体系，加快流通体系数字化转型，以及培育一批具有全球竞争力和影响力的现代流通企业，为构建以国内大循环为主体、国内国际双循环相互促进的新发展格局提供有力支撑（曹允春和连昕，2021）。

3. 流通创新理论

流通创新理论主要研究的是流通创新的内涵和意义、流通创新的基本思路和目标以及流通创新的内容等。流通创新是指在流通产业发展进程中，以流通企业为主体，以获取经济和社会效益为目标，以新的流通制度、新的流通方式、新的流通经营技术、新的流通组织形式等为手段，对流通经营要素进行新的调整和新的组合的过程或行为（肖士恩等，2006）。中国流通创新的思路应在借鉴发达国家流通发展经验和中国流通发展特征的基础上，遵循系统性、全球性、信息网络、超前性原则（范高潮，2003）。中国流通创新的目标应在创新思路的引导下，在缩小与发达国家差距为出发点的前提下，涉及业态、组织、投资主体与所有权、手段、物流基础建设、电子商务发展等方面（范高潮，2003）。流通创新的主要内容包括流通制度创新、流通组织创新、流通业态创新和流通观念创新（宋则和张弘，2002）。流通创新的结果方面，流通创新将改变我国未来流通模式的六大变化：第一，导致交易方式发生变化；第二，导致流通组织发生变化；第三，导致流通渠道发生变化；第四，促成产销结合、供应链管理一体化的流通模式；第五，成为信息流、商流、资金流三流合一的流通模式；第六，促成与经济全球化相适应的流通模式（李俊阳，2002）。此外，学者周珺（2017）认为，在社会再生产中，流通与消费之间相互影响，流通创新与消费升级之间亦存在着长期、相互促进、互动发展的密切关系。并给出政策建议，在重视二者之间互动关系的基础上，大力发展流通产业的创新，充分发挥流通创新对消费升级的促进作用和消费升级对流通创新的动力导向作用，以实现流通产业与居民消费领域的协调发展、共同进步（见表2－6）。

表2－6　流通现代化战略理论研究

主题	研究视角和内容	代表性观点和研究成果
流通发展一般理论	流通的核心、地位与作用、相关关系、产业安全	流通的核心内容：流通的自由和便利（陈文玲，2012）；流通地位在于与生产、消费构成“三驾马车”，流通作用在于使用价值的升华、传递与交易费用的节约（张得银等，2014）；商贸流通与地区经济表现出明显共生关系（邢小丽等，2017）；流通供给体系质量持续向好有效促进了国民消费水平的增长（刘念，2018）；流通领域结构优化，进入新的发展阶段（任保平，2012）
流通现代化理论	构成要素、存在问题	现代流通体系是以各种新业态新模式为核心的流通系统（王先庆，2020）；五个构成要素：商流的物质层面、物流的物质层面、信息流物质层面、商品流通的制度层面和商品流通的观念层面（李飞，2003）；流通产业发展所需要的市场化程度不断提高，流通效率不断提高（周伟，2011）；现代化程度偏低、区域间发展不平衡、流通资源配置和运行体制机制上存在堵点（荣晨等，2021）
流通创新理论	流通创新的内涵、意义、基本思路和目标、内容、结果、相关关系	流通创新内涵（肖士恩等，2006）；中国流通创新思路（范高潮，2003）；中国流通创新的目标（范高潮，2003）；流通创新的主要内容（宋则等，2002）；流通创新的结果（李俊阳，2001）；流通与消费之间关系（周珺，2017）

（二）流通现代化专题理论

1. 流通组织现代化

商品流通组织指以货币为媒介的商品交换过程中，全部或部分承担商品交换职能的企业、团体和单位（曹家为，2003）。改革开放以来，流通组织伴随着流通体制的改革和我国经济的持续快速发展不断进行创新与演变，体现在流通领域的各个行业，也体现在流通主体规模与组织方式变化上。20世纪80年代末开始的第一轮流通现代化，是以连锁超市、便利店、大卖场、专业卖场、购物中心、品牌直销店等新型商业业态的产生为标志的。目前，新一轮的流通现代化是基于多元化、便捷化、知识化、体验化、个性化的市场需求，并依托网络技术、移动通信技术、供应链技术和现代化管理技术而进行的商业业态创新过程。店网融合、主题商店、DIY商店、会员制商店、城市消费合作社和家庭采购顾问等有可能成为新一轮商业业态创新的模式。而流通产业组织创新有利于全面贯彻落实我国产业政策、有利于促进流通产业乃至国家整个产业的结构优化升级（张淑梅和宋羽，2007）。在市场经济条件下，流通产业组织结构优化体现为实现资源最佳配置，国际竞争力不断增强（郭冬乐等，2002）。目前，理论界对流通组织概念、组织创新和演变的动因、组织优化的主要模式等进行了较为深入的探讨。张蓓（2020）从流通组织机制、结构及形式三个方面提出转型对策：流通组织机制的转型要从构建流通组织价值网络模式和延展流通组织功能两点入手；流通组织结构的转型侧重于优化虚实结构（结合线上线下）和零售批发结构；流通组织形式的转型包括O2O模式升级客户体验、采取差异化的经营策略和强化业态的核心竞争力，重塑价值渠道。程瑞芳（2004）认为推动流通产业组织优化，必须优化我国流通产业组织结构，建立“政府—市场中介组织—流通企业”关系链，形成流通产业组织结构优化目标模式；实施积极的流通产业组织政策，发挥政策的调节与导向作用；调整流通产业市场结构，形成有效竞争的市场态势；规范流通企业市场行为，实现竞争与协作的有机结合；大力发展市场中介组织，为流通企业提供服务和自律性管理。徐雅静

（2020）认为产业分工的深化为流通组织现代化重构提供了动力，市场化机制的完善提供了良好的环境支撑。

2. 流通方式现代化

在商贸流通业发展方式转变过程中，流通方式要从传统流通方式向现代流通方式转变，促进流通方式的创新，主要包括业态的创新、物流的创新、供应链管理的创新（任保平，2012）。商贸流通方式的变革主要包括以下五项：一是在发展道路上，从重点考虑商品流通规模和流通效率的外延方式发展为内涵方式，不再过度关注商品的流通投入而非流通产出；二是在发展方式上，传统流通方式转为现代流通方式，创新物流、业务及供应链管理，提升商品物流配送效率；三是在技术发展上，传统技术转为信息化技术，大幅提升商贸流通的速率及范围；四是在城乡结构上，单向流通发展为双向流通，正式打开乡村商贸产业发展的新格局；五是在经营模式上，传统业态发展为综合业态，加入创新的商业模式，使得商贸流通的综合性更加明显（西鹏，2019）。具体来看，连锁经营、物流配送、电子商务等现代流通方式在发达国家流通企业中的普遍采用，消除了不必要的商品转运、积压和倒运，大大降低了商品库存率，提高了商品流通效率。因此，可大力发展连锁经营、物流配送、电子商务，不断推进流通方式现代化（孙敬水和章迪平，2010）。此外，任保平（2012）运用经济增长和发展理论来分析资本、劳动、技术进步等因素对商贸流通业发展的综合影响，对中国商贸流通业发展方式做出评价，认为现阶段中国商贸流通业发展方式基本还处于投入推动型的粗放式发展阶段，要实现商贸流通业从粗放式向集约式发展方式的转变，必须在增加物质资本投入的同时，增加人力资本的投入。欧阳菲（2019）认为互联网技术、经济新常态对于流通业发展方式的转变是一个重要机遇。针对自身的不足，流通企业应顺应时代发展的趋势，加强信息技术的应用，加大产业的创新力度，扩展产业业态和发展渠道，为打造一个平稳健康、绿色可持续的现代化流通体系提供保障。

3. 流通交易的现代化

交易方式主要是指在交易时交易双方所采取的具体做法，这也是交易双方互相联系的方法和手段（张蓓，2020）。主要包括交易业态变革、交易对象变革、交易支付方式变革和交易主体变革。交易业态变革重点描述不同厂商内部的商品结构和定价策略等；交易对象变革主要指货物或服务等交易对象的变化，如从现货交易、准现货交易到期货交易等。在网络交易下，现货由于需要经过一段时间的运输等方式才能交付而形成准现货。交易支付方式变革主要描述交易媒介的变革。交易主体变革主要指交易中第三方组织的出现，逐渐成为影响交易方式的重要因素。如第三方支付的产生承接了交易双方的信用风险，以撮合交易为代表的中间商的出现使得交易主体从双方变成三方等（孙松山，2017）。从某种角度上来说，流通组织形式受交易方式的直接影响，在网络化和全球化经济发展的背景下，新兴的交易方式使流通成本得到了有效降低，其使时空限制被打破，从而促使了流通业朝着更加先进的方向发展（张蓓，2020）。要想不断加快流通业的现代化发展进程，实现交易方式的有效革新，就要不断培养具有超强国际竞争力的大型现代流通企业，在此过程中要注重对流通管理人才的培养，加强对流通技术、流通形式和流通理念的学习（王心良，2013）（见表2-7）。

表2-7 现代流通体系理论研究情况

主题	研究视角和内容	代表性观点和研究成果
流通现代化内容理论	流通现代化的具体要求、覆盖方向及不同层面	流通观念、流通组织、流通经营及流通技术等方面的现代化（晏维龙，2002）；商业经营理念、流通管理、商业人才及流通基础设施的现代化（吴仪，2003）；物质、制度与观念现代化（李飞，2003）；流通发展多元、流通产业融合的总体特点（杨涵涛，2017）
流通现代化专题理论	流通组织现代化：含义、演变、意义、动因、对策	流通产业组织结构优化（郭冬乐等，2002）；流通主体规模与组织方式变化（张淑梅等，2007）；流通组织机制、结构及形式的转型对策（张蓓，2020）；产业分工的深化为流通组织现代化重构提供了动力（徐雅静，2020）

续表

主题	研究视角和内容	代表性观点和研究成果
流通现代化专题理论	流通方式现代化：影响因素、变革内容及发展路径	连锁经营、物流配送、电子商务不断推进流通方式现代化（孙敬水等，2010）；资本、劳动、技术进步等因素对流通发展方式的影响（任保平，2012）；对流通业的发展现状以及发展方式转变过程中存在的问题进行叙述并提出发展路径（欧阳菲，2019）
	流通交易现代化：交易业态、交易对象、交易支付方式和交易主体变革、实现路径	培养大型现代流通企业（王心良，2013）；交易主体从双方变成三方（孙松山，2017）；流通组织形式受交易方式的直接影响（张蓓，2020）

（三）流通信息化理论

1. 流通信息化基础理论

流通信息化理论主要研究流通信息化的发展趋势以及如何利用信息化提高流通业的竞争力（孙薇，2005）。“以信息化带动工业化”是国家“十五”计划明确提出的发展战略，因此应重视流通领域的信息化建设。信息化是在国民经济及社会生活各个方面应用现代信息技术，深入开发、广泛利用信息资源，加速现代化的过程；是在国民经济和社会生活各个领域建设信息基础设施、发展信息技术和产业、转变观念和培养人才、完善法制和体制的综合体系；是不断发展和转变的过程，是带动21世纪国民经济和社会发展的主要推动力。信息化的核心是资源共享，数字化和网络化是信息化的主要特征。现代信息技术对流通产业发展最根本的影响在于流通效能的提高（张弘，2003）。流通信息化受体制性因素、政策性因素、社会技术服务性因素、企业综合能力性因素等的影响，政府行业主管部门和流通行业协同努力可以解决制约因素，促进流通信息化发展（邓若鸿等，2003）。信息化程度的提高也能够充分加强各个部分之间的联系程度，从而更有机会发现组织机构中存在的问题，从而有更多的资金和精力来支持科技研发和人才培养，以最快的速度实现信息化转型，促进流通业和企业实现长远发展（关浩宇，2017）。

2. 互联网 + 流通

流通领域是最早利用互联网的行业之一，早在21世纪初，网上零售和贸易就已经在国内外兴起，开始了互联网与流通的结合。2015年3月，国务院总理李克强在政府工作报告中提出制订“互联网 +”行动计划后，流通领域大力开展与互联网的对接以及发展电子商务，互联网企业也开始不断进入流通领域，“互联网 + 流通”的概念被广泛使用（李骏阳，2015）。随之出现了各种各样对“互联网 + 流通”的理解：第一种观点认为，“互联网 + 流通”是互联网与流通企业的结合（郑欣，2017）；第二种观点认为，“互联网 + 流通”就等于电子商务（马静，2018）；第三种观点认为，“互联网 + 流通”是互联网重塑或者创新流通（郭宇，2016）。以上对“互联网 + 流通”的3种理解各有各的道理，在“互联网 + 流通”方兴未艾之际，很难给出一个特别精确的定义，但作为一种新的理念，“互联网 + 流通”应该满足以下条件：第一，“互联网 + 流通”应该实现模式的创新；第二，“互联网 + 流通”应该实现效率的提升；第三，“互联网 + 流通”应该实现技术的进步（李骏阳，2015）。“互联网 + 流通”的创新意义在于：一是实现商贸流通业的成本降低；二是优化商贸流通业的资源配置；三是重塑商贸流通业的发展业态（郭宇，2016）。

但仍存在一些问题，刘涛（2016）认为，现阶段我国“互联网 + 流通”发展存在商业模式不成熟、新业态容错试错机制不完善等方面的制约。刘向东等（2019）提出，连锁流通商在面对线上线下双重竞争时存在全新的增长瓶颈，只有通过持续进行模式创新和技术赋能来突破困境。谢莉娟（2015）指出，互联网信息技术正在加速驱动供应链整合，流通组织在制造商去中间化的脱媒冲击下逐步失去其固有环节优势。此外，马晨等（2019）强调，流通技术短板频现，流通专业化人才匮乏也是阻碍流通数字化转型的一个重要因素。

第三章

中国双循环发展水平综合评价与分析

第一节　双循环新发展格局的基本内涵

双循环新发展格局是我国经济发展应对国际不利因素激增、逆全球化趋势明显、国际循环受阻、出口导向弊端凸显等情况的主动作为和战略选择，具有三层内涵：一是以国内大循环为主体；二是国内大循环和国际大循环是辩证统一的；三是兼顾主动与动态双循环（唐乾敬，2021；陈慧，2021；范欣和蔡孟玉，2021）。加快形成以国内大循环为主体、国内国际双循环相互促进新发展格局的关键在于促进形成并充分发挥强大国内统一市场的优势，畅通生产与消费、城市与农村、内贸与外贸、区域与区域四大子循环。即：更高效率的跨区域市场循环、更高层次的生产与消费循环、更高质量的城市与农村循环、更高水平的内外贸市场循环。

（一）更高效率的跨区域市场循环

区域协同发展实质是区域之间相互开放、相互合作和相互依赖，实现优势互补和互促互动。“十四五”时期，中国发展环境面临深刻复杂变化。要推动中国经济持续稳定发展并继续提升中国的国际地位与影响力，就必须处理好国内区域发展不平衡不充分问题，使不同地区的发展潜力得到释放并形成区域发展合力（张可云等，2021）。畅通国内大循环的重要内容之一，就是要打破区域之间存在的行政与区域壁垒，实现资源要素跨区域自由流动，形成统一开放的市场（郭先登，2020）。目前，中国实施的西气东输、北粮南运、南水北调等跨省区的资源、要素和产品流动已经搭建起区域间循环体系的骨架（蔡昉等，2020）。在新的环境和条件下，中国应当在区域总体发展战略和主体功能区战略的基本框架下，配套实施“一带一路”建设、京津冀协同发展、长江经济带建设和粤港澳大湾区建设，结合双循环发展的具体要求，实现区域协同高质量发展（张可云和何大梽，2021）。与此同时，2020 年 5 月 11 日中共中央、国务院印发的《关于新时代加快完善社会主义市场经济体制的意见》提出要构建区域协调发展新机制，除完善京津冀协同发展、长江经济带发展、长江三角洲区域一体化发展、粤港澳大湾区建设之外，还包括了黄河流域生态保护和高质量发展等国家重大区域战略。2020 年 10 月 29 日中国共产党第十九届中央委员会第五次全体会议通过《中共中央关于制定国民经济和社会发展第十四个五年规划和二〇三五年远景目标的建议》进一步指出，坚持实施区域重大战略、区域协调发展战略等，通过“推动西部大开发形成新格局，推动东北振兴取得新突破，促进中部地区加快崛起，鼓励东部地区加快推进现代化”，推动区域协调发展。

（二）更高层次的生产与消费循环

双循环新发展格局所强调的畅通、循环，不仅是国内、国际之间的循环，更是要打通供给和需求之间的循环（徐齐渊，2020）。循环的本质是要“互联互通”（陈文玲，2020），关键是生产与消费的对接（詹花秀，2021）。但原本以国际经济循环带动国内经济循环的发展模式，由于割裂了生产与消费的联系，产生的负面效应越来越强，必须通过扩大内需，建立国内经济大循环才能解决（葛扬和尹紫翔，2021）。畅通国内经济大循环，扩大内需实现生产与消费的有效对接，关键在于畅通流通渠道，促进生产要素和商品自由流动（詹花秀，2021）。2020 年 5 月 23 日，习近平总书记在看望参加政协会议的经济界委员时强调，“着力打通生产、分配、流通、消费各个环节，逐步形成以国内大循环为主体、国内国际双循环相互促进的新发展格局”①。2020 年 8 月 24 日，习近平总书记在经济社会领域专家座谈会上指出，“我们要坚持供给侧结构性改革这个战略方向，扭住扩大内需这个战略基点，使生产、分配、流通、消费更多依托国内市场，提升供给体系对国内需求的适配性。”② 可见，为了使供给、需求两端实现适配，畅通经济循环，需要将视角从供给、需求两端本身，扩展到生产到消费的各个环节，着力打通各环节，特别是生产与消费双向畅通。

（三）更高质量的城市与农村循环

城市与农村循环的本质是城乡融合发展，核心是城乡之间实现生产要素自由流动、公共资源均衡配置进而实现生活方式和水平协调发展的状态，是在生产力发展的基础上，实现城乡在经济、社会、生态等方面的一体化过程（赵德起和陈娜，2019）。在国际市场规模萎缩且不确定性增强的条件下，发挥国内超大规模市场优势是促增长的必然选择，而城镇化是内需的最大潜力所在（李兰冰等，2020），加快补齐城乡发展差距“短板”，以更加高水平的城乡融合发展为经济高质量发展注入新活力、创造更大的发展空间和回旋余地，将成为“十四五”时期构建城乡双向大循环、建设现代化经济体系、实现经济高质量发展的战略机遇和重要途径（翟坤周和侯守杰，2020）。畅通国内大循环，要通过改革打破城乡二元结构，破除阻碍城乡之间生产要素双向自由流动的体制机制障碍，实现城乡融合和双向流动（董志勇和李成明，2020）。2019 年 5 月 5 日，中共中央、国务院发布《关于建立健全城乡融合发展机制体制和政策体系的意见》，明确提出要建立健全有利于城乡要素合理配置、城乡基本公共服务普惠共享、城乡基础设施一体化发展、乡村经济多元化发展、农民收入持续增长的体制机制，坚决破除体制

---

① 《江苏代表委员热议构建国内国际双循环相互促进的新发展格局》，人民网，2020 年 05 月 27 日，http：//js. people. com. cn/n2/2020/0527/c360300 – 34044041. html。

② 《习近平主持召开经济社会领域专家座谈会并发表重要讲话》，中国政府网，2020 年 8 月 24 日，http：//www. gov. cn/xinwen/2020 – 08/24/content_5537091. htm？ivk_sa = 1023197a。

机制弊端，促进城乡要素自由流动、平等交换和公共资源合理配置，形成新型工农城乡关系。2020年《中共中央关于制定国民经济和社会发展第十四个五年规划和二〇三五年远景目标的建议》明确指出，要推进以人为核心的新型城镇化，基本公共服务实现均等化，城乡区域发展差距和居民生活水平差距显著缩小。

（四）更高水平的内外贸市场循环

双循环新发展格局强调的是由原本以国际循环为主转变为国内大循环为主，国际国内双循环相互促进的发展格局（张可云等，2021）。我国构建"双循环"新发展格局，一方面要以畅通国民经济循环为主，着重挖掘国内需求潜力，充分发挥国内超大规模市场优势；另一方面也要注重发挥内外贸同频共振效果，以内贸促进外贸，以国内循环促进国际循环，共同推动我国对外贸易的高质量发展（林桂军等，2021）。内循环为主体，绝不意味着忽视、看轻外循环，也绝不是关起门来封闭运行（汪小涓和孟丽君，2021）。进一步扩大高水平对外开放，使国内市场和国际市场更好联通，国内国际双循环相互促进，是国内改革和对外开放的长期目标和战略任务（汪小涓，2021）。2020年7月，习近平总书记在企业家座谈会上指出，"以国内大循环为主体，绝不是关起门来封闭运行，而是通过发挥内需潜力，使国内市场和国际市场更好联通，更好利用国际国内两个市场、两种资源，实现更加强劲可持续的发展"①。2020年8月，习近平总书记在"经济社会领域专家座谈会上的讲话"中特别强调："新发展格局决不是封闭的国内循环，而是开放的国内国际双循环"②。2020年10月，党的十九届五中全会指出新时期要坚持实施更大范围、更高水平开放。

① 《发挥内需潜力 让国内国际市场更好联通》，人民网，2020年10月29日，http：//xiaofei. people. com. cn/n1/2020/1029/c425315 - 31910104. html。

② 《新发展格局是开放的国内国际双循环——访第十三届全国政协经济委员会委员王一鸣》，人民网，2020年9月25日，http：//ccnews. people. com. cn/n1/2020/0925/c141677 - 31874545. html。

第二节　中国双循环发展水平总体评价分析

一、评价指标选取

本书在选择双循环发展水平评价指标时，遵循全面性、系统性、持续性、科学性和可操作性原则。在对现有相关研究成果进行总结归纳基础上，根据国家双循环发展报告、新发展格局与高质量发展评价指标体系（任保显，2020）、双循环相关指标体系研究成果（郭先登，2021；陈全润等，2021）和双循环发展实际情况构成预选指标集；通过专家调查法以专家打分的方式筛选指标，最终构建包括4个一级指标，10个二级指标，23个三级指标的双循环发展水平评价指标体系（见表3－1）。

表3－1　双循环发展水平评价指标体系

一级指标	二级指标	三级指标	单位	指标属性
区域市场协同度	市场一体化	高速公路和铁路的路网密度	——	正
		互联网普及率	%	正
		线上线下市场一体化程度	——	正
	市场协调化	人均居民GDP差距	——	逆
		人均居民可支配收入差距	——	逆
		人均居民消费水平差距	——	逆
生产与消费畅通度	流通库存率	流通业库存率	%	逆
		全社会库存率	%	逆
	流通速度	工业企业存货周转率	次	正
		批零企业存货周转率	次	正
	流通成本	全社会物流费用率	%	逆

续表

一级指标	二级指标	三级指标	单位	指标属性
城乡发展融合度	城乡居民生活水平均衡	城乡居民可支配收入比	——	逆
		城乡居民消费水平对比	——	逆
		城乡恩格尔系数对比	%	正
	城乡基础服务设施均衡	城镇化率	%	正
		城乡医疗水平之比	——	逆
		城乡全社会固定资产投资比	——	逆
内外市场链接度	贸易依存度	进口贸易依存度	%	正
		出口贸易依存度	%	正
	资本依存度	实际利用外资	%	正
		对外直接投资	%	正
	人员流通度	国内居民出境人数	万人次	正
		国外游客入境人数	万人次	正

（一）区域市场协同度

对于区域市场协同度的评价研究，张可云和裴相烨（2019）从基本公共服务均等化程度、基础设施通达程度和人民基本生活保障水平三个维度，对全国四大板块及省级区域十年来的区域协调发展程度进行测度。王继源（2019）认为区域协调发展指标体系应包含经济发展、公共服务、基础设施、人民生活、科技创新、生态环保 6 个方面。结合上述研究，本书选取区域市场协同度来反映双循环新发展格局下不同地区之间协调化和一体化发展水平。其中，用市场一体化来反映区域间市场互联互通和要素资源共享的程度，具体以路网密度反映区域交通一体化水平、互联网普及率反映区域信息网络互联互通程度、网络零售额与社会消费品零售总额比值反映线上线下市场一体化程度；用市场协调化来反映区域间经济发展的均衡化水平，具体以人均 GDP 最高与最低地区比值反映区域间经济发展水平差异、人均居民可支配收入最高与最低地区比值反映区域间居民收入水平差异、人均消费水平最高与最低地区比值反映区域间居民消费水平差异。

（二）生产与消费畅通度

对于生产和消费畅通度的评价研究，杨宜苗和肖庆功（2011）基于多种不同的生产到消费渠道，采用流通费用率等指标对农产品从生产到消费过程进行了研究。黄福华和蒋雪林（2017）围绕流通规模、损耗、费用以及滞销四个方面构建生鲜农产品从采摘到消费者手中物流效率评价指标体系。张永强等（2017）从农产品周转率、农产品库存率、农产品商品率、农产品零售业集中度、农产品批零业集中度、单位GDP流通成本等11个基础指标测度我国2000~2014年的农产品从生产基地到终端消费全过程流通效率。李骏阳和余鹏（2009）根据流通效率的含义，从周转率指标、规模性指标和效益性指标三大类共10项指标对联结生产和消费的流通效率进行实证研究。结合上述研究，本书认为生产和消费畅通度反映的是商品从生产领域向消费领域转移过程中的整体效率，可以体现在流通成本的降低、流通速度的提高、流通时间的缩短和资源消耗的减少等多个层面，主要从流通库存率、流通速度和流通成本三个指标来刻画。其中流通库存率反映了商品库存积压的程度，其构成了生产到消费的现实约束，库存积压越多导致整体效率越低，具体以流通业库存率、全社会库存率反映商品从生产到消费过程中周转的快慢程度；流通速度反映商品从生产到消费过程中的周转快慢，流通速度越快，说明商品从生产到消费过程中所需耗费时间越少，整体效率越高，具体以工业企业存货周转率和批零企业存货周转率反映商品从生产到消费过程中的流动性和灵活性；流通成本是商品从生产到消费过程中所耗费的资金总和，流通成本与流通效率之间呈此消彼长关系，即低成本带来高效率，具体以物流费用占GDP比重作为衡量流通效率的逆向指标。

（三）城乡发展融合度

对于城乡发展融合度的研究，周江燕和白永秀（2014）将城乡发展一体化的外延分为城乡空间一体化、城乡经济一体化、城乡社会一体化与城乡生态环境一体化四个维度。谢守红等（2020）从经济、社会和人民生活3

个方面共23个指标测度长三角各市城乡融合发展水平。张克听和莫豫佳（2021）构建了要素流动、经济发展、人居环境、生活差异4个准则层共18个细分指标的城乡融合水平评价指标体系。基于上述研究，城乡发展融合度是将城市和乡村放在平等的地位，实现城乡之间相互补充、相互促进的发展，主要从人民生活和基础服务设施两个方面构建评价指标。其中城乡居民生活水平反映城乡居民生活协调化程度，具体以城乡居民可支配收入比反映城乡居民之间的收入水平的协调性，以城乡居民消费水平比反映城乡居民之间的消费水平的协调性，以城乡恩格尔系数比反映城乡居民的生活水平差距；基础服务设施均衡反映城市和农村居民在享受公共服务方面的均等化程度，具体以城镇化率反映城镇化发展水平、以城乡医疗水平比反映城乡之间公共服务水平差异、以城乡全社会固定资产投资比反映城乡之间基础设施投资建设差异。

（四）内外贸市场链接度

对于内外贸市场链接度的研究，吕志鹏等（2015）从国际贸易和国际金融市场两个方面来衡量经济开放的结果。邓玲燕和刘立平（2019）从企业平均进出口规模、万人外贸企业数量、人均进出口额等6个指标来测算贸易水平。江小涓和孟丽君（2021）从中间产品出口比重、外商投资企业出口比重、加工贸易出口比重和对外贸易依存度4个方面，分析了外循环的地位及变化。结合上述研究，本书认为内外贸市场链接度由外贸依存度、资本依存度和人员流通度3个指标构成。其中外贸依存度反映我国一定时期内的对外贸易活动量对经济发展的影响和依赖程度，同时也反映我国经济对外开放度的程度。具体由进口贸易依存度和出口贸易依存度组成，分别反映出一个国家或地区内部市场对外开放的程度，以及其自身经济对外贸依赖的程度，同时也折射出一个国家或地区参与国际市场分配和国际分工的程度，以及其自身贸易条件的差异程度。资本依存度反映我国从国际市场上获得资本生产要素的数量，以及其吸收外商直接投资的能力。具体以实际利用外资和对外直接投资反映我国资本市场对外开放度。人员流通度反映国际交流水平和互动程度具体以国内居民出境人数和国外游客入境人数来反映人口跨境流动水平。

二、数据来源与评价方法

（一）数据来源

本书选取2002～2020年国家层面数据，对各年中国双循环发展水平进行评价。数据来源于历年《中国统计年鉴》，部分年份数据通过各省份国民经济和社会发展统计公报，以及中国电子商务研究中心、中国物流与采购网、中国统计局等公开数据予以补齐。

（二）评价方法与步骤

（1）运用专家调查法计算主观权重。依照评价指标体系，发放专家调查问卷，根据专家评分得到各指标的主管权重。

（2）运用熵权法计算客观权重。首先，运用极差法对2002～2020年的数据进行标准化处理。其次，计算各指标的信息熵。最后，基于信息熵计算出各个指标的权重。

（3）运用等权重加权平均法计算综合权重。各指标权重结果如表3－2所示。根据综合权重，计算双循环发展水平。

表3－2　　评价指标体系权重

一级指标	综合权重	二级指标	综合权重	三级指标	综合权重
区域市场协同度	0.27	市场一体化	0.16	高速公路和铁路的路网密度	0.047
				互联网普及率	0.044
				线上线下市场一体化程度	0.069
		市场协调化	0.11	人均居民GDP差距	0.038
				人均居民可支配收入差距	0.039
				人均居民消费水平差距	0.033

续表

一级指标	综合权重	二级指标	综合权重	三级指标	综合权重
生产与消费畅通度	0.23	流通库存率	0.09	流通业库存率	0.041
				全社会库存率	0.044
		流通速度	0.07	工业企业存货周转率	0.031
				批零企业存货周转率	0.032
		流通成本	0.08	全社会物流费用率	0.080
城乡发展融合度	0.27	城乡居民生活水平均衡	0.14	城乡居民可支配收入比	0.055
				城乡居民消费水平比	0.047
				城乡恩格尔系数比	0.038
		城乡基础服务设施均衡	0.13	城镇化率	0.043
				城乡医疗水平比	0.042
				城乡全社会固定资产投资比	0.044
内外市场链接度	0.24	贸易依存度	0.09	进口贸易依存度	0.042
				出口贸易依存度	0.043
		资本依存度	0.08	实际利用外资	0.050
				对外直接投资	0.030
		人员流通度	0.08	国内居民出境人数	0.045
				国外游客入境人数	0.028

三、实证评价与分析

（一）总体分析

如图 3-1 所示，从四个一级指标来看，首先，区域市场协同度指数虽有小幅波动，但总体呈现上升趋势，从 2002 年的 0.069 上升到 2020 年的 0.239，说明区域之间的协同化水平不断上升，区域之间互联互通程度加强，收入差距持续缩小，公共服务均等化水平提高。其次，城乡发展融合度总体呈现上升趋势，城乡发展融合度指数均值由 2002 年的 0.073 上升至 2020 年的 0.218，总体上升了 198.63%，说明我国城乡二元结构正被打破，城乡发展差距显著缩小，逐步构建高水平融合、共同繁荣的新型城乡关系。再次，生产与消费畅通度指数呈现出起伏不定的波动性和不稳定性，从 2002 年的 0.059 上升至 2020 年 0.144，说明流通未充分发挥连接生产与消费的纽带作用，流通效率和质量有待提高。最后，内外市场链接度总体呈现先升后降的发展趋势，由 2002 年的 0.081 降低至 2020 年 0.017，主要原因在于 2002 ~ 2007 年，由于履行加入世贸组织的降税承诺，中国市场更加开放，内外市场链接度水平日益提高，2008 ~ 2020 年受国际环境影响，对外贸易依存度持续下降，内外市场链接度呈现稳中有降的发展趋势。从双循环发展水平指数来看，2009 年之前波动较小，但从 2009 年开始直线上升，从 2009 年 0.361 一直上升到 2020 年的 0.618，双循环发展水平明显改善。

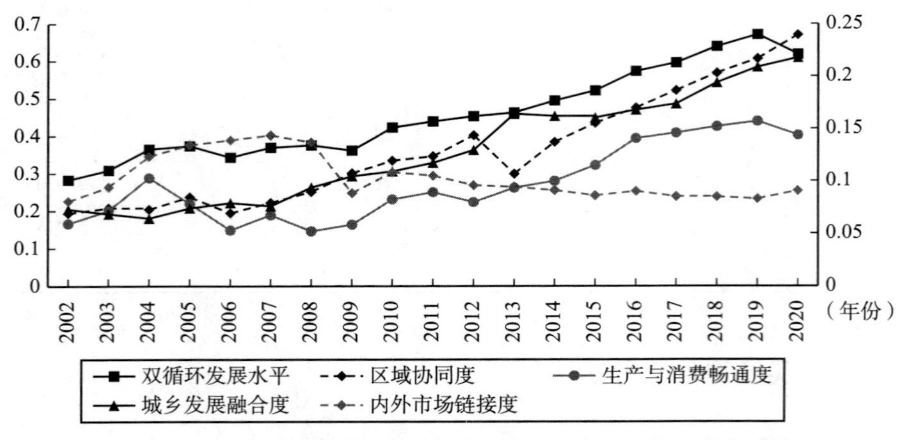

图 3－1　2002 ~ 2020 年我国双循环发展指数及各一级指标的变动情况

注：双循环发展指数标注在主轴上，各一级指标标注在副轴上。

从一级指标对双循环发展指数的贡献率来看，2002 ~ 2020 年，在测定的四个一级指标中，区域市场协同度对双循环发展的贡献率最高，城乡发展融合度次之，再次是内外市场链接度，最低是生产与消费畅通度，其贡献率分别为 28.07%、26.68%、24.84% 和 20.41%。由此可见，中国实现双循环发展，重点在于推进区域城乡协调发展，提高资源利用和资源配置的效率，解决经济发展中不平衡不充分问题，实现全国意义上的均衡发展。短板在于提高生产与消费畅通度，构建现代流通体系，提高流通效率，降低流通成本，为畅通生产与消费提供有力支撑。

（二）分阶段分析

1. 2002～2008年双循环发展水平分析

2002～2008年是我国以国际大循环为主导、以国内循环为辅助的双循环发展初级阶段，该阶段突出国际大循环为主导，是由当时所处的国际环境和社会主要矛盾共同决定的，符合我国在经济起飞阶段实施出口导向型外循环发展的事实经验。同时，以国际大循环为主导、以国内循环为辅助的双循环发展格局，在促进我国经济发展方面发挥了重要作用，特别是这个时期按照加入世界贸易组织后，履行货物和服务贸易领域开放承诺、知识产权保护承诺，为中国对外贸易发展创造了更加广阔的空间，激发了出口潜力，使得贸易发展战略转为出口导向。

如图3－2所示，2002～2008年，我国双循环发展指数呈平稳发展之势，指数增长率为4.85%，表明内外贸、城乡、区域、生产与消费的平衡和充分发展为双循环发展凝聚合力。从双循环发展指数的四个一级指标来看：

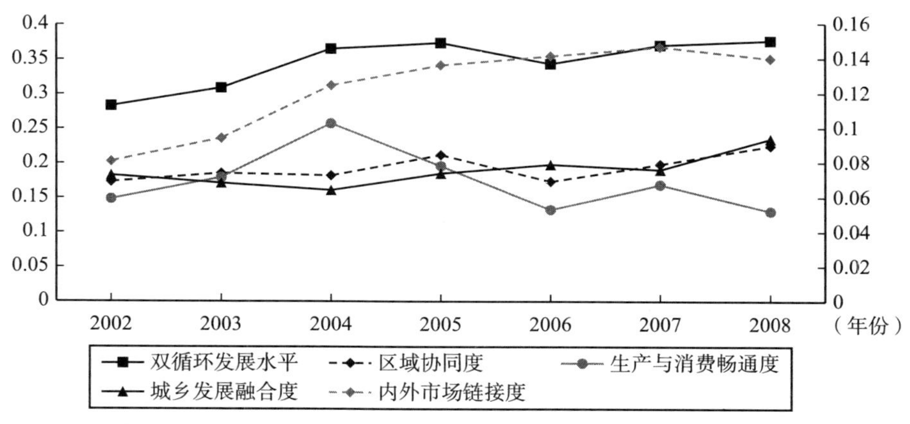

图3－2　2002～2008年我国双循环发展指数及各一级指标的变动情况

注：双循环发展指数标注在主轴上，各一级指标标注在副轴上。

（1）内外市场链接度呈现倒“U”型曲线特征，指数增长率为9.55%，从内外市场链接度的二级指标来看，贸易依存度呈现先升后降的倒“U”型发展态势，表明内外市场链接度对外贸的依赖程度较大，同时也表明对外贸易在内外市场链接中的地位越重要；人员流通度呈现缓慢上升发展态势，主要是受中国经济发展战略和外贸政策的影响，对内外市场链接度的贡献作用总体较小；资本依存度总体呈现下滑发展态势，意味着我国利用外资的层次偏低和对外投资能力偏弱，可能是制约内外市场链接度发展的短板。

（2）区域市场协同度呈现小幅度波动、略有上升的趋势，指数增长率为4.53%，从二级指标来看，市场一体化呈现稳步发展态势，表明随着促进中部崛起战略的深入实施，东部加快发展、西部大开发、振兴东北、中部崛起构成我国完整的区域经济发展战略，区域间的行政区划和体制壁垒将被打破，市场一体化在促进区域市场链接中的作用进一步加深。市场协调化呈现正“U”型发展态势，2004年降到最低值，表明当前我国区域之间存在着较大的差距，是制约区域市场链接度的重要因素。

（3）城乡发展融合度呈现缓慢上升的趋势，指数增长率为4.3%，从二级指标来看，城乡居民生活水平和城乡基础服务设施均呈现上升发展态势，表明国家出台以2004年中央一号文件将“多予、少取、放活”作为统筹城乡发展的重要方针和2008年党的十七届三中全会通过的《关于推进农村改革发展的若干重大问题的决定》提出“建立促进城乡经济社会发展一体化制度”[①] 为代表的统筹城乡融合发展的政策，对增加农民收入，缩小城乡居民收入差距，扩大农村消费市场规模，促进农村消费市场崛起，加大农村基础设施建设，改善农村人居环境方面发挥了重要作用，而城乡居民生活水平和基础设施建设是实现融合发展的核心和关键要素。

（4）生产与消费畅通度呈现先升高后降低的趋势，指数增长率为-2.08%。从二级指标来看，流通库存率呈现逐渐下降发展态势，流通速度

① 《中共中央关于推进农村改革发展若干重大问题决定》，中国政府网，2008年10月31日，http：//www.gov.cn/test/2008-10/31/content_1136796.htm。

和成本呈现波动且缓慢上升的发展态势，生产与消费畅通度前期发展态势较好主要是因为电子商务的兴起以及物流配送能力不断提高，使得流通库存率降低，流通速度加快，成本降低，后期出现下降的原因在于政府取消外商投资商业零售企业在地域、数量、股权等方面的限制，零售业全面对外资开放，外商企业进入中国并与内资零售企业竞争。同时，全球金融危机对生产与消费的畅通度产生冲击，使得后期生产与消费畅通度呈现下降趋势。

2. 2009～2014年双循环发展水平分析

2009～2014年是我国国际大循环和国内大循环并列的双循环发展阶段，该阶段是由于全球金融危机后，世界经济受到冲击，各国实行贸易保护政策，主要经济体需求萎缩，外需对我国经济拉动的趋势也明显放缓。加之国内经济结构的变化，人口老龄化问题凸显，土地、能源、资源等生产要素成本不断上升，生态环境有待进一步提升，依靠投资和出口拉动我国经济增长的动能开始减弱，以国际大循环为主导的发展战略难以为继。特别是2011年“十二五”规划进一步指出，“构建扩大内需长效机制，促进经济增长向依靠消费、投资、出口协调拉动转变”。这标志着经济政策的重心由侧重国际循环，向国内循环与国外循环并列转移。

如图3－3所示，2009～2014年，我国双循环发展指数呈总体平稳、稳中提质的良好发展态势，指数增长率为6.47%，表明内外贸、城乡、区域、生产与消费的协同发展为双循环发展释放活力。从双循环发展指数的四个一级指标来看：

（1）内外市场链接度呈现下降趋势，指数增长率为0.67%，从二级指标来看，人员流通度呈现直线上升发展态势，表明随着对外交流政策、机制、项目日益完善，交流范围和渠道不断拓宽，交流成效逐步提高，对内外市场链接度的贡献作用逐年增强。贸易依存度和资本依存度均呈现下降发展态势，表明受国际金融危机、欧美债务危机等外部环境的影响，以及我国扩大内需、产业结构升级、对外贸易方式的转变等一系列经济政策的实施，使得贸易依存度和资本依存度下降，对内外市场链接度的贡献作用减小。

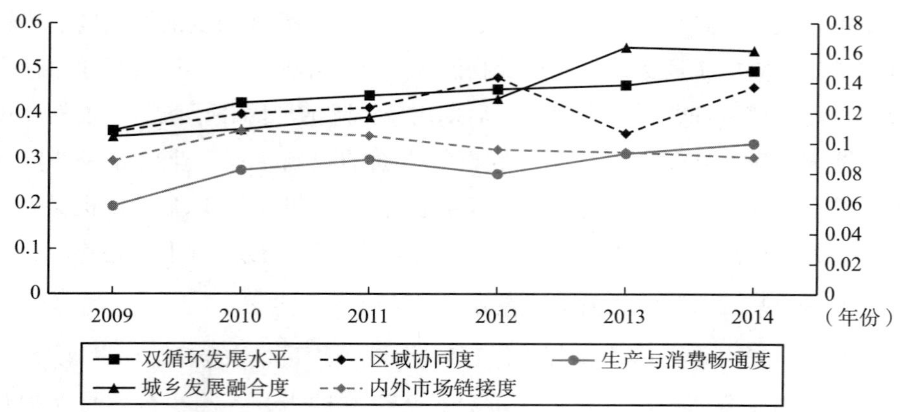

图 3－3　2009～2014 年我国双循环发展指数及各一级指标的变动情况

注：双循环发展指数标注在主轴上，各一级指标标注在副轴上。

（2）区域市场协同度整体呈现缓慢上升趋势，指数增长率为 5.07%，从二级指标来看，市场协调化呈现波动上升发展态势，对区域市场协同度的总体贡献作用较大，市场一体化继续呈现稳步发展态势，对区域市场协同度的贡献作用较小。表明随着“一带一路”倡议、京津冀协同发展和长江经济带发展三大战略的相继实施，区域发展呈现出沿海与内陆优势互补、协同发展的良好势头，不仅为我国经济转型发展提供了广阔空间，也为区域市场协同发展提供支撑。

（3）城乡发展融合度呈现显著上升趋势，指数增长率为 9.27%，从二级指标来看，城乡居民生活水平呈现上升发展态势，城乡基础服务设施呈现下降发展态势，表明随着中国城乡关系进入一体化发展阶段，政府将提升城乡融合发展水平的重点落脚到加大强农惠农政策力度、健全城乡经济社会一体化和提高农村居民收入等缩小城乡发展差距方面。

（4）生产与消费畅通度呈现波动上升趋势，指数增长率为 11.51%，从二级指标来看，流通速度和成本呈现波动上升发展态势，而流通库存率呈现下降发展态势，对生产与消费畅通度的贡献作用较小。表明随着流通产业在国民经济基础性产业和先导性产业地位和作用的进一步明确，降低流通成本提高流通效率已成为加快流通产业发展的根本着力点，且对生产与消费畅通度的贡献作用不断上升。同时，降低流通库存量，减少库存积压，提高库存管理水平仍是流通畅通生产与消费需要面临的难点问题。

3. 2015～2020 年双循环发展水平分析

2015～2020 年是我国以国内大循环为主体、国内国际双循环相互促进的双循环发展阶段，该阶段基于国际局势的新变化，尤其是新冠肺炎疫情在全世界蔓延，全球经济不稳定性和不确定性因素不断增加，更多依靠内需力量、坚持以国内大循环为主体实现经济的“稳中求进”既是国际上大国崛起的共同经验，也是实现我国经济持续健康发展的必然选择。2018 年中央经济工作会议明确提出“畅通国民经济循环、促进形成强大国内市场”。这标志着中国更加注重内部利益维护，在深化改革、扩大开放的同时，将国内循环作为经济立足点。2020 年双循环新发展格局的提出，使得“畅通国民经济循环”在空间上拓展到了“双循环”，在时间上拓展到了持久、中长期的视角。

如图 3－4 所示，2015～2020 年，我国双循环发展指数呈线性上升趋势，指数增长率为 4.36%，表明内外贸、城乡、区域、生产与消费的高质量发展为双循环发展打造强劲引擎。以下是双循环发展指数的四个一级指标。

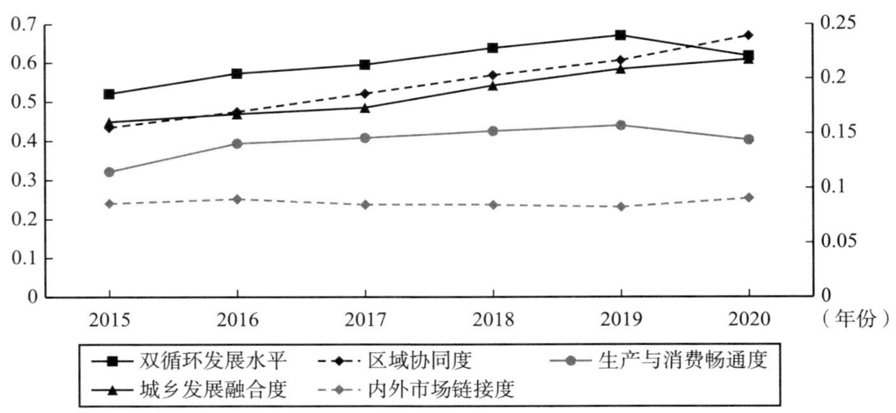

图 3－4　2015～2020 年我国双循环发展指数及各一级指标的变动情况

注：双循环发展指数标注在主轴上，各一级指标标注在副轴上。

（1）内外市场链接度呈缓慢下降趋势，指数增长率为1.14%，从二级指标来看，人员流通度依旧呈现直线上升发展态势，对内外市场链接度贡献较高，而贸易依存度和资本依存度均呈现下降发展态势，对内外市场链接度的贡献较小，表明随着调结构、转方式步伐的加快，超大规模市场优势将进一步凸显，我国经济增长有望更多转向内需驱动。同时，党的十九大报告提出“推动形成全面开放新格局”①，使得该阶段对外贸易政策重点在于巩固贸易大国地位的同时，不断推进贸易强国建设，引导贸易质量的提升。

（2）区域市场协同度呈现逐年上升趋势，指数增长率为9.05%，从二级指标来看，市场一体化和市场协调化均呈现上升发展态势，且市场一体化对区域市场协同度的贡献作用高于市场协调化。表明加强区域联动发展，实现区域市场一体化是深入推进区域市场协同发展的一条重要路径。尤其是2018年11月18日中共中央、国务院印发《关于建立更加有效的区域协调发展新机制的意见》，确立了更有效的区域协调发展机制。使得该阶段政策重点在于加大对西部欠发达地区和贫困地区倾斜力度，加快缩小区域发展差距，形成内外兼顾、陆海统筹、南北互动、东中西协调的区域新发展格局。

（3）城乡发展融合度呈现稳定上升趋势，指数增长率为8.04%，从二级指标来看，城乡居民生活水平和城乡基础服务设施均呈现上升发展态势，且城乡居民生活水平对城乡发展融合度的贡献作用高于基础服务设施。表明随着乡村振兴战略的实施，城乡融合发展体制机制和政策体系的建立，农村基础设施和公共服务水平全面提升，城乡居民收入显著提高，城乡居民收入差距逐步缩小，生活水平明显改善。且2019年4月15日中共中央、国务院出台了《关于建立健全城乡融合发展体制机制和政策体系的意见》，进一步明确了城乡融合发展的总体要求、主要目标和重点任务为代表，使得政策重点在于实施乡村振兴战略，补齐农村发展短板，建立健全城乡融合发展体制机制。

（4）生产与消费畅通度呈现上升趋势，但增长速度趋缓，增速整体呈现下降的走势，指数增长率为5.78%，从二级指标来看，流通成本呈现直

① 《新形势下引导对外投资健康发展的着力点》，人民网，2020年8月4日，http://theory.people.com.cn/n1/2020/0804/c40531-31809077.html。

线上升发展态势，对生产与消费畅通度的贡献较高，流通速度呈现下降发展态势，对生产与消费畅通度的贡献逐年降低，流通库存率呈现波动上升的发展态势，对生产与消费畅通度的贡献较低。表明为促进流通产业转型升级，将现代流通业打造成为支撑经济社会发展的重要产业，重点在于建设现代流通体系，提高流通效率、降低流通成本，提升资源要素流转效率，发挥现代流通体系对商品和资源要素的规模化组织优势，在更大的范围把生产和消费联系起来。

（三）耦合协调度分析

耦合度模型，一级指标之间耦合度模型表示为式（3－1）：

$$C_t = 4 \times \left\{ \frac{P_t \times R_t \times E_t \times K_t}{P_t \times R_t \times E_t \times K_t} \right\}^{1/4} \tag{3-1}$$

其中，P_t、R_t、E_t、K_t 分别为区域市场协同度、城乡发展融合度、内外市场链接度和生产与消费畅通度第 t 年的综合发展水平，C_t 表示耦合度，取值范围为 [0，1]，其值越大说明各一级指标间的互动作用越强。

耦合协调度模型表示为式（3－2）：

$$D_t = \sqrt{C_t \times G_t},\ G_t = \alpha P_t + \beta R_t + \gamma E_t + \delta K_t \tag{3-2}$$

其中，α、β、γ、δ 为待定系数，运用均等赋权法将待定系数确定为 $\alpha = \beta = \gamma = \delta = 1/4$，耦合协调度 D_t 的大小介于 0～1，其值越大，表明各指标间的发展越协调。判断标准如表 3～3 所示。

表 3－3　耦合协调度判断标准

耦合协调度	(0.0～0.1)	[0.1～0.2)	[0.2～0.3)	[0.3～0.4)	[0.4～0.5)
耦合阶段	最小耦合	低水平耦合	低水平耦合	拮抗耦合	拮抗耦合
协调等级	极度失调	严重失调	中度失调	轻度失调	濒临失调
耦合协调度	[0.5～0.6)	[0.6～0.7)	[0.7～0.8)	[0.8～0.9)	[0.9～1.0)
耦合阶段	磨合耦合	磨合耦合	磨合耦合	高水平耦合	最大耦合
协调等级	勉强协调	初级协调	中级协调	良好协调	优质协调

如图 3－5 所示，自 2002 年以来中国双循环发展 4 个一级指标耦合协调度变化呈现以下特征：第一，双循环 4 个一级指标的耦合协调度基本呈现稳定上升的趋势，从 2002 年的 0.265 上升到 2020 年的 0.402，年平均增长率为 2.3%。表明随着中国经济的高质量发展，消费规模扩大和结构升级，使得相互影响、相互作用的耦合协调程度不断加深，双循环发展实现了质的提升。第二，中国双循环发展耦合协调度仍处于较低水平，耦合协调度等级从 2002 年的中度失调发展到 2020 年的濒临失调，距离实现初级协调仍有一定距离，表明中国双循环发展各一级指标之间的协调关系有待进一步完善，区域发展不充分不协调，城乡发展不平衡，流通现代化程度低，外贸长期处于全球价值链的低端，这些都导致了双循环发展一级指标之间循环质量水平低。第三，中国双循环发展耦合协调度具有明显的阶段性特征，2002～2008 年增速平稳，年均增长率为 1.63%，这主要是因为加入世界贸易组织后，进出口总额的增长有效促进对外贸易的增长，中国经济发展的重心开始由内转外，经济总量迈上一个新台阶。2009～2014 年，双循环发展耦合协调度增速最快，年均增长率为 3.17%，这说明随着中国经济的持续快速发展，在政策的鼓励和支持下，中国双循环发展水平得到一定程度的提升，区域协同度、城乡融合度、内外链接度和流通畅通度之间实现了有

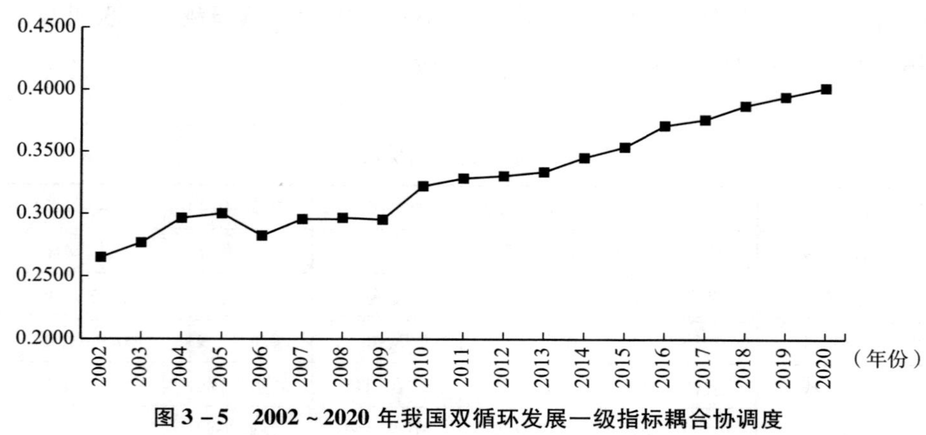

图 3－5　2002～2020 年我国双循环发展一级指标耦合协调度

效对接。2015～2020年，双循环发展耦合协调度增速放缓，年均增长率为2.57%，这说明中国双循环发展面临内外双重瓶颈，一方面国内市场虽前景广阔但开发不足，城乡发展存在短板，流通渠道不畅通，另一方面中国经济发展过度依赖国际市场，经济发展模式较为脆弱。

第三节　中国30个省份双循环发展水平测度及其时空演变

一、双循环发展水平指标的建构、测度与分析

（一）双循环指标体系的建构

根据双循环提出的实际背景、发展内涵与要求，参考已有研究成果，遵循指标选取区域性、定量化、时效性等原则，从数据可获取性的实际出发，结合各省份的具体实际情况，从区域市场协同度、生产与消费畅通度、城乡发展融合度和内外市场链接度4个一级指标构建了9项二级指标，25项三级指标的双循环发展水平评价指标体系，如表3－4所示。

表3－4　双循环发展水平评价指标体系

一级指标	二级指标	三级指标	单位	属性
区域市场协同度	市场一体化	公路交通网密度	—	正
		互联网普及率	%	正
		网络零售额占社零总额比重	—	正
	市场协调化	人均GDP最高与最低地区比值	—	逆
		城镇在岗职工平均工资最高值与最低比值	—	逆

续表

一级指标	二级指标	三级指标	单位	属性
生产与消费畅通度	流通成本	工业库存率	%	逆
		批零业库存率	%	逆
		全社会库存总额占 GDP 比重	%	逆
		交仓邮增加值占 GDP 比重	%	逆
	流通速度	工业存货周转率	次	正
		批零业存货周转率	次	正
		工业流动资产周转率	次	正
		批零业流动资产周转率	次	正
城乡发展融合度	城乡居民生活水平均衡	城乡居民可支配收入比	—	逆
		城乡居民消费水平对比	—	逆
		城乡恩格尔系数对比	%	正
	城乡基础服务设施均衡	城镇化率	%	正
		城乡医疗水平之比	—	逆
		城乡教育水平之比	—	逆
内外市场链接度	贸易依存度	进口贸易依存度	%	正
		出口贸易依存度	%	正
	资本依存度	实际利用外资	%	正
		对外直接投资	%	正
	人员流通度	入境过夜旅客数	人	正
		在外劳务人员数	人	正

（二）数据来源与处理

考虑到数据的可得性和指标体系的适用性，本书选取除西藏外 2012 ~ 2020 年中国 30 个省份的面板数据作为样本。其中，样本数据主要来源于国家统计局官网、中国经济社会大数据研究平台以及中国互联网络信息中心相关统计报告和数据、各省份历年国民经济与社会发展统计公报、《中国统计年鉴》《中国城市统计年鉴》《中国贸易外经统计年鉴》《中国工业统计年鉴》《中国商务统计年鉴》。个别年份个别指标的缺失数据，采用插值法、年均增长率、序列均值等方法填补。

（三）指数测度方法

（1）原始数据标准化处理。使用规范化方法对原始数据进行标准化处理，使其成为无量纲的标准化数据，如式（3－3）所示：

$$y_{ij}=\begin{cases}\dfrac{x_{ij}-\min(x_j)}{\max(x_j)-\min(x_j)}, & \text{（正向指标）}\\[2ex] \dfrac{\max(x_j)-x_{ij}}{\max(x_j)-\min(x_j)}, & \text{（负向指标）}\end{cases}\tag{3-3}$$

其中，x_{ij}（$i=1, 2, \cdots, n$；$j=1, 2, \cdots, m$）为原始数据，$\max(x_j)$和$\min(x_j)$分别是第 j 个指标的最大值和最小值，y_{ij}为无量纲化后的结果。

（2）熵权法确定指标权重。通过计算指标熵值、信息熵冗余度和指标权重对中国双循环发展水平指标体系的面板数据进行客观赋权。

（3）线性加权法进行指标合成，使用线性加权法综合标准化的指标值和所求的指标权重得出双循环发展指数，如式（3－4）所示：

$$DCD_i = \sum_{j=1}^{m} w_j \times y_{ij}\tag{3-4}$$

其中，DCD_i 表示 i 省份的双循环发展指数，DCD_i 越接近 1，则表示双循环发展水平越高，DCD_i 越接近 0，则双循环发展水平越低。

（四）双循环发展指数分析

如表 3－5 所示，经过测算可知，双循环发展水平具有显著的区域异质性：

（1）从均值来看，中国双循环发展指数均值介于 0.2274～0.2796，这说明中国双循环发展水平总体不高，存在较大提升空间；同时，双循环发展指数整体呈现波动上升态势，均值从 2012 年 0.2274 上升至 2019 年的 0.2796，增长 22.96%，除 2020 年受新冠肺炎疫情影响出现小幅下降之外，其他年份均呈现稳步上升发展态势，年均增长率为 1.49%。分区域来看，中国双循环发展水平具有差异性，呈现出东部、中部、东北部和西部地区依次递减的区域非均衡特征。与此同时，各省份双循环发展水平也存在较大差异，2020 年超过全国双循环发展指数均值的省份有 10 个，其中 9 个属于东部地区。双循环发展水平居前 5 位的省份分别为上海、广东、北京、浙江、天津，分别是排名末位贵州的 4.47 倍、4.13 倍、3.62 倍、3.21 倍、3.20 倍。可见，缩小区域发展差距，实现区域梯级联动、协调发展，仍是当前需要解决的重要问题。

（2）从年均增长率来看，双循环发展指数呈现出西部、东部、中部和东北部地区依次递减的特征。西部地区双循环发展水平虽是四大区域最低，但年均增长率最高，表现出明显的追赶效应，发展潜力较大，具有推动双循环发展的后发优势。东北地区双循环发展指数年均增长率呈负增长弱脱钩状态，说明东北地区双循环发展水平仍有很大的提升空间，迫切需要通过推动东北振兴，提升与国内国际产业和市场的链接水平，实现更深程度参与双循环。各省份发展指数年均增长率也不相同，2012～2020 年共有 18 个省份发展指数年均增长率高于全国水平，年均增长率排名前 5 位的省份分别是宁夏、甘肃、青海、海南、福建，分别高达 9.00%，6.40%，4.14%，4.05%和 3.77%。

表 3-5　　　　2012～2020 年中国双循环发展指数 DCD 值

区域		2012 年	2013 年	2014 年	2015 年	2016 年	2017 年	2018 年	2019 年	2020 年	年均增长率
东部地区	北京	0.4109	0.4066	0.4286	0.4246	0.4197	0.4708	0.4867	0.4880	0.4501	1.14%
	天津	0.2980	0.3091	0.3190	0.3193	0.3344	0.3445	0.3162	0.4076	0.3970	3.65%
	河北	0.1863	0.1897	0.1853	0.1864	0.1983	0.1984	0.2030	0.2262	0.2216	2.19%
	上海	0.4784	0.4622	0.4871	0.5251	0.5540	0.6066	0.6156	0.6001	0.5552	1.88%
	江苏	0.4015	0.3593	0.3612	0.3738	0.3757	0.3902	0.4115	0.3981	0.3369	-2.17%
	浙江	0.3283	0.2998	0.3192	0.3491	0.3760	0.4353	0.4177	0.4221	0.3983	2.45%
	福建	0.2533	0.2637	0.2807	0.3082	0.3302	0.3629	0.3551	0.3603	0.3405	3.77%
	山东	0.3490	0.3286	0.3456	0.3471	0.3644	0.3817	0.3629	0.3841	0.3317	-0.63%
	广东	0.4230	0.4501	0.4629	0.4788	0.5071	0.5325	0.5933	0.5831	0.5130	2.44%
	海南	0.2082	0.2061	0.1979	0.2083	0.2122	0.2666	0.2957	0.3117	0.2860	4.05%
	均值	0.3337	0.3275	0.3387	0.3521	0.3672	0.3989	0.4058	0.4181	0.3830	1.74%

续表

区域		2012年	2013年	2014年	2015年	2016年	2017年	2018年	2019年	2020年	年均增长率
中部地区	山西	0.1454	0.1419	0.1389	0.1344	0.1406	0.1448	0.1626	0.1665	0.1666	1.71%
	安徽	0.2128	0.2267	0.2190	0.2327	0.2410	0.2549	0.2604	0.2492	0.2408	1.56%
	江西	0.2150	0.2246	0.2316	0.2288	0.2353	0.2326	0.2429	0.2557	0.2430	1.54%
	河南	0.2564	0.2561	0.2748	0.2936	0.3080	0.2783	0.2534	0.2586	0.2311	-1.29%
	湖北	0.2083	0.2329	0.2211	0.2312	0.2328	0.2452	0.2591	0.2657	0.2261	1.03%
	湖南	0.2079	0.2136	0.2008	0.2184	0.2380	0.2470	0.2571	0.2840	0.2299	1.26%
	均值	0.2076	0.2160	0.2144	0.2232	0.2326	0.2338	0.2392	0.2466	0.2229	0.89%
西部地区	内蒙古	0.1380	0.1479	0.1396	0.1353	0.1506	0.1405	0.1529	0.1677	0.1510	1.13%
	广西	0.1518	0.1593	0.1496	0.1799	0.1946	0.2077	0.2044	0.2142	0.1909	2.91%
	重庆	0.2391	0.2464	0.2497	0.2489	0.2610	0.2620	0.2825	0.2764	0.2598	1.04%
	四川	0.1794	0.1868	0.1889	0.1930	0.2073	0.2176	0.2368	0.2483	0.2232	2.77%
	贵州	0.1005	0.1128	0.1143	0.1212	0.1265	0.1317	0.1391	0.1262	0.1242	2.69%
	云南	0.1453	0.1408	0.1370	0.1561	0.1613	0.1793	0.2020	0.2075	0.1518	0.55%
	陕西	0.1666	0.1747	0.1786	0.1897	0.2050	0.2230	0.2296	0.2389	0.1994	2.28%
	甘肃	0.0984	0.1100	0.1100	0.1102	0.1203	0.1342	0.1534	0.1574	0.1617	6.40%
	青海	0.0995	0.0974	0.0938	0.0934	0.0915	0.0933	0.1049	0.1229	0.1376	4.14%
	宁夏	0.0952	0.0994	0.1014	0.1052	0.1192	0.1382	0.1513	0.1756	0.1897	9.00%
	新疆	0.1295	0.1360	0.1269	0.1187	0.1222	0.1344	0.1445	0.1518	0.1562	2.37%
	均值	0.1403	0.1465	0.1445	0.1501	0.1600	0.1693	0.1820	0.1897	0.1769	2.94%
东北地区	辽宁	0.3040	0.2765	0.2741	0.2248	0.2203	0.2411	0.2570	0.2715	0.2329	-3.27%
	吉林	0.2291	0.2135	0.2100	0.2009	0.2093	0.1994	0.1858	0.2091	0.1870	-2.51%
	黑龙江	0.1621	0.1639	0.1466	0.1444	0.1606	0.1509	0.1542	0.1598	0.1419	-1.65%
	均值	0.2317	0.2180	0.2102	0.1900	0.1968	0.1971	0.1990	0.2135	0.1873	-2.63%
全国	均值	0.2274	0.2279	0.2298	0.2361	0.2473	0.2615	0.2697	0.2796	0.2558	1.49%

二、中国双循环发展水平的区域时空差异分析

本书采用描述性统计、泰尔指数、ArcGIS 自然间断点分级、局部莫兰指数和时空跃迁等统计方法，从四大区域和五大经济带对 DCD 均值进行分析，揭示双循环发展水平的时序演变特征和空间集聚模式。

（一）时序演变特征分析

1. 四大区域

总体来看，受资源禀赋、政策导向等因素影响，我国四大区域双循环发展水平存在显著差异化特征。如图 3－6 所示，从演进态势来看，2012～2020 年，东部、中部和西部地区的双循环发展指数均呈现出上升发展态势，东北部地区双循环发展指数呈现先降后升的发展态势，这表明四大区域双循环发展水平越来越高。从发展差距来看，四大区域并未表现出趋同的发展态势，而是随着时序的变化，呈现出较为明显的发展差距，东部区域双循环发展水平明显高于其他三大区域，西部和东北部区域长期处于较低水平发展，说明区域之间发展不平衡不充分的矛盾突出，“虹吸效应”多于“溢出效应”。

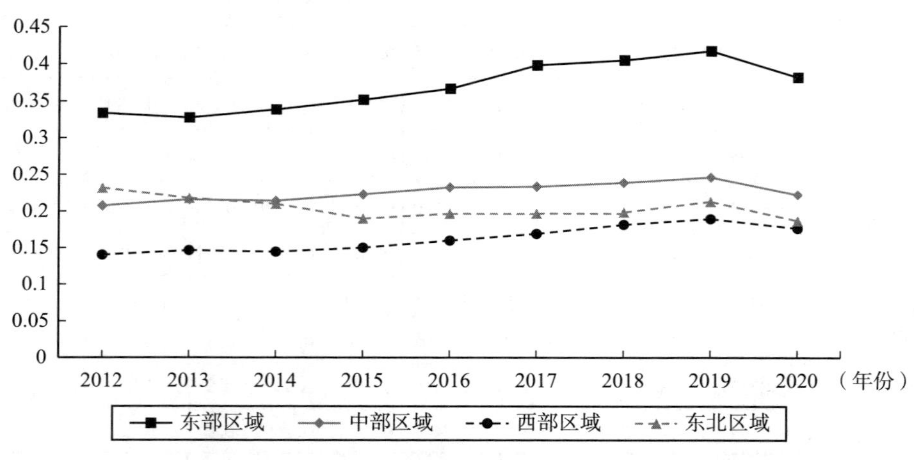

图 3－6　2012～2020 年四大区域双循环发展指数时序演变

为进一步揭示区域双循环发展水平的变化趋势和演变特征，本研究利用泰尔指数来分析区域间和区域内双循环发展水平的差异，测算区域间和区域内双循环发展水平差异在总体差异中的重要性与贡献率。具体如式（3－5）和式（3－6）所示：

$$T = \frac{1}{n}\sum_{i}^{n} = 1\,\frac{y_i}{\bar{y}}\log\left(\frac{y_i}{\bar{y}}\right) \tag{3－5}$$

$$T = T_b + T_w = \sum_{k=1}^{k} y_k \log\left(\frac{y_k}{n_k/n}\right) + \sum_{k=1}^{k} y_k \left(\sum_{i \in gk} \frac{y_i}{y_k}\log\frac{y_i/y_k}{1/n_k}\right) \tag{3－6}$$

T 表示双循环发展的泰尔指数，y_i 表示第 i 个区域的双循环发展水平，$\bar{y}$ 表示区域双循环发展的平均水平。在 0～1，T 值越接近 1，表示区域差异越大，T 值越接近 0，表示区域差异越小。T_b 为区域间差异，T_w 为区域内差异，$T_k = \sum_{i \in gk} \frac{y_i}{y_k}\log\frac{y_i/y_k}{1/n_k}$ 为区域内部各省份之间的差异。

根据式（3－5）和式（3－6），计算得出 2012～2020 年中国四大区域双循环发展的总体差异、区域内差异、区域间差异和贡献率。具体结果如表 3－6 所示。

（1）从总体差异来看，泰尔指数呈现波动下降趋势，从 2012 年 0.0983 下降到 2020 年 0.0854。表明中国双循环发展总体差异虽然较大，但呈不断缩小趋势。

（2）从差异构成来看，中国双循环发展水平的差异主要来自区域间差异，2012～2020 年区域内差异和区域间差异总体保持稳定，且区域间差异一直大于区域内差异。区域与区域之间发展不平衡问题是制约提高我国双循环发展水平的短板。

（3）从四大区域及贡献率来看，东部和西部区域差异相比中部和东北部区域较大，表明两大区域内部双循环发展水平差距较大，发展不平衡问题突出。同时，两大区域贡献率相比中部和东北部区域高，表明东部和西部区域对总体差异的贡献率大。中部区域差异最小且最为稳定，东北部区域大于中部区域，但呈现显著的下降趋势。表明区域间呈现出明显的差异性分化，且有扩大的发展趋势。该表现与经济新常态的区域地理格局相匹配，是经济结构调整、资源配置优化和新旧动能转换的必然结果。

表 3 – 6　　2012 ~ 2020 年四大区域双循环发展的泰尔指数及贡献率

年份	总体差异	区域内差异及贡献率	区域间差异及贡献率	东部区域及贡献率	中部区域及贡献率	西部区域及贡献率	东北部区域及贡献率
2012	0.0983	0.0345 (35.09%)	0.0638 (64.91%)	0.0397 (19.75%)	0.0128 (2.38%)	0.0421 (9.70%)	0.0316 (3.27%)
2013	0.0876	0.0324 (37.00%)	0.0552 (63.00%)	0.0379 (20.70%)	0.0147 (3.18%)	0.0397 (10.68%)	0.0224 (2.44%)
2014	0.0996	0.0370 (37.18%)	0.0626 (62.82%)	0.0423 (20.87%)	0.0189 (3.53%)	0.0428 (9.91%)	0.0312 (2.86%)
2015	0.1026	0.0374 (36.47%)	0.0652 (63.53%)	0.0429 (20.80%)	0.0233 (4.29%)	0.0445 (10.11%)	0.0163 (1.28%)
2016	0.0999	0.0371 (37.11%)	0.0628 (62.89%)	0.0429 (21.25%)	0.0233 (4.39%)	0.0453 (10.76%)	0.0090 (0.71%)
2017	0.1060	0.0359 (33.84%)	0.0702 (66.16%)	0.0420 (20.12%)	0.0179 (3.02%)	0.0421 (9.43%)	0.0177 (1.26%)
2018	0.1000	0.0363 (36.29%)	0.0637 (63.71%)	0.0462 (23.17%)	0.0116 (2.06%)	0.0379 (9.38%)	0.0228 (1.69%)
2019	0.0905	0.0292 (32.25%)	0.0613 (67.75%)	0.0343 (18.89%)	0.0126 (2.45%)	0.0327 (8.98%)	0.0229 (1.93%)
2020	0.0854	0.0244 (28.61%)	0.0610 (71.39%)	0.0320 (18.69%)	0.0072 (1.47%)	0.0227 (6.74%)	0.0199 (1.70%)

2. 五大经济带

随着中国经济发展进入新常态，党的十八大以来，中央提出统筹国内国际两个大局，构建全方位开放新格局。对内推出京津冀协同发展、长江经济带发展、长三角一体化发展、黄河流域生态保护和高质量发展等国家重大战略，对外打造经济走廊，将“一带一路”建设作为开放的重点战略。然而，由于五大经济带的自然条件、经济发展基础显著不同，加之地理位置、交通通达度等条件相差较大，从而使得双循环发展水平呈现明显差异。如表 3 – 7、表 3 – 8 和图 3 – 7 所示。

（1）从双循环发展指数值来看，2012～2020年五大经济带双循环发展水平得到显著提升，双循环发展指数均值从高到低排序依次是长三角、京津冀、长江经济带、“一带一路”、黄河流域，且五大经济带指数均值均显著为正。

（2）从指数年均增长率来看，其与均值排序大体呈现反向分布态势，从高到低排序依次是京津冀、黄河流域、“一带一路”、长江经济带、长三角。表明京津冀、黄河流域、“一带一路”等区域，正在逐步缩小与长三角经济带的发展差距。

（3）从泰尔指数来看，区域内部差异最大的是“一带一路”、黄河流域，其次是长江经济带和京津冀，长三角经济带内部差异最小。

表3－7　　2012～2020年五大经济带双循环发展指数

区域	2012年	2013年	2014年	2015年	2016年	2017年	2018年	2019年	2020年	年均增长率
京津冀	0.2984	0.3018	0.3109	0.3101	0.3175	0.3379	0.3353	0.3739	0.3563	2.24%
长江经济带	0.2470	0.2460	0.2482	0.2617	0.2735	0.2911	0.3022	0.3030	0.2717	1.20%
“一带一路”	0.2147	0.2146	0.2156	0.2222	0.2350	0.2534	0.2647	0.2724	0.2502	1.93%
长三角	0.3553	0.3370	0.3466	0.3702	0.3867	0.4217	0.4263	0.4174	0.3828	0.94%
黄河流域	0.1698	0.1714	0.1746	0.1780	0.1897	0.1946	0.2009	0.2133	0.1991	2.01%

表3－8　　2012～2020年五大经济带双循环发展泰尔指数

年份	京津冀	长江经济带	“一带一路”	长三角	黄河流域
2012	0.0484	0.0883	0.1198	0.0398	0.0988
2013	0.0447	0.0693	0.1115	0.0327	0.0838
2014	0.0533	0.0780	0.1273	0.0388	0.0968
2015	0.0515	0.0794	0.1354	0.0397	0.1019
2016	0.0433	0.0800	0.1351	0.0414	0.0984
2017	0.0564	0.0886	0.1422	0.0448	0.0895

续表

年份	京津冀	长江经济带	“一带一路”	长三角	黄河流域
2018	0. 0606	0. 0783	0. 1357	0. 0439	0. 0635
2019	0. 0458	0. 0747	0. 1162	0. 0451	0. 0567
2020	0. 0403	0. 0816	0. 1105	0. 0441	0. 0359

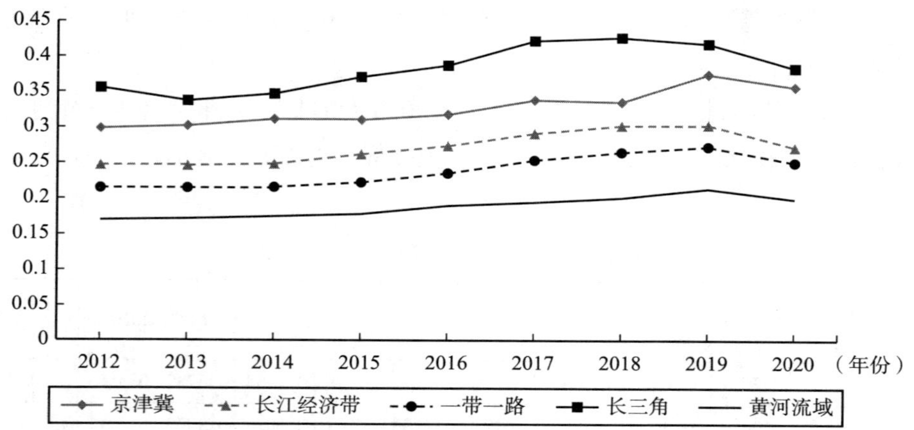

图 3－7　2012～2020 年五大经济带 DCD 时序演变

（二）中国双循环发展水平的空间分布

在对中国双循环发展水平进行时序测度基础上，为探究双循环发展的空间分布特征，采用探索性空间数据分析，运用 ArcGIS 自然间断点分级、局部莫兰指数和时空跃迁等统计方法，揭示区域双循环发展空间异质性与相关性。

1. 2012～2020 年双循环发展水平空间异质性

根据双循环发展指数离散程度，使用 ArcGIS 自然间断点分级，从空间上分析双循环发展水平的异质性，将中国双循环发展水平划分为落后省份（0. 1799，0. 0915］、追赶省份（0. 2957，0. 1799］、进步省份（0. 4353，0. 2957］、领先省份（0. 6156，0. 4353］。从表 3－9 可知，2012～2020 年处于落后省份数量从 12 个减少到 8 个，处于追赶省份数量从 10 个增加到 14 个，处于进步省份数量从 7 个减少到 5 个，处于领先省份数量从 1 个增加到 3 个。总体来看，从空间上落后省份和进步省份数量减少，追赶省份和领先省份增加，表明中国双循环发展水平虽存在发展不平衡、不充分的阶段性特征，但总体呈现从低水平向中高水平发展的演变趋势。

表 3－9　　2012～2020 年中国双循环省际发展水平

年份	落后省份	追赶省份	进步省份	领先省份
2012	山西、内蒙古、黑龙江、广西、四川、贵州、云南、陕西、甘肃、青海、宁夏、新疆	河北、吉林、安徽、福建、江西、河南、湖北、湖南、海南、重庆	北京、天津、辽宁、江苏、浙江、山东、广东	上海
2013～2014	山西、内蒙古、黑龙江、广西、贵州、云南、陕西、甘肃、青海、宁夏、新疆	河北、辽宁、吉林、安徽、福建、江西、河南、湖北、湖南、海南、重庆、四川	北京、天津、江苏、浙江、山东	上海、广东
2015	山西、内蒙古、黑龙江、贵州、云南、甘肃、青海、宁夏、新疆	河北、辽宁、吉林、安徽、江西、河南、湖北、湖南、广西、海南、重庆、四川、陕西	北京、天津、江苏、浙江、福建、山东	上海、广东
2016	山西、内蒙古、黑龙江、贵州、云南、甘肃、青海、宁夏、新疆	河北、辽宁、吉林、安徽、江西、湖北、湖南、广西、海南、重庆、四川、陕西	北京、天津、江苏、浙江、福建、山东、河南	上海、广东
2017	山西、内蒙古、黑龙江、贵州、云南、甘肃、青海、宁夏、新疆	河北、辽宁、吉林、安徽、江西、河南、湖北、湖南、广西、海南、重庆、四川、陕西	天津、江苏、福建、山东	北京、上海、浙江、广东
2018～2019	山西、内蒙古、黑龙江、贵州、甘肃、青海、宁夏、新疆	河北、辽宁、吉林、安徽、江西、河南、湖北、湖南、广西、重庆、四川、云南、陕西	天津、江苏、浙江、福建、山东、海南	北京、上海、广东
2020	山西、内蒙古、黑龙江、贵州、云南、甘肃、青海、新疆	河北、辽宁、吉林、安徽、江西、河南、湖北、湖南、广西、海南、重庆、四川、陕西、宁夏	天津、江苏、浙江、福建、山东	北京、上海、广东

从横向比较来看，截至2020年底，北京、上海、广东3个领先省份和天津、江苏、浙江、福建、山东5个进步省份，全部位于东部区域，且双循环发展指数均高于全国均值；河北、辽宁、吉林、安徽、江西、河南、湖北、湖南、广西、海南、重庆、四川、陕西、宁夏14个追赶省份中，仅有海南和重庆两个省份的双循环发展指数高于全国均值；8个落后省份的双循环发展指数均低于全国均值。从纵向比较来看，2012~2020年，共有4个省份进入过领先省份，其中，上海、广东2个省份始终处于领先省份；北京自2017年起处于领先省份，浙江则在2017年进入过领先省份。共有9个省份进入过进步省份，其中，天津、江苏、浙江、福建、山东5个省份常年处于进步省份，北京自2017年起进入领先省份，辽宁、河南、海南个别年份进入过领先省份。如图3-8所示，进一步分析2012~2020年各省份双循环发展指数的极大值和极小值变化，各省份双循环发展指数的极大值呈现先升后降的发展趋势，而极小值呈现稳步提高的发展趋势，这表明中国双循环发展水平整体处于逐步提升，且省份差异呈现缩小趋势。

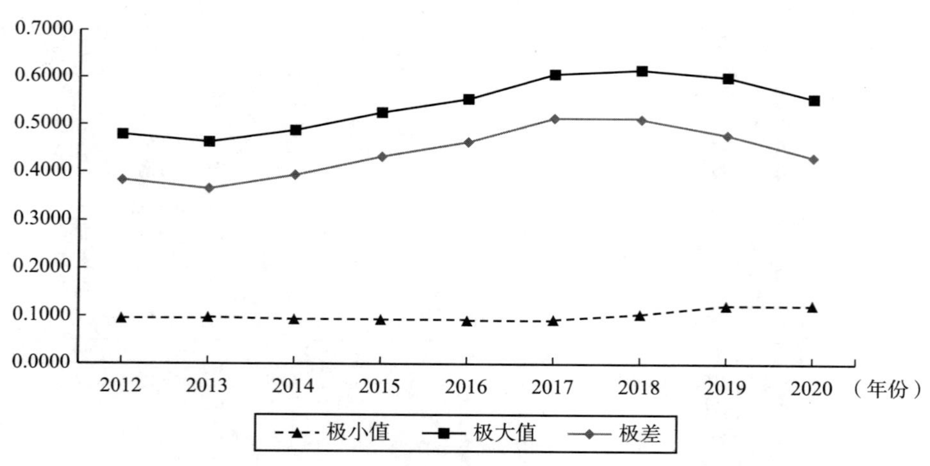

图3-8　2012~2020年中国双循环发展指数离散程度

2. 2012~2020年双循环发展子系统空间异质性

双循环发展的测度由区域市场协同度、生产与消费畅通度、城乡发展融合度、内外市场链接度四个子系统指标构成。如表3－10所示，区域市场协同度指标呈现平稳上升趋势，年均增长13.35%，这表明区域藩篱有所消除，统筹区域协调发展的格局逐步凸显，强大国内统一大市场正在逐步形成。城乡发展融合度指标呈现逐年递增发展趋势，除2014年个别年份出现小幅下降，年均增长2.96%，主要受益于城乡居民收入差距不断缩小，城乡公共服务均等共享水平显著提升等因素。生产与消费畅通度呈现波动下降发展趋势，年均下降3.39%，可能的原因是受我国消费需求总量释放不足、生产与消费的结构性失衡凸显等因素影响，急需进一步扩大内需并促进生产与消费的协同升级。内外市场链接度呈现相对平稳发展趋势，但受新冠肺炎疫情影响，2020年下降到2.4472，反映了当前国际大循环畅通面临着较大障碍。

表3－10　2012～2020年双循环发展子系统测度结果

指标	2012	2013	2014	2015	2016	2017
区域协同度	0.9266	1.0086	1.1344	1.3652	1.5473	1.8171
生产与消费畅通度	1.8632	1.8602	1.7410	1.6175	1.6573	1.5289
城乡发展融合度	1.0207	1.1740	1.0943	1.1253	1.1618	1.1971
内外市场链接度	3.0107	2.7939	2.9241	2.9737	3.0511	3.3027
指标	2018	2019	2020	均值	年均增长率（%）	
区域协同度	2.1197	2.3018	2.5254	1.6385	13.35%	
生产与消费畅通度	1.4464	1.4927	1.4138	1.6246	－3.39%	
城乡发展融合度	1.2293	1.2564	1.2887	1.1720	2.96%	
内外市场链接度	3.2962	3.3376	2.4472	3.0152	－2.56%	

各省份双循环发展指数的具体分项指数如表3－11所示。从区域市场协同度来看，2020年中国区域市场协同度分项指数均值为0.0842，区域市场协同度指数最高的上海是内蒙古的4.62倍。其中，位于均值以下的省份有20个，青海、黑龙江、新疆和内蒙古4个省份的区域市场协同度指数在0.05以下。从生产与消费畅通度来看，2020年生产与消费畅通度分项指数

均值为0.0471，位于均值以上的省份有15个，而超过0.07的省份仅有福建。从城乡发展融合度来看，位于均值以上的省份有13个，最高的是天津，最低的是甘肃，相差2.04倍。2020年城乡发展融合度分项指数均值为0.0430，低于其他分项指数均值，这意味着城乡发展融合度可能成为未来双循环发展指数提高的重要突破口。从内外市场链接度来看，2020年内外市场链接度指数均值为0.0816，位于均值以上的省份有上海、广东、北京、天津、山东、浙江、江苏、福建、海南、辽宁共10个省份，主要为东部沿海省份，沿海地区拥有的地理区位优势以及丰富的实践经验，对外开放发展水平较高。

表3-11　2020年中国各省份双循环发展子系统指数排名

排名	省份	区域协同度	省份	生产与消费畅通度	省份	城乡发展融合度	省份	内外市场链接度
1	上海	0.1887	福建	0.0724	天津	0.0589	上海	0.2758
2	浙江	0.1663	湖南	0.0678	上海	0.0535	广东	0.2724
3	北京	0.1650	江西	0.0675	江苏	0.0513	北京	0.2044
4	广东	0.1482	重庆	0.0626	浙江	0.0510	天津	0.1533
5	天津	0.1369	四川	0.0569	北京	0.0507	山东	0.1523
6	江苏	0.1116	河南	0.0549	湖北	0.0477	浙江	0.1344
7	福建	0.1025	广西	0.0537	广东	0.0466	江苏	0.1295
8	重庆	0.0903	甘肃	0.0524	福建	0.0458	福建	0.1197
9	山东	0.0880	安徽	0.0504	河北	0.0444	海南	0.1161
10	安徽	0.0842	陕西	0.0494	辽宁	0.0441	辽宁	0.0838
11	海南	0.0828	湖北	0.0494	安徽	0.0435	重庆	0.0648
12	河北	0.0823	河北	0.0491	山东	0.0434	安徽	0.0627
13	湖北	0.0810	山东	0.0480	宁夏	0.0432	河南	0.0599
14	江西	0.0764	天津	0.0479	江西	0.0428	吉林	0.0574
15	河南	0.0754	海南	0.0477	四川	0.0425	江西	0.0563
16	四川	0.0728	浙江	0.0466	广西	0.0425	湖南	0.0553

续表

排名	省份	区域协同度	省份	生产与消费畅通度	省份	城乡发展融合度	省份	内外市场链接度
17	宁夏	0.0685	山西	0.0464	重庆	0.0421	四川	0.0508
18	辽宁	0.0684	广东	0.0457	新疆	0.0420	湖北	0.0480
19	湖南	0.0663	内蒙古	0.0450	内蒙古	0.0415	陕西	0.0460
20	陕西	0.0641	江苏	0.0444	河南	0.0409	河北	0.0459
21	山西	0.0632	青海	0.0417	湖南	0.0404	广西	0.0388
22	广西	0.0560	宁夏	0.0401	陕西	0.0399	宁夏	0.0380
23	吉林	0.0527	新疆	0.0388	青海	0.0398	云南	0.0334
24	贵州	0.0521	吉林	0.0380	黑龙江	0.0397	甘肃	0.0299
25	甘肃	0.0505	上海	0.0372	海南	0.0394	新疆	0.0293
26	云南	0.0502	辽宁	0.0365	吉林	0.0389	黑龙江	0.0269
27	青海	0.0480	云南	0.0361	贵州	0.0371	内蒙古	0.0236
28	黑龙江	0.0462	北京	0.0300	山西	0.0341	山西	0.0229
29	新疆	0.0461	黑龙江	0.0291	云南	0.0321	青海	0.0082
30	内蒙古	0.0408	贵州	0.0278	甘肃	0.0289	贵州	0.0073

3. 2012～2020 年双循环发展水平空间相关性

本书选用局部莫兰指数来研究各个省份双循环发展指数间的相关性特征。如式（3－7）所示：

$$I_i = \frac{Z_i}{S^2}\sum_{j \neq i}^{n} W_{ij} Z_i \tag{3-7}$$

其中，$Z_i = y_i - \bar{y}$，$S^2 = \frac{1}{n}\sum(y_i - \bar{y})^2$，$W_{ij}$为空间权重值，n 为 30 个省份，$I_i$ 为局部莫兰指数，y_i 为地区双循环发展指数，$\bar{y}$ 为地区双循环发展指数均值。通过测算局部莫兰指数，可将中国双循环发展划分为 4 种空间关联模式：HH 类型区，即高水平区域被高水平的周边区域包围，呈正相关性；LH 类型区，即低水平区域被高水平的周边区域包围，呈负相关性；LL 类型区，即低水平区域被低水平的周边区域包围，呈正相关性；LH 类型区，即低水平区域被高水平的周边区域包围，呈负相关性。此外，根据时空跃迁理论（Rey，2001），结合象限中各省份的空间分布变化情况，将时空跃迁划分为4种类型：类型Ⅰ自身跃迁而周边区域稳定；类型Ⅱ自身与周边区域均跃迁；类型Ⅲ自身稳定而周边区域跃迁；类型Ⅳ自身和周边区域均稳定，如表3－12所示。

（1）从总体上来看，中国双循环发展存在显著的空间相关性，即区域的双循环发展呈现高（低）区域在空间上临近的分布格局，空间集聚特征突出。具体而言，中国大部分省份在第一象限和第三象限，呈正相关性，较少部分省份在第二象限和第四象限。2020年，北京、天津、上海、江苏、浙江、福建、山东、广东、海南9个东部沿海省份均在HH类型区，LL类型区主要分布在东北部和西部区域，包括黑龙江、新疆、宁夏等省份。

（2）从区域分布来看，中国双循环发展水平存在显著的空间分异特征。主要表现在安徽、江西、湖南等中部区域分布在LH类型区，以及重庆分布在HL类型区，呈负相关性。

（3）从时空跃迁来看，2012～2020年大部分省份在同一象限中并未发生跃迁，空间路径锁定特征显著。仅少部分活跃城市发生了Ⅰ类型和Ⅲ类型跃迁。例如，吉林从HL象限（2012年）跃迁到LL象限（2013年）。

表3－12　　局部空间自相关区域分布情况

年份	High—High	Low－High	Low－Low	High－Low
2012	北京、天津、上海、江苏、浙江、福建、山东	河北、安徽、江西、湖南、广西、海南	山西、内蒙古、黑龙江、湖北、四川、贵州、云南、陕西、甘肃、青海、宁夏、新疆	辽宁、吉林、河南、广东、重庆
2013～2014	北京、天津、上海、江苏、浙江、福建、山东	河北、安徽、江西、湖北、湖南、广西、海南	山西、内蒙古、吉林、黑龙江、四川、贵州、云南、陕西、甘肃、青海、宁夏、新疆	辽宁、河南、广东、重庆
2015～2016	北京、天津、上海、江苏、浙江、福建、山东	河北、安徽、江西、湖北、湖南、广西、海南	山西、内蒙古、辽宁、吉林、黑龙江、四川、贵州、云南、陕西、甘肃、青海、宁夏、新疆	河南、广东、重庆

续表

年份	High—High	Low - High	Low - Low	High - Low
2017	北京、天津、上海、江苏、浙江、福建、山东、广东	河北、安徽、江西、湖北、湖南、广西、海南	山西、内蒙古、辽宁、吉林、黑龙江、四川、贵州、云南、陕西、甘肃、青海、宁夏、新疆	河南、重庆
2018	北京、天津、上海、江苏、浙江、福建、山东、广东、海南	河北、安徽、江西、湖南、广西	山西、内蒙古、辽宁、吉林、黑龙江、河南、湖北、四川、贵州、云南、陕西、甘肃、青海、宁夏、新疆	重庆
2019	北京、天津、上海、江苏、浙江、福建、山东、广东、海南	河北、安徽、江西、湖南、广西	山西、内蒙古、辽宁、吉林、黑龙江、河南、湖北、重庆、四川、贵州、云南、陕西、甘肃、青海、宁夏、新疆	—
2020	北京、天津、上海、江苏、浙江、福建、山东、广东、海南	河北、安徽、江西、湖南、广西	山西、内蒙古、辽宁、吉林、黑龙江、河南、湖北、四川、贵州、云南、陕西、甘肃、青海、宁夏、新疆	重庆

第四节　双循环发展评价结论与面临瓶颈分析

一、主要评价结论及启示

（一）全国双循环发展水平评价结论

从总体趋势来看，2002～2020年中国双循环发展水平总体呈现上升趋势，其中，区域市场协同度和城乡发展融合度上升趋势明显，生产与消费畅通度发展趋势较为平稳，内外市场链接度则呈现出一定波动，上升趋势趋缓。从各一级指标对双循环发展指数的贡献来看，区域市场协同度对双循环发展指数增长的贡献最大，生产与消费畅通度的贡献最小。从双循环发展指数的演进趋势来看，具有明显的阶段特征，其中，2002～2008 年呈平稳发展之势，2009～2014 年呈总体平稳、稳中提质的发展态势，2015～2020 年呈线性上升趋势，且在不同阶段，各指标对双循环发展的贡献作用具有明显的差异。从双循环发展各一级指标之间的耦合协调性来看，各一级指标之间存在耦合协调关系，且呈现出稳定的上升趋势。其中，2009～2014 年，中国双循环发展各一级指标之间耦合协调性增速最快，2015～2020 年增速逐渐下降。但总体上仍处于较低水平。

（二）30 个省份双循环发展水平评价结论

从整体发展趋势来看，中国双循环发展指数呈波动上升态势，2012～2020 年中国双循环发展指数年均增长率为 1.49%。其中，区域市场协同度和城乡发展融合度分项指数呈现平稳上升趋势，生产与消费畅通度和内外市场链接度分项指数呈现波动下降趋势。从整体发展水平来看，中国双循环发展整体水平有待提高，截至 2020 年，仅有 3 个省份属于领先省份，5 个省份属于进步省份；有 14 个属于追赶省份，这些省份仍有较大的追赶空间，急需充分挖掘自身潜力和优势，积极融入双循环，努力实现新发展。属于落后省份的有 8 个，这些省份同其他省份具有较大差距。从时序演变来看，四大区域上，中国双循环发展指数呈现出东部、中部、东北部、西部依次递减的区域非均衡特征，西部区域年均增长率最高，表现出明显的追赶效应。五大经济带上，双循环发展指数呈现长三角经济带高于其他四大经济带的特征，且双循环发展指数的增速与均值排序呈反向分布态势。从泰尔指数来看，中国双循环发展的差异主要来自区域间差异，平均贡献率达 65.13%，虽总体差异显著，但呈现逐年缩小态势。四大区域中，东部和西部区域差异较大，且对总体差异的贡献率大。五大经济带中，差异最大的是"陇海兰新"、黄河流域，其次是长江经济带和京津冀，长三角经济带区域内部差异最小。从空间特征来看，双循环发展水平存在一定的空间相关性，同时，在空间异质性上，中国双循环发展具有发展不平衡、不充分的阶段性特征。在空间稳定性上，双循环发展指数表现出以 HH 类型区和 LL 类型区为主的正相关集聚特征。在空间差异性上，部分中部和西部区域分布在 LH 类型区和 HL 类型区具有空间分异特征。在时空跃迁上，随着时间的推移，大部分省份未发生跃迁，具有明显的空间路径锁定特征。

（三）双循环发展水平评价的启示

要正确地认识到双循环发展是一个系统性、全面性、深层次性的变革。从区域市场协同度来看，要进一步提升区域协同发展水平，继续强化区域间的合作交流，充分发挥双循环发展的空间扩散效应，实现以强带弱，制定区域协同互动政策，探索建立空间分异性地区合作交流机制。从城乡发展融合度来看，要进一步缩小城乡发展差距，实现城乡融合发展。关注落后地区，坚持先富帮后富的对口帮扶政策，坚持精准扶贫、产业扶贫等政策，坚持乡村振兴战略，打破生产要素在城乡之间自由流动的各种阻碍，实现城乡融合发展。从生产与消费畅通度来看，要健全现代流通体系，提升流通现代化水平。要进一步提高流通效率，降低流通成本，通过加大财政专项资金支持力度、健全地区规划与协作机制等措施，完善流通政策，提高流通规制效率，畅通生产与消费循环。从内外市场链接度来看，要坚持引进来和走出去并重，增强内外市场链接，加强高新技术开放合作，以高质量开放促进双循环发展。同时，中国双循环四个一级指标之间的耦合协调水平还处于相对偏低的位置，急需重视双循环发展的整体性，做到具体问题具体分析，制定行之有效的政策措施，促进指标之间协调发展，实现良性循环。

此外，要在国家区域发展战略指导下，加强顶层设计，强化重大战略联动，构建“马阵跨阱、板链拉动”新格局，促进四大区域和五大经济带的高质量协调发展。东部区域在保持领先优势的同时，要发挥区域的示范引领作用，完善经验分享和对口支援帮扶机制，推动区域经济发展梯度转移，促生“飞地”合作等产业承接和区域合作新模式；中部、西部和东北部区域要开启全面追赶模式，认清区域发展不平衡、生产与消费衔接不紧密、贸易依存度相对较低等现实，通过多层次功能区差异化发展，强化区域间开放联动，借势东部区域对口合作，积极承接产业转移，以畅通国内国际循环为契机，提升中西部和东北部区域开放水平。

二、未来制约双循环的潜在瓶颈分析

首先，从生产与消费循环来看，需求结构和生产函数发生重大变化，生产体系内部循环不畅和供求脱节现象显现，面临着局部消费扩容与低效供给的空间失衡、消费升级与优质供给的错位失衡、新兴消费与有效供给的结构失衡等问题。如由于内外贸不同线、不同标、不同质等系列问题，使得转内销的优质出口商品与国内消费需求对接不畅；新兴服务消费与有效服务供给的失衡，导致服务消费需求释放不充分。据统计，受服务供给不足的影响，2020 年我国居民服务消费占消费支出的比重仅为 42.6%[①]，远低于美国约 62% 的发展水平[②]。

其次，从城市与农村循环来看，重工轻农、重城轻乡、城乡分割的发展特征仍然较为明显，面临城乡发展差距拉大，城乡二元结构突出，城乡基础设施衔接不够畅通，以及城乡公共服务不均等问题，导致城乡融合发展受阻。北京大学的相关研究表明，目前我国有 70% 的城市人口已经进入幸福消费区域（食品消费占家庭消费开支总额的比例低于 30%）。而农村只有 30% 的人口进入幸福消费区域，农村的消费水平落后于城市约十年。[③] 与此同时，2020 年我国总人口接近 14 亿人，其中农村户籍人口 9 亿多。但 4 亿多城镇人口的消费额是 9 亿乡村人口消费额的 5 倍多。[④] 据统计，2020 年，我国农村居民人均可支配收入为 17131 元，农村居民人均消费支出占可支配

① 《2020 年全国居民人均消费支出》，中国政府网，2021 年 4 月 9 日，http：//www. gov. cn/guoqing/2021 –04/09/content_5598665. htm。

② Wind：《中金公司：2021 年美国将迎消费“大变局”》，金融界，2020 年 12 月 3 日，https：//baijiahao. baidu. com/s? id = 1685021438827898022&wfr = spider&for = pc。

③ 马晓岚：《农村人口的消费潜力巨大》，科学网，2018 年 11 月 24 日，https：//news. sciencenet. cn/htmlnews/2018/11/420319. shtm。

④ 陆娅楠：《国家统计局：2021 年中国 GDP 同比增长 8. 1%》，南方周末，2022 年 1 月 17 日，http：//www. infzm. com/contents/222234。

收入的 80.05%，而城市居民人均消费支出占可支配收入的 61.62%，消费支出差别达 1.97 倍①。

再次，从内外贸市场循环来看，一方面，国内消费市场规模巨大。据预计未来 10 年我国累计商品进口额有望超过 22 万亿美元，是全球最具潜力的大市场②。另一方面，庞大国内市场需求尚未转化为牵引国内外要素资源有效循环的巨大动力。特别是受逆全球化思潮和新冠肺炎疫情的双重影响，我国市场和资源“两头在外”的发展模式短期面临产业链、供应链中断等风险，中期面临原材料成本上升、海外市场拓展难度加大等压力，长期面临全球产业链分工协作体系重组、产业服务链本地化趋势渐成等挑战。更重要的是我国急需的一些高新技术、专利产品进口受到很大限制，阻碍了我国创新发展的步伐，将我国锁死在价值链的中低端，极大地影响了国家的自主权、独立性和安全性。此外，由于内外贸不同线、不同标、不同质等系列问题，大量的优质出口商品转内销面临巨大困难。

最后，从跨区域市场循环来看，一方面，受传统体制的惯性影响，不同形式的区域市场壁垒和利益藩篱依然存在，严重地阻碍了全国统一大市场的形成，影响了流通效率和市场公平竞争。一些地区为了地方在税收、政绩考核等方面的利益，通过设置地方采购标准等多种多样的行政壁垒对本地企业进行保护、对外地企业或产品进行封锁。另一方面，由于跨区域协调机制的局限，国家级流通通道沿线节点城市在重大流通基础设施项目建设及运行衔接上依然存在短板，国家骨干流通网络运行依然存在一定程度“断点、断链”现象，严重阻碍了区域一体化进程和区域协调发展。据统计，我国省级人均 GDP 最高与最低之比由 2014 年的 3.9 倍扩大至 2020 年的 4.92 倍。居民收入及福利水平方面，2017～2020 年，我国东部、西部、中部以及东北部地区之间居民人均可支配收入最大最小值之差分别达 13284 元、

① 《中华人民共和国 2020 年国民经济和社会发展统计公报》，中国政府网，2021 年 2 月 28 日，http：//www.gov.cn/xinwen/2021－02/28/content_5589283.htm。

② 《习近平：预计未来 10 年累计商品进口额有望超过 22 万亿美元》，中国政府网，http：//www.gov.cn/xinwen/2020－11/04/content_5557400.htm。

14362.4 元、15452.8 元、15823.7 元，收入差距持续扩大[①]。

三、充实认识现代流通畅通双循环的重要意义

首先，是促进生产与消费协同升级并带动形成更高水平生产与消费双循环格局的最佳着力点。一方面可利用现代流通的市场信息传导作用，提高消费和生产的信息匹配水平，促进消费和生产协同发展；另一方面，可发挥现代流通的品牌和渠道优势，对制造企业进行品牌和渠道赋能，促进生产方式转变，破解制造业价值链长期中低端锁定困境，推动产业升级、消费升级协同共进；此外，还可发挥现代流通引领需求和创造需求的作用，再造产业链、供应链、服务链、信息链、数据链，进而带动新制造。

其次，是促进城乡要素资源有序流动并带动形成更高质量城市与农村循环的重要突破口。现代流通体系不仅可拓宽农产品上行通道，畅通工业品下乡渠道，优化农村市场优质商品和服务供给，更好地满足农村地区人民群众美好生活愿望；而且可补齐农村流通基础设施短板，有效地缩小城乡之间的各种鸿沟，拓宽农民就业和增收的渠道，激发农民消费意愿和能力；还可以畅通城乡要素资源流动通道，强化“以城带乡”，促进城市人才、资本、技术等返乡入乡，推动城乡高质量融合发展。

再次，是深度链接全球要素资源与市场资源并带动形成更高层次内外贸市场双循环的重要动力源。建设现代流通体系有利于依靠国内市场和产业基础建立内外贸市场循环链条，将国内强大市场需求转化为牵引国内国际双循环的重要动力，拉紧国际供应链、产业链对国内市场的依存关系，更大范围、更大程度和更深层次地促进在商品服务、要素资源和消费市场等领域的国内国际双向循环，更加高效地把国内国际两个市场、两种资源统筹利用起来。

最后，是有效破除区域市场壁垒与行政壁垒并带动形成更加协调跨区域双循环的有力支撑点。一方面，这有利于促进和加快形成更加高效、开放和

① 《2021 年中国统计年鉴》，国家统计局，http：//www. stats. gov. cn.

规范的市场经济运行机制、宏观调控机制和微观规制机制，进一步增强市场资源配置的基础性功能，破除区域市场壁垒，加快形成更加强大的统一市场；另一方面，这也有利于破解主要流通通道沿线城市流通功能的碎片化、同质化、低效化问题，破除要素跨区域流通过程中存在的设施堵点，为跨区域协同发展提供新的动能。

第四章

中国流通业畅通双循环的能力评价与分析

第一节 流通业畅通双循环能力评价指标体系

一、评价指标体系构成

关于流通业的范围界定，分为广义和狭义两种，广义流通产业包括批发贸易、零售业、物流业（仓储运输）、住宿餐饮业、拍卖业、会展业、典当业、租赁业、旧货业等，狭义流通产业主要包含批发业、零售业、住宿餐饮业和物流业。本书在批发和零售业、住宿和餐饮业、交通运输、仓储和邮政业的基础上，适当增加了租赁和商务服务业、居民服务和其他服务业，以便更全面地反映流通业发展的整体情况。

参考教育部人文社科重点研究基地浙江工商大学现代商贸研究中心有关中国流通业发展报告的相关研究，结合近年来相关领域的最新研究成果，经过对部分指标及内涵的修改完善，提出了中国流通业畅通双循环的能力评价指标体系，以系统评估中国流通业畅通双循环的能力。主要包括四大类指标：一是市场支撑力。包括基础支撑力指标和潜在支撑力指标。其中，基础支撑力指标分别使用人均社会消费品零售总额占 GDP 比重、流通业固定资产投资额占比、流通里程强度和社会物流总额来测度；潜在支撑力指标主要采用城镇居民消费潜力和农村居民消费潜力来测度。二是现代化能力。包括业态现代化、技术现代化和城乡一体化指标。其中，业态现代化采用统一配送化程度、连锁经营化程度、人均连锁经营规模三个指标来衡量；技术现代化采用电子商务成交额占比指标和人均流通资本指标来衡量；城乡一体化选择农村居民消费支出占比指标，来间接反映城乡流通一体化程度。三是国际化能力。包括流通业外向度和开放度指标。其中，用流通业对外直接投资情况来测度流通业发展外向度；从流通业实际利用外资、外资商业销售额、外资住宿餐饮营业额三方面来测度流通业发展开放度。四是区域贡献力。包括流通效率和社会经济贡献指标。其中，使用流动资产周转率和库存周转率指标来衡量流通效率的发展情况；从流通业对地区经济增长的贡献、对促进就业的贡献两个方面来衡量流通业对经济社会发展的综合贡献。各指标计算公式具体如表 4 – 1 所示。

表 4 – 1　　中国流通业畅通双循环的能力评价指标体系

一级指标	二级指标	三级指标	计算公式 & 说明
市场支撑力	基础支撑力	人均社会消费品零售总额	社会消费品零售总额/常住人口
		流通业固定资产投资额占比	流通业固定资产投资额（限额以上）/全社会固定资产投资
		流通里程强度	流通里程综合指数（公路里程数 ×5 + 铁路里程数 ×3 + 水运里程数 ×2）/GDP
		社会物流总额占 GDP 比重	社会物流总额/GDP
	潜在支撑力	城镇居民消费潜力	城镇居民家庭人均可支配收入
		农村居民消费潜力	农村居民家庭人均纯收入

续表

一级指标	二级指标	三级指标	计算公式 & 说明
现代化能力	技术现代化	人均流通资本	流通业固定资产/流通业从业人员数
		电子商务成交额占比	电子商务成交额/批发零售业企业商品销售总额
	业态现代化	统一配送化程度	连锁零售企业统一配送商品购进额/连锁零售企业商品购进总额
		连锁经营化水平	限额以上连锁零售企业商品销售额/限额以上零售业企业商品销售额
		人均连锁经营规模	限额以上连锁零售企业商品销售额/常住人口
	城乡一体化	农村居民消费占比	农村居民消费支出额/居民消费总额
国际化能力	外向度	人均商品出口额	地区商品出口额/地区常住人口
		流通业对外直接投资占比	流通业对外直接投资净额/全社会对外投资净额
	开放度	流通业实际利用外资占比	流通业的外商直接投资额占比
		外资商业销售额占比	批发和零售行业的外资商业销售额占比
		外资住宿餐饮营业额占比	外资住宿餐饮营业额/住宿餐饮营业额
区域贡献力	流通效率	流动资产周转率	批发零售业流动资产/主营业务收入
		库存周转率	主营业务成本/期末商品库存额
	社会经济贡献	流通业增加值占比	流通业增加值占 GDP 比重
		就业贡献率	流通业从业人员数占比

二、综合评价方法

关于综合评价方法，目前主要有定性评价法、效用函数平均法、多元统计分析、模糊评价法、灰色系统评价法、神经网络与遗传算法等。本章采用最基本也最直观、最能够体现综合评价的“主观认识”属性的评价模型—效用函数平均法。

具体操作步骤为：将每一个指标按一定的形式转化为“评价当量值”；采用一定的统计合成模型计算总评价值。用公式表达为：假设记第 i 个地区（共 n 个地区）第 j 个评价子系统（共 m 个子系统）的第 k 个指标（共 p 项指标）的实际值为 y_{ijk}，也为基础指标值用 i，j，k 分别表示个地区、评价子系统和指标项数，（i = 1，2，…，n；j = 1，2，…，m；k = 1，2，…，p_j），则：子系统内各指标权重为 w_{jk}，且 $\sum_{k=1}^{p_j} w_{jk} = 1$；各子系统之间的权重分配为 w_{0k}，且 $\sum_{j=1}^{m} w_{0k} = 1$；$f_{jk}$（j = 1，2，…，m；k = 1，2，…，$p_j$）为单项指标无量纲化函数（效用函数或当量函数）。$\varphi_j$ 为第 j 子系统内部的合成模型，φ_0 为总目标合成模型。

（1）采用综合指数法，计算无量纲化值 $z_{ijk} = f_{jk}(y_{jk})$。

（2）专家 AHP 法确定指标权重，计算各系统内部的合成值 $z_{ij} = \varphi_j(z_{jk}, w_{ijk})$。

（3）采用普通加权算术合成方式，计算总系统的合成值 $z_{ij} = \varphi_0(z_{ij}, w_{0j})$。

第二节　中国流通业畅通双循环的能力指数测算

本书的数据来源于国家统计局官方网站、国研网，以及《中国统计年鉴》《中国连锁经营统计年鉴》《中国物流年鉴》《中国连锁批发零售统计年鉴》和各省市区统计年鉴等。根据全国 2010 ~ 2020 年相关评价指标的统计数据，来测算中国流通业畅通双循环的能力水平，并较为完整地刻画出流通业发展轨迹。具体评价时，采用了综合指数法对表 4 - 1 中各个指标数据进行无量纲化。具体评价结果如表 4 - 2 所示。

表 4 - 2　　2011 ~ 2020 年中国流通业畅通双循环能力评价

指标	2011 年	2012 年	2013 年	2014 年	2015 年	2016 年	2017 年	2018 年	2019 年	2020 年
流通业畅通双循环能力指数	105. 34	108. 74	112. 66	116. 66	120. 74	126. 34	128. 32	131. 04	133. 58	133. 39
一、市场支撑力	108. 65	117. 82	127. 00	136. 49	145. 27	153. 63	163. 37	171. 71	182. 80	187. 00
1. 基础支撑力	101. 30	104. 52	108. 36	112. 57	116. 44	119. 21	122. 75	122. 40	125. 12	120. 73
1. 1 人均社会消费品零售总额	117. 75	133. 88	150. 73	167. 63	184. 62	202. 55	222. 00	230. 05	247. 74	235. 57
1. 2 流通业固定资产投资额占比	94. 26	95. 16	97. 56	102. 28	108. 18	108. 40	110. 14	104. 09	101. 17	97. 63
1. 3 流通里程强度	86. 51	80. 86	75. 51	71. 34	68. 38	64. 73	59. 02	54. 25	52. 29	52. 64
1. 4 社会物流总额占 GDP 比重	106. 69	108. 19	109. 63	109. 03	104. 58	101. 14	99. 85	101. 21	99. 27	97. 07
2. 潜在支撑力	115. 99	131. 11	145. 64	160. 41	174. 10	188. 06	203. 98	221. 03	240. 49	253. 27
2. 1 城镇居民消费潜力	114. 10	128. 48	140. 94	153. 60	166. 11	179. 01	193. 81	209. 01	225. 56	233. 42
2. 2 农村居民消费潜力	117. 88	133. 75	150. 33	167. 22	182. 09	197. 11	214. 15	233. 04	255. 42	273. 13
二、现代化能力	110. 47	113. 68	116. 59	124. 01	133. 20	137. 45	137. 23	137. 26	133. 75	131. 40
1. 技术现代化	117. 81	129. 64	136. 27	160. 54	190. 57	201. 74	197. 15	189. 04	180. 15	173. 95
1. 1 人均流通资本	132. 92	139. 17	145. 21	136. 99	124. 18	119. 54	112. 97	99. 85	89. 83	86. 13
1. 2 电子商务成交额占比	102. 70	120. 11	127. 33	184. 09	256. 96	283. 94	281. 33	278. 24	270. 46	261. 76
2. 业态现代化	110. 96	108. 14	108. 55	104. 06	98. 68	97. 82	97. 60	100. 24	97. 42	90. 80
2. 1 统一配送化程度	106. 73	107. 40	108. 48	108. 46	105. 66	107. 55	107. 40	104. 40	102. 85	100. 48
2. 2 连锁经营化水平	100. 91	89. 26	81. 05	70. 88	65. 07	59. 59	60. 79	63. 87	60. 03	54. 36
2. 3 人均连锁经营规模	125. 25	127. 75	136. 11	132. 83	125. 31	126. 33	124. 60	132. 44	129. 37	117. 56

续表

指标	2011 年	2012 年	2013 年	2014 年	2015 年	2016 年	2017 年	2018 年	2019 年	2020 年
3. 城乡一体化	102.65	103.28	104.95	107.42	110.34	112.79	116.93	122.51	123.68	129.46
3.1 农村消费占比	102.65	103.28	104.95	107.42	110.34	112.79	116.93	122.51	123.68	129.46
三、国际化能力	102.56	104.69	106.08	105.68	104.82	113.20	110.64	109.52	108.95	111.52
1. 外向度	98.75	99.35	96.96	105.06	97.02	101.01	112.73	113.11	115.85	115.92
1.1 人均商品出口额	114.45	119.24	125.66	130.97	127.87	124.56	137.19	146.32	153.16	159.07
1.2 流通业对外直接投资占比	83.06	79.46	68.26	79.16	66.18	77.47	88.28	79.90	78.53	72.78
2. 开放度	106.36	110.03	115.19	106.30	112.63	125.39	108.55	105.93	102.06	107.12
2.1 流通业实际利用外资占比	112.16	127.74	146.67	118.77	138.52	180.92	127.48	110.98	101.86	123.21
2.2 外资商业销售额占比	105.11	101.15	96.96	99.91	100.24	103.72	106.90	116.18	112.94	109.10
2.3 外资住宿餐饮营业额占比	101.81	101.20	101.95	100.23	99.12	91.52	91.26	90.64	91.36	89.05
四、区域贡献力	99.69	98.75	100.97	100.45	99.68	101.06	102.04	105.66	108.80	103.65
1. 流通效率	101.63	98.53	102.98	97.82	93.03	93.42	93.51	100.13	104.00	100.32
1.1 流动资产周转率	100.30	95.99	96.50	93.62	86.18	84.18	85.00	84.85	85.83	82.35
1.2 库存周转率	102.95	101.07	109.47	102.01	99.88	102.65	102.01	115.41	122.17	118.30
2. 社会经济贡献	97.75	98.97	98.96	103.08	106.32	108.71	110.57	111.20	113.61	106.98
2.1 流通业增加值占比	100.35	101.94	103.09	105.63	105.98	106.50	105.83	104.71	104.89	99.59
2.2 就业贡献率	95.15	96.00	94.83	100.53	106.66	110.92	115.31	117.68	122.32	114.36

资料来源：中国统计年鉴。

第三节　中国流通业畅通双循环能力的评价与分析

根据中国流通业畅通双循环能力指数的测算结果，如图 4－1 所示，可以发现在 2011～2020 年，我国流通业畅通双循环的能力指数整体上呈现稳步上升的发展趋势，由 2011 年的 105.34 持续上升至 2020 年的 133.39，增幅 26.63%，表明流通在畅通双循环中地位和作用越来越凸显。

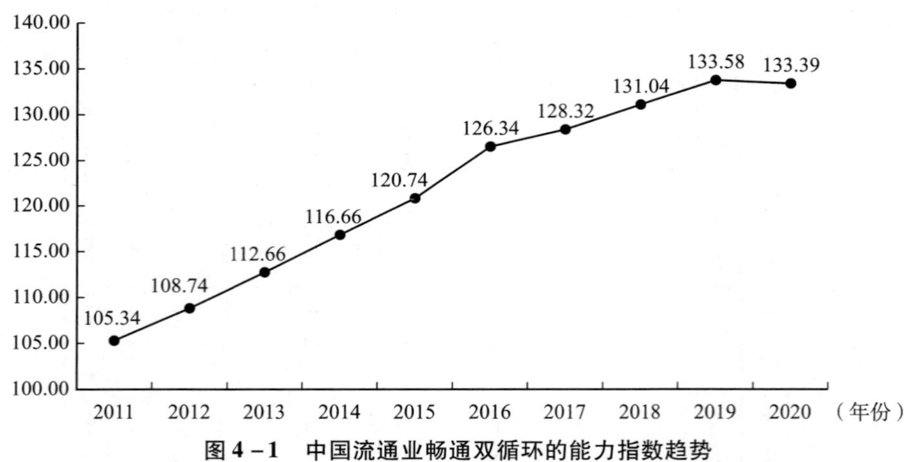

图 4－1　中国流通业畅通双循环的能力指数趋势

从流通业畅通双循环能力指数的四个一级指标构成要素来看，首先，市场支撑力对流通业畅通双循环的能力贡献作用最大，年平均贡献率达 30.46%，拉动能力指数提高 6.90 个百分点。其次，流通现代化能力年平均贡献率 26.22%，拉动能力指数提高 5.68 个百分点。再次，流通国际化能力年平均贡献率 22.24%，拉动能力指数提高 4.71 个百分点。最后，流通区域贡献力年平均贡献率 21.08%，拉动能力指数提高 4.46 个百分点，具体结果如图 4－2 所示。

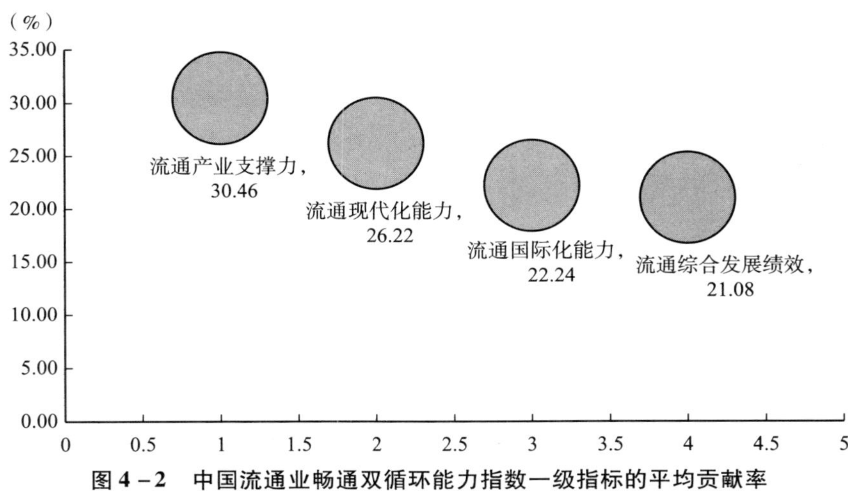

图 4-2　中国流通业畅通双循环能力指数一级指标的平均贡献率

从流通业畅通双循环能力指数的二级指标构成要素来看，根据 2011 ~ 2020 年平均贡献率的计算，如图 4-3 所示，对流通业畅通双循环能力贡献最大的是潜在支撑力指标，高达 41.16%，其次是技术现代化指数，为 15.29%，而其他各项指标的贡献率均在 10% 以下，贡献最低的是流通效率

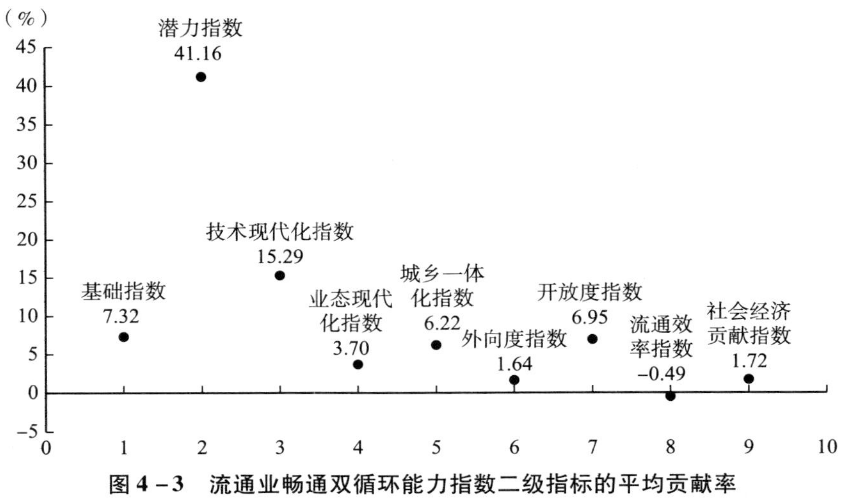

图 4-3　流通业畅通双循环能力指数二级指标的平均贡献率

指标。总体来看，目前我国流通业畅通双循环能力发展的短板主要集中在：流通外向度不高、流通效率低、对社会经济贡献效用不足，这也是双循环新发展格局下我国流通业发展急需进一步提高的地方。

第四节　中国流通业畅通双循环能力的分项评价

一、市场支撑力

市场支撑力是对流通业畅通双循环起支撑作用的多个因素进行综合评估，由基础支撑力和潜在支撑力组成。

（一）基础支撑力

基础支撑力采用人均社会消费品零售总额、流通业固定资产投资额占比、流通里程强度和社会物流总额占 GDP 比重四个构成指标来综合衡量流通业发展基础的现状。2011～2019 年，我国流通业的基础支撑力整体呈持续平稳上升态势，对流通业畅通双循环能力指数的贡献率整体呈倒“U”型曲线特征，表明这一阶段我国重视流通基础设施建设，流通基础条件不断改善，基础支撑力对流通业畅通双循环的能力具有明显的提升作用。2020 年在新冠肺炎疫情的影响下，社会经济整体发展速度放缓，各项指标指数呈下降趋势，但从大环境来看，疫情下的各项国民指标下降属正常情况（见图 4－4 和图 4－5）。

从基础支撑力的内部组成要素来看，人均社会消费品零售总额指标呈现较快的上升发展态势，表明居民消费水平不断提高，消费结构不断升级，消费在流通业畅通双循环能力中的作用不断增强；流通业固定资产投资额占比、流通里程强度和社会物流总额占 GDP 比重指标则出现持续下降势头，意味着我国仍需进一步加大流通基础设施建设的投入力度，特别是要尽快补齐农村地区和中西部落后地区的基础设施短板（见图 4－6）。

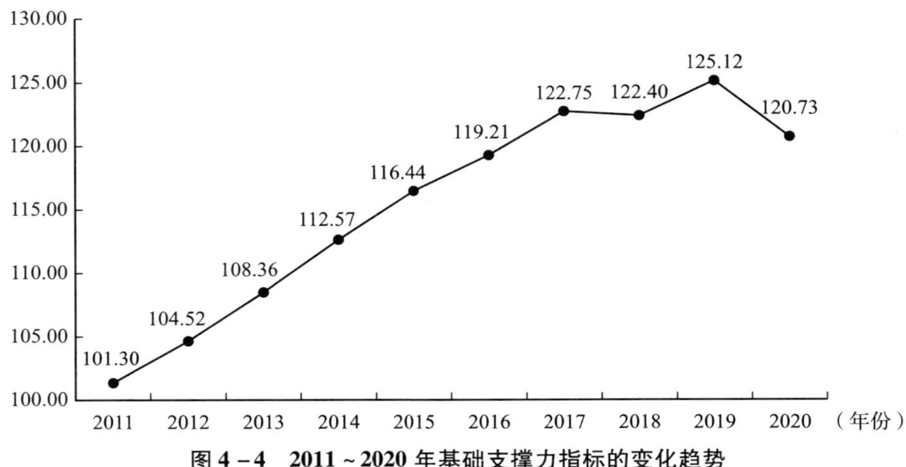

图 4－4　2011～2020 年基础支撑力指标的变化趋势

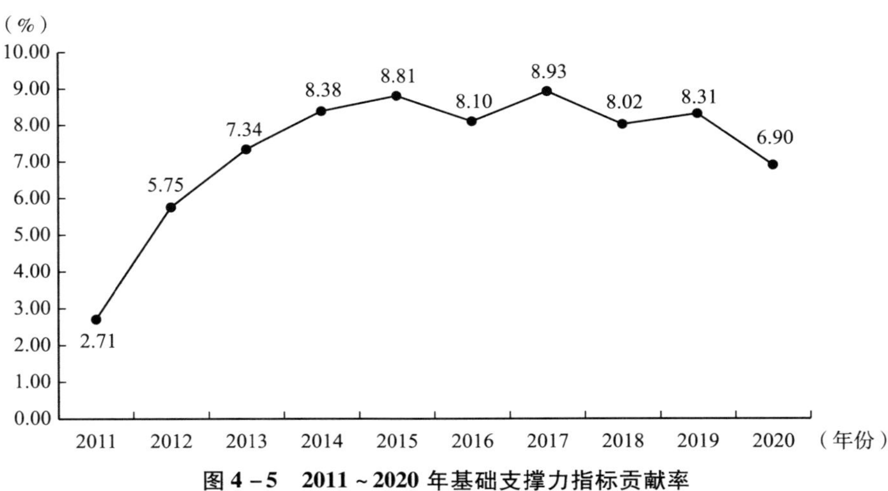

图 4－5　2011～2020 年基础支撑力指标贡献率

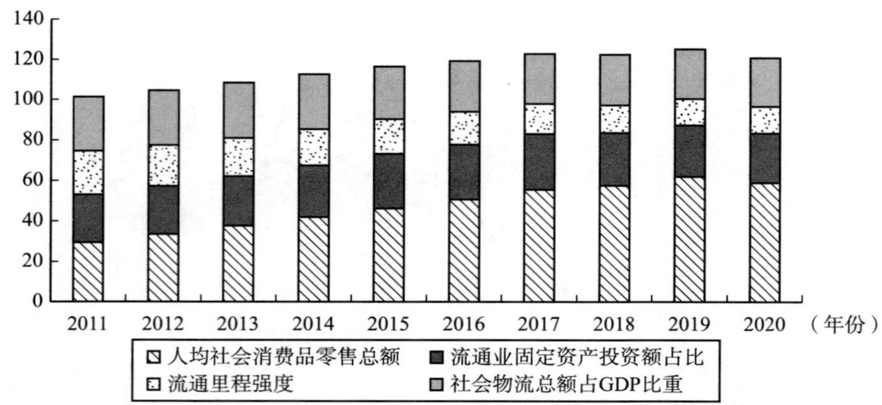

图 4－6　2011～2020 年基础支撑力指标构成

（二）潜在支撑力

潜在支撑力是消费和市场视角来衡量流通业畅通双循环的未来潜力，采用城镇居民家庭人均可支配收入和农村居民家庭人均纯收入两个指标来分别衡量城镇居民和农村居民的消费潜力。2011～2020 年我国流通业潜在支撑力整体呈直线上升态势，对流通业畅通双循环能力指数的贡献率整体呈波动向上状态。说明居民消费潜力的释放将增强发展动力，有力支持流通业畅通双循环发展。因此，为了有效促进我国流通产业发展，需要进一步提高居民收入，提升居民实际消费能力，促进居民消费升级（见图 4－7 和图 4－8）。

从潜在支撑力的内部构成要素来看，该指标的稳定增长主要是受城镇居民家庭人均可支配收入和农村居民家庭人均纯收入两个指标的共同影响，这两个指标在 2011～2020 年发展的变化步调表现出同步性，均处于不断提高的发展状态，反映了国家统筹城乡均衡发展政策推动了城镇和农村居民收入实现同步稳定提高。而居民收入是决定消费能力的关键因素，是支撑流通业可持续发展的重要因素（见图 4－9）。

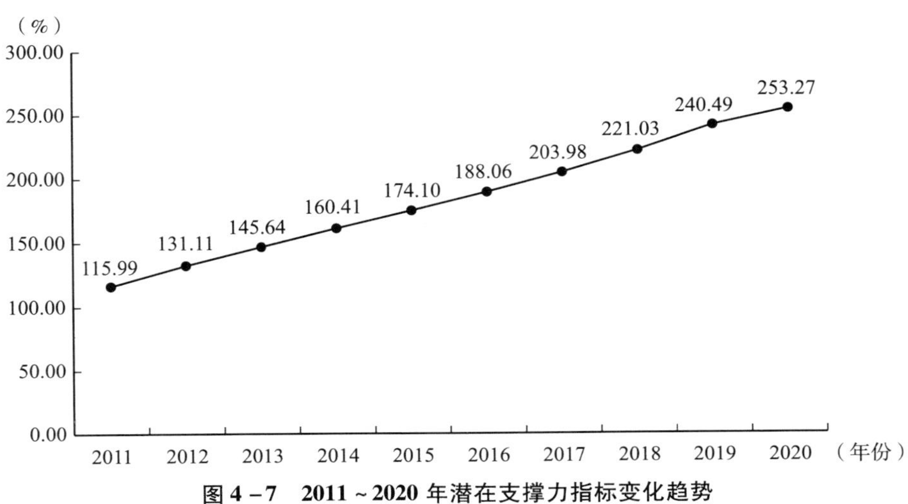

图 4-7　2011～2020 年潜在支撑力指标变化趋势

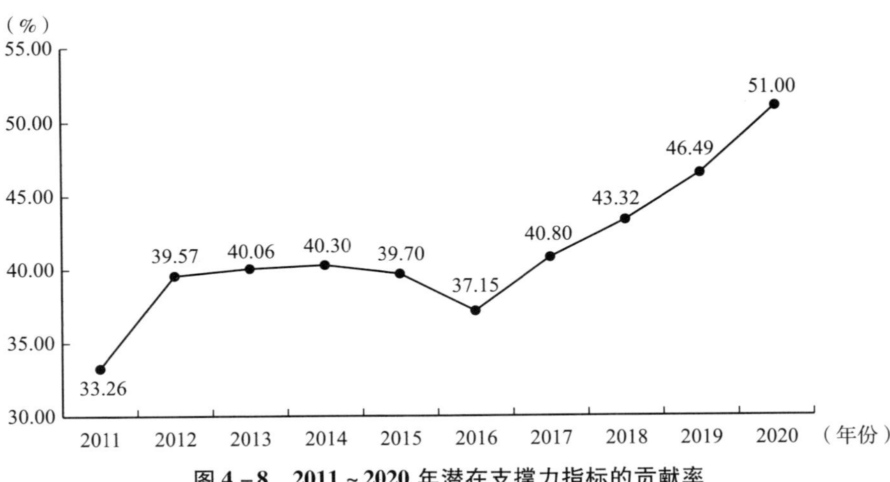

图 4-8　2011～2020 年潜在支撑力指标的贡献率

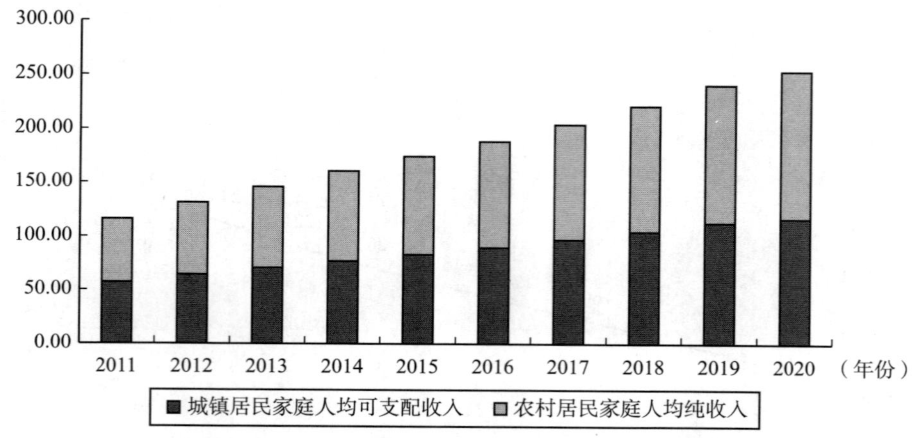

图 4－9　2011～2020 年潜在支撑力指标构成成分

二、现代化能力

现代化能力是对流通业技术应用、业态形式和结构布局等反映现代化水平的综合评估。现代化是目前以及未来我国流通业发展的重要方向，也是流通业畅通双循环能力的核心要素。该指数主要从技术现代化、业态现代化和城乡一体化三个方面来评估。

（一）技术现代化

技术现代化是从现代化信息技术应用程度的角度来考察流通业现代化水平，具体采用人均流通资本和电子商务成交额占比两个指标来间接衡量流通业的技术应用程度。2011～2020 年我国流通业技术现代化指标呈现先升高后降低发展趋势，对流通业畅通双循环能力指数的贡献率呈明显下降趋势。说明随着科学技术发展，我国越来越重视流通技术的应用，以信息化为重要手段的技术现代化建设，对于改造传统流通业，提升流通竞争力发挥了重要作用，然而随着信息化的普及应用，流通领域标准化、自动化、现代化的实现，使得技术现代化指标对流通业畅通双循环能力的作用有所减弱（见图 4－10 和图 4－11）。

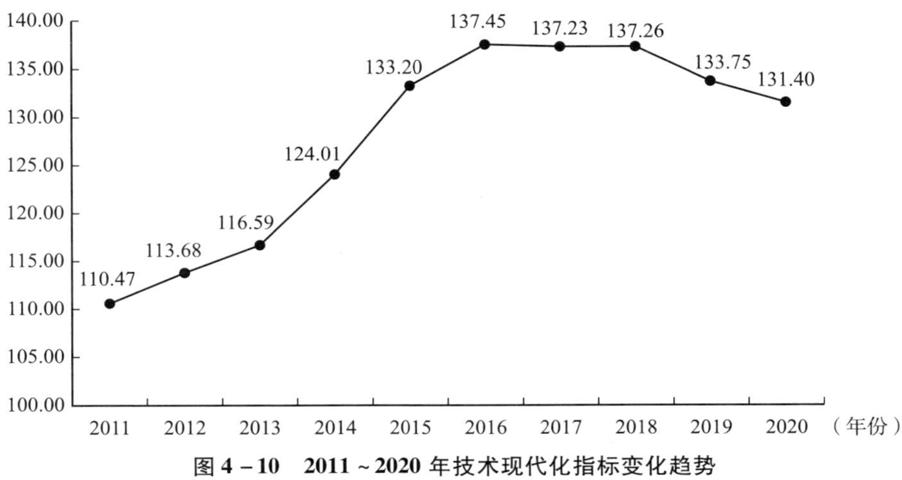

图4－10　2011～2020年技术现代化指标变化趋势

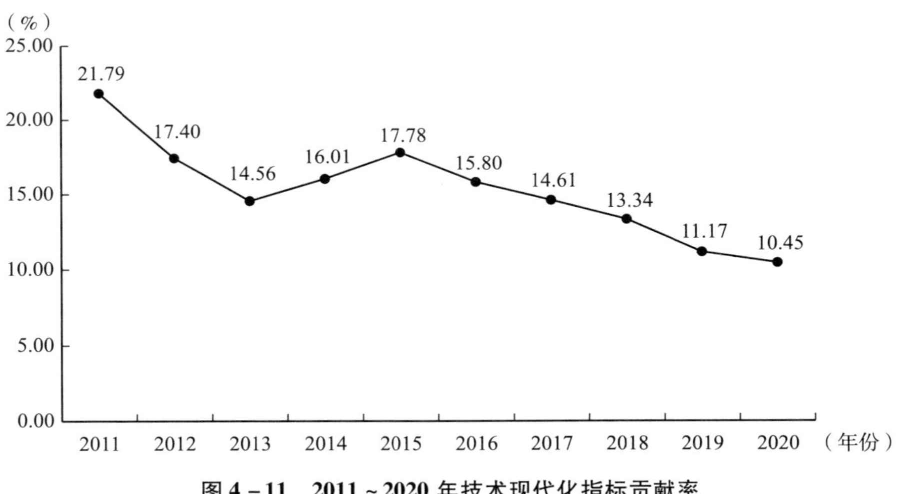

图4－11　2011～2020年技术现代化指标贡献率

从技术现代化指标的内部构成要素来看，2011～2020年，人均流通资本指标整体呈先升后降，小幅波动趋势，对流通业畅通双循环能力指数的贡献作用呈逐年下降趋势；作为近十年来最重要的现代化交易方式，电子商务成交额占比则呈现飞速发展的趋势，对流通现代化能力的提升贡献日益凸显（见图4－12）。

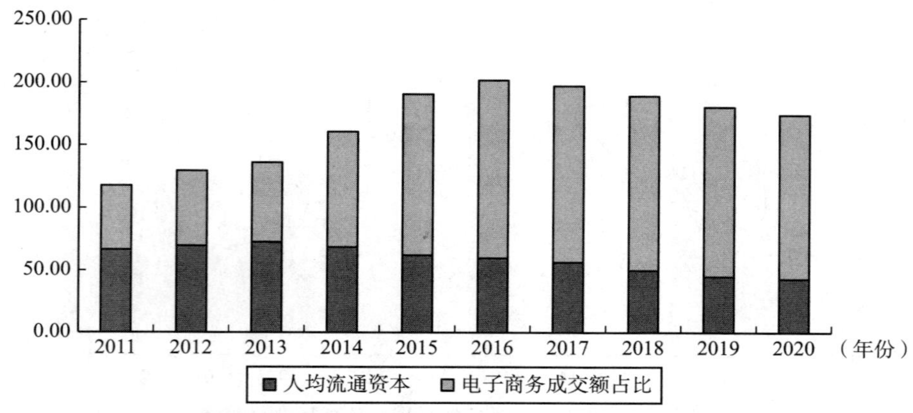

图 4-12　2011~2020 年技术现代化指标构成成分

（二）业态现代化

业态现代化指标是从现代流通新业态、新模式角度考察流通业现代化发展水平。主要采用统一配送化程度、连锁经营化水平和人均连锁经营规模三个指标来衡量。其中，统一配送化程度采用连锁零售业的统一配送占比指标，可间接评价流通业物流配送现代化程度；连锁经营化水平采用连锁零售业的销售额占比指标，可间接评价流通业连锁经营现代化程度；人均连锁经营规模采用连锁零售额的销售额占常住人口比重指标，可间接评价流通业连锁经营绩效水平。总体来看，我国流通业业态现代化指标呈现逐步下降的发展趋势，对流通业畅通双循环能力指数的贡献也是持续下降，在 2011~2013 年贡献率较大，其余年份作用较小，甚至出现负值。说明推动流通创新发展依然是当前流通业领域的难点，需要加快发展适应市场需求的流通新业态、新模式，激发流通市场主体活力（见图 4-13 和图 4-14）。

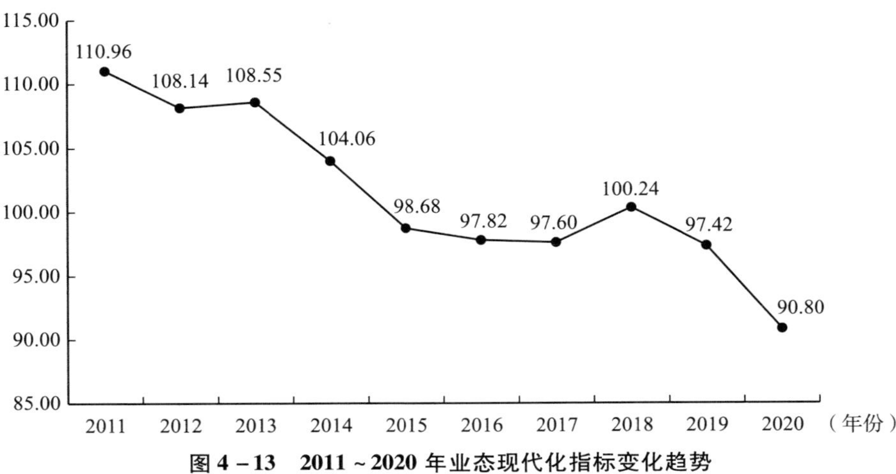

图 4－13　2011～2020 年业态现代化指标变化趋势

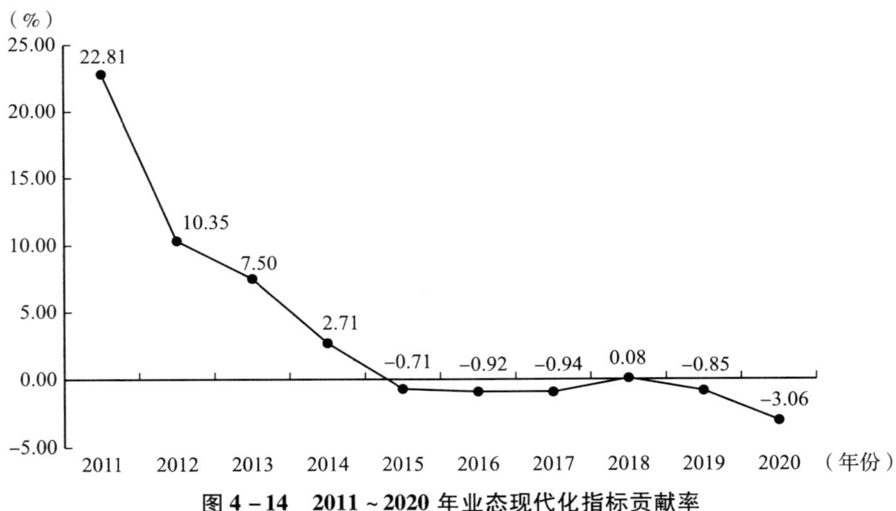

图 4－14　2011～2020 年业态现代化指标贡献率

从业态现代化指标的具体构成指标看，统一配送化程度指标变化较为平稳，对流通业畅通双循环能力的贡献作用总体较小，未来应优化连锁零售企业配送商品购进额占比，扩大其贡献作用；连锁经营化水平指标总体呈下滑趋势，仅在少数年份有小幅增长，说明在面对竞争加剧、成本上涨等一系列因素下，流通业连锁经营化发展态势逐渐下降；人均连锁经营化规模指标呈先上升后下降的发展态势，对流通业畅通双循环能力的贡献作用较大，但作用由强变弱，说明人均连锁经营化规模遭遇了增长瓶颈，未来需结合经济社会发展变化进一步创新（见图4－15）。

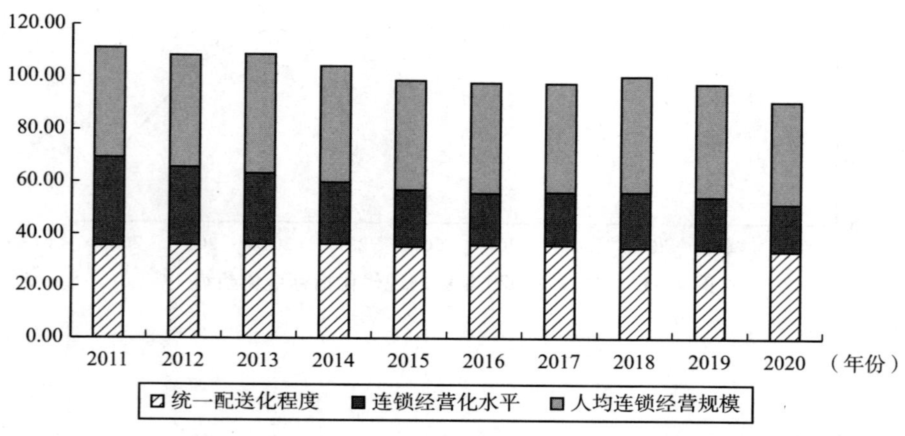

图4－15　2011～2020年业态现代化指标构成成分

（三）城乡一体化

城乡一体化指标是反映城乡之间商品要素流动的畅通度以及城乡流通发展的总体均衡度。发展现代化不仅仅是规模上的发展，更重要的是内部结构的均衡发展，而城乡一体化指标一定程度上能反映出流通业发展的空间均衡程度。该指标采用农村地区居民消费占比指标来衡量我国城乡流通一体化发展情况。总体来看，虽然近年来农村地区居民消费占比总体呈上升发展趋势，但农村地区流通业发展水平整体还不高，体现在农村地区商业设施建设滞后，物流发展水平偏弱等。未来还需进一步加大城乡流通一体化发展，鼓励城市流通企业下沉农村市场，同时，挖掘农村区域流通业发展空间，改善农村地区流通设施条件，将农村流通业发展的短板逐渐消除，从而提高我国流通业畅通双循环能力（见图4－16、图4－17和图4－18）。

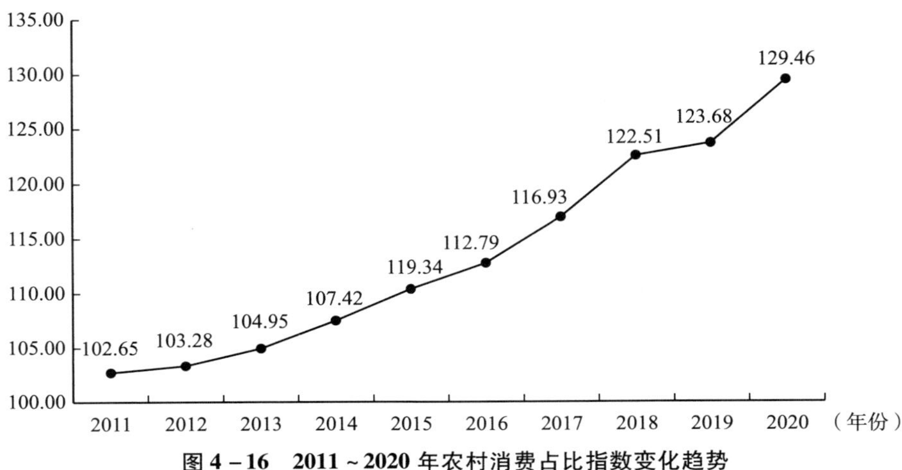

图 4－16　2011～2020 年农村消费占比指数变化趋势

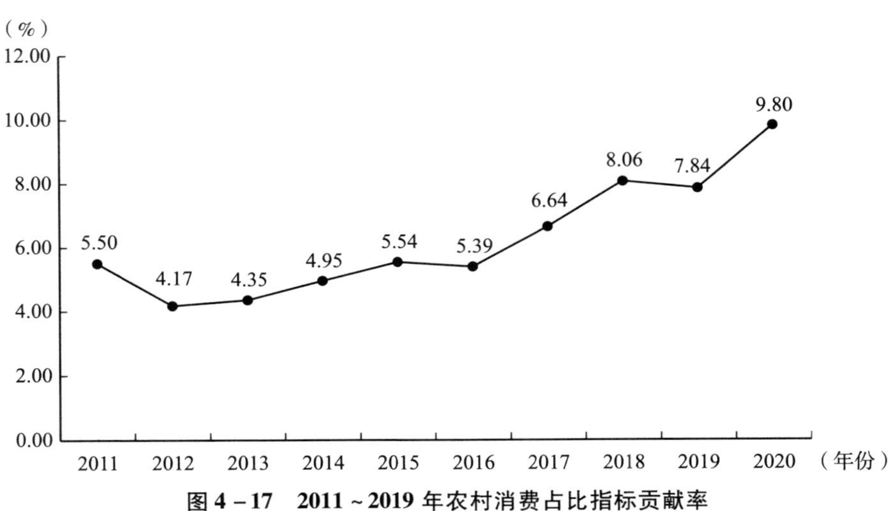

图 4－17　2011～2019 年农村消费占比指标贡献率

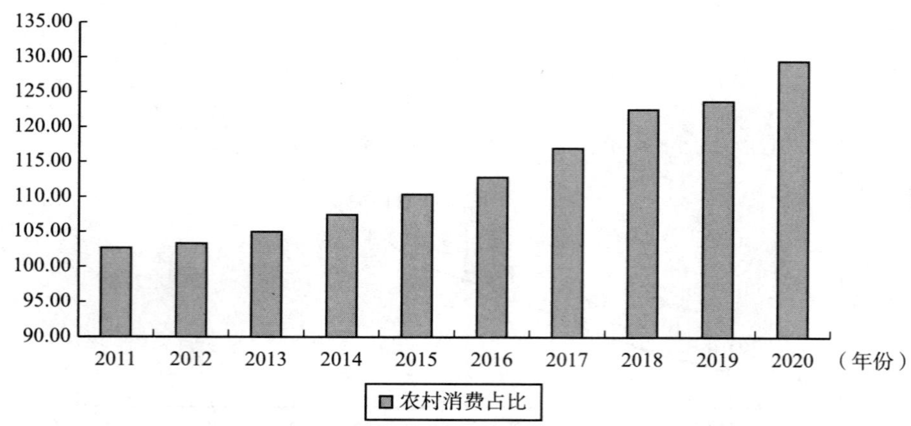

图 4－18　2011～2019 年城乡一体化指标构成成分

三、国际化能力

国际化能力指标主要是衡量我国流通业国际化发展水平的指标，采用流通业外向度指数和开放度指数来评价。

（一）外向度

外向度指标从宏观角度考察一个国家或地区的流通业与国际经济联系的紧密程度，是衡量一个国家或地区流通业国际化水平的重要指标之一。具体采用流通业对外直接投资净额指标和对外直接投资占比指标构成。2011～2020 年，我国流通业外向度指标整体呈现在波动中逐步向上的趋势，对流通业畅通双循环能力指数的贡献力度由前期大幅波动转向稳步上升状态。说明我国流通业向外拓展能力，以及国际交流合作与竞争能力逐年增强（见图 4－19 和图 4－20）。

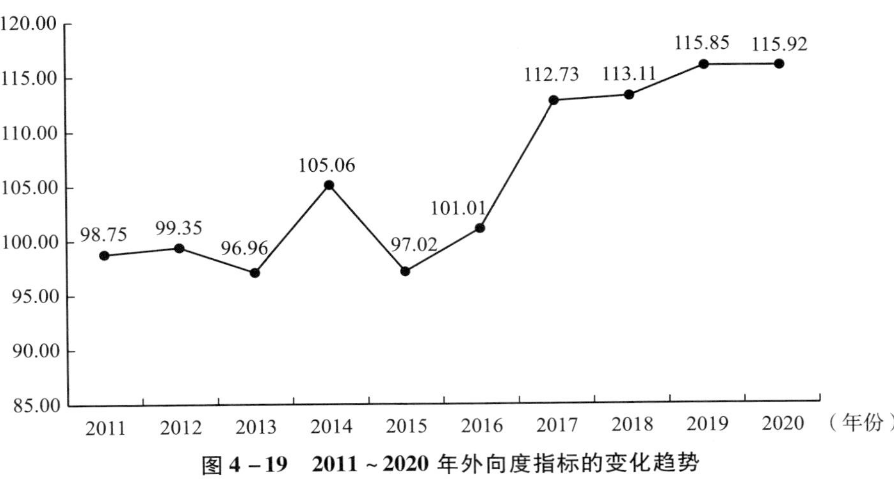

图 4-19 2011~2020 年外向度指标的变化趋势

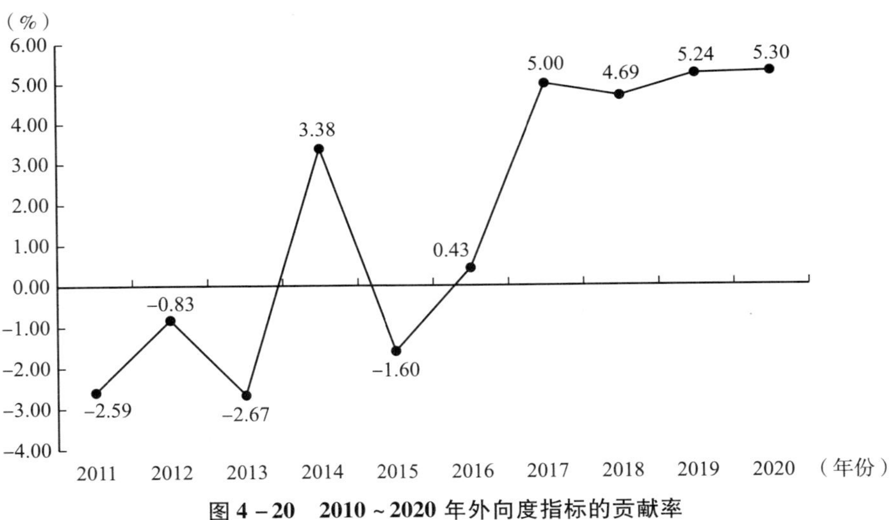

图 4-20 2010~2020 年外向度指标的贡献率

从外向度的具体构成指标看，人均商品出口额指标呈上升趋势，且对流通业畅通双循环能力的总体贡献作用较大；流通业对外直接投资占比指标表现为先逐步下降后逐渐上升，对流通业畅通双循环能力的促进作用较小，说明我国流通业与国际经济联系的紧密程度正在逐步提升（见图 4-21）。

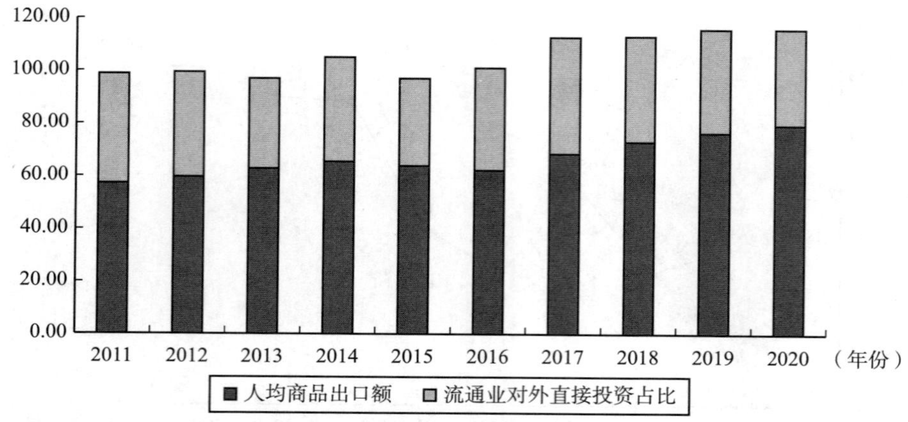

图 4-21　2011～2020 年外向度指标构成成分

（二）开放度

开放度主要从流通业利用外资水平来考察流通业的开放发展情况。具体采用流通业实际利用外资占比、外资商业销售额占比、外资住宿餐饮营业额占比 3 个指标来进行评价。2011～2020 年，我国流通业开放度呈现先上升后下降再上升的变化趋势，整体呈大幅波动趋势，对流通业畅通双循环能力指数的贡献力度波动幅度较大（见图 4-22 和图 4-23）。

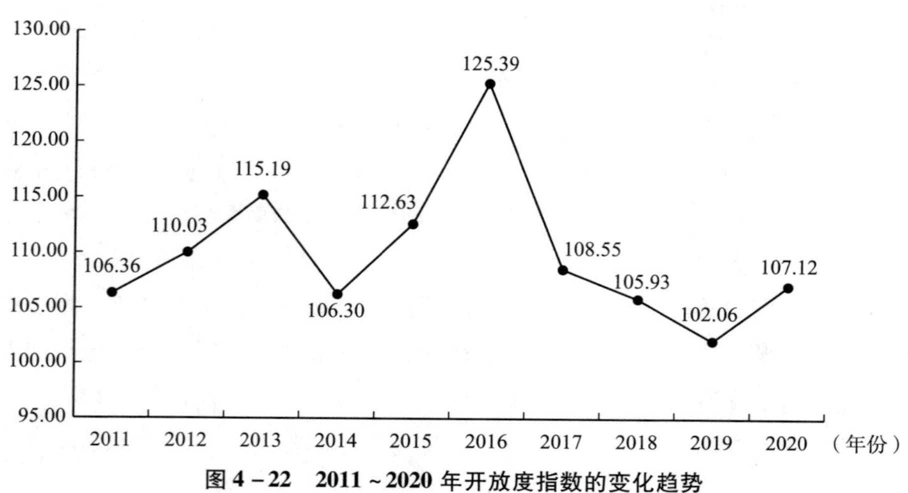

图 4-22　2011～2020 年开放度指数的变化趋势

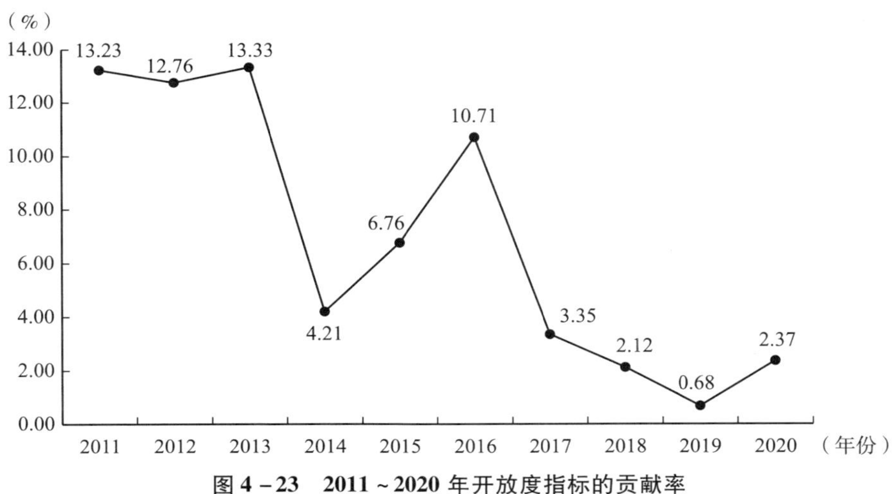

图 4－23　2011～2020 年开放度指标的贡献率

从具体构成指标看，我国流通业实际利用外资占比指标总体呈波动上升趋势，且对流通业畅通双循环能力的贡献作用较大，在 2016 年达到最高；外资商业销售额占比指标呈先降后升的变化趋势和外资住宿餐饮业营业额占比指标呈整体下滑趋势，原因在于这两个指标反映外资流通企业竞争力水平，随着国内流通企业竞争力上升，使得外资流通企业竞争力有所下降，最终导致这两个指标对流通业畅通双循环能力贡献下降（见图 4－24）。

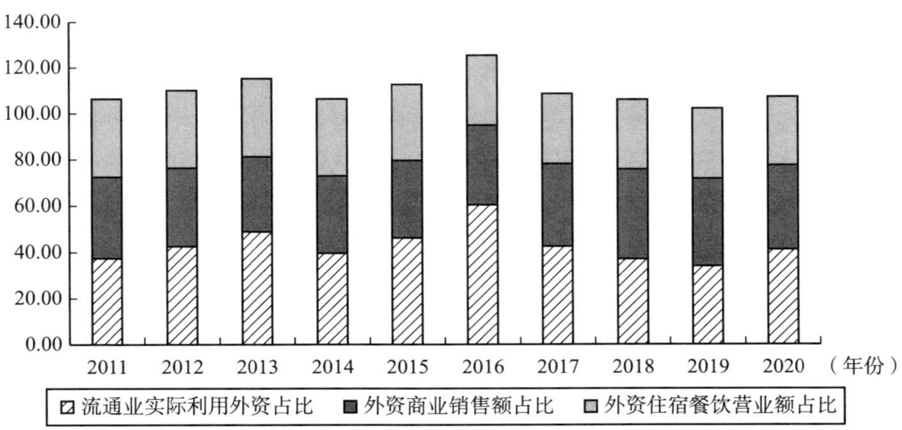

图 4－24　2011～2020 年开放度指标构成成分

四、区域贡献力

区域贡献力是从流通效率和社会经济贡献两个方面来综合反映流通业对区域经济社会的整体带动作用。其中，流通效率指标衡量的是流通业的运行效率情况；社会经济贡献指标衡量流通业对经济社会发展促进作用的大小。

（一）流通效率

流通效率指标主要从流动资产周转率和库存周转率两个指标来考察。流动资产周转率反映了流动资产的周转速度，是评价流动资产利用率的重要指标之一。库存周转率是一定时期内销售产品的成本与平均库存的比值，用于反映存货的周转速度，即存货的流动性及存货资金占用量是否合理。2011～2020 年我国流通业的流通效率指标先下降后上升，对流通业畅通双循环能力指数的贡献作用也呈现先减弱后增强的发展趋势。这种变化趋势实际上与我国流通企业、流通产业和市场环境的发展变化是相吻合的（见图 4－25 和图 4－26）。

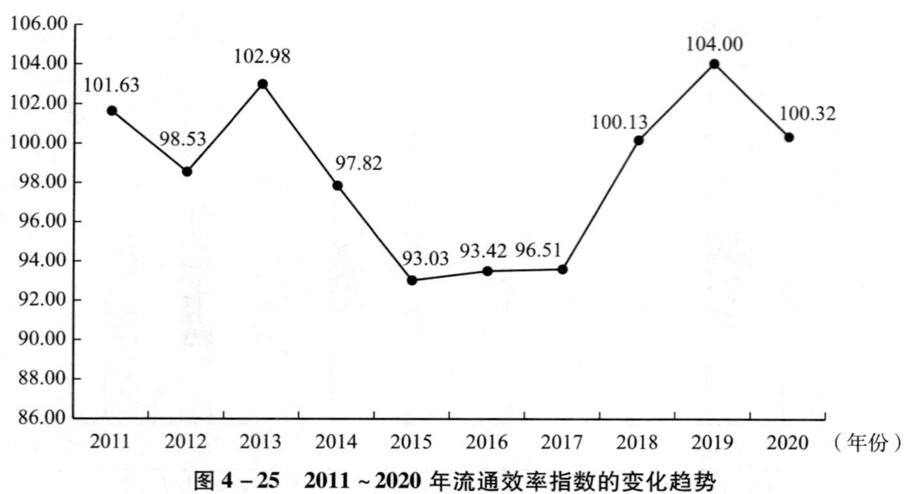

图 4－25　2011～2020 年流通效率指数的变化趋势

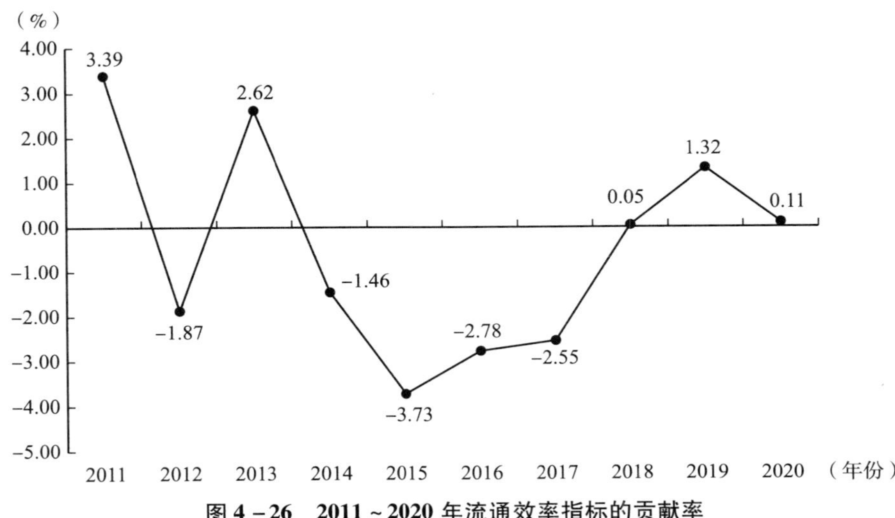

图 4-26　2011~2020 年流通效率指标的贡献率

从具体构成指标看，流动资产周转率指标在 2014~2017 年呈下降趋势，对流通业畅通双循环能力的贡献作用逐渐减弱；库存周转率指标则表现较为平稳的态势，对流通业畅通双循环能力的促进作用较大，但逐渐减弱，说明存货的流动性和存货资金占用量合理性仍需加强（见图 4-27）。

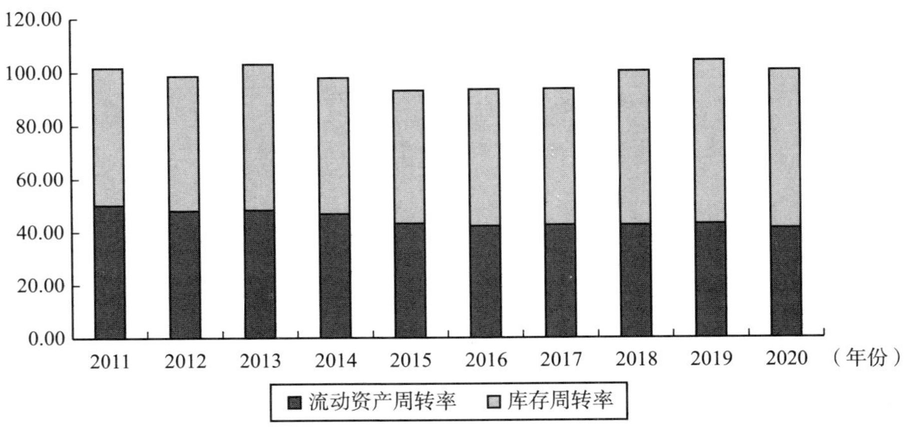

图 4-27　2011~2020 年流通效率指标构成成分

（二）社会经济贡献

社会经济贡献指标主要采用流通业增加值占比、就业贡献率两个指标来衡量流通业对社会经济贡献的大小。其中，流通业增加值占比是评价流通业发展对国家或地区经济发展所作贡献的重要指标，可以反映流通业在国民经济中的地位和贡献。就业贡献率是指流通业就业总量与社会就业总量之比，反映了流通业作为劳动密集型产业对促进社会就业所作的贡献。总体来看，2011～2020年，我国流通业的社会经济贡献指标总体呈现出平稳上升的发展态势，在2019年达到最高值，对流通业畅通双循环能力指数的贡献作用也在逐步增强（见图4－28和图4－29）。

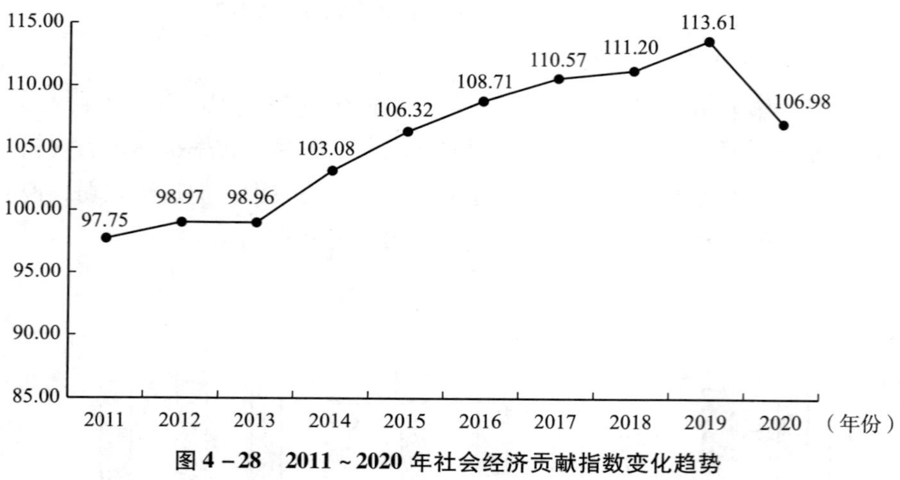

图4－28　2011～2020年社会经济贡献指数变化趋势

从具体构成指标看，流通业增加值占GDP比重指标呈先上升后下降发展趋势，对流通业畅通双循环能力的贡献力度较小，说明我国流通业对国民经济的促进作用仍需进一步提升；就业贡献指标整体呈上升发展，但对流通业畅通双循环能力的贡献力度较小，说明流通业对我国就业的贡献作用仍需加强（见图4－30）。

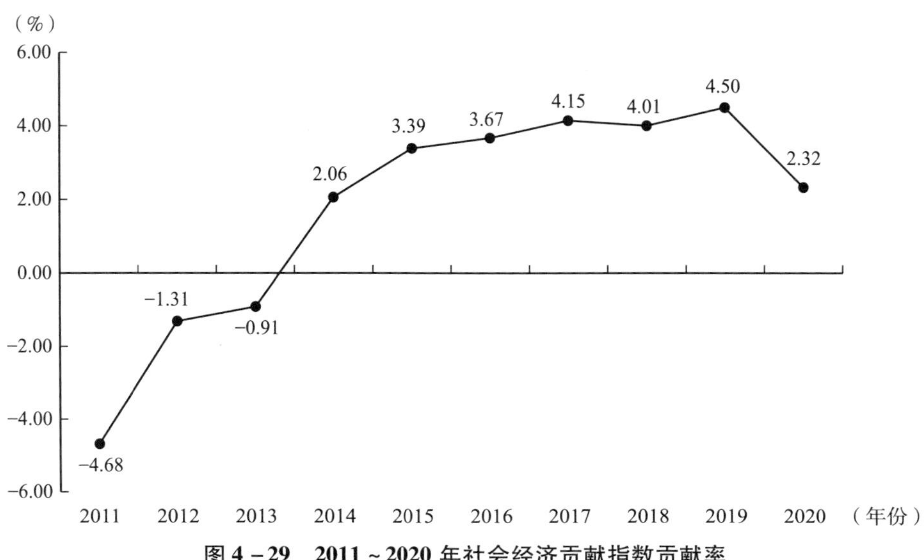

图 4－29　2011～2020 年社会经济贡献指数贡献率

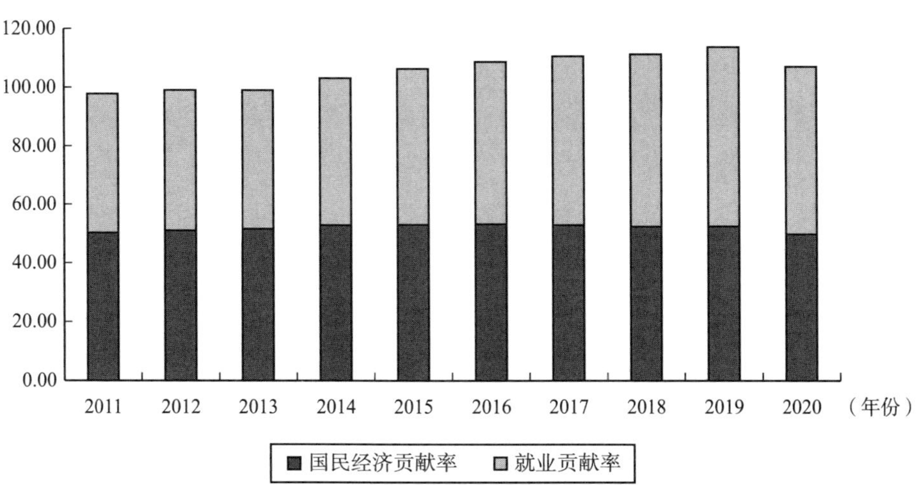

图 4－30　2011～2020 年社会经济贡献指标构成成分

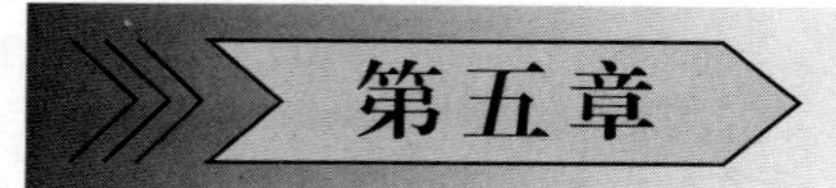

现代流通畅通双循环的关键路径与内在机理

第一节　现代流通体系在双循环新发展格局中的作用

现代流通体系是衔接产业与消费的桥梁和纽带。统筹推进现代流通体系建设，能在更大范围内把强大、统一的国内市场联系起来，更大程度地统筹利用国内国际两个市场、两种资源，将庞大的国内消费需求及其带动的投资需求转化为畅通“生产与消费、城市与农村、内贸与外贸以及跨区域”四大子循环的重要动力，从而促进我国社会经济发展，为有效应对当前复杂严峻国际形势，促进形成更高水平、更高质量和更高层次国内国际双循环新发展格局，提供重要支撑。

一、推动生产消费协同，畅通生产与消费循环

2019 年 12 月 10 日至 12 日召开的中央经济工作会议提出，要引导资金投向供需共同受益、具有乘数效应的先进制造、民生建设、基础设施短板等

领域①。以改善民生为导向的流通业不仅是消费型基础设施投资的重要内容，也是生产和消费的结合点。从需求侧看，现代流通体系与消费的关系越来越紧密（胡东宁和李沐霖，2020）。依托现代流通业在商品流通活动过程中构建的信息收集以及共享体系，可以有效减少信息不对称问题，并让消费者有机会参与到产品的设计、研发、生产以及定价等各个环节，改善供需错配的困境，推动生产要素从产能过剩领域向有市场需求的领域转移，提高资源配置效率，实现对消费市场的高品质有效供给。从供给侧看，一方面，现代流通对消费信息的变动具有高度的敏感性，能够迅速捕捉和察觉市场产品供需和商品价格变动情况，向上游制造业企业及时反馈并引导制造业适时调整生产规模及产品价格，推动产销精准对接；另一方面，随着流通企业市场竞争力的提升，其得以更加精确地联动生产，发挥整合能力，推动制造业转型升级。部分制造企业为了让产品实现适销对路，会选择通过战略联盟的形式与流通业搭建实时联动的信息平台，降低供需不匹配的市场成本，从而实现优势互补。

二、促进城乡要素流动，畅通城市与农村循环

2021 年 3 月 5 日，在第十三届全国人民代表大会第四次会议上发布的 2021 年政府工作报告中强调，“要推进新型城镇化和乡村振兴”“做好巩固拓展脱贫攻坚成果同乡村振兴有效衔接。”② 但目前，我国城市和农村之间在基础设施、产业集群、公共资源及人才环境等方面仍有较大差距。农民收入较低、农业供给与需求市场的衔接不够紧密、信息对接与流通渠道不畅，客观上造成农村消费供给不足、消费环境供给不佳，农村消费潜力无法得到释放。统筹推进现代流通体系，可实现城乡要素自由流动和平等交换，在需求侧可以有效地缩小城乡之间的鸿沟，拓宽农民就业和增收的渠道，激发农

---

① 石璐言：《引导资金精准投向 促进产业消费“双升级”》，中国政府网，2019 年 12 月 13 日，http://www.gov.cn/xinwen/2019-12/13/content_5460981.htm.

② 李克强：《2021 年 3 月 5 日在第十三届全国人民代表大会第四次会议上》，中国政府网，2021 年 3 月 5 日，http://www.gov.cn/guowuyuan/zfgzbg.htm。

民消费意愿和消费能力，提振乡村消费，构建更加完善的需求体系；在供给侧，一方面通过加快构建城乡一体化、线上线下融合的现代农产品分销体系，畅通城乡资源要素流动机制，带动规模化生产，推动农业生产组织转型升级，带动城乡协同发展；另一方面通过大力发展产供销联盟、农超对接、全程可追溯服务等流通模式创新，带动农产品品质的提升和品牌的打造，推动农产品由非标转为标准化，提升农产品及服务附加值，缩小城乡差距。

三、深度链接全球要素，畅通内外贸市场循环

国务院总理李克强于2021年6月22日主持召开国务院常务会议，确定加快发展外贸新业态新模式的措施，推动外贸升级，培育竞争新优势[①]。近年来受逆全球化思潮和新冠肺炎疫情的双重影响，我国形成多年的“两头在外”模式面临极大挑战：一方面，大量外贸产品开展出口转内销战略，但由于内外贸不同线、不同标、不同质等系列问题面临巨大困难；另一方面，我国急需的一些高新技术、专利产品进口受到极大限制，将我国锁死在价值链的中低端，阻碍了我国创新发展的步伐，极大地影响了国家的自主权、独立性和安全性。统筹推进现代流通体系建设，一方面可将国内强大的消费需求转化为牵引内外贸双循环的重要动力，更大范围、更大程度和更深层次地促进要素在商品服务、要素资源和消费市场等领域的流动，进一步扩大进口消费，打破优质出口商品转内销的信息壁垒，破解国外关键技术、产品、原材料和零部件的进口瓶颈，畅通内外贸市场循环；另一方面，依靠吸引外资、引进技术等手段积极推动实施流通升级战略，突破品牌设计、零售业态、技术装备、供应链管理等关键流通环节，依托流通的品牌和渠道优势对制造企业进行品牌和渠道赋能，促进生产方式转变，推动流通企业将价值链或产业链延伸到国内外要素及产品市场并向高附加价值、高规模的经济状态演变。

---

① 《李克强主持召开国务院常务会议》，中国法院网，2021年6月24日，https://www.chinacourt.org/article/detail/2021/06/id/6107821.shtml。

四、推进区域协同发展，畅通跨区域市场循环

党的十九届五中全会提出，要推进区域协调发展①。我国社会发展的不平衡首先体现在区域间失衡，且在科技创新、结构转型、国际化等多种因素的影响下日益加剧。在当前全球市场萎缩的环境下，国内各区域之间只有通过产业分工协作来实现协调发展，才能使生产、分配、流通、消费更多依托国内市场，推动构建新发展格局（曹允春和连昕，2021）。建设现代流通体系，一方面能够打破区域市场壁垒和利益藩篱，打通跨区域要素流动过程中的断点、堵点，引导生产要素顺应不同区域的发展趋势，在向中心区域集聚的过程中得当配置，使生产要素沿经济带呈现中心区域集聚向辐射区域扩散的地理分布特征，从而实现产业协作，推动打造分工禀赋优势与跨区域协同发展的功能定位相一致的分工格局；另一方面通过联通不同区域的消费需求及其带动的生产需求并将其转化为畅通跨区域的重要动力，构建满足多样化需要的竞争市场，实现效率变革，充分发挥市场在资源配置中的决定性作用，为构建全国统一大市场提供新的动能。

第二节　现代流通畅通生产与消费循环的机理及路径

一、消费升级的基本内涵

（一）消费升级的定义

消费升级主要是指消费总量的扩张与消费结构的升级（王云航和彭定赟；2019）。其中，消费总量扩张是指消费总体规模的不断增长，消费在国

---

① 《十九届五中全会：优化国土空间布局，推进区域协调发展和新型城镇化》，人民网，http：//industry. people. com. cn/n1/2020/1029/c413883 -31911557. html。

民经济中的占比不断提升；消费结构升级则是指居民消费需求从生存型向发展型、享受型消费转变，并呈现个性化、多样化等特征（尹世杰，2002）。此外，也有学者提出消费升级意味着消费者需求偏好从满足基本生活需求的商品向个性化、品质化、享受化的商品转移（龙少波等，2021）。现有研究表明，我国居民消费升级存在以下特点：城乡之间、区域之间居民消费升级存在明显差异（张颖熙和夏杰长，2011）；消费热点交替推进消费升级（王一鸣等，2016；范叙春，2016）；供给结构不能及时匹配相应需求从而制约了消费升级（黄卫挺，2013）；发展、享受、绿色、网络消费兴起（张春晓等，2016；文启湘和文晖，2017）。

目前我国呈现的消费升级从宏观上划分可分为消费内容升级和品质升级（黄卫挺，2013），也可根据升级内容划分为四种：消费商品结构变化（如品质消费、换代消费等）、消费渠道结构变化（如网站消费、手机移动端消费等）、消费区域结构变化（如乡村消费、夜间消费等）以及消费内容结构变化（如信息消费、文化消费等）。总体来说，消费升级是个多维度的概念（黄卫挺，2013），个体需求的无限发展性、层次性和社会性特征也决定了消费升级趋势与路径的多样性。

（二）消费升级的影响因素

从内生因素看，影响消费升级的主要因素主要集中在消费者收入（张梦霞，2020；杜丹清，2017）、财富（杜丹清，2017）及消费理念（杜丹清，2017）等方面，而外生因素则主要包括国家政策环境（如社保、就业、税收、利率及城镇化等因素）（杜丹清，2017）、企业相关因素（如基础设施、技术、创新能力、服务能力等）（黄卫挺，2013；杜丹清，2017；金晓彤等，2017；陈洁，2020）及现代流通业的发展（胡东宁等，2020；吴艳杰等，2019）。其中流通业在消费需求扩大过程中起着基础性作用（杜暘，2020）。流通效率的提升对消费升级具有显著的促进作用（任方军，2019），流通的创新是影响居民消费结构优化升级的重要动力（范兴昌，2019），而居民消费结构的改变又会反馈到流通部门，激励流通效率的提升，因此两者具有相互促进的关系（杜暘，2020）。2020 年 2 月 28 日，国家发展改革委、中央宣传部、财政部、商务部等二十三个部门联合印发的《关于促进消费扩容提质加快形成强大国内市场的实施意见》提出，要从市场供给、消费生态、消费能力、消费环境等方面促进消费扩容提质，不仅明确了消费升级的着力点，也将消费升级作为后疫情时代的一项重要战略任务来抓。

（三）消费升级的举措

目前，我国消费的基础性作用尚未充分体现，我国经济增长的基本格局还没有发生根本性的转变，消费仍然是一个较平稳增加的变量。转变经济增长方式和增长的结构，使消费成为支撑我国经济增长的主要动力仍然有待时日（臧旭恒，2017）。结合我国第三次消费升级特征及趋势、借鉴欧美日等国实践经验，促进消费升级的关键应在促进农民、低保户等低收入人群增收（陈洁，2020；龙少波等，2020）、维护就业和收入公平（王水平等，2018）、完善社会保障体系（杨天宇等，2018）、减轻个人税收负担（龙少波等，2020）及推动流通业现代化发展水平（吴艳杰等，2019）等方面。

二、生产升级的基本内涵

（一）生产升级的定义

生产升级是产业由低技术水平、低附加价值、低规模经济、低加工深度状态向高新技术水平、高附加价值、高规模经济、高加工深度状态的演变趋势（刘志彪，2000），是从“量”和“质”上实现产业内及产业间资源配置合理化和产品优质化的过程（张梦霞，2020）。随着人口红利的逐渐消失、资源环境承载压力不断加大，我国低端产能过剩和高端供给不足等问题严重制约了经济发展质量与效益。从国际经验上看，我国必须通过产业结构战略性升级向高质量、集约化、内涵式的发展道路转变。

生产升级主要包括产业结构的合理化和高级化两方面（苏东水，2005），包括在现有技术基础上实现产业间的发展协调，以及产业结构根据经济发展的历史和逻辑顺序从低级向高级发展。我国可通过产品升级（伍业君等，2012；张梦霞，2020）、技术升级（桑瑜，2018；曹剑飞等，2016）、市场升级（周振华，1992；唐志红，2005；曹剑飞等，2016）及管理升级（曹剑飞等，2016）等多个途径实现各产业部门协调发展下的产业优化。其中，产品升级主要依靠积极寻找市场需要的升级产品、优化产品功能实现产业升级；技术升级主要依靠技术创新推动企业配置不断优化，从而实现升级；市场升级主要通过开发新市场及针对市场需求的调整与适应实现产业升级；而管理升级则强调在产业升级过程中的动态管理，以管理促升级。不同模式的升级推动产业根据经济发展的历史和逻辑顺序从低级向高级发展。具体可以表现为第一产业占优向第二、第三产业占优演变，以及产业由劳动密集型向资金密集型、知识密集型转变（龙少波等，2020）。

（二）生产升级的影响因素

从内生因素看，影响生产升级的因素主要集中在企业基础禀赋（陈洁，2020；曹剑飞等，2016）、技术（陈洁，2020；时乐乐等，2018；张梦霞等，2020）、管理（陈洁，2020）、创新（龙少波等，2020）等方面，而影响生产升级的外在因素则主要包括政策环境（陈洁，2020）、市场（曹剑飞等，2016）、供需（龙少波等，2020）及流通（王晓东等，2020）等方面。其中，流通业可以通过自身的发展，提高交易效率（赵霞等，2012），促进技术创新和组织创新（丁宁等，2013），优化社会专业分工结构（李晓慧，2014），从而带动产业端生产率的提升。随着产业层面升级的研究遇到瓶颈，相关研究逐步转向产品层面，技术进步及创新将持续推动产品升级并带动新一轮的产业升级（张梦霞等，2020）。

（三）生产升级的举措

结合第三次生产升级特点，生产升级的核心内容在于深化供给侧改革（曹剑飞等，2016）、增加有效供给（刘志彪，2000）、加大创新力度（张予等，2020）、加快产业结构转型（肖必燕，2020；张燕，2020）以及推动现代流通业与先进制造业的协同发展（孙金秀等，2015）等方面。2020 年 11 月，党的十九届五中全会审议通过的《中共中央关于制定国民经济和社会发展第十四个五年规划和二〇三五年远景目标的建议》中强调，要“加快发展现代产业体系，推动经济体系优化升级”“促进产业在国内有序转移，优化区域产业链布局，支持老工业基地转型发展。补齐产业链供应链短板，实施产业基础再造工程，加大重要产品和关键核心技术攻关力度，发展先进适用技术，推动产业链供应链多元化。优化产业链供应链发展环境，强化要素支撑”。一方面明确了生产升级战略的重要地位，另一方面为生产升级指明了方向。

三、现代流通畅通生产与消费循环的机理及路径

（一）现代流通畅通生产与消费循环的信息传导功能

如图5－1所示，首先，现阶段我国产品供给与消费需求不匹配的矛盾凸显，生产供给不能有效适应消费升级需求和产业发展转型需求的错配问题突出（王洪涛和陆铭，2020）。在市场经济阶段，市场需求与结构决定了生产规模与水平（纪宝成等，2017），一个新的消费热点的出现，往往能带动一个产业的出现和成长（郑慧，2016）。流通处在供给侧与需求侧之间，能够沟通供需，在获取消费升级引发的市场消费需求变化，实时反馈至生产端，降低社会分工试错过程盲目性的同时，能将生产升级带来的新技术、新产品和新服务反馈至消费端，激发消费者更高层次的需求或创造新需求，实现商品流通不同环节的有效衔接（王晓东等，2020）。其次，现代流通体系对需求变化的适应性和灵活性高，能够引导生产企业主动分析消费需求并预测未来的消费走势，从而以消费者为中心，进行针对性产品提质升级及新产品开发，再造产业链、供应链和服务链，改善传统生产企业面对快速变化的消费需求时难以化被动为主动的局面。最后，消费者总是希望获取更多的购物信息，使自己在购物中处于有利地位（邓发云和林志新，2013）。但目前消费信息不对称的问题致使消费需求低频，严重制约了消费潜力的释放。现代流通体系是市场交易的信息中枢，能够通过信息披露与信息过滤有效减少商品及服务交易过程的信息不对称现象，确保消费者获得产品信息的真实

性，保障其合法权益，提升消费体验及消费规模。

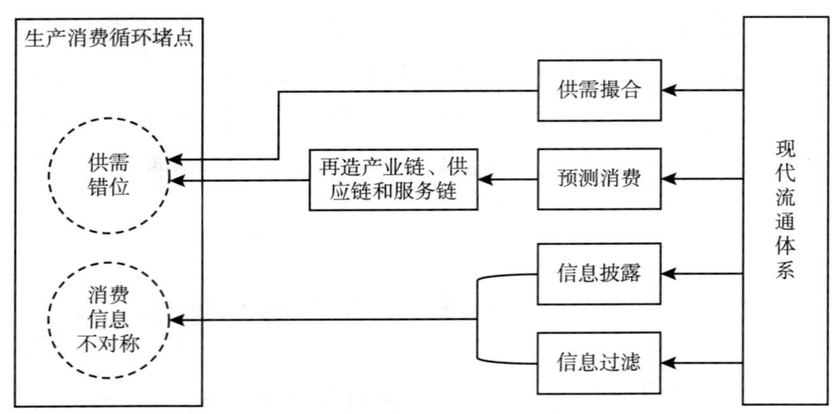

图 5－1　现代流通畅通生产与消费循环的信息传导机制

（二）现代流通畅通生产与消费循环的结构牵引功能

如图 5－2 所示，首先，受人口红利逐渐消失、产业结构不合理等因素影响，低端产能过剩和高端供给不足等问题日益凸显。首先，随着现代流通体系优化升级，其功能得以延展，向供给侧提供的生产性服务专业化程度提高，间接推动供给侧改变生产方式，推动生产企业由加工制造向研发、设计、标准、品牌、供应链管理等高附加值区段转移。其次，不同产业的替代弹性和各部门产出增长速度是影响生产结构变迁的重要因素（陈洁，2019）。部分具备实力的现代流通企业甚至可以向产品制造端渗透，以逆向整合的方式推动制造业企业在技术、管理、市场及产品方面转型调整，实现供给侧升级。再次，现代化生产下商品从生产到消费的过程中，生产时间约占 20%，流通时间约占 80%，因此加快资本循环的关键在于加快商品流通（祝合良和石娜娜，2017）。高效的流通企业通过优化流通效率，助力生产企业加速商品的价值实现，加快资本周转，从而推动企业加大研发设计、设备更新、人才引进等方面的力度，优化供给结构，推动供给侧升级。最后，在百年未之大变局的背景下，必须坚持通过内需动力主导推动经济增长

（张倩肖和李佳霖，2021），而我国目前仍需优化内需结构，发掘内需潜力（申俊喜和徐晓凡，2021）。现代流通体系的发展在提升传统消费规模的同时，加速了网络零售、互联网医疗、智慧旅游等新型消费的孵化，促进了消费内容结构变化；同时，在互联网技术背景下，现代流通业能够对消费者偏好进行合理引导，推动定制生产等模式创新发展，不仅能够提高消费者边际消费倾向，还能够促进消费结构优化，推动消费结构升级。

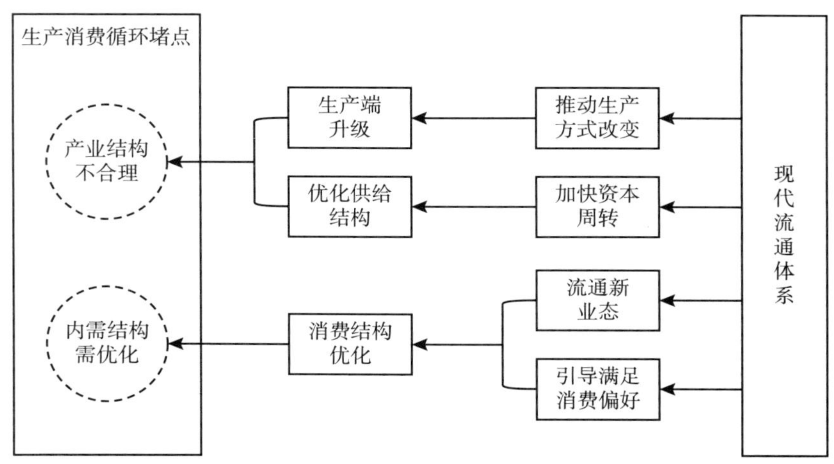

图 5－2　现代流通畅通生产与消费循环的结构牵引机制

（三）现代流通畅通生产与消费循环的资源配置功能

如图 5－3 所示，首先，以电子商务为代表的现代流通方式，可有效降低流通成本，提高要素资源及产品流动效率。由于我国零售环节企业自营能力较薄弱，生产企业的市场进入成本往往较高，且流通环节过多也会导致要素配置效率过低，交易成本增加（卫莉，2015），致使企业竞争力较弱。相比于自建营销网络和超市渠道合作，电子商务交易模式成本和风险都更低（王浩，2017），生产企业通过电商平台直接面对消费者，与其进行实时互动，加快了要素流动效率，促使企业根据客户需求及时调整生产和营销策略，极大节约了贸易交易成本（陆建兵，2016）。专业 B2B 网站因搭建了生产商和需求商的沟通桥梁，缩短了贸易支付环节，极大程度降低了供需双方信息的搜寻成本，促进产生规模效应（林泓，2019），进而推动要素资源合理、均衡流动，优化产品及服务。其次，现代流通体系通过拓展流通服务功能，能够促进产业分工，推动生产企业产品品质提升，提升产品附加值，强化企业竞争力。最后，在百年未有之大变局背景下，促进消费潜力释放仍是推动扩大内需过程中的重要一环。加快完善流通基础设施，打造一批高能级的商贸物流枢纽，能够打通要素流通过程中的堵点，促进生产与消费联结更加紧密，构建起流通一体化运作体系（冯君琦，2017），推动消费潜力释放。

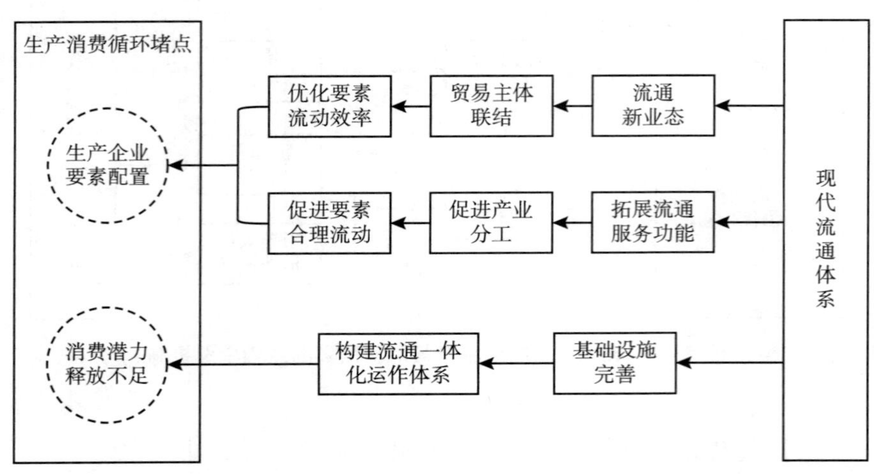

图 5-3　现代流通畅通生产与消费循环的资源配置机制

（四）现代流通畅通生产与消费循环的科技创新功能

如图 5-4 所示，第一，我国经济已由高速增长阶段转向高质量发展阶段，但与之形成鲜明对比的是，当前我国生产端传统产业产能过剩，且制造业“低端嵌入”的发展方式制约了产业链发展，急需进行产业结构转型。一方面，现代流通体系能够推动供给侧生产方式转型，引导其通过科技创新实现新旧动能的转换，促进供给侧由“中国制造”向“中国创造”转变，由“劳动—资源密集型”向“技术—资本密集型”转变，进而助推我国产业链由低端向中高端迈进；另一方面，陆明（2020）认为，现代流通体系通过技术赋能带动或联合供给侧中小企业和科研机构，形成专业化、智能化产业链组织，通过规模效应形成新的产业集群。且由于知识、技能和专业的不同，产业之间知识技术通过溢出效应相互扩散。这种联动效应会通过知识、技能和专业的整合互补，影响创新联动和产业演进，推动企业间科技创新协同，共同促进产业价值链跃迁。第二，随着“双循环”新发展格局的提出与践行，扩大内需的必要性日益凸显，但目前国内需求仍需进一步发掘与激发。作为现代流通体系建设的重要内容，流通数字化发展加快了新技术在产业中的应用，促进了科技成果向生产力的转化。生产企业依托大数据、人工智能等科技优势快速发掘消费需求，实现精准式生产，拓展生产可能性边界，推动产业链条逐渐完善。不仅如此，流通数字化还能够保障社会化生产和生活性消费之间无缝衔接，打通流通过程中的堵点，畅通流通渠道，缩短产品周转时间（祝合良和石娜娜，2017），推动产业升级带来的新发明、新技术、新供给快速、便捷地反馈至需求侧，激发消费者更高层次更加多元的需求或创造新需求。第三，现代流通体系建设带来的新技术、新业态、新模式能够在满足居民高品质、个性化消费升级的需求的同时带动消费结构转变，扩大消费者个性化、绿色化、高端化产品的消费比例，优化消费结构，提升消费规模，释放我国的内需潜力。第四，流通新业态带动了京东白条、支付宝花呗、借呗等新型数字金融方式发展，丰富了消费支付方式。支付方式的多样性及便利性满足了不同的消费者，提升了消费便捷性，促进消费需求进一步释放。此外，“互联网 + 消费”模式不断创新使得更加多元化的消费场景被勾画出来。这一趋势使得生活与金融的边界逐渐模糊，推动金融服务逐步渗透入各种消费场景之中，从而提升消费规模（许凌和陈龙强，2016）。第五，现代流通体系通过创新技术赋能，打造集约高效、经济适用、智能绿色、安全可靠的新型消费基础设施和服务保障体系，能够消除地区分割和行业垄断的市场扭曲现象，辐射更多消费者，向其提供更加全面更加便捷的商品与服务，从而促进消费扩容提质。

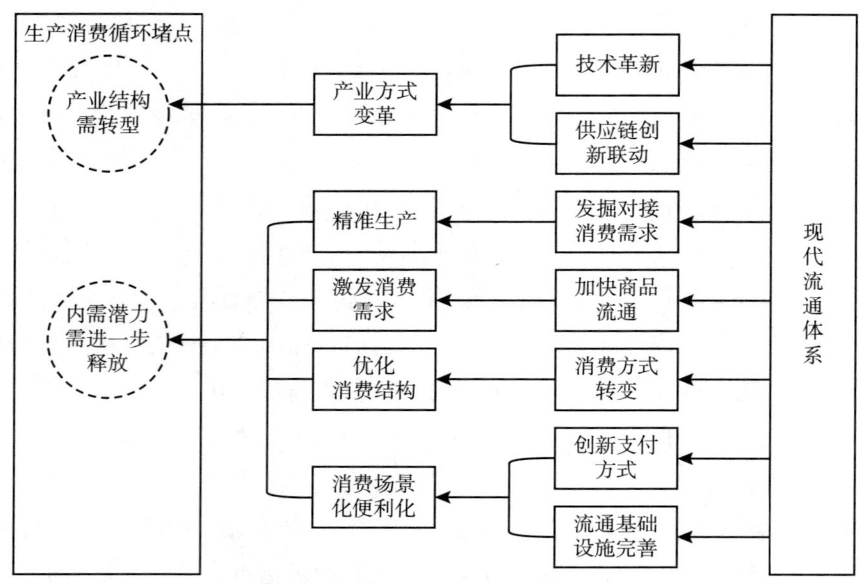

图 5－4　现代流通畅通生产与消费循环的科技创新机制

第三节　现代流通畅通城市与农村循环的机理及路径

一、城乡协同发展的基本内涵

（一）城乡协同发展的定义

自 20 世纪 50 年代，我国以二元户籍制度为核心形成了城乡二元结构，其在很大程度上改变了粮食供给、工业品供给、劳动保障等的基础社会流通环节体系。城乡二元结构也由户籍制度和各种政策形成了城市经济与乡村小农经济的对立，导致了我国城市与农村在居民收入、基础设施和社会保障等方面，长期存在较大差距。消除城乡二元结构的有效途径是逐步实现城乡协同发展（张合林和都永慧，2019）。作为中国现代化和城市化发展的一个新阶段，城乡协同发展的核心是把工业与农业、城市与乡村、城镇居民与农村村民作为一个整体，统筹谋划、综合研究，通过体制改革和政策调整，促进城乡在规划建设、产业发展、市场信息、政策措施、生态环境保护、社会事业发展的一体化，从而改变长期形成的城乡二元结构，实现城乡在政策上的平等、产业发展上的互补、国民待遇上的一致，让农民享受到与城镇居民同样的文明和实惠，使整个城乡经济社会全面、协调、可持续发展。尤其是新发展格局下，以城乡一体化治理推进共同富裕，是推进生态化、现代化、协调化发展的新要求，有利于塑造可持续发展新优势、实现经济社会生产方式历史性跨越、形塑有序共富新格局（张笑菡，2022）。

（二）城乡协同发展的影响因素

城乡协同发展旨在破解制约城乡关系发展的二元结构，统筹城乡发展、促进资源在城乡之间的优化配置。根据现有学者研究成果，影响城乡协同发展的主要因素有空间因素（如交通网络密度、城乡金融资金流动等方面）（张国平等，2015；汤春玲等，2016）、经济发展因素（如收入、城乡居民消费、人口城镇化水平、农业生产产值、GDP、城乡固定资产投资等方面）（郭岚，2017；李思佳，2016；张国平等，2015）、社会发展因素（如医疗健康条件、养老条件等）（李思佳，2016；王元凤和钱龙，2015）、文化教育因素（如文教娱乐消费支出、受教育年限等）（张合林和都永慧，2019）、生态环境因素（如区域绿化、废物无害化处理情况等）（张合林和都永慧，2019；郭岚，2017；李思佳，2016）以及政策制度因素（如土地利用、对外开放等政策情况）（张合林和都永慧，2019；冯亚娟和祁乔，2018）。此外，鉴于城乡商贸流通体系不完善在一定程度上导致城镇与农村所拥有的技术、资源、资本及劳动力等无法实现有效流动，导致城乡间无法统筹发展。而完善的城乡商贸流通机制，有助于使城乡之间市场交易信息趋于对称、使城乡之间生产及流通趋于协调、使城镇与农村所拥有的各类资源实现合理配置，实现城乡互惠互利及缩小城乡发展差距，为实现城乡协同发展奠定基础（孙妍，2017）。因此流通也是推动城乡协同发展的重要影响因素（杨欣，2020；古羽加，2020）。

（三）城乡协同发展的举措

城乡协同发展的关键在于消除城乡差距。结合我国城镇及农村发展特点，城乡协同发展的实施主要集中于以下几点：一是合理调控城乡空间结构，促进城乡空间一体化（张合林和都永慧，2019）；二是推进城乡要素平等交换，推进城乡经济一体化发展（李思佳，2016）；三是促进城乡公共服务均等化，推动城乡社会一体化发展（张煌强和刘结玲，2016；李思佳，2016）；四是营造城乡交流的文化氛围，促进城乡文化一体化（吴巍等，2017）；五是确保生态环境可持续发展，实现城乡生态环境一体化（张合林和都永慧，2019）；六是构建城乡一体化的制度体系，驱动城乡一体化发展（孙妍，2017；冯亚娟和祁乔，2018）。2021 年 3 月 5 日发布的 2021 年政府工作报告中指出："要坚持农业农村优先发展，严守 18 亿亩耕地红线，确保种源安全，实施乡村建设行动，健全城乡融合发展体制机制。建立健全巩固拓展脱贫攻坚成果长效机制，提升脱贫地区整体发展水平。深入推进以人为核心的新型城镇化战略，加快农业转移人口市民化[①]"。这一方面明确了城乡协同发展的重要地位，另一方面为城乡协同发展的实施指明了方向。

二、现代流通畅通城市与农村循环的内在机理

（一）现代流通畅通城市与农村循环的信息传导功能

如图 5 -5 所示，目前城乡之间的数字鸿沟依然存在，农村企业数字化程度不高，致使支持农产品上行与消费品下行的信息渠道不畅，制约了城乡之间要素资源和商品的双向高效流动。作为消除城乡信息壁垒的重要抓手，现代流通体系在促进城乡信息网络联结与信息资源匹配方面发挥着重要的引导作用。一方面，通过线上销售、直播带货、农村新零售等新模式，有利于形成链接城乡、资源共享的网络营销体系，突破农产品原有的销售半径，实

① 李克强：《2021 年政府工作报告》，中国政府网，2021 年 3 月 5 日，http：//www. gov. cn/zhuanti/2021lhzfgzbg/index. htm。

现农村与更大市场的对接，拓宽农产品的上行通道，最大限度地减少农产品供需信息不对称，提升市场信息透明度。同时，还可以通过“订单农业”等模式，帮助农业生产者及时了解市场需求信息，改变仅凭经验生产的传统模式，通过及时获取的市场动态信息来决定生产什么、生产多少、如何生产，避免有货无处卖、增产不增收的窘境。另一方面，现代流通体系有助于降低农村地区数字化门槛，提高农村居民数字技术应用能力。农村居民利用电子商务等现代流通方式，可以获取更多的商品和服务信息，根据自己的喜好选择商品，享受现代流通方式带来的优越性和便利性，增强农民的获得感和幸福感。同时，城市工业品生产企业也可借助现代流通方式，获取更多的农村市场需求信息，进一步优化农村商品和服务供给，挖掘农村消费潜力。

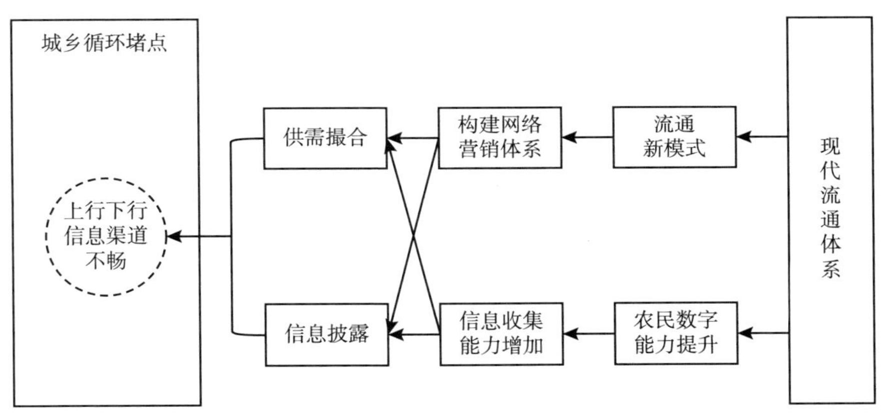

图 5－5　现代流通畅通城市与农村循环的信息传导机制

（二）现代流通畅通城市与农村循环的结构牵引功能

如图 5－6 所示，一方面，目前我国农村企业以初级农产品生产为主，产业发展具有低技术水平、低附加价值、低规模经济、低加工深度状态等特点，急需从“质”上实现产品优质化（张梦霞，2020）。加快构建农村现代流通体系，能够构建市场竞争机制，发挥市场调节作用，不仅可以引导农业向规模化、标准化发展，延长农业价值链，切实提升农业供应链的组织化程度，促进农业生产方式转变；而且可引导农业企业推进“三品一标”认证工作，提升农业企业在农业价值链中的地位，显著增强农业生产者的市场议价能力，最大化创造农产品品牌价值。另一方面，以农村地区为主的下沉市场人群消费需求有效释放是当前促进消费扩容提质的重要内容。加快构建农村现代流通体系，通过推动电商平台积极下沉市场，促进农村商贸渠道线上线下融合，创新“工业品下乡”的“云消费”场景，可将更多优质产品服务传递至农村地区，进而推动农村居民消费观念及消费需求升级，并进一步带动工业品产业升级。此外，现代流通还具有较强的就业创业吸纳能力，对解决新型城镇化过程中劳动力转移就业、促进一二三产规模扩张及转型升级都具有重要的作用。尤其是以农村电商为代表的新业态，正在成为农村创新创业的热点，吸引了大量返乡下乡年轻人的参与，带动农产品加工业、休闲农业、乡村旅游等一二三产业的快速发展。

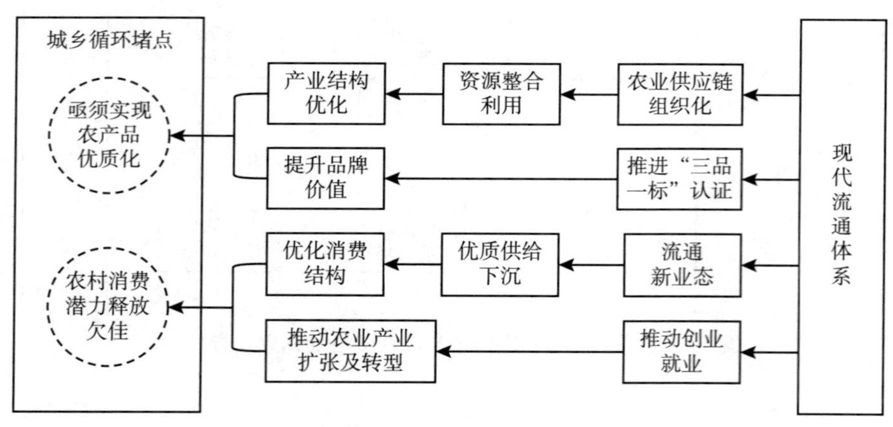

图 5-6　现代流通畅通城市与农村循环的结构牵引机制

（三）现代流通畅通城市与农村循环的资源配置功能

如图 5-7 所示，当前，我国城市与农村的二元分离是城乡协同发展难以实现的重要障碍。城市和农村在基础设施协同、企业联动、消费市场延伸等运作上各自为政，没有形成资源互助、管理协调的良性互动（纪良纲和王佳淏，2020）。加快构建农村现代流通体系，有利于深度链接内外市场资源，推动要素资源由城市向农村地区流动，破解农村地区区位不佳、资金不足和产业相对滞后等发展瓶颈，将农村地区的生态优势、资源优势转化为经济优势和产业优势。一方面，可加快补齐农村物流基础设施短板，拓展和完善农村商业网点体系，提升农村地区线下流通服务水平，解决制约城乡之间要素资源流动的基础设施障碍，促进城乡流通降本增效。另一方面，可弥补农村地区数字化设施短板，以电子商务为纽带实现互联网嵌入，将农村地区各类生产者及其市场关系相关方纳入整个社会网络之中，引导和推动更多的资本、技术、人才等要素向农村地区流动，构建新型农业利益联结机制，有效破解农村产业凋敝等发展难题，为乡村经济的高质量发展提供要素与动力保障。截至 2020 年，淘宝村和淘宝镇网店年交易额超过 1 万亿元，占全国农村网络零售额的比重为 55.87%，活跃网店 296 万个，创造了 828 万个就业机会[①]。此外，现代流通体系建设还是新型城镇化的重要内容，是提升城镇承载力、集聚力和辐射力的重要支撑，有利于增强城市发展能级，促进城市要素资源向农村地区合理流动。

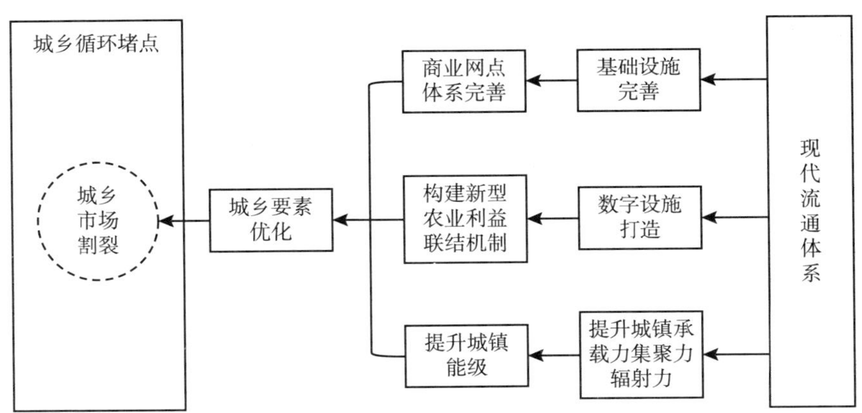

图 5－7　现代流通畅通城市与农村循环的资源配置机制

① 阿里研究院，《2020 中国淘宝村研究报告》。

（四）现代流通畅通城市与农村循环的科技创新功能

如图 5 – 8 所示，首先，我国经济社会数字化转型正处于由城市示范引领向农村深化应用的新阶段。但农村地区还存在网络利用方式相对单一、用网质量待提高等互联网运用水平偏低的问题。作为有效链接城市和农村的重要纽带，现代流通体系是推动这一转变的重要力量，尤其是电子商务等新业态，通过改变农村居民消费理念和购物习惯等方式，对扩大农村地区互联网普及率起到了重要作用。截至 2020 年底，我国城镇地区互联网普及率为 79.8%，农村地区互联网普及率为 55.9%，城乡地区互联网普及率差距进一步缩小①。其次，相较于城镇企业，农村企业以销售初级农产品为主，农业生产组织化、信息化和标准化程度较低，规模化发展受限。以电商平台为代表的流通企业通过利用数字技术赋能消费场景创新，极大地改变了传统城乡商业逻辑和运行方式，推动更大范围、更广领域、更深层次的线上线下服务场景实现深度融合。如拼多多打造“农地云拼”模式，通过“拼购”模式将在时间和空间上极度分散的城市消费需求整合成相对集中的农产品订单。再次，农村企业因其固有的零散性和信息不对称性，往往被传统金融机

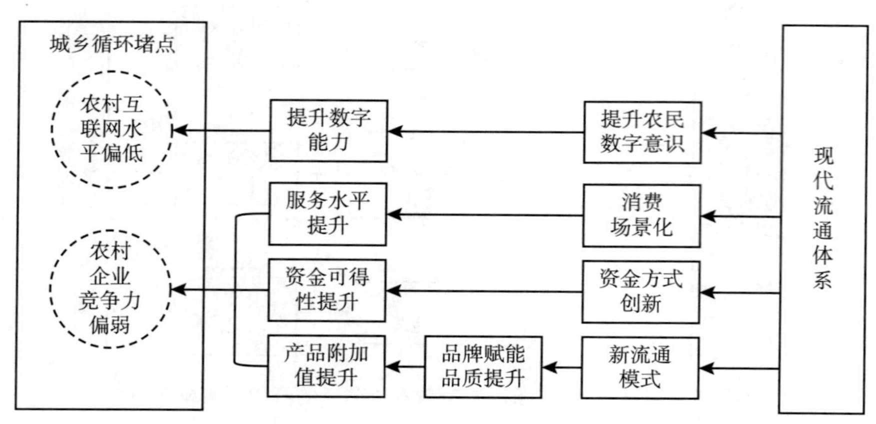

图 5 – 8　现代流通畅通城市与农村循环的科技创新机制

① 中国互联网络信息中心（CNNIC），第 47 次《中国互联网络发展状况统计报告》。

构排斥在外（王玥和王蓉晖，2021），常常面临融资难等问题。现代流通发展催生了支付宝借呗等新型数字金融方式的发展，满足了农村企业的资金多样性及便利性需求，能够提升农村企业的资金可得性。最后，现代流通体系的科技创新功能还有利于促进农村产业智能化、数字化、现代化，提升产品及服务附加值。如区块链等数字化技术有效解决了农产品溯源的非连续性问题，为农产品安全溯源提供保障；AI 个性化情感计算等数字技术的应用使得农产品供给端能精准捕获来自需求端的即时反馈和互动，通过及时调整和适应性创新，确保产品产销更加符合消费者需求（易加斌等，2021）。

第四节　现代流通畅通跨区域市场循环的机理及路径

一、区域协调发展的基本内涵

（一）区域协调发展的定义

改革开放前，我国呈现“区域平衡发展”格局，沿海和内陆两大经济带各自发展，“三线建设”促使内陆重点城市重工业快速崛起，极大缩小了与沿海的发展差距。而改革开放后，在“东部地区优先发展战略”和“对外开放政策”推动下，东部地区依托承接发达国家制造业产业转移创造的就业岗位和发展机遇，实现了制造业产值和区域国内生产总值的激增，逐步在区域经济发展中确立领先地位，我国也呈现“区域非均衡梯度发展”格局（张倩肖和李佳霖，2021）。近年来，随着中国区域经济发展呈现出板块间分化凸显、板块内部分化明显以及南北分化加剧的新特点，我国社会主要矛盾已经转化为人民日益增长的美好生活需要和不平衡不充分的发展之间的矛盾，强调重点之一就是“实施区域协调发展战略”，这意味着区域发展格局将发生根本变化。

区域协调发展的内涵随着实践的发展虽然有所丰富，但是至今未形成统一的定义。彭伟斌和曹稳键（2021）认为，区域协调发展旨在健全区域协调发展体制机制，构建高质量发展国土空间布局和支撑体系。具体而言，是基于各区域比较优势，以交通网络为纽带、资源要素自由流动为保障、产业链为依托，借助国内超大规模市场实现区域间循环发展，最终提升区域整体可持续发展水平。从管理学视角来看，区域协调发展内涵的焦点主要有两个：一是区域之间协调维度，涉及教育、人口、科技、环境等不同要素；二是针对不同的区域存在不同的问题和对策。围绕这两条主线，区域协调发展的内涵有以下三大特点：一是区域协调发展不仅包括区域内部生产要素的互动与协调，也包括区域之间的流动与协调；二是区域协调发展不仅是地区经济差距的缩小，也包括科技、人力、生态等多方面差距的缩小；三是区域协调发展不仅是空间层面区域发展结果的协调，也包括发展能力和发展机会上的协调（范柏乃和张莹，2021）。

（二）区域协调发展的影响因素

区域协同发展主要通过地域壁垒的破除和运行机制的改变实现规模效应和范围效应，从而提高弱势区域的综合竞争力。根据现有学者研究成果，影响区域协同发展的主要因素包括两类：即政府因素及企业因素。具体而言，政府因素主要包括营商环境（徐生霞和刘强，2021）、税收政策（王晖，2021）、基础设施建设（王亚男和唐晓彬，2021；韦伟，2021）、民生水平（韦伟，2021；徐生霞和刘强，2021；杨承训，2021）、生态环境（彭伟斌和曹稳键，2021；王亚男和唐晓彬，2021；杨承训，2021）、公共服务水平（韦伟，2021）等；而企业因素则主要集中于资源禀赋（樊杰和赵艳楠，2021；王晖，2021；徐生霞和刘强，2021）、科技水平（韦伟，2021；徐生霞和刘强，2021）、区域合作水平（杨承训，2021；樊杰和赵艳楠，2021）等。此外，城市群是地理相近、资源共享、功能互补的城市集群，而非仅仅依靠规模经济形成的功能单一的城市集合（张倩肖和李佳霖，2021）。建设现代流通体系，可以打通跨区域要素流动过程中的堵点，加快要素流动，有利于打破区域垄断，建设满足多样化需要的竞争市场。发挥市场在资源配置中的决定性作用，为跨区域协同发展提供新的动能。因此，流通业的发展也是影响跨区域协同发展的重要因素之一。

（三）区域协调发展的举措

区域发展格局具有综合性、复杂性和动态性，其本身包含着空间规划、功能分工、协调治理的多层次系统。要构建区域协同发展的新格局，应全局地、系统地、开放地对区域发展进行指导，主要在于促进城市群内区域市场一体化以及城市群之间的跨区域市场协同。具体而言，一是推进需求侧消费市场一体化。如消除区域内不同行政区域在产品或服务进入、价格形成机制、消费权益保护等居民消费层面的差异，实现城市群内统一的消费市场（刘应杰，2021）；二是推进供给侧产业链发展一体化。如逐步形成链条化经济（杨承训，2021；张倩肖和李佳霖，2021）、优化区域产业转移机制（韦伟，2021）、提升科技创新能力（王晖，2021）；三是从制度上完善市场规则。如统一不同行政区域之间的基本政策、提升区域间政策的相容性和协调性、破解地方保护主义（刘应杰，2021；张可云等，2021）；四是畅通要素流动渠道。如进一步破除制约人力资源跨区域流动的各类显性和隐性障碍（杨承训，2021；张倩肖和李佳霖，2021）；五是要发展现代流通产业。如流通基础设施完善、先进流通技术创新、流通模式创新、流通产业体系结构完善等（于丞，2018）。习近平总书记在 2019 年 8 月 26 日召开的中央财经委员会第五次会议中指出："新形势下促进区域协调发展，总的思路是：按照客观经济规律调整完善区域政策体系，发挥各地区比较优势，促进各类要素合理流动和高效集聚，增强创新发展动力，加快构建高质量发展的动力系统，增强中心城市和城市群等经济发展优势区域的经济和人口承载能力，增强其他地区在保障粮食安全、生态安全、边疆安全等方面的功能，形成优势互补、高质量发展的区域经济布局[①]"。这是新时代体现中国特色社会主义巨大优势的区域协调发展观，体现了"全国一盘棋"集成合力，继承和发

① 米果：《中央财经委员会第五次会议召开 国家释放了哪些信号》，澎湃新闻网，2019 年 8 月 27 日，https：//m. thepaper. cn/baijiahao_4272799。

展了马克思主义统一筹划的思想，也为进一步完善区域协调发展提供了思路。

二、现代流通畅通跨区域市场循环的内在机理

（一）现代流通畅通跨区域市场循环的信息传导功能

如图5-9所示，首先，跨区域交易过程中涉及多个环节和多个经营主体，由于地域贸易壁垒，各个经营主体之间往往因信息传递不及时，导致交易效率偏低。现代流通体系的发展推动了跨区域供应链上下游企业间的沟通，加速了行业、企业与部门之间的信息流动，为区域经济有效运行、协调发展提供了巨大动力支撑（任其俊，2017）；其次，新发展格局下，扩大内需成为我国经济发展的基本立足点，但跨区域交易过程中存在的垄断、地区保护主义等贸易壁垒致使消费便利性下降，消费潜力释放不完全。对于企业而言，不同区域的企业通过商品流通环节能够与更广泛的消费者产生联系，更全面地了解消费者的需求及市场供需情况，指导生产部门针对性进行产品及服务升级。对于消费者而言，现代流通相较于传统流通业而言流通范围更广，流通渠道也更加丰富，可以帮助消费群体通过网络获得更多的商品相关信息（胡东宁等，2020）。在这一过程中，流通的创新反馈功能将不同区域企业的新技术、新发明及新供给传递至消费端，扩大供给范围，从而进一步激发消费需求，扩大消费规模，实现跨区域协同发展。最后，对于消费者而言，在大数据、物联网等技术的推动下，以新经济、新业态为载体，打造消费主导的现代流通体系，能够有效减少信息不对称，提高跨区域贸易各个环节的信息透明度，构建起网络诚信体系（冯君琦，2017），为消费者提供更优质的商品流通服务（胡东宁等，2020），促进区域间贸易往来，实现协同发展。

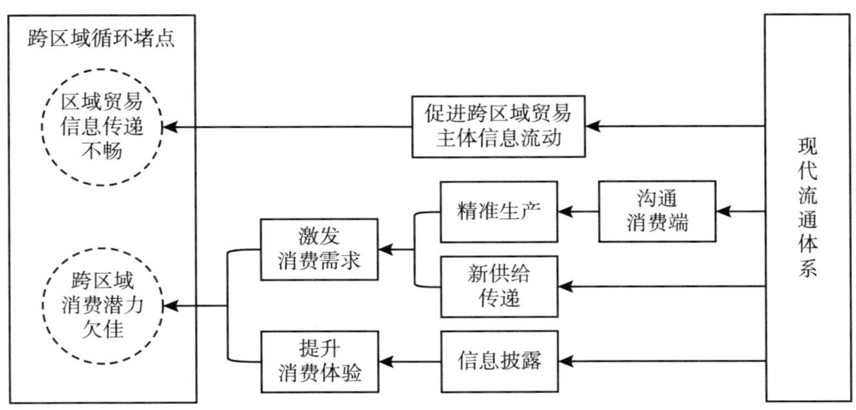

图 5 –9 现代流通畅通跨区域市场循环的信息传导机制

（二）现代流通畅通跨区域市场循环的结构牵引功能

如图 5 – 10 所示，不同地区的资源禀赋及产能存在明显的差异性，加之市场束缚和地方保护主义束缚往往带来地区间产业结构趋同，制约了跨区域协同的推进（唐保庆和吴飞飞，2018）。一方面，将消费需求贯穿全过程，通过对现代流通体系中的供应链、服务链和价值链资源的整合利用，高效联结位于不同地区的产品设计、采购、生产、销售、服务等环节，推动供应链上下游企业协调（丁绮，2018；赖丽娜，2020）；另一方面有助于跨区域之间打破市场壁垒，促进形成强大统一国内市场，培育一个健康、可持续发展的市场环境。我国发达地区与欠发达地区在消费结构方面差距明显，欠发达地区服务消费占比仍较低，制约了区域协同发展。而流通的创新是影响居民消费结构优化升级的重要动力（范兴昌，2019），能够改善欠发达地区居民消费理念及消费结构，缩小区域差距，实现跨区域协同。具体而言，通过创新流通活动对消费者可形成引导（胡东宁等，2020），不同区域企业可以利用大数据技术对消费者的潜在需求开展分析，对消费者偏好进行合理引导，并提供个性化定制服务，推动欠发达地区居民消费结构由生存型消费转向发展型消费、由产品消费转向服务消费、由物质消费转向精神消费，从而实现跨区域协同。

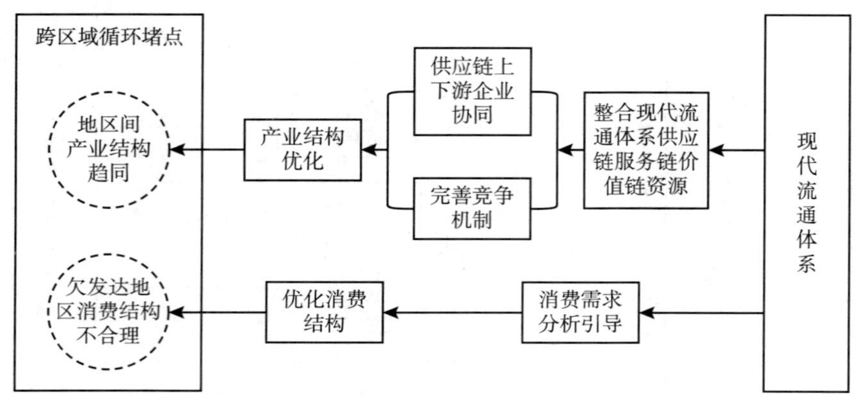

图 5-10　现代流通畅通跨区域市场循环的结构牵引机制

（三）现代流通畅通跨区域市场循环的资源配置功能

如图 5-11 所示，当前我国跨区域交易长期以来因市场割裂面临中间环节多、中间成本高、定价机制不统一等问题，阻碍了要素的合理、顺畅流动（武亮和蔡海珊，2012；冯君琦，2017）。现代流通体系的发展有利于打破区域市场的分割界限，形成了覆盖全国范围的网络交易市场。一方面，诸如淘宝网、京东、唯品会等电商平台的业务范围已经覆盖到全国的各个地区，能够缓解甚至消除地区分割和行业垄断的市场扭曲现象，将要素更均衡、平等地传递至不同区域，实现区域高质量发展和经济更高水平均衡；另一方面，构建国内统一大市场有利于统筹协调城乡各自的资源禀赋，优化资源配置，完善市场竞争机制，推动要素合理流动，打造良性循环的市场态势。此外，推进现代物流体系建设有利于在“西部开发、东北振兴、中部崛起、东部率先”的区域发展总体战略指引下，通过完善基础设施在“区域”“省域”和“市域”“县域”等不同空间尺度的地区强化分工、联系与合作，加速要素的自由流动及配置效率。如通过加快区域物流基础建设，打破各运输配送方式间的隔阂，实现铁路、公路、航空、河运、海运等运输方式融合发展，形成运输模式集成，推动要素的跨区域流动，使不同区域间连接更加紧密（陆建兵，2016）。

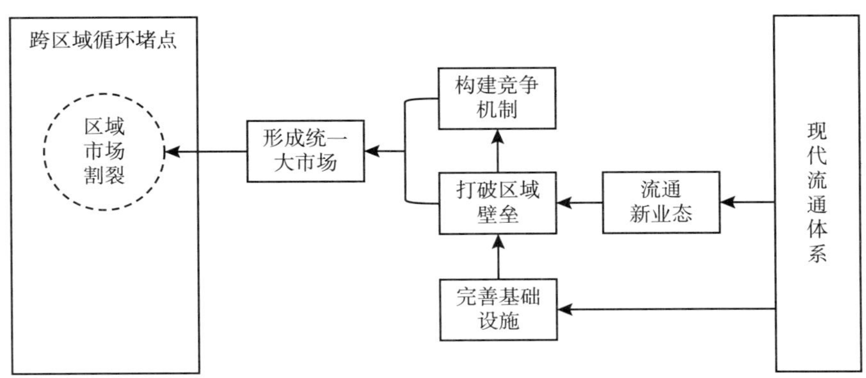

图 5－11　现代流通畅通跨区域市场循环的资源配置机制

（四）现代流通畅通跨区域市场循环的科技创新功能

如图 5－12 所示，首先，但目前我国欠发达地区企业科技创新水平普遍偏低，无法紧跟发达地区的快速发展趋势，阻碍了跨区域协同发展的步伐。现代流通体系建设是相对落后地区吸纳外部技术、资金、服务和产品的重要载体，有利于推动新技术、新产品和新服务从发达地区逐步向欠发达地区辐射，带动相对落后地区企业加快转型和技术创新。其次，现代流通体系是率先应用新一轮技术革命成果领域，信息化、数字化和智能化等数字技术普及快，应用场景丰富多元，且是链接位于不同地区产业链上下游企业的重要纽带，正在成为推动上下游企业数字技术应用的助动器，并经由前向和后向关联影响整个产业链上相关企业的研发创新行为。最后，现代流通体系强大的市场信息传导功能还有利于促进东部发达地区企业的技术优势与中西部欠发达地区企业的市场优势结合，有利于降低东西部协作展开框架下研发合作过程中因信息不对称所造成的不确定性，显著提升东西部地区创新主体间的协同研发效率，推进跨区域产业协同发展。

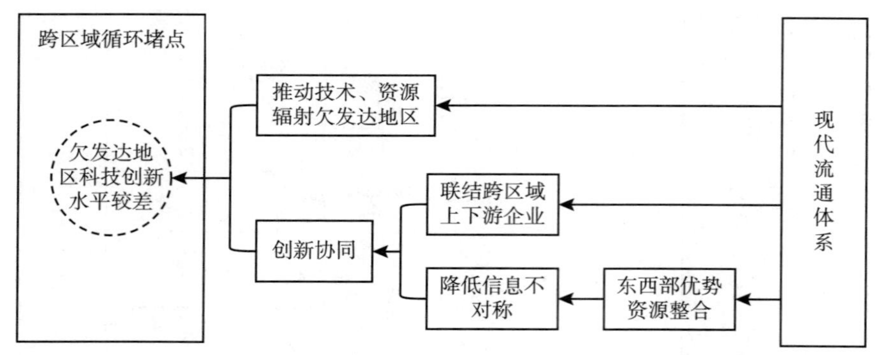

图 5－12　现代流通畅通跨区域市场循环的科技创新机制

第五节　现代流通畅通内外贸市场循环的机理及路径

一、内外贸协同发展的基本内涵

（一）内外贸协同发展的定义

内贸和外贸都是一个国家经济发展的重要动力，二者具有相互支撑、相互促进的作用。内外贸协同发展是以企业为主体，以市场供求规模和产业分工为基础，以国内外要素市场和产品市场逐步融合为基本内容，以市场竞争为主要推动力量，并引致政府管理体制和管理政策协同变化的经济发展过程（谭祖谊，2011）。基于企业市场角度来看，内外贸协同发展是企业主体依据本身的实际运行状况以及企业实力，在内外贸易分割的制约作用较小或无影响时，经营主体选择适当的运作模式；基于上层建筑角度来看，内外贸协同发展主要是政府对内外贸流通以及整体商贸流通体系进行统一规划、调整以及体制的管理（史晓青和林全杰，2017）。

内外贸协同发展是由我国的市场经济发展到一定程度后产生的，其强调对内对外均处于相同的市场监督管理地位。长期以来，内外贸易之间在观念、体制、经营方面存在较大差异，两者之间监管制度也大相径庭。我国一直实行的内贸和外贸两条线管理模式已经无法满足市场经济和贸易发展的客观要求（胡德宁，2021）。而随着我国逐步进入更深层次的经济建设阶段，全球新冠肺炎疫情加重以及“逆全球化”思想抬头使得对外贸易背景及模式发生显著的变化，内外贸协同发展对国民经济持续、稳定、健康发展至关重要。在“双循环”新发展格局背景下积极推动内外贸协同发展，才能让资源得到最有效的运用，从而在发展市场经济过程中推动内外贸两个市场形成良性互动，保持良好互通。这不仅有利于有效扩大产品的产供销范围，还有利于推进产业内部专业化分工，由此更容易获得规模经济效益，最终促进经济增长（胡德宁，2021）。

（二）内外贸协同发展的影响因素

根据现有学者研究成果，国内以及国际一系列宏观经济因素的变化会从多方面影响内外贸协同发展。其中，国际因素主要包括价格因素（包姝颖，2016）、供需因素（赵松壁，2014）、政策因素（赵松壁，2014；孙雯，2016）以及汇率因素（包姝颖，2016）等。而国内因素则主要包括政策因素（赵松壁，2014）、货币因素（如资金周转次数、货币量等）（赵松壁，2014；包姝颖，2016）、市场因素（如供需、成本等）（焦锦淼，2016）以及企业因素（如经营模式、人才、技术水平等）（焦锦淼，2016；陆建兵，2016；冯君琦，2017）等。此外，流通服务是内外贸市场协同发展的重要环节，对带动内外贸经济持续稳步增长起着关键性的作用。随着“互联网+”时代的到来，物流业与互联网的深度结合推动了物流服务业的跨越式发展，进一步扩大了内外贸易市场的规模，延伸了内外贸易市场的价值链。因此成熟的内外贸现代流通体系也可以完善国家经济运行方式，促进实现内外贸市场协同发展（冯君琦，2017）。

（三）内外贸协同发展的举措

结合当前国际形势及国内经济发展特点，内外贸协同发展的实施主要集中于以下几点：在政策方面，一是转变政府观念（武亮和蔡海珊，2012）；

二是推进长远发展与复合型人才的培养（武亮和蔡海珊，2012）；三是根据内外贸特点完善并规范市场经济秩序（胡德宁，2021）；四是转变政府职能，规范贸易管理体制，提升综合服务水平（胡德宁，2021）。在市场方面，一是加速形成全国统一大市场（胡德宁，2021）；二是推动重点行业服务出口（赵松璧，2014）；三是提升中国服务贸易发展规模与发展水平（胡德宁，2021；赵松璧，2014）。而无论是国内贸易还是对外贸易，都能通过流通渠道实现商品、劳动要素、资金要素、技术要素等各种要素的交换，推动内外贸协同。因此发展现代流通体系也是内外贸协同发展的重要举措。2021 年，国务院办公厅印发《关于促进内外贸一体化发展的意见》提出："要坚持政府引导、市场为主，坚持改革开放、规则衔接，坚持系统观念、统筹推进。到 2025 年，市场主体内外贸一体化发展水平进一步提升，内外联通网络更加完善，政府管理服务持续优化，内外贸一体化调控体系更加健全，实现内外贸高效运行、融合发展。"一方面明确了内外贸协同发展的重要地位；另一方面为内外贸协同发展的实施指明了方向。

二、现代流通畅通内外贸市场循环的内在机理

（一）现代流通畅通内外贸市场循环的信息传导功能

如图 5－13 所示，首先，我国内外贸发展供需错位、结构失衡问题，严重制约了内外贸协同发展。现代流通体系建设可推动外贸内销深度对接，打破优质出口商品转内销的信息壁垒，为具有产品优势的外贸企业与国内零售企业搭建沟通渠道。不仅可以为外贸产品找到新销路，也可以为内贸企业带来国际消费新概念、新方式，促进内贸协同发展。其次，内外贸发展过程中一直存在信息壁垒，对内外贸协同增长形成阻滞。而在大数据、物联网等技术的推动下，作为内外贸企业纽带的现代流通体系能够通过搭建内外贸企业信息库，构建起网络诚信体系（冯君琦，2017），有效减少内外贸信息不对称，推动内外贸企业合作纵深。最后，外部环境波动的持续加剧推动我国经济增长方式由传统依靠出口拉动的"外向型"逐步转变为通过内需动力主

导的“以内促外型”，对消费扩容提质提出了更高要求。随着互联网的发展，商品流通活动出现巨大的转变，流通范围更广，流通渠道更加丰富（胡东宁等，2020）。一方面流通具有的创新反馈功能促使国外的新发明及新供给传递至国内，激发消费者更高层次的消费需求，扩大消费规模；另一方面流通有助于消除信息壁垒，能够为消费者提供更透明、更优质的商品流通服务（胡东宁等，2020），确保消费者的合法权益，提升消费体验，最终推动内外贸协同发展。

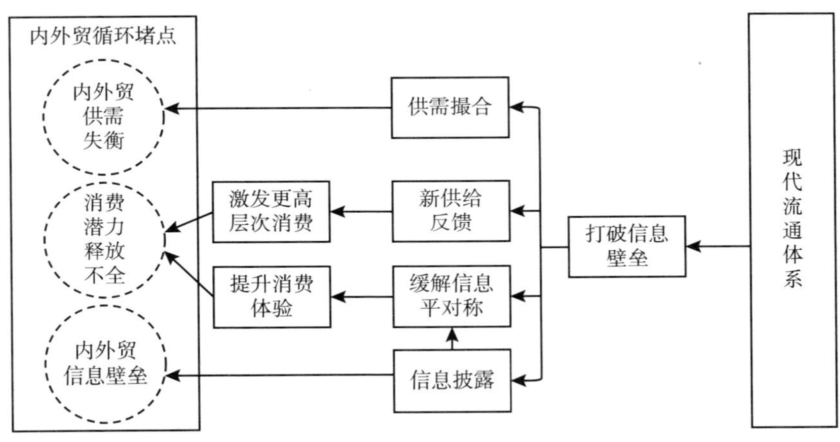

图 5－13　现代流通畅通内外贸市场循环的信息传导机制

（二）现代流通畅通内外贸市场循环的结构牵引功能

如图 5－14 所示，现阶段我国产业，尤其是制造业长期被锁定在价值链中低端，倾向于利用劳动力等低成本优势供给低端消费品来生存，尚未形成针对不同消费人群提供差异化产品供给的能力，导致居民消费需求外溢，大量消费流向国外。首先，联结内外贸的现代流通体系一方面极大提高了信息化水平，提升商品流通效率，增强商品流通渠道的畅通度，推动消费者所需商品快速进入内外贸消费市场中，进而促进资金周转、优化资源配置，推动内外贸企业将价值链或产业链延伸到国内外，促进传统以批发为主的贸易方式向新时期以分散零售为主的贸易方式转变（冯君琦，2017），推动内贸企业由低附加价值状态、低规模经济向高附加价值、高规模经济状态演变。其次，现代流通体系催生了跨境电商等新业态，为我国内外贸易市场发展提供了新平台，更加紧密地联结了供应链上下游，能够破除妨碍生产要素市场化配置的障碍，使内外贸易企业与批发商、零售商、消费者实现高效联动，取得规模经济效应的同时提升产业链现代化水平，进而推动产业结构优化（史晓青和林全杰，2017）。再次，在国内外贸易不断发展，流通渠道逐步完善的情况下，各个国家和地区市场联结为一个整体，内外贸的界限更加模糊，从而引起各地区产业链上和产业链间企业的激烈竞争，迫使其不断降低生产成本，提高经济效率，消除企业对本地市场的垄断，改善市场结构（武亮和蔡海珊，2012）。最后，通过创新流通活动对消费者可形成引导（胡东宁等，2020）。在当前互联网技术背景下，内贸企业利用大数据技术对消费者的潜在需求开展分析，结合外贸发展的新技术新供给新趋势，对消费者偏好进行合理预测，并提供个性化定制服务，不仅可以促进消费结构的优化，还能够优化产品结构，从而缩小内外贸发展差距，实现内外协同。

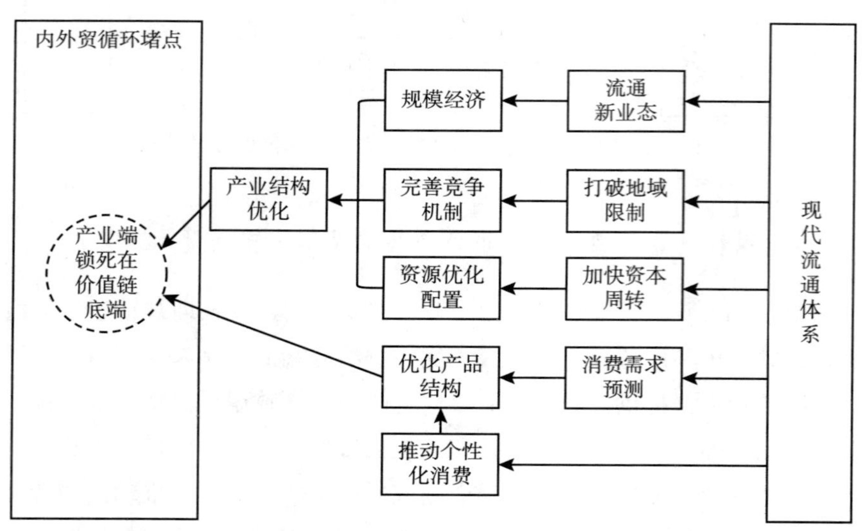

图5－14　现代流通畅通内外贸市场循环的结构牵引功能机制

（三）现代流通畅通内外贸市场循环的资源配置功能

如图5－15所示，我国传统的内外贸市场一直以来存在着严重的地区分割现象，加大了国内国外两个市场要素的统筹难度，导致要素分配不均衡不合理，交易市场运作效率低下（武亮和蔡海珊，2012；冯君琦，2017）。首先，深度链接内外贸市场的现代流通体系能够有效地打破内外贸的界限，加快全球经济一体化进程（赵松壁，2014）。现代流通体系的发展扩大了流通业对外开放水平，特别是以跨境电商为代表的外贸新业态、新模式，通过在线支付的手段缩短交易时间，并且利用规模化的流通运作方式降低流通价格，有利于推动要素的合理流动，创新国际贸易方式与渠道，最终实现内外贸协同发展（冯君琦，2017）。其次，现代流通体系的发展推动了流通基础设施建设及完善、加强了流通支撑，能够打破内外贸壁垒，畅通要素流动。例如在运输方面能够打破各运输配送方式间的隔阂，实现铁路、公路、航空、河运、海运等运输方式融合发展，形成运输模式集成，进而推动要素畅通、合理流动（陆建兵，2016）。最后，通过优化、健全现代流通体系，形成有利于内外贸市场一体化的营商环境，构建分工有序、运作高效、对周边

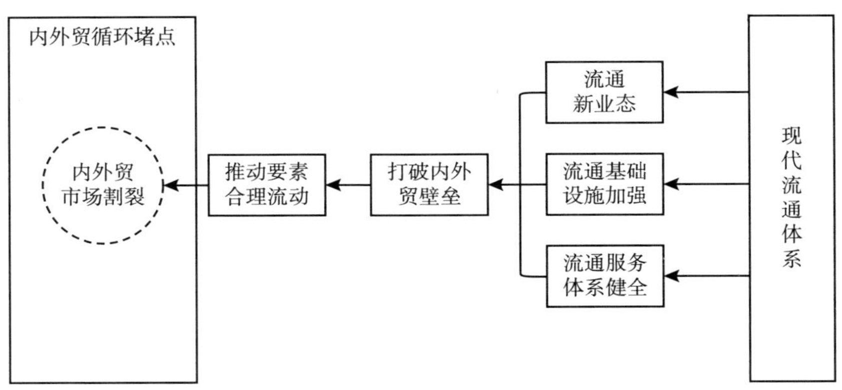

图5－15　现代流通畅通内外贸市场循环的资源配置机制

区域有强辐射和强带动作用的全球贸易网络，有利于推动内外市场要素的协同优化。例如，搭建内外贸一体化的高能级开放平台，有利于形成内外市场一体化的投融资机制，构建以内外市场一体化为导向的国际合作平台和机制，从而推动要素在内外市场合理流动，促进内外贸企业通过协同发展增加风险抗性，并获得规模经济效应（史晓青和林全杰，2017），促进内外贸协同发展（卫莉，2015）。

（四）现代流通畅通内外贸市场循环的科技创新功能

如图 5－16 所示，首先，在中美贸易摩擦不断升级同时叠加新冠肺炎疫情全球蔓延的背景下，我国急需的一些高新技术、专利产品进口受到极大限制，阻碍了我国创新发展的步伐。现代流通体系能够深度链接国内外市场，将世界范围内优秀的基础科学研究成果、重大原创性科技发明、颠覆性科技产品等外部知识资源引入国内大循环，促进科技成果转换。其次，我国市场和资源“两头在外”的发展模式面临产业链、供应链中断的风险。一方面，通过技术赋能的新型流通基础设施的完善能够更紧密联结内外贸市场，缓解内外贸渠道不畅的现状，实现二者协同。外贸企业通过构建智慧物流、智能仓储、共享云仓，打造“一带一路”中转物流重要节点、“一单到底”多式联运服务枢纽、大宗货物进出口集散平台等手段打通配送过程中的堵点，构建内外贸流通服务一体化运作体系（冯君琦，2017）；另一方面，我国跨境电商零售贸易的产生，转变了传统对外贸易模式，通过信息技术手段，能够发票、单据等在线化，以网络信息的形式传输至合作方，降低了对外贸易交易成本，提升了贸易便利性，进而推动内外贸协同创新（陆建兵，2016）。最后，通过充分发挥电子商务与现代物流的整合优势，依托的大数据技术和相关算法精确、科学地计算内外贸协同的仓储系统和物流系统效率、效益的最大化情况，实现资源整合利用的集约化管理运营，从而推动内外贸协同发展。

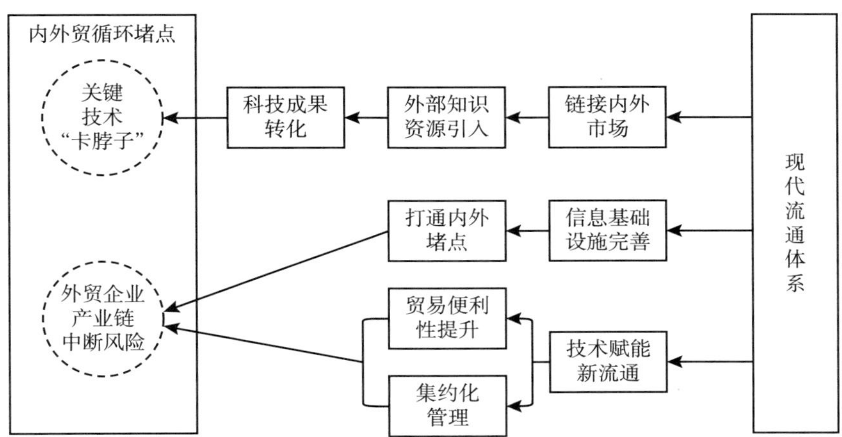

图 5-16　现代流通畅通内外贸市场循环的科技创新机制

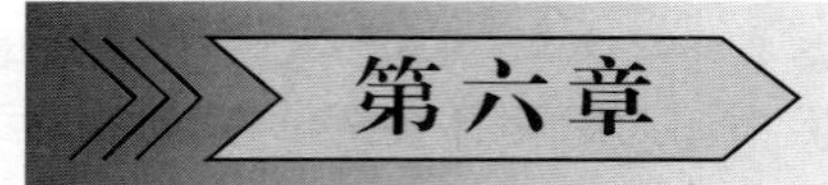

第六章

双循环格局下国内贸易高质量发展案例与浙江经验

第一节　创建高品质步行街的典型案例与浙江经验

一、建设背景

高品质步行街是指位于城市中心区，商业、文化、休闲、旅游等各类服务业高度集聚，对机动车和非机动车禁止或限时限段通行，以带状建筑形态为主体并向周边适度延伸，规划科学、统一管理、功能齐全、设施完善、运营规范、品质高端、特色鲜明、效益良好的步行商业街区。高品质步行街作为商业资源的集聚地和居民消费的重要场所，是满足人民美好生活需要的重要载体，是促进消费转型升级的有效抓手，是提升城市品牌形象的闪亮名片，是拉动区域经济发展的强力引擎，也是培育形成强大国内市场、畅通国内大循环的重要载体和抓手。

为贯彻落实党的十九大战略部署，进一步激发居民消费潜力，2018 年 7 月，商务部办公厅发布《关于推动高品质步行街建设的通知》，决定推动有条件的城市开展高品位步行街建设，并于 2018 年 12 月正式开展步行街改造试点工作，将北京王府井等 11 条步行街认定为第一批改造试点步行街。2019 年 8 月，国务院办公厅印发《关于加快发展流通促进商业消费的意见》、商务部印发《推动步行街改造提升工作方案》的通知，提出要进一步改造提升商业步行街，提升品质化、数字化管理服务水平，扩大全国示范步行街改造提升试点范围，打造成为促进消费升级的平台。2020 年 7 月，商务部将重庆解放碑、南京夫子庙、杭州湖滨、成都宽窄巷子、西安大唐不夜城新唐人街 5 条试点步行街确认为首批“全国示范步行街”。2021 年 7 月，商务部印发通知，将北京王府井、天津金街、上海南京路、沈阳中街、武汉江汉路、广州北京路 6 条步行街确认为第二批“全国示范步行街”。同时，将哈尔滨中央大街、大连青泥洼、石家庄民族路、郑州德化、长沙黄兴南路、深圳东门、青岛台东路、合肥淮河路、宁波老外滩、福州三坊七巷、厦门中山路、昆明南屏街 12 条步行街认定为第二批改造试点步行街。2021 年 8 月，商务部编制印发《步行街高质量发展工作指引》，指导各地规范有序推进步行街改造提升，带动城市商圈高质量发展，为构建新发展格局提供支撑。截至 2021 年底，23 条全国试点步行街客流量、营业额同比分别增长 10.2%、16.7%。

为贯彻落实党中央、国务院有关步行街改造提升的战略部署，促进形成强大国内市场，2019 年 7 月，浙江省印发《浙江省推动高品质步行街建设实施方案》《浙江省商务厅关于开展省级高品质步行街建设试点工作的通知》等文件，提出要创建一批历史有根、文化有脉、商业有魂、经营有道、品牌有名、数字引领的高品质步行街。2020 年 3 月，确定并正式发布了杭州清河坊步行街等 13 条省级高品质步行街试点名单和杭州星光大道电影文化步行街等 8 条培育街区名单。2020 年 10 月，浙江省商务厅印发《关于开展省级高品质步行街建设试点工作评估的通知》，至 2021 年 12 月已完成 16 条省级高品质步行街的评估验收。截至 2021 年底，已形成 1 条国家级示范步行街、1 条国家级步行街改造提升试点、16 条省级高品质步行街，全省各试点街区共完成 180 余个重点改造项目，总投资近 30 亿元，街区总长度增长近 50%；街区业态呈现多样化，品质趋于高端化，品牌商户数量超过 4000 家，其中，首店增幅近 45%；街区活动丰富，“商旅文”发展，年均举办各类促消费活动超500场（次），年均客流量增长近25%，年均销售额增长近21%（见表6－1）。

表6－1　　浙江省高品质步行街发展情况比较

序号	街区名称	主街长（m）	品牌门店（个）	首店（个）	客流量（万人）	建设思路
1	杭州湖滨路步行街	2100	1415	179	4725	最时尚、最智慧、最人文的新消费示范街区，城市品质提升“醉杭州”的样板
2	杭州清河坊步行街	1800	405	29	2596	展示杭州历史文化底蕴重要窗口、彰显文化魅力重要标杆、体验南宋文化重要高地
3	杭州中国丝绸城步行街	1500	89	300	870	造“一带一路”丝绸文化体验地、东方文化国际视窗、丝绸产业新窗口
4	宁波南塘老街	1200	140	86	650	为集历史古韵、文化发展、商业特色、旅游观光于一体，独具宁波江南水乡特色的高品质特色商业街区
5	宁波老外滩步行街	1640	154	13	500	最时尚的网红打卡地、最宁波的旅游休闲街、最国际的人文交流窗
6	温州五马—禅街	1400	285	28	2200	集旅游、文化、休闲、商贸为一体的完整保留古朴风格的综合性步行街
7	温州瑞安忠义街	1050	45	0	831	将城市文化窗口和商贸紧密结合，打造集历史展示、体验游览、文化创意、时尚休闲、品质商业等功能于一体的高品质历史文化街区
8	嘉兴月河步行街	3200	260	20	560	围绕新时尚休闲·潮流街、江南水乡文化·第一街、高品质消费·示范街三大功能定位，打造成为全国闻名的最江南商旅文化大街

续表

序号	街区名称	主街长（m）	品牌门店（个）	首店（个）	客流量（万人）	建设思路
9	湖州长兴东鱼坊步行街	1100	42	25	1300	集历史传承、城市记忆、商业旅游等多功能为一体的生态体验式高品质步行街区
10	绍兴鲁迅中路步行街	650	76	11	2288	着力突出鲁迅文化、台门文化、美食文化、夜间经济文化，以“中国绍兴府国际鲁迅路”为目标定位，将街区定位：以鲁迅故里为核心带动鲁迅文化、台门文化的鲁迅文旅区，以咸亨酒店为核心带动美食文化、夜间经济文化的市集美食区，以府河街沿街文旅业态为核心的古越风情区
11	金华婺州古城八咏路步行街	1715	48	12	351	以旅游、文化、娱乐、商业为主要类型的综合型商业步行街
12	衢州水亭门步行街	220	71	41	117	打造融历史街区、城墙风貌、滨河绿地、信安湖景观于一体的多元大型历史文化街区
13	舟山520幸福街	520	152	7	360	打造舟山市民休闲、娱乐、购物为一体的城市商业综合体
14	台州临海紫阳古街	1080	220	12	432	打造集历史文化展示、体验旅游、特色商业、文化创意、时尚休闲和慢生活为一体的历史街区、智慧街区
15	杭州星光大道电影文化步行街	1300	220	79	2500	打造集影视文化、休闲旅游、特色商业为一体的步行街区
16	湖州南浔东大街	1500	16	1	820	打造集休闲度假、文化体验、商业娱乐、综合服务为一体的“潮流街区”，成为展示“水晶晶”南浔城市形象的亮丽名片

二、杭州市湖滨路创建高品质步行街案例[①]

（一）基本概况

杭州湖滨步行街位于美丽的西湖之畔，占地面积41万平方米。湖滨步行街呈“千”字形，北至庆春路，南至解百新元华，东至延安路，西至湖滨路，包括长生路、学士路、平海路、邮电路、仁和路等部分路段。湖滨步行街作为商务部试点中唯一一条由车行道变步行道、唯一一条毗邻世界文化遗产的步行街，自2018年12月被商务部列为全国首批步行街改造提升试点以来，围绕“最时尚、最智慧、最人文、醉杭州”的目标定位，通过“部省市区街”五级联动，实现当年启动、当年建成、当年开街，创造步行街改造提升“杭州速度”，被授予首批“全国示范步行街”。

（二）主要做法

1. 优化业态结构，创新消费场景

一是优化业态结构。对标国际化步行街定位，聚焦品质生活、社交创意、时尚潮流、文化品位、数字科技、城市慢生活等消费需求，优化街区业态结构及空间布局，推动步行街差异化、品质化、多元化发展。二是加快品牌升级。改造提升试点以来，四大综合体更新、升级品牌400余个，占比29%。2021年新签品牌200余个，依托湖滨银泰和湖滨88等项目，引进安德玛国内首家交互式体验旗舰店、吼堂老火锅杭州首店、Blueglass杭州首店、HAYDON黑洞天堂全球首家S级旗舰店等40余家首店、旗舰店。三是升级消费场景。打破“湖滨不缺流量”的惯性思维，形成线上线下联动的消费格局。如在街区公共空间打造全新IP“湖上直播间”，开展全场景式街

① 本节案例根据浙江省高品质步行街建设试点评估和浙江省智慧商圈培育试点的工作材料，以及作者团队参与浙江省高品质步行街和省级智慧商圈创建评价工作收集的相关资料，进行整理得到。

区营销、内外联动的体验式直播，成为线上直播与线下零售整合一体的购物新空间。蔚来、小鹏、苹果、小米、知味观、海底捞等约80%品牌实现网订店取，形成O2O新业态。商圈内苹果、蔚来、松下、索尼、小米、盒马鲜生、联华鲸选等品牌，打造线上线下融合的沉浸式销售体验区，实现了搜索、支付、配送、评价一体化。四是推动老字号线上线下融合发展，鼓励老字号开设旗舰店、体验店、快闪店，万事利、毛源昌、王星记等众多老字号品牌焕发出蓬勃活力。

2. 整治街区面貌，提升服务质量

一是车行变为步行。优化交通组织，改造东坡路、学士路等，增设6处机动车和非机动车禁行卡口，增加步行空间，调整公交线路10条、公共自行车服务点7处，优化龙翔桥地铁站方案。二是特色元素植入。将杭州和西湖元素融入步行街，建筑上，凸显灰砖青瓦的西湖风格；外摆空间上，"因地、因景、因商"打造山水座椅、西湖十景座椅雕刻、沿湖外摆；道路铺装上，以水为元素，提炼出雨滴、涟漪等设计符号；色彩上，以"墨"为元素，提炼出黑白、灰色调铺装基调。三是公共空间设施优化。如在开阔路段设置了四季座椅、春水船形座椅等城市家具，在湖滨路设置了外摆区域，为市民提供了公共休息空间。累计改造提升绿化、立面、铺装、节点、家具、标识、照明7大系统，新铺装步行道路3.5万平方米，绿化有机更新3万平方米，景观亮灯提升195处，城市家具更新128处，城市立面改造30多个经营单位。四是便民服务设施改善。包括：商圈实现无障碍设施全覆盖，设置多处导视牌，结合APP应用，为游客、消费者提供无障碍地图扫描下载服务。设置便民、医疗服务点，如商圈设置"红十字温馨驿站"，配备急救药物、AED急救设施、轮椅等，提供医疗救助服务；在综合体和商场内全面推广、设置轮椅、婴儿车的租借服务。布局全天候便民服务点，如推进24小时便利店、深夜食堂与无人值守门店布局。

3. 挖掘文化底蕴，促进文商旅融合

一是加强文化挖掘。联合西湖申遗专家组、浙江大学、中国美术学院、浙江工商大学等组建专家团队，形成《杭州湖滨步行街的前世今生》《杭州步行街文脉传承与发展定位研究》等一批文化专项成果。二是推动文商旅融合发展。以“文化”为内核提升街区活力，联合中国美院、杭州市品牌促进会形成街区活力运营方案，整合各商业单位及社会主体资源，营造活动及社交场景，推动市民、游客进场消费。以杭州亚运会为契机，做好亚运精神与文化的传播，商圈不定时地开展运动社群活动，如滑板公园、街舞快闪等。三是形成湖滨特色 IP。精心打造湖滨步行街专属文化品牌“湖上”系列 IP，涵盖湖上直播间、湖上艺人村、湖上乐客厅、湖上睡前练会琴等，吸引本地市民前来体验消费。四是积极策划如未来生活节、淘宝造物节、金秋购物节、西湖文化咖啡节、LV 品牌巡展、拾宝市集、杭州澳门周活动、中国数字阅读大会、“全民健身活力中国”全民健身狂欢节、天目美好节、旗袍日活动等“文商旅”活动，推动湖滨商圈的“网络流量”转化为“消费体量”。

4. 数字赋能街区，提升治理能力

一是街区治理智慧化。设立杭州湖滨步行街管理委员会，建设“城市大脑湖滨综合实验区”，搭建“湖滨智芯”数据平台，打通部门数据资源，从便捷停车、人流管控、商业生态三个方面，赋能商业街区治理体系和治理能力现代化。二是街区运营智慧化。街区内 5G 和 WI－FI 信号均实现全覆盖，移动支付覆盖率 100%。同时，街区依托携程、大众点评、美团、抖音等互联网平台，进行客流结构、轨迹、商圈联动等分析，为游客、消费者提供一站式导游、导购、停车、咨询、活动报名等服务。三是消费设施智慧化。加快智慧商店建设，街区内各大综合体、百货商场、国内外知名品牌均自行开发、运营专属公众号和小程序。街区内移动支付均实现全覆盖，盒马鲜生、联华鲸选、网易严选等多个品牌已开通自助结算系统。建设“先离场后付费”应用场景，车主开车离场后线上支付程序结算停车费用。四是街区出行智慧化。实现“无感停车”，统筹街区周边停车场泊位，通过城市大脑接入实时在线校准，周边道路安装智能引导牌，实现车主从“四处找泊位”到“抬头见泊位”的转变；提升停车体验，湖滨街道、区数据局联合高德地图等 LBS 服务提供商，完成周边停车场空余车辆可视化，群众可以通过高德 APP 或湖滨步行街公众号内的“交通出行”实现湖滨畅停。此外，优化停车服务。如银泰等商业综合体为 VIP 客户开辟车位预订服务，VIP 客户可以通过银泰小程序提前预订车位；IN77E 区与杭州海康机器人合作，打造杭城首个商业区智能机器人停车库。

5. 强化五级联动，形成发展合力

一是“五级联动”推进有力。形成了部、省、市、区、街道“五级联动”机制，商务部通过顶层设计明确方向，省政府将步行街改造提升列为重点工作，12 个省级部门与市相关负责人形成多部门协同工作机制。市、区两级均成立工作领导小组，统筹推进工作，将上百个项目进行任务分解，细化到街道、社区，倒排时间、挂图作战。二是倾听民意形成合力。坚持深入一线听取意见、解决问题，问情于民、问需于民、问计于民，将民意的力量贯穿于步行街改造提升全过程。举办四期杭州电视台圆桌会，邀请专家与社会各界广泛参与讨论；通过项目方案征集比选座谈、公示等形式广泛征集各界意见。三是政策推动是强力引擎。省、市、区制定了品牌促进、免税退税、文化旅游、市场监管等方面的支持政策。如以四大综合体和放心消费示范店为引领，发动引导广大商户投入“无理由退货”“诚信经营无假货”建设，全力推进步行街区域全域化放心消费。

（三）取得成效

通过产业布局、业态优化、氛围提升，逐步形成融文化、休闲、旅游、购物于一体的立体式商业圈，成为最具代表性的，最为现代化、国际化、杭州味的风尚引领区域之一，是“最时尚、最智慧、最人文”的新消费示范街区和城市品质提升的“醉杭州”样板。2019 年 9 月 27 ~ 28 日，杭州湖滨步行街在历时 9 个月的改造提升后正式开街，商务部在杭州湖滨路步行街举办全国步行街改造提升工作现场交流系列活动；11 月，第二届中国国际进口博览会在上海举办期间，湖滨步行街在中国馆“幸福中国”板块展出，街区国际知名度和影响力得到有效提升。2020 年 3 月，在习近平总书记调研杭州城市大脑运营指挥中心时，“杭州城市大脑 · 湖滨步行街”应用场景做现场展示。7 月获得商务部颁发的首批“国家示范步行街”称号。9 月湖滨步行街二期精彩启幕向市民开放，这标志着湖滨步行街整体改造提升工程全部完成。11 月湖滨步行街进驻第三届中国国际进口博览会设展宣传，以“一塔一桥三潭”为主题场景，向观者传达西湖人文气息及街区的繁华。

三、经验与启示

（一）构建跨部门协同机制，确保街区运营管理专业有序

制定一套能够协调调动各方积极性、符合相关主体利益诉求的体制机制，推动步行街持续地、自发地动态更新与升级。一是建立多级联动机制，推动多方协同发展。探索建立部、省、市、区、街道“五级联动”机制，激发各级主体的内在活力和发展动力，实现上下联动，统筹推进的良好局面，为持续推动步行街高质量发展形成合力。二是支持街区建立步行街建设工作领导小组，推行重点项目和难点问题联络会商工作机制，成立步行街区管委会或建设工作指挥部等专班。三是建立街区各功能板块动态调整升级机制。逐步建立动态调整和成效评估机制，及时发现街区发展过程中存在的问题，推动街区业态的持续调整和智慧设施的适时更新，引导街区科学、健康、可持续发展。四是引入专业化运营服务管理团队。进一步提升街区形象，挖掘街区文化底蕴，丰富街区活动形式，强化街区宣传营销，提振街区人气，孵化本地品牌，导入国内外知名品牌资源，形成特色化的运营服务管理系。五是建立开放共享的交流机制。举办圆桌会，邀请专家与社会各界广泛参与讨论；通过项目方案征集比选座谈、公示等形式广泛征集各界意见。

（二）挖掘街区历史文化底蕴，打造步行街竞争新优势

步行街建筑风格应与城市历史、地域特点、周边环境相适应，体现出建筑的地域性、历史性和时空性文化特征。要深入挖掘历史文化内涵，树立文化自信，使步行街成为展现城市历史文化特征的重要场所。一是创新打造街区文化品牌。依托地方特色，深入挖掘街区历史记忆、文化内核、商业底

蕴，寻找激发消费群体情感共鸣并具有商业价值的核心要点，塑造特色鲜明的街区文化品牌，讲好步行街文化故事。二是创新文旅资源保护利用。以创新思维推进历史风貌建筑的保护与利用，结合街区历史人物文化及故事等内容融合现代时尚元素与科技感，打造富有独特文化内容的文化场景，营造专属街区的特色文化客厅。探索运用大数据、人工智能和“城市大脑”等先进技术，打造趣味性强、内容新颖和富有地方文化特色的文化体验场景。三是创新商业融合方式。围绕街区主题，对商业形态进行调整，塑造各具特色的主题消费场景。挖掘非物质文化遗产、特色工艺及产品的品牌价值，举办形式多样、内容新颖的文化消费活动，推动商业与文化、旅游的深度融合，打造爆款街区特色文化旅游商品。四是创新商旅文融合机制。在商旅文融合项目打造过程中，可通过建立跨部门协同推进机制、探索商旅文融合创新孵化机制等，推动商旅文深入融合和创新发展，增强街区独特的竞争优势。

（三）培育发展新动能，凸显步行街发展特色及亮点

要因地制宜，突出鲜明特色。通过推动业态、品牌、体验和场景的结构优化和特色挖掘，激发步行街发展新动能。一是强化特色定位。结合地方特色、消费客群特点及消费升级趋势，合理确定步行街特色定位，突出城市特色、文化特色、地域特色，使步行街朝着差异化的方向发展。二是强化特色商品品牌。依托区位优势、地方资源、消费特点等，通过提高商品档次，推进名品名店名街联动，引入具有丰富经验和品牌资源的商业运营主体，引进国内外知名品牌，培育当地特色品牌、老字号品牌，发展首店、体验店和品牌旗舰店等新模式，形成高品质业态集聚，实现差异互补发展。三是强化特色体验和场景。结合街区主题和地方特色，布局体验式、互动式新兴业态，为街区增加特色化、体验化的消费场景。通过拓展服务功能，积极引入各种特色业态，大力发展夜间经济，延长服务时间，借助各类购物节、展览会、品牌发布会等，结合街区文化、地域民俗、节假日，举办形式多样的营销活动。

（四）加强街区数字化改造提升，拓展步行街发展空间

加强顶层设计，整合社会各界力量，有序推进街区智慧化改造步伐，拓展街区发展空间。一是把握以人为本的发展理念。以满足人民美好生活需求为出发点，以便民利商为导向，推动大数据、人工智能、云计算等新技术应用，对街区进行数字化赋能，全面提升街区经营、管理和服务水平，二是要强化开放共享的顶层设计。智慧街区的建设要通过系统性顶层设计，整合各方数据资源，建立规范通用的多个开放式接口，实现街区“智慧大脑”与商业企业、消费终端、城市管理、公共服务等信息系统对接和数据共享。同时，智慧街区建设应与城市规划、管理相统一，并对消费者信息安全、商户商业秘密保护等方面进行统筹考虑。三是要创新多元投资建设运营模式。积极探索智慧街区多元化投资建设运营模式，明确“谁投入、谁开发、谁建设、谁运营”，创新街区商户联动激励、部门统筹协同机制，探索建立多方共赢的市场化运作机制，凝聚街区智慧化发展合力。

第二节　创建夜间经济示范城市的典型案例与浙江经验

一、建设背景

夜间经济源自20世纪70年代英国为缓解城市中心区夜晚空巢现象而提出的经济学名词，一般是指从当日18点到次日6点，以本地市民和外地游客为主体，涵盖购物娱乐、休闲餐饮、旅游体验等活动的现代消费经济。我国夜间经济自20世纪90年代起步发展，经历了延时经营、粗放经营和集约化经营三个发展阶段，已从早期的灯光夜市转变为包括“食、游、购、娱、体、展、演”等业态的多元夜间消费市场，逐渐成为城市消费新蓝海。夜间经济作为城市不断发展的产物，承载了提升城市活力，具有扩大城市文化影响力，带动经济增长实现消费升级等诸多功能。在我国加快构建以国内大

循环为主体，国内国际双循环相互促进的新发展格局背景下，夜间经济因在扩内需、稳就业、促消费等方面的积极作用，成为深化我国供给侧结构性改革、加快经济发展方式转变的重要推手。

夜间经济已作为我国“激发新一轮消费升级潜力”的重要举措被提升到了战略层次。2018 年 12 月，中央经济工作会议提出提振夜间经济、繁荣夜间消费，促进形成国内强大市场需求；2019 年 8 月，国务院办公厅相继出台《关于进一步激发文化和旅游消费潜力的意见》和《关于加快发展流通促进商业消费的意见》，明确提出“大力发展夜间文旅经济……到 2022 年，建设 200 个以上国家级夜间文旅消费集聚区，夜间文旅消费规模持续扩大”。2021 年 6 月，中华人民共和国文化和旅游部发布的《“十四五”文化和旅游发展规划》和《“十四五”文化产业发展规划》都强调大力发展夜间经济，推进国家级夜间文化和旅游消费集聚区建设，10 月公布首批 120 个国家级夜间文化和旅游消费集聚区入选名单，我国夜间经济发展进入了一个重要的战略机遇期。2021 年 10 月，国务院办公厅再次印发的《关于进一步激发文化和旅游消费潜力的意见》中明确指出，大力发展夜间文旅经济，打造夜间消费“文化 IP”，鼓励“沉浸式”和“夜游”的文化消费。

为了响应国家政策号召和推动夜间经济发展进程，2020 年 8 月，浙江省商务厅等 7 个部门联合印发《关于开展省级夜间经济试点城市创建工作的通知》，提出要以扩大消费、服务民生为导向，突出浙江文化、浙商文化、江南韵味、业态多元、靓丽美观、整洁卫生的城市“夜经济地标”，并认定杭州市下城区、宁波市海曙区、温州市鹿城区 13 个城市为浙江省级夜间经济试点城市，湖州市德清县、杭州市余杭区、宁波市鄞州区等 14 个城市为浙江省级夜间经济培育城市。2021 年 6 月，浙江省发展改革委关于印发《浙江省消费升级“十四五”规划》的通知进一步提出“壮大夜间消费新热点，培育建设夜间经济试点城市，打造一批城市‘夜经济’地标，建设 30 个以上夜间经济集聚区，打造 30 个左右夜间文旅消费集聚区”。2021 年 12 月，浙江省商务厅等 7 部门确定了杭州市上城区、拱墅区、宁波市海曙区、江北区、温州市鹿城区、瓯海区、湖州市长兴县、嘉兴市南湖区、金华市义乌市、金华市婺城区、衢州市柯城区、舟山市普陀区、台州市路桥区

13个城市为首批“浙江省夜间经济样板城市”（见表6－2）。为贯彻中央促消费扩内需战略部署，2022年3月，浙江省率先以省政府名义出台提振消费专项政策意见，明确提出大力培育发展夜间经济，支持建设夜经济数字街区，点亮夜经济地图，创新城市新消费场景，营造全天候消费氛围。

表6－2　　浙江省夜间经济试点城市发展情况比较

序号	城市名称	夜坐标	特色亮点
1	杭州市上城区	湖滨步行街、清河坊历史街区	重点项目实施“清单化”管理、“项目化”推进、“制度化”保障；发布推广上城夜生活数字地图；举办杭州仲夏夜嘉年华等夜间活动60余场
2	杭州市拱墅区	古运河夜游、胜利河美食“必吃街”	设立“夜间区长”专职；设立1000万元的夜间经济财政专项资金，投入500万元重点打造古运河夜游和胜利河美食街；实施“1520网格处置”模式
3	宁波市海曙区	天一广场、南塘老街	获评国家首批“席地而坐”城市客厅示范区域、入选“浙江公共场所服务大提升亮点项目”，已初步形成“夜天一”特色品牌
4	宁波市江北区	不夜老外滩、慈城国潮文创历史街区、乡村休闲达人村街区	初步建立支持江北夜间经济发展的五大综合保障体系；重点以国家级高品质步行街为聚核打造夜外滩名片，以传统历史文化为脉络串联“夜江北”精品线路，以音乐文创时尚为核心赋能“夜潮流”，以休闲餐饮购物做强夜消费品质能级
5	温州市鹿城区	瓯江夜游、塘河夜画、五马夜购	打造了串联景区景点资源、夜购夜餐夜娱等消费场所和夜生活服务网点；夜间经济特色集聚；五马商圈等五大商圈地标特色明显；基本实现了夜间消费集聚区的全域性覆盖
6	温州市瓯海区	大罗山休闲旅游带、“博物万象”购物商圈	“一带四区多点”的发展布局；地标特色明显；举办瓯海区网络年货节等四场大型活动；打造成为年轻人集聚的网红打卡点；以“篝火之夜”“夏季电音之夜”为特色，吸引游客参与
7	湖州市长兴县	龙之梦太湖古镇、东鱼坊历史文化街区、水口大唐不夜街	加大优质项目招引推进，龙之梦、水口大唐、夜街成效显著，东鱼坊获评“省级高品质步行街”
8	嘉兴市南湖区	月河历史街区、南湖旅游区	打造“九水连心、五色辉映”的城市风貌，形成“九水十八园三十六景”的大美嘉兴；加快南湖旅游区和月河历史街区夜坐标建设；全面造势宣传“浙里来消费”大型系列活动

续表

序号	城市名称	夜坐标	特色亮点
9	金华市义乌市	宾王国际特色夜生活街区、绣湖夜生活商圈	线上线下融合发展；文旅消费丰富多彩；国际特色日益彰显；首店经济规模扩大
10	金华市婺城区	古子城区域—创意文化集市街区、西市街商圈—购物休闲夜间经济商圈	推进“夜游船 + 古子城 + 双龙”专线打通运行和高品质智慧商圈建设；强化“智慧化”运营模式，发展时尚夜购
11	衢州市柯城区	水亭街历史文化街区、“十里长街”商业经济带	“夜间 + 经济”稳步增长，创建全国首个“阿里巴巴淘宝直播村播基地”和“中国衢州 · 四省边际直播产业创业街”；“夜间 + 文化”持续融合，将夜间经济作为一种产业和“南孔圣地衢州有礼”城市文化建设的有效载体；“夜间 + 乡村”不断振兴，通过文旅融合创新发展，丰富乡村新产业新业态，带动村民共同富裕；“夜间 + 数字”亮点纷呈，全省首创发光车位
12	舟山市普陀区	东港 520 幸福街商圈、沈家门海鲜夜排档	推动夜间经济“1 + x”地标打造，形成集多功能融合发展的夜间经济场景；全新打造的舟山“520 幸福夜市街”获评省级高品质步行街；繁荣“夜游”“夜食”“夜市”“夜购”“夜娱”“夜宿”“夜学”“夜健”活动；努力打造滨海夜游品牌
13	台州市路桥区	中盛夜城、星光夜坊	通过商圈智慧化建设为夜间经济“赋能”；建有“十里长街”“中盛夜城”等地标

二、宁波市海曙区创建夜间经济试点城市案例[①]

（一）基本概况

自成功入选首批“浙江省夜间经济样板城市”以来，宁波市海曙区在贯彻落实《浙江省商务厅关于规范推进夜间经济试点城市提升城市品位的通知》文件精神基础上，出台了《海曙区加快发展夜间经济实施方案》，明

① 本节案例根据浙江省夜间经济试点城市创建工作资料，以及作者团队赴宁波海曙区开展省级夜间经济试点城市创建评价及调研工作收集的资料，进行整理得到。

确提出加快建设宁波夜间经济先行区。试点工作开展以来，海曙区以宁波夜间经济先行区建设为目标，充分发挥区位优势明显、消费势头强劲、夜间业态丰富、发展格局合理等优势，通过加强领导、规划引领、政策引导、项目建设、品牌引进、活动带动、氛围营造等方式，大力实施地标塑造等八大工程，发展夜间购物、美食、娱乐、旅游、文化、体育六大业态，加快形成规划合理、设施完善、业态多元、管理规范的夜间经济发展格局，“消费在海曙”“夜海曙”品牌逐步打响，海曙区正逐步发展成为宁波场景丰富、业态齐全、环境舒适、服务优质的城市夜间经济消费集聚地，夜间经济也成为提振消费的热引擎。

（二）主要做法

1. 实施八大工程六大业态，培育一批夜间经济品牌项目

一是实施八大工程。通过实施“夜海曙”地标塑造、古城畅游、集市重展、书香品味、美食专享、健康活力、醉美乐享、魅力不夜八大工程，推进天一广场、南塘老街等地标打造，打造鼓楼沿、月湖盛园等宁波古城夜游精品项目，办好“天一阁论坛”“月湖夜读朗诵会”等活动，打造一批深夜食堂，开展夜间赛事、体育活动和爱奇艺嘉年华等夜间主题活动，努力营造靓丽舒适的夜间消费环境，凸显夜海曙城市魅力。二是发展六大业态。鼓励商家延长营业时间，开展夜间推广、集市以及打折让利等夜间促消费活动；培育夜间特色餐饮品牌；鼓励影剧院、音乐吧、演艺场所等延长开放时间、开展夜间主题活动；深入开展天一阁、月湖、书香海曙、四明山水、梁祝爱情等特色化的夜间旅游体验活动；鼓励天一广场、南塘老街、1844、鼓楼沿、东鼓道、高鑫广场等开展文化夜市、古玩淘宝、文化跳蚤市场等文化夜市，发展特色书吧、品牌书店等业态；广泛利用海曙文体中心等开展群众性夜间体育活动。通过发展六大业态，推动商旅文体融合，加快构建多元化夜间的消费模式，营造良好的夜间经济环境。

2. 打造二个夜坐标八大街区，提升城市夜间经济品质

一是打造天一广场、南塘老街二个夜坐标。聚焦打造活力多元、名城风貌为主题的夜间经济地标商圈。2020 年以来，天一广场进行了地面铺装、6 号门小广场、绿化提升、导示系统、灯光提升、国购外立面、音乐喷泉 7 项改造，引进包括华为在内的品牌 100 余个，其中宁波首店 21 家、旗舰店 12 家、独有店 18 家、最高级别店 3 家。南塘老街推动基础设施升级改造，增加夜景亮化天幕灯饰、景观小品及体验式景观。二是建设八大夜间经济特色街区。通过改造提升、业态调整、主题营销、集市举办等，杉井奥特莱斯、和义大道、1844 和义生活艺术中心、东鼓道、月湖盛园、鼓楼沿 6 个夜间经济特色街区已初具规模。此外，“南站里”作为宁波首个火车站综合枢纽商业新品牌，将打造成一个集商旅体验、特色美食、休闲生活和文艺展演等于一体的主题街区。作为宁波的“古城象征，历史载体”，修缮后的宁波府城隍庙连同药行街等区域正打造中医药特色街区。

3. 实施政企业联动，形成夜间经济有序运营管理机制

一是发挥“区级专班”暨“区夜间经济工作领导小组”作用，由区政府分管领导担任“夜间区长”，在区商务局设办公室，具体负责协调、指导、督促和开展各项工作。各镇乡街道要按职责分工开展相应工作。区综合行政执法局负责市容市貌、环境卫生的监督管理；区市场监管局负责规范经营秩序，打击假冒伪劣行为，监管食品安全，维护消费者合法权益；区文化和旅游局负责各类文化旅游活动的管理；海曙公安分局负责治安管理、防恐防暴、重要活动的审批以及安全保卫工作；海曙交警大队负责夜间经济特色街区交通秩序、停车的监督管理；属地镇乡街道办事处负责属地内夜间经济街区日常管理，做好其他外摆活动的管理。二是发挥各市场主体发展夜间经济的能动性。符合夜间经济特色街区、商业广场、购物中心、百货、家电卖场等开展户外促销条件的经营主体在开展夜间活动前，需向区综合行政执法局、海曙公安分局提交申请。申请许可后，由各市场主体严格按照经营方案及应急预案开展相应活动，由属地镇乡街道办事处负责日常管理，区商务局做好相关统筹和指导。

（三）取得成效

1. 促进夜间经济空间布局优化

目前，基本形成了以天一广场、南塘老街两大夜坐标为核心，杉井奥特莱斯、和义大道、1844 和义生活艺术中心、东鼓道、月湖盛园、鼓楼沿等夜间经济特色街区为支撑，各商业广场、购物中心、百货、超市、宾馆饭店、餐饮、景点、娱乐场所、体育场所为补充的夜间经济发展格局，零售、餐饮、旅游、文化、娱乐、住宿以及夜市经营等业态齐全，配合夜间促销、夜间集市、夜间娱乐、夜间体育等特色活动，可以一站式满足市民及游客“吃、住、行、游、购、娱”等各类需求。

2. 形成一批夜间经济活动品牌

依托夜坐标、夜间经济特色街区、商业广场、购物中心等，围绕元旦、春节、五一、中秋、国庆等节假日商机，消费促进月、宁波购物节、金秋购物节、美好生活节等节庆，引导鼓励企业举办晚间系列促销活动，加大夜间消费打折让利力度，吸引和方便居民夜间购物。同时形成了天一广场、南塘老街、1844、鼓楼沿、月湖盛园、东鼓道、高鑫广场、恒一城市广场等汽车、文创类集市和夜间活动。2020 年“宁波·爱奇艺动漫游戏嘉年华”在天一广场活动 3 天，近 6 万人入场观展与互动，每天周边流动人数超过 20 万人次，相关网络平台浏览量累计超过 1.1 亿人次。

3. 带动区域消费扩容提质

夜间经济发展有效促进了海曙区消费市场回暖。2020 年全区实现社会消费品零售总额 785.77 亿元，同比增长 1.4%，规模和增幅均列全市第一，增幅分别高于全省、全市 4 个百分点和 21 个百分点。据美团点评发布的《2020 年宁波夜间经济发展报告》，海曙区夜间消费占全市的夜间消费比例为 24.9%，列全市排名第 2。据天一广场、和义大道、银泰等商家监测，夜间营业额已由 2019 年的 50% 增加至 2020 年的 60%。2021 年元旦期间，近 800 家商户参与“阿拉城隍庙·时光里的步行街”活动，累计人流达到 5 万人次以上，今日头条活动文章浏览量达到 10 万次，抖音话题联动流量达到 65 万次。

三、经验与启示

（一）强化创新示范带动，激发夜间经济发展活力

一是延续针对疫情的专项扶持政策，对重点夜间经济消费街区的入驻商户，从当日 18 点至次日 6 点的水、电、气等给予优惠政策支持。二是将夜间经济纳入各地批发零售改造提升计划，设立促进夜间经济发展专项资金，支持一批促进夜间经济发展的重点项目。三是通过发放夜间消费券等财政补贴手段，鼓励市民在夜间经济消费街区消费，引导旅行社带团赴夜间经济消费街区参观游览。四是将重点建设的夜间经济消费街区纳入各地市环境整治和亮化、绿化工程的年度工作重点。完善街区水电气供给、污水排放、垃圾清运、公共厕所开放等配套设施。

（二）优化夜间经济空间布局，打造夜间消费新地标

一是大力支持城市商圈延时经营，打造“购物 + 美食 + 体验”的夜行购物消费街区。二是支持国家级和省级高品质步行街创建，结合夜间消费特点，深挖历史文化资源，丰富商旅文娱业态，打造“购物 + 文化 + 美食”的复合型夜间商旅文娱街区。三是支持文化场馆、影艺场馆和体育场馆等延时开放，策划夜间消费的“文化 IP”“体育 IP”和“娱乐 IP”，打造夜间文体消费街区。四是支持核心景区延时服务，丰富景区夜游主题，打造“观光 + 休闲 + 美食”的夜间旅游消费街区。五是支持社区商业中心布局 24 小时药店、便利店、深夜食堂和无人值守门店，打造 24 小时的便民生活服务街区。

（三）促进商文旅融合创新，培育夜间经济新业态

一是挖掘“商街夜市”潜力。鼓励零售企业延时经营，增加美食体验、休闲娱乐等业态，打造夜行购物消费概念。二是激发“美食夜宵”活力。

深入挖掘本地传统美食、餐饮老字号等美食文化资源，植入文化、演艺和娱乐元素，丰富“餐饮 + N”夜间消费体验，培育一批深夜食堂。三是打造“景观夜游”亮点。精心培育夜间旅游品牌，开发一批标志性的夜间文旅项目，如夜间光影秀、夜间造景、城市主题夜游等。四是培育“文创夜赏”精品。支持博物馆夜游、艺术馆夜展、科技馆夜普等文化精品项目，培育夜间文化艺术活动品牌。五是提升“都市夜娱”品质。立足酒吧、KTV、俱乐部、剧院等活动时间以夜晚为主、白天为辅的服务行业，专为傍晚和深夜打造，吸引特定人群。六是营造“健身夜练”氛围。倡导健康生活理念，鼓励发展体育赛事、竞赛表演、夜间健身、都市夜跑和康养夜疗等新兴业态。

（四）推进夜间经济数字化创新，营造夜间经济发展氛围

一是加快夜间经济消费街区数字化改造，实现 WI – FI 网络、移动智能支付和智能监控覆盖率100%，引导有条件的街区配套智能标识导引系统、智能停车管理系统、智能照明控制系统、智能客流分析系统等智能化管理设施。二是促进夜间经济线上化进程。引导饿了么等本地生活服务平台结合城市特色，设立夜间经济专项频道。支持有条件的夜间经济消费街区整体上线，打造一批夜市新网红地标。三是鼓励夜间经济模式与业态创新。如主打“夜行购物概念”的夜行商场、无人值守智能书店、24 小时派对空间、24 小时艺术剧场、24 小时共享自习室，以及博物馆夜游体验等。四是夜间消费景观环境的3D 化。在城市夜间消费街区，利用“声、光、电”与艺术、美学相结合，广泛运用 3D 激光投影技术，开发独具风格的夜间灯光、水幕、造型设计等表演艺术，营造夜间经济发展氛围。

（五）健全夜间经济发展机制，保障夜间经济健康发展

一是建立领导挂点联系制度，将夜间经济发展作为年度重点工作，并列入区域高质量发展考核体系。设立夜间经济执行长官有效协调消费者、政府、娱乐场所等主体之间的关系，平衡相关群体利益诉求。二是创新城市夜间管理模式。经有关部门审批许可，在特定区域、特定时段、符合有关规定

前提下，放宽夜间消费街区实际范围内的广告及促销、广场文化活动、公共空间占用、时段性服务设施摆放等方面的管制和限定条件，部分街区所属道路可调整为分时制步行街。三是优化交通组织秩序。在夜间出行活跃度较高的夜市街区和重点商圈等区域周边，增加夜间限时停车区域、出租车候客点，优化夜间经济消费集聚区附近公交线路，延长公交地铁夜间运营时间。充分挖掘停车资源，推行机关、企事业单位内部停车资源夜间面向大众免费开放，逐步解决停车难的问题。

第三节　创建示范智慧商圈的典型案例与浙江经验

一、建设背景

商圈是指在一定经济区域内，由若干商业综合体和商业设施构成商业集聚区，并以商业集聚区为中心向周边扩展，具有一定消费力、集聚力和辐射力的范围。不仅能推动信息技术在商贸业领域的广泛应用，为培育具有国际影响力和美誉度的世界级商圈提供重要支撑，而且能显著提升群众获得感、幸福感、安全感，是促进消费繁荣，满足人民对美好生活向往的重要载体。

作为传统实体商圈转型的重要方向和智慧城市建设的有机组成部分，智慧商圈已作为未来商圈发展理念和重点工作任务写入从中央到地方各级政府的政策文件。2015 年以来国务院办公厅在《关于推进线上线下互动加快商贸流通创新发展转型升级的意见》《关于以新业态新模式引领新型消费加快发展的意见》《建设高标准市场体系行动计划》三份政策文件中提及鼓励和支持智慧商圈建设；2016 年商务部、国家发展和改革委员会、工业和信息化部等 10 部门联合印发的《国内贸易流通“十三五”发展规划》在主要任务中提出支持城市商圈智能化改造，构建线上线下融合发展的体验式智慧商圈。2021 年商务部流通发展司发布的《城市商圈建设指南（征求意见稿）》提出“因地制宜、按需施策，稳妥推进智慧商圈建设。有条件的城市可开展智慧商圈建设试点示范，加强移动互联网、无线网络等基础设施建设，促进物联网、大数据、云计算、人工智能、虚拟现实等新技术应用。推动商圈数字化改造，丰富智能化场景应用”。

为推动智慧商圈建设，浙江省也积极出台政策措施，2020 年 7 月以来，浙江省商务厅会同浙江省委改革办在浙江全省范围内开展省市两级智慧商圈试点培育和商圈服务大提升行动。浙江省商务厅印发的《浙江省商圈服务大提升行动方案》文件指示：聚焦商圈服务便利化、智慧化、人性化、特色化、规范化“五化”要求，结合各地商业网点规划。突出高品质生活主轴，推进商圈智慧商务、智慧设施、智慧服务、智慧营销、智慧环境、智慧管理“六大”场景应用创新。2020 年 12 月，浙江省商务厅《关于公布浙江省智慧商圈试点（培育）名单的通知》，认定杭州湖滨商圈等 12 个商圈为浙江省智慧商圈试点单位、杭州城西银泰商圈等 8 个商圈为浙江省智慧商圈培育名单。2021 年 1 月出台了省级地方标准《智慧商圈建设与管理规范（DB33_T2310 - 2021）》。全省各级政府本着“以人为本，智慧引领；政企合作，协同运作；迭代创新，试点推进；多措并举，分类施策”的总原则，指导各类商圈主动聚焦便利化、智慧化、人性化、特色化、规范化“五化”要求，积极推进智慧商务、智慧设施、智慧服务、智慧营销、智慧环境、智慧管理“六大”场景应用创新，取得阶段性成果（见表 6 - 3）。2022 年 3 月 8 日，省商务厅下达相关文件进一步明确指出，未来市场“智慧商圈大脑应用”列入全省数字经济系统的重要应用。该应用以“1、4、1、N”为整体架构，打造“1”个省级智慧商圈大脑，面向“4”方的应用，让每个商圈形成“1”个智慧微脑，治理 N 个场景。其中，面向“4”方的应用，指开发面向消费者服务、商圈运营机构、商户经营及政府“4”方的子应用，第二个“1”指赋能贯通到省、市、县（区、市）各级商圈，让每个商圈形成“1”个智慧商圈微脑，“N”指赋能“消费、商业、金融、平安、畅行、便民、党群”等商圈密切相关的子场景，为商圈智治提供支撑，推动传统商圈向“便利化、智慧化、人性化、特色化、规范化”的智慧商圈转型升级，提升商圈繁荣度和人民获得感，打造智慧商圈创建的浙江样板。

表 6－3　　　　　　浙江省智慧商圈发展情况比较

序号	智慧商圈名称	智慧商圈简介	特色亮点
1	杭州湖滨智慧商圈	以湖滨步行街为核心，解放路与延安路为两翼，形成“一花一叶”数字生态商业格局。商业面积 50 万平方米，由 IN77、湖滨 88、工联 CC 等商业综合体和解百奥莱、衣之家等传统百货商场构成品牌多元化、特色化、差异化的商业体系	完善“上城平台·湖滨街区治理”应用场景，如“平安一件事”通过汇集多部门和系统数据，提升重要节假日商圈人流预测、预案决策、现场管理和疏散能力，守牢公共安全底线；“出行一件事”通过整合步行街区内部及周边医院、企事业单位停车场库，实现“错峰潮汐停车”；“消费一件事”通过消费者画像，实施精准布局
2	杭州武林智慧商圈	位于杭州市核心城区，涵盖天水、武林、长庆、朝晖、米市巷 5 个街道，辖区内有杭州大厦、武林银泰、银耀百货、国大百货、嘉里中心 5 大综合体，武林路女人街和丝绸城等特色街区，坤和中心、汇金国际等税收亿元楼、武林夜市网红打卡点等	积极探索“跨街道、跨主体”商圈治理模式，构建智慧商圈“生态链”。打通各主体停车场“孤岛效应”，纳入“城市大脑”，开展“商圈通停通付”，有效缓解停车难问题。设置 132 个 5G 基站，满足千余柜台同步直播。上线全省首套无障碍服务系统，可提供手语姐姐实时翻译，盲文导视等
3	杭州城西银泰智慧商圈	总建筑面积约 40 万平方米，内外街形式汇集 29 万平方米零售购物中心、1 幢酒店式服务公寓和 5 幢甲级写字楼，周边 3 公里范围内常住人口达 100 万人以上，是杭州城西地区体量最大、客流最多、销售额领先的商业中心	以银泰城商业综合体为核心，用 ERP 系统、CRM 系统、智慧停车系统、智慧消防系统等各类管理运营系统，接入商家自主开发的 APP、ERP 等商业信息，实现商圈人流动态、商家经营情况、业态景气程度、商业热区等统计监测和消费分析
4	宁波泛老外滩智慧商圈	位于江北区通途路以南，奉化江和姚江环绕区域，占地 1.2 平方公里，商业建筑面积 35.6 万平方米，涵盖老外滩历史街区和来福士、绿地中心等商业体	探索“政府＋公司”的治理模式，通过三维手工建模与无人机倾斜摄影实景建模相融合，打造老外滩步行街大数据平台，实现平台与江北区全域治理运营中心互联互通。整合公安、交通、消防等数据，24 小时不间断联动提供智慧安防、智慧审批、智慧消防等服务。开发线上智慧停车平台，提高各停车场车位流转率
5	温州五马智慧商圈	北起晏公殿巷、南至纱帽河、东起环城东路、西至信河街，总面积约 25.7 公顷，建筑面积为 50.02 万平方米	与支付宝联合打造全国首条刷脸支付商业街，通过采集商户经营数据，推算实际经营情况，实现对商圈经营情况的精确把控。打造“五马商圈会员＋私域运营品牌”，沉淀私域流量池。游客通过线下消费积攒线上积分、线上积分兑换线下优惠券，实现线上和线下流量的“复合联动”

续表

序号	智慧商圈名称	智慧商圈简介	特色亮点
6	湖州长兴中心广场智慧商圈	地处县城商贸主中心，占地约450亩，核心商业主体建筑面积约32.1万平方米，突破街区小商圈概念，以街区为核心，将周边大型商业网点统筹纳入	依托县城投集团下属服务公司，提供专业化的信息集成、导流推介等服务，建立“一基础一系统一平台”架构体系，实现企业日常经营与平台推广的有效结合，促进商圈经营及服务质效提升。迁建街道便民服务中心、在街区设置政务一体机。初步建立现场简易医疗服务、就近医疗服务以及紧急医疗联动救助的人性化医疗服务体系等
7	嘉兴月河智慧商圈	东至秀州路、西至禾兴路、南至大运河、北至同乐路，包含月河历史街区、芦席汇历史街区、少年路步行街、子城等商业内容，是嘉兴市区商业历史最悠久、最集中、最繁华的区域	以大平台融各系统为主导，进一步打通各系统的数据鸿沟，相继构建街区公众号、服务号，建设完善智慧消防、智慧用电、智慧亮化、智慧监控。积极破解古玩市场摊户通宵抢位的“痛点”，打造月河古玩市场管理系统，实现网上预约、选号、缴费等“一键式”功能
8	衢州水亭门智慧商圈	主要街区为水亭门历史文化街区，是国家4A级旅游景区，是衢州市传统风貌建筑最为集中、历史文化遗存最为丰富、街巷肌理保存最为完好、人文底蕴最为厚重的大型历史街区	通过5G覆盖、监控设施完善，实现与公安、消防、执法联网联动，并与社区共同合作在街区内设置了联勤警务室。通过与银行合作，为街区商户提供了优惠利率的租金贷金融服务。通过高校和专业机构合作，为街区引入了数字地图和虚拟景区，打造全景数字化沉浸、多维探索式交互的禅意艺术展示馆
9	舟山杉杉普陀天地智慧商圈	是舟山地标级旅游商业综合体，集合奥特莱斯、环球美食盛筵、时尚生活中心、仿古文化街、度假公寓酒店五大业态，致力于打造文化、餐饮、购物、休闲、娱乐为一体的高品质缤纷海岸商业城	通过开发小程序线上线下新零售，直播带货将线上观看成功引流至线下购买，将“流量”转为“留量”。安装高清摄像头和人脸感知系统，统一整合到东港派出所指挥室；配备电气火灾预警和预防管理系统，商圈内各配电间内安装智慧用电系统，实时监测用电单位的电流
10	台州临海紫阳街智慧商圈	以紫阳古街为核心，位于临海市古城街道台州府城文化旅游区范围并向周边辐射。范围东临赤城路、南至江滨路、西近府前街、北邻广文路，建筑面积约52万平方米	打造集服务和管理为一体的智慧商圈应用平台，从吃、住、行、游、娱、购6大方面构建惠民应用，为街区消费者及商户和管理部门提供全方位数字化服务，打造集商贸、旅游、文化等服务于一体的线上线下“双街”模式。引进三级停车诱导系统和智慧停车收费平台，搭载车辆电子识别、无感支付等便捷停车服务，平均缩短泊车时间43%

二、杭州市城西银泰城创建省级示范智慧商圈案例[①]

（一）基本概况

城西银泰城位于杭州拱墅区丰潭路40号，于2013年9月开业，项目由1幢零售购物中心、5幢甲级写字楼和1幢精品酒店式服务公寓组成，总建筑面积约40万平方米，采用内外街形式汇集银泰购物中心、国际服务式公寓与银泰OFFICE于一体，是杭州城西地区体量最大、客流最多、销售额最高的商业综合体。目前，“吃、住、行、游、购、娱”6大消费场景全面覆盖城西银泰城商圈，共计600余家商户（含写字楼商户）入驻商圈。其中，多家店铺为杭州城西首店、多个品牌业绩浙江区域第一，多个全国首展亮相城西商圈。同时与阿里巴巴、腾讯、网易等互联网巨头，以及爱奇艺、新浪等媒体，保持长期战略合作伙伴关系，持续提升商场客流量，开业至今获得数十项奖项。2020年，城西银泰城被列为浙江省智慧商圈培育单位。

（二）主要做法

1. 深化商圈智慧设施应用场景

一是商圈内无线WI－FI网络和5G网络全覆盖。积极洽谈联通、移动等公司覆盖5G，目前电信和联通5G覆盖银泰商圈场内区域。二是开展电子会员营销等活动，支持商户开展智能支付，逐步推进场内刷脸支付覆盖。三是部署智能感知和人体识别等整套系统，做到客流检测、顾客逛店热力检测，并能结合会员系统实施互动线上线下结合的营销功能。四是部署室内导航系统，可实现商圈导览、广告发布、商户搜索展示、商户位置路线指引、车位寻找路线指引等功能。五是建设商圈智慧停车系统，对接城市大脑的智慧停车无感支付功能，并自建通过移动手机实现的车位查询、预定、移动支

① 本节案例根据浙江省省级智慧商圈试点培育工作资料，以及作者团队参与省级智慧商圈试点评价及调研工作收集的资料，进行整理得到。

付、手机车位导航等功能。尤其是在行业首推无人值守停车场概念，通过出入口管理系统识别车牌号码及识别车型、车辆颜色来判断车辆出场的权限及车辆停放时间、所需缴纳的停车费，再结合多元支付系统（微信支付、支付宝支付、无感支付、自助缴费机、中央缴费点、出口值守机器人收费）实现车辆不停车快速出入场。

2. 拓宽智慧商圈服务场景

一是完善商圈便民服务体系。具备物品租借、免费上网、免费充电、休息座椅、小件物品寄存、失物招领、寻人广播、邮政明信片及邮政投递、纪念品售卖、水电气缴费、公交查询缴费、医药箱常用药品（创可贴、消毒酒精、中暑药等）等各类便民服务。二是探索共享服务平台。如特斯拉联合城西银泰城落地了特斯拉超级充电站。Models 和 Model x 车主每年可获得 400KWH 的免费充电额度。三是数智赋能便民服务。天猫在杭州城西银泰商场开创一项便民工程——天猫智慧母婴室，探索“母婴室 + 云货架”模式。四是数智赋能夜经济 IP 打造。通过招商引入了酒吧/网红咖啡/轻餐等更受当下年轻人喜欢的品牌，设置美陈打卡点，灯光亮化等更是吸引更多街头歌手、网红、潮弄儿前来打卡。五是开展定点收寄、订单投递等“无接触”配送等商务场景。发展商圈网订店取、互动体验等 O2O 新业态服务。洽谈对接饿了么、美团等配送跑腿业务在商圈内商户协同配送的创新玩法。六是规划设置 AED 设施和线下微型医疗点、导览机器人等公共服务设施。如针对游客探店导航等问题，通过机器人导航，增加了游客购物的便利性，同时增加互动，让游客更能体会到智慧商圈的整体氛围。

3. 创新商圈智慧营销场景

一是整合了地理信息平台、商场导航、导购、商品导览等功能需求，开发了微信（支付宝）小程序，商圈的服务以简单统一的入口提供给顾客使用，小程序包括停车缴费、寻车探店、会员权益、热门活动推送等功能，为顾客提供一体化线上服务。二是积极尝试线上营销模式，如线上云逛街、直播卖货。目前城西银泰在抖音平台进行商圈直播。2020 年 3 月起开始直播，从最初的小范围试水，抖音直播微信下单，再到后来的抖音小店成立，开始规模化系统化运营；2020 年 6 月开始与抖音进行官方合作，成立抖音直播专项小组，负责抖音分店建立、品牌洽谈、选品、库存价格管控、后台管理等各项工作，实现直播常态化。三是推动场内场外、线上线下数据整合应用，初步实现了商圈、商户统一会员积分规则和兑换体系，共享会员积分和优惠政策。包括支付宝、微信支付即会员、支付即积分功能打通；支付宝、微信平台直接返券、领券功能打通，完成支付、核销一体化；线上发放优惠卡券，引流线下核销等。四是规划增加 AR 互动，推动商圈线上营销一体化，在游客购物、导览的同时，增加趣味性与体验感。

4. 优化商圈智慧环境场景

一是积极沟通淘宝、抖音直播等跨界运营事项，全面营造顾客喜爱的新颖消费体验。持续打造系列网红打卡点，通过网红品牌引入、打造网红街区，建立了茶马花街和花朝节 IP，吸引打卡和媒体传播。规划将 3D Mapping 技术融入商圈环境。二是推动亮灯工程、环境美化、品牌服务提升等工作。如推出展现商圈特征、辨识度高的商圈专属标识、四国文字导示标牌等便民设施导示牌；满足更多的社交及生活场景需求，一楼外街引入了杭州首家 Wine O'clock、奎星楼，城西首家 Mstand、牛排家，以及蓝蛙、兰巴赫、Wagas、一品脱、红、EATA、奈雪、哈根达斯等轻餐酒吧品牌。三是建设智慧门店，引导商家搭建集采购、物流、经营、销售、金融、会员、服务等功能于一体的智慧商家系统。如孩子王、伊米妮，实现线上线下会员共享；线下店为线上店提供会员服务、新品体验，承担线下取货点职能，并为线上店铺吸粉；线上店积累的淘系数据为线下店运营提供人群画像，并定向推送一定距离内的线上会员线下店优惠活动，导流线下；线上线下融合，提升消费者的服务体验。

5. 重塑商圈智慧管理场景

一是打造统一信息平台，建设二维火 ERP 系统、CRM 系统、客车流系统，以及支付宝、微信和大众点评等线上平台，可以通过标准的 API（应用程序接口）接入商家自主开发的 APP、ERP 等商业信息。二是运用 ERP 系统，建立智能化供应商库了解品牌信息，实时把控新兴品牌动态，引入新品牌、新业态，打造多家杭州首店，不断增强市场竞争力。三是建设统一数字化、智慧化商街商圈一体化综合管理平台，初步实现商圈人流动态、商家经营情况、业态景气程度、商业热区等统计监测和消费分析。以数据驱动业务、洞察用户，优化资源协同，提升顾客黏性，提高经营效率，促进商圈业态优化布局、商业结构调整、精准营销。

（三）取得成效

通过数字化改造、打造主题商业街区，城西银泰城从基本的购物中心走向更加聚焦、细分的场景化体验式购物中心，在原来购物餐饮娱乐等业态的基础上深入场景、社交等领域。同时，商场还持续打造网红打卡点，积极沟通淘宝、抖音直播等跨界运营事项，全面营造顾客喜爱的新颖消费体验。2020 年城西银泰城销售额达 38 亿元，在城西区域内购物中心中，体量、客流、销售、品牌数量均排第一，多家店铺为城西首店、多个品牌业绩浙江区域第一，多个全国首展亮相城西商圈。

三、经验与启示

（一）建立健全智慧商圈工作机制

一是成立智慧商圈试点工作领导小组，建立商圈智慧化改造推进公共服务大提升工作部门联席会议机制，统筹推进各项工作任务。二是注重规划引领。依据商圈现状热点、优劣势，明确发展目标、主要节点和工作任务，确定商圈重点商贸流通设施的总体布局、分区定位、建设规模、业态结构等内容，绘制中长期发展蓝图。三是强化政策支持。建立审批绿色通道，对智慧商圈建设管理涉及的审批事项简化审批手续，提高审批效率。四是建立智慧商圈建设专家咨询、评估和管理团队，开展智慧商圈建设顶层设计工作调研，研究形成智慧武林商圈建设总体框架及相关建议方案，在智慧商圈顶层设计以及智慧应用项目规划、验收、后评估等阶段发挥指导和把关作用。五是充分利用商圈公共资源，以公共资源为杠杆，引入社会资本投资智慧商圈项目建设。

（二）深化商圈数字化技术应用

一是推动商圈网络通信基础设施建设，支持在商圈主要出入口、公共空间等区域布局人流监测、智能传感器、高清摄像头等感知设备，引导企业做好数字化转型工作。二是加快建立智慧商圈统一运营管理平台，为商家、游客、运营方提供智慧管理服务，提供大数据支撑和智慧监管能力，打造地理信息平台数字入口，为商圈内商业网点吸引客流。三是探索创新商圈大数据应用及综合服务体系，通过大数据、云计算、AI 等技术，促进商圈信息的共享与流动。四是跨界营销打造智慧商圈“网红”打卡地，用高颜值、强体验的虚实空间为消费者营造新的生活社交方式。

（三）创新商圈智慧服务内容

一是鼓励商户运用互联网、物联网、大数据、人工智能等新技术进行数字化业务改造，推动实体零售向引导生产和创新生活方式转变，开展精准服务和定制服务，做精做深体验消费。二是支持商圈引进数字化管理系统，通过移动支付、现场体验、信息共享等开创消费新模式。三是以商圈为依托，整合商家、商品和服务资源，打造统一的商圈电子商务平台，建立战略合作关系。四是积极发展商品和服务全景展示、网订店取、移动支付、智能配送、实时评价、先行赔付等新型商业模式，为消费者提供网上购物与实体店体验相结合的消费新模式。

（四）整治提升智慧商圈环境

一是根据商圈整体属性和不同商业区块的特性，系统化布局商圈景观，融功能性、现代化于景观，提升商圈体验感。二是在商圈主要公共空间，利用“声、光、电”与艺术、美学相结合，开发独具风格的夜间灯光、造型设计等表演艺术，营造舒适、宜商、美丽的商圈消费环境。三是打造智慧商圈 IP。从历史文化、商圈特色、城市性格等多维度出发，通过 IP 形象征集、IP 应用、IP 延伸、IP 创新等，将 IP 形象延伸到线上和线下，打造独特的 IP

知识版权和消费场景，同时，在现有基础上，引入超级 IP 展览、IP 主题店等。四是与当地消防、公安、综合行政执法等部门进行数据互通，提供消防报警、防盗报警、活动审批、店招设置等服务。

第四节　创建电子商务进农村示范县的典型案例与浙江经验

一、建设背景

“三农”问题是关系我国国计民生的根本问题，党的十八大以来，习近平总书记坚持把解决好“三农”问题作为全党工作的重中之重，不断推进“三农”工作理论创新、实践创新、制度创新，推动农业农村发展取得历史性成就、发生历史性变革。电子商务进农村，既是“三农”工作系列创新的重要组成部分，也是乡村振兴战略实施总要求的支撑与保障。提升电子商务进农村不仅是破解“农产品进城”和“工业品下乡”瓶颈的最佳着力点，也是畅通国内城乡大循环的最强支撑点和最大动力源，对推进农村现代流通体系建设，促进城乡要素资源双向流动，加快实现农村地区共同富裕，具有十分重要的意义。

自 2014 年开展电子商务进农村综合示范工作以来，我国农村电商政策保持了较好的连续性和稳定性，农村电商扶持力度不断加强，农村电商体系趋于完善。2014 ~ 2021 年，连续八年中央一号文件均明确提出发展农村电商。2019 年 5 月，商务部会同财政部联合下发《关于推动农商互联完善农产品供应链的通知》。2019 年 12 月，农业农村部等 4 部门出台《实施互联网 + 农产品出村进城工程的指导意见》。2020 年 5 月，财政部办公厅、商务部办公厅、国务院扶贫办综合司联合发布《关于做好 2020 年电子商务进农村综合示范工作的通知》。2020 年中央一号文件《中共中央 国务院关于抓好“三农”领域重点工作确保如期实现全面小康的意见》提出，有效开发农村市场，扩大电子商务进农村覆盖面，支持供销合作社、邮政快递企业等延伸乡村物流服务网络，加强村级电商服务站点建设，推动农产品进城、工业品下乡双向流通。2021 年中央一号文件《中共中央 国务院关于全面推进乡村振兴加快农业农村现代化的意见》提出，加快完善县乡村三级农村物流体系，改造提升农村寄递物流基础设施，深入推进电子商务进农村和农产品出村进城，推动城乡生产与消费有效对接。截至 2021 年底，累计支持 1489 个县开展电子商务进农村综合示范，建设县级物流配送中心 1212 个，农产品网络零售额 4221 亿元①。

自 2019 年获批第一批电子商务进农村综合示范县以来，浙江省立足发挥电商生态环境优越，业态模式创新走在全国前列的优势，对照省委省政府高质量发展建设共同富裕示范区，以及实现山区 26 县跨越式高质量发展的战略部署，初步形成了具有本地特色、切实可行的农村电子商务发展思路。相关部门先后印发文件“关于公布 2019 年电子商务进农村示范县名单和印发《浙江省 2019 年电子商务进农村综合示范工作方案》的通知”“关于印发《浙江省 2020 年电子商务进农村综合示范工作方案》的通知”“关于印发《浙江省 2021 年电子商务进农村综合示范工作方案》的通知”等一系列文件，明确提出打造电子商务进农村升级版的综合示范目标。即以“线上线下融合”和“上行下乡结合”为两大抓手，聚焦农村电商公共服务、县乡村三级物流配送、电商帮扶和带动创业就业等体系建设，打造全国电商进农村综合示范“升级版”，助力全面乡村振兴和高质量发展建设共同富裕示范区。截至 2021 年底，全省先后获批 34 个电子商务进农村综合示范县，其中 3 个为国务院督查激励县。在示范县带动示范下，全省电子商务进农村覆盖面进一步扩大，农村商业线上线下融合进一步加快，畅通农产品上行和工业品下乡的农村现代流通体系初步形成，有效推动了全省电子商务产业的持续快速发展，对促进我省加快构建国内国际双循环新发展格局起到重要作用。据统计，2021 年，全省实现网络零售额 25230.3 亿元，同比增长

① 王文博：《电子商务赋能 地方打造优势产业》，新华社客户端，2022 年 6 月 9 日，https://baijiahao.baidu.com/s?id=1735117637070060830&wfr=spider&for=pc。

11.6%；其中，按商务部同口径测算，全省农村网络零售额10784.4亿元，占比42.7%，同比增长11.5%。全省拥有活跃的涉农网店2.0万家，实现农产品网络零售1238.9亿元，增长11.7%。截至2021年底，全省网络零售额超过千万的电子商务专业村2444个，电商镇349个；累计培育电商示范村949个，农村电商示范服务站（点）1634个（见表6－4）。

二、丽水市松阳县创建电子商务进农村示范县案例[①]

（一）基本情况

松阳县隶属于浙江省丽水市，下辖3个街道、5个镇、11个乡，总面积1406平方公里。截至2021年底，全县户籍人口23.91万人，常住人口20.50万人，城镇化率48.65%。松阳是留存完整的“古典中国”县域样板，中国国家地理把松阳誉为“最后的江南秘境”。近年来，松阳县认真贯彻落实省、市各项决策部署，深入弘扬践行浙西南革命精神，以“丽水之赞”为引领和动力，坚定不移走创新实践“绿水青山就是金山银山”理念的发展道路，着力打响“智能制造新城、中国有机茶乡、全域康养胜地、国家传统村落公园”等有松阳辨识度的金名片，奋力打造现代化“田园松阳”。

自2020年入选国家电子商务进农村综合示范县以来，松阳县坚持以国家电子商务进农村综合示范项目为引领，把发展以茶产业为主导的农村电子商务作为推进共同富裕的重要抓手，切实撬动生态产品价值高效转换，着力探索“电商兴农争当共同富裕模范生”的新路径。为推动电子商务进农村综合示范进程，松阳县认真落实《浙江省2020年电子商务进农村综合示范工作方案》《松阳县电子商务进农村综合示范项目建设专项资金使用方案》等文件精神，紧紧围绕加快构建完善县乡村三级物流配送、电商公共服务、农产品上行和工业品下行双向流通、电商培训、电商市场运营、电商产业集聚、电商脱贫帮扶七大体系的工作目标，务实推进电子商务进农村综合示范工作。

① 本节案例根据作者团队承担浙江省商务厅委托课题《浙江省电子商务进农村综合示范工作绩效评价报告》（2022年），结合团队赴松阳县商务局调研收集的资料，进行整理得到。

表 6-4　浙江省电子商务进农村示范县发展情况比较

县名	网络零售额（2021 年）		农产品网络零售额（2021 年）		网商数量（2021 年）		省级电商镇数量	省级电商专业村	省级电商示范村	乡镇电商服务站点	村级电商服务站点
	数值（亿元）	增速（%）	数值（亿元）	增速（%）	数值（个）	增速（%）					
第一批示范县											
安吉县	175.77	21.1	21.6	11.34	13357	14.89	6	39	10	53	168
淳安县	84.96	9.6	3.2	22.1	5664	3	1	5	4	23	211
海宁县	632.67	36.50	15.31	-21.30	20000	5	11	112	10	2	143
江山市	216.7	39.2	11.8	64	2360	5	2	9	7	1	573
缙云县	164	26.6	11.91	29.1	/	/	5	17	4	5	251
龙游县	84.43	25.00	7.5	15.40	1296	5.70	1	10	10	4	150
桐乡市	540.3	2.3	19.2	-9.10	28571	0.4	8	64	25	2	101
武义县	185.9	-0.5	14.8	48.8	17000	6	3	19	2	11	240
永康市	968.08	3.1	25.5	7.2	32193	11	13	191	84	4	402
第二批示范县											
嘉善县	114.77	11.50	4.8	-59.60	6141	32.32	5	26	5	3	120
建德市	226.6	15.50	11.5	26.60	907	/	6	12	3	16	231
开化县	24.3	36.7	0.6	-66.50	1500	30	1	7	6	15	255
平阳县	236.8	11.4	/	/	8290	/	7	31	8	12	93

续表

县名	网络零售额（2021 年）		农产品网络零售额（2021 年）		网商数量（2021 年）		省级电商镇数量	省级电商专业村	省级电商示范村	乡镇电商服务站点	村级电商服务站点
	数值（亿元）	增速（%）	数值（亿元）	增速（%）	数值（个）	增速（%）					
浦江县	102. 6	-9. 9	3. 1	-28. 4	18628	9. 8	5	20	9	15	23
三门县	52. 1	25	2. 7	41. 7	5306	19. 2	3	8	7	0	176
嵊州市	217. 6	8. 7	4. 79	30	3752	20	3	15	7	11	148
松阳县	51. 85	58	46. 23	246	2000	17. 64	5	19	16	0	100
遂昌县	24. 83	10	10. 25	1075. 6	4561	12	1	4	1	10	120
天台县	290. 9	-12. 8	2. 9	-3. 9	41225	0. 89	5	77	4	0	128
义乌市	2187. 93	14. 6	62. 5	-11. 7	374000	41. 7	13	197	97	/	80
永嘉县	242. 5	20. 70	3. 38	25. 70	23458	18. 25	3	34	22	22	110
长兴县	103. 71	18. 6	20. 35	35. 8	3286	16	4	26	19	11	206

（二）主要做法

1. 着力构建县乡村三级电商公共服务体系

松阳县以建设国家电子商务进农村综合示范县为契机，建立完善县、乡、村三级子商务公共服务体系，提供电商运营、创业孵化、技能培训、品牌培育、仓储物流供应链等服务，打造县域电商经济一站式 O2O 服务模式。截至 2021 年，县级电商公共服务中心协助 80 余家企业完成营业执照注册、电商店铺开设、产品资源对接、电商数据申报、会计报表、政策兑现申报、项目申报等业务；帮扶 11 家有条件、有基础的农村合作社等各类农业生产主体新开设线上农产品网络店铺；联合邮政松阳县分公司举办策划举办一二三产业电商直播活动，通过直播线上展示松阳老街、民宿、茶叶市场、电商公共服务中心，向全网人民展示电商赋能下松阳一二三产业的新业态。同时，由松阳县邮政分公司牵头，根据交通、人口分布等因素，实事求是规划电商服务站点，充分利用原有的邮掌柜站点、金融服务点、邮政自营网点、物流快递服务站点等网点资源，初步筛选出 100 个村级电商服务站点，对松阳县的 19 个街道乡镇进行全覆盖，配备 100 名电商服务站站长，为村民提供代购代销、快递收发、费用缴存、小额存取、职业介绍、信息咨询等便民公共服务。

2. 打造山区县快递业“两进一出”融合示范样板

以建设国家电子商务进农村综合示范县项目为契机，着力提升县域电商公共服务水平，建立县、乡、村三级公共服务体系，打造县域电商经济一站式 O2O 服务模式。深入推进城乡电商快递物流配送体系建设，以城乡物流牵头，整合邮政支局、客运公交及四通一达等 12 家快递公司的资源，以客运、城乡公交、村村通的班次班线串联邮政支局、乡邮所和村邮点，以“四好农村路”农村物流服务站、农村物流加盟服务点等为载体，迭代升级全县农村快递物流基础设施，建成县域电商快递物流分拨中心、农村电商快递物流服务点 203 个，实现电商快递物流体系行政村全覆盖。成功探索出县域快递“客货邮融合 + 生鲜 + 便民服务”模式，撬动公交、邮政、快递企业、生鲜配送、电信金融多业态集成服务，着力打造山区县快递业“两进一出”融合示范样板，有效地满足了山区群众对美好生活的向往，为全县电子商务跨越式发展奠定了坚实基础。

3. 建立健全农产品上行供应链体系

一是推进重点产品品牌建设。围绕“松阳三香”之松阳香茶、松阳山茶油、松阳香榧三大主要产业，制订区域公共品牌升级规划方案；明确品牌定位、品牌口号、品牌广告语、品牌核心价值等，设计规范性包装制定相应的产品策略，形成素材库。同时，在松阳香茶主要流通产地北京、上海、杭州、青岛、哈尔滨、成都投放公交站牌、电梯广告，进行“松阳三香”区域公共品牌的宣传和投放。二是打造产品对接窗口。开设线上原产地店铺，上架“松阳三香”（松阳香茶、松阳香榧、松阳山茶油）、松阳农特产品、东西部协作四川省巴州区农特产品。三是探索直播带货模式。松阳成为抖音平台全国农村网红和农产品直播活跃度最高的县域，先后组织开展“抖音宝藏乡村过大年·家乡年味在丽水”“识香品茶·松阳香茶节”“松阳香茶杯”淘宝村播直播大赛等活动，直播累计在线观看人数达300余万人、抖音视频播放量2.3亿次。四是切实撬动生态产品价值高效转换，着力探索具有松阳特色的以茶产业电商化为主导的县域共同富裕发展模式。2021年4月正式在淘宝平台开设“松阳香茶”类目，一举打破限制松阳茶叶电子商务发展的瓶颈。2021年1~12月，全县培育有茶叶网店1500余家，带动就业7000余人，第三方电商平台产生茶叶线上订单2858.76万件，网络零售额25.91亿元，较同期同比增长138.58%。五是推动“物联网+区块链”追溯体系建设。建设松阳县农产品溯源监管平台，并开设入网企业50家企业账户，完成溯源码设计，并制作50万枚溯源码。同时，加快产品认证体系建设。确定松阳县恒立茶叶有限公司等5家企业及合作社，开展产品认证体系建设。

4. 创新电商人才培养和企业孵化培育机制

一是积极对接第三方电子商务研究院、高等学院等电子商务人才培训资源，按照创业型、技能型、管理型、师资型人才培养规律和标准，开展分主题、分梯度、分层次的农村电商培训。二是深化“田园电商”、农村电子商务创业导师团、茶叶电商服务队等人才队伍建设，加强与电商企业联动，引导完成培训的学员创业就业。结合“淘宝直播村播学院—松阳村播学院”，在传统培训内容的基础上，丰富直播电商、社交电商培训内容，运用线上线下灵活培训方式，培育一批独具松阳特色的直播电商队伍。三是积极开展县乡、政企多层联动，创新了“三前三后三配套”电商产业孵化机制：“前有孵化中心＋后有产业园区，做到产业链配套”“前有政府的指引和考核奖励＋后有市场化运营，实现奖惩配套”“前有专业人才培训＋后有操作实训，达到人才配套”。

（三）取得成效

通过示范工作，2021 年，松阳县实现网络零售额 51.85 亿元，同比增长 58%，增速位列全省第四、丽水市第一；农产品网络零售额达 46.23 亿元，同比增长 246%，总量位居丽水市第一，增速位居全市第二；网商数量达 2000 个，同比增长 17.64%。截至 2022 年 2 月，松阳县拥有省级电商镇 5 个、省级电商专业村 19 个、省级电商示范村 16 个。拥有村级电商服务站 100 家、省级农村电商示范服务站（点）13 家、行政村电商公共服务覆盖率 45%；拥有县级物流中心 1 家，乡镇农村物流站点 10 家、村级物流服务站点 193 家、平均物流快递成本派件 3.1 元/件、寄件 5.3 元/件、平均物流快递配送时间（县到村）为 48 小时。全县快递服务企业业务量累计完成 268 万件；电商累计人才培训次数 18 次，电商人才培训人次达 1825 人，带动创业人数 130 人，就业人数 352 人；升级松阳香茶、松阳香榧 2 个区域公共品牌、区域公用品牌授权许可企业 303 家、农产品电商企业品牌数量 187 个，开发本地农特产品网货 25 款。

三、经验与启示

（一）升级农产品上行体系，引领农村农业生产方式转变，助力农村居民多渠道增收致富

第一，加强农产品区域共用品牌培育推广，发挥区域公用品牌的引领示

范作用，有序推进“三品一标”认证工作，引领农业生产方式转变，最大化创造农产品品牌价值。第二，推动农产品标准化体系建设，把“非标”、分散的、季节性的农产品变成能够具备上网销售、快递到家的“网货”，提升农产品可电商化水平。第三，切实提升农业供应链的组织化程度。通过委托加工、品牌联营、采购合作、联合开发等方式，支持电商企业与农业企业建立稳定供应链关系；推进农业生产、加工、流通等全产业链数字化建设，提升农产品上行体系的数字化程度。第四，建设本地产、本地销、线上线下协同运营的农产品供应链服务体系，打造农产品进城短链条，畅通农产品区域流通微循环；鼓励有条件的农产品嫁接电商走得更远，引导企业通过网络拓展销售市场或依托市场平台向上下游延伸，畅通农产品进城多元化流通渠道；建立跨地区农产品产销合作常态化机制，鼓励跨区域农产品产销对接；积极利用直播、社交和众筹等方式，创新“订单式电商”“同城配送”“新零售 + 特色农业”“乡村旅游 + 特色农业”等农产品上行模式。第五，构建从产地到市场到餐桌的全程可追溯体系，逐步实现农产品全程追溯信息的汇集与综合利用，推动农产品质量追溯系统的互联互通，完善农产品质量追溯管理与市场准入的衔接机制。

（二）升级工业品下行体系，推动农村电子商务与县域商业网点建设融合，满足农村居民美好生活愿望

第一，鼓励各大电商平台加大下沉农村的力度，设立面向农民的商品专区，开展面向农村市场的出口转内销线上推介会，向农村地区提供高性价比的品质商品。第二，发挥电商平台大数据优势，开发适销对路的商品，促进产销精准对接，向农村地区提供高性价比的品质商品，促进农村地区重点产品的换代消费。第三，推动商贸渠道线下线上融合。鼓励传统商贸龙头企业利用数字化技术和自身采购渠道优势，加快数字化、连锁化转型升级；支持商贸流通龙头企业下沉市场，为农村零售网点等提供集中采购、统一配送、库存管理等服务。第四，提高农村商业基础设施的整体水平，培育一批商贸特色镇和示范村，推动商贸特色镇、商贸示范村与电商专业镇、专业村的联动建设，打造电商赋能共同富裕的“示范样板”。第五，构筑放心农资下行

电商通道。支持电商平台推介新品种和实用先进技术，宣传优质农资企业产品，拓宽农民选购农资渠道；利用各大网络平台、直播平台，加强对农民群众的技术指导和培训，推广农资安全使用规范和绿色防控技术。第六，加快在农村地区发展线上线下融合的商业网点体系，建设一批集线上、线下销售、营销、服务、物流四位一体的农村商业网点样板。最后，通过技术赋能激活农村消费市场。

（三）升级农村电商物流体系，补齐乡村振兴基础设施短板，赋能农村物流降本增效

第一，加快构建以县城和重点乡镇为中转、村级服务点为基础、入村到户配送为终端的县乡村三级物流配送体系，共同打造“覆盖较大行政村、上行当日达下行次日达、成本价便民惠农、末端网点规范运作”的农村三级物流配送共享网络。第二，以“数字化、自动化”为要求提升县级物流站点，优化“最初一公里”；以“智慧化、普惠化”为要求改造村级物流末端配送站点，打通“最后一公里”。第三，加快农村物流网络节点建设，推动物流节点资源融合共享。在站点功能上，围绕本地村民需要，叠加邮乐购、农村淘宝、金融保险、快递寄送、商超便利等业务，形成“代收＋代购＋增值＋超市”的组合模式，提升农村物流公共服务均等化水平。第四，鼓励物流服务模式创新，推动运力资源整合优化，逐步形成利益共享机制，大力发展共同配送、统一配送等先进物流模式，提升农村物流配送效率。第五，提升农村物流数字化水平。积极推广应用条形码、射频识别技术、车载卫星定位装置等现代物流信息技术，实现农村物流信息化、集约化和体系化运作管理。第六，健全农产品冷链物流体系。引导有条件的县建设产地低温直销配送中心、冷链物流基地，鼓励农产品优势区域的乡镇和重点村适当布局贮藏窖、冷藏库、预冷库。支持家庭农场、农民合作社等新型农业经营主体在田间地头建设或改建与农产品类型相匹配，具有产地冷却、贮藏保鲜、商品化处理等功能的小型仓储保鲜设施建设。

（四）升级农村电商公共服务体系，推动功能提升和数字赋能，实现公共服务优质共享

第一，建设县（市）、镇（乡）、村三级公共服务网络，探索建设“市级中枢指导＋镇级服务覆盖＋村级服务联动”的电子商务公共服务运维体系，构建一个中心、多点服务的全域化电商公共服务格局。第二，积极拓展电商公共服务链条。鼓励各地打造以孵化、运营等为主要内容的电商公共服务中心，为企业提供融资、市场营销、管理咨询等“一站式”综合服务。鼓励各类社会资源参与公共服务体系建设，开发针对小微型电商主体的创业创新孵化平台和服务产品。第三，按照“多站合一、多网合一”的思路，采取功能拓展、资源互换、连锁加盟等方式，推动农村电商服务站点开展多业经营、复合经营，整合邮政、供销、快递、金融、政务等资源，拓展代买代卖、小额存取、信息咨询、职业介绍等便民服务功能，提升站点的可持续经营能力。第四，以县乡村三级电商公共服务站点、电子商务专业村镇、电子商务产业园区为载体，建立全覆盖的农村电商公共培训服务体系。第五，通过数字赋能、功能提升和模式创新，打造数字公共服务新体系，提供一站式、低成本、全流程的数字化公共服务。重点依托平台，拓展农村电商在线办公功能，优化政府工作流程，深挖线上公共服务广度与深度，开发农村电商公共素材库、培训资料库、政策库、第三方服务商库等数字资源库，探索线上与线下结合的电商公共服务模式。

（五）升级农村电商产业体系，加快主体培育和产业集聚，夯实共同富裕产业基础

第一，鼓励电商专业村（镇）和农村电商产业园区做大做强，积极培育一批与本地产业紧密结合的电商专业村（镇），加强产品集聚、服务集聚和政策集聚，充分发挥规模效应、协同效应和溢出效应。尤其是抓住网络直播风口，借力淘宝、抖音、快手等平台力量，建设高能级网络直播产业平台。第二，充分发挥龙头企业的示范引领作用，强化龙头企业对产业链上下游企业的集聚效应，大力培育一批产业系统健全、成长性好、集聚辐射力和

创新竞争力强的农村电商供应链。第三，培育和壮大各类农村电商市场主体。在稳定完善农户家庭经营基本格局基础上，发展新型农业经营主体和服务主体。鼓励和支持互联网化的农产品经营企业，鼓励互联网化的农产品经营企业积极参与组建农业产业化联合体，积极培育多类型市场主体。第四，构建市场主体利益联结机制。支持各类电子商务平台与龙头企业、农业种养与加工基地、农副产品营销大户等主体对接，因地制宜地打通各种利益联结模式。第五，培育农村电商专业服务商。建立重点培育专业服务商名录，大力发展软件开发、摄影美工、追溯防伪、金融服务等电商服务企业，打造一批业务特点鲜明、辐射带动能力强、行业影响力大的农村电商服务商队伍。

（六）升级农村电商创新创业体系，完善先富带后富的帮扶机制，赋能农村居民收入“提低”“扩中”

第一，构建普惠化的农村电商人才培训体系，带动农村电商创新创业。重点针对不同人群和学员层次，科学设置农村电商创新创业培训课程体系，开展分层培训；逐步建立农村电商人才培训的跟踪及服务机制，强化农村电商培训的创新创业及就业带动成效。第二，支持互联网平台企业和电商龙头企业参与农村地区创新创业体系建设。借助淘系、腾讯、京东、拼多多、抖音、快手等大平台力量，组织开展专业化、精准化、多层次的农村电商人才培训，完农村电商人才培育体系，不断充实农村电商创新创业队伍。第三，探索以电子商务为纽带的精准帮扶模式。建立“电商＋创业带头人＋低收入农户”“电商＋农业龙头企业＋低收入农户”“电商＋农民合作社＋低收入农户”“电商创业模范＋低收入农户”等多种精准帮扶模式。第四，探索农村中低收入群体增收致富的新机制，推动农村电商帮扶由被动输血模式向主动造血模式转变。重点培育一批农村电商龙头企业、农村创业致富带头人、农村网络主播等。支持中低收入农户通过农村电商实现就业，分类引导其参与农特产品的种植、包装、物流、网络销售及推广运营等环节。支持农村电商及其上下游产业吸纳妇女、中老年劳动力等农村剩余劳动力灵活就业。第五，加快建立常态化的中西部扶贫合作机制。支持电商平台和企业整合电子商务服务资源，拓展对口合作内容，为对口帮扶的中西部地区农村电商发展提供优质的服务支撑。

第五节　推动供应链创新与应用试点的典型案例与浙江经验

一、建设背景

供应链是连接产业链的纽带、实现价值链的载体，其本质是以客户需求为导向，以提高质量、效率和效益为目标，以资源整合、流程优化、数字赋能为手段，实现产品设计、采购、生产、销售、服务等全过程柔性联动、高效协同的组织形态。随着国际分工不断深化和跨国公司在全球范围内配置资源，提升供应链效能已经成为现代流通体系建设、构建双循环新发展格局的核心环节，是一个国家或地区参与全球产业链、价值链分工的重要举措。加快推动供应链创新和应用试点，不仅有利于进一步优化国内国际双循环新发展格局的空间布局，促进要素在城乡之间、发达地区与欠发达地区之间流动，在逆全球化的过程中促进我国的产业形成国内大循环；也有利于构建产供销有机衔接和内外贸有效贯通的现代供应链体系，确保产业链的安全和稳定。

2017 年，党的十九大报告提出，在现代供应链等领域培育新增长点、形成新动能。同年，国务院办公厅印发《关于积极推进供应链创新与应用的指导意见》，对我国供应链创新发展作出全面部署，提出了六项重点任务和六方面保障措施，明确了供应链创新与应用的总体目标。2018 年 4 月，印发《商务部等 8 部门关于开展供应链创新与应用试点的通知》，在全国范围内开展供应链创新与应用城市试点和企业试点，并据此遴选了北京等 55 个试点城市和 TCL 集团股份有限公司等 266 家试点企业。2020 年 4 月，商务部等 8 部门印发《关于进一步做好供应链创新与应用试点工作的通知》，进一步提出要强化供应链创新引领，提升全球供应链地位。通过近 3 年的试点，取得“五个一批”的突出成效，即一批适应中国国情的供应链新技术广泛落地、一批整合能力强协同效率高的供应链平台脱颖而出、一批行业带动能力强的供应链领先企业迅速成长、一批供应链体系完整国际竞争力强的产业集群发展壮大、一批供应链创新发展和政府治理实践经验复制推广。为进一步促进供应链协同化、标准化、数字化、绿色化、全球化发展，着力构建产供销有机衔接和内外贸有效贯通的现代供应链体系，巩固提升全球供应链地位，推动经济高质量发展，为加快构建以国内大循环为主体、国内国际双循环相互促进的新发展格局提供有力支撑。2021 年 3 月，商务部等 8 部门印发《关于开展全国供应链创新与应用示范创建工作的通知》，并于 2021 年 7 月，遴选确定了第一批 10 个全国供应链创新与应用示范城市和 94 家示范企业，拟通过示范创建，提升两大能力，即夯实供应链发展基础，提升支撑国内大循环的能力；推动供应链融合开放，提升支撑国内国际双循环的能力。

为贯彻落实国家供应链创新与应用试点工作的总体部署，浙江省先后印发《浙江省人民政府办公厅关于积极推动供应链创新与应用的实施意见》《浙江省商务厅等 7 部门关于公布第一批省级供应链创新与应用试点城市和试点企业的通知》《浙江省商务厅等 7 部门关于进一步做好供应链创新与应用试点工作的通知》《浙江省现代供应链发展“十四五”规划》《浙江省商务厅等 7 部门关于深入推进供应链创新与应用试点示范工作的通知》等文件，提出立足构建新发展格局，以开拓强大国内市场为主战场，紧密衔接长江经济带、长三角一体化等重大国家战略，加快建立省内企业主导、全域高效协同的国内供应链体系，同时围绕“一带一路”倡议和自贸试验区建设，加强国际供应链合作，依托自主开放、安全可控的国际供应链体系。截至 2021 年底，全省先后组织遴选 3 批省级供应链创新与应用试点城市及企业，共确定了 15 个试点城市、297 家试点企业；组织遴选首批省级供应链创新与应用示范城市和企业，共确定了舟山市、永康市和长兴县 3 个首批示范城市和 26 家示范企业①。

① 根据浙江省发布的省级供应链创新与应用试点城市及企业名单进行整理得到。

二、杭州市创建供应链创新与应用试点城市案例①

（一）基本情况

杭州市高度重视现代供应链建设，于2018年入选首批国家供应链创新与应用试点城市、全国流通领域现代供应链体系建设试点城市，2021年入选首批国家供应链创新与应用示范城市。为贯彻落实《国务院办公厅关于积极推进供应链创新与应用的指导意见》和《商务部等8部门关于开展供应链创新与应用试点的通知》精神，加快供应链创新与应用，提高流通信息化、集约化、现代化水平，促进实体经济创新发展、结构调整和转型升级，全面推进供给侧结构性改革，杭州市制定了《杭州市供应链创新与应用城市试点工作方案》《杭州市现代供应链发展五年行动计划（2021－2025）》，成立杭州市流通领域现代供应链体系建设试点工作领导小组，全面指挥部署杭州市现代供应链工作。

2018年以来，杭州市坚持依托"电子商务之都"信息产业基础和民营经济灵活机制优势，创新一批供应链技术和模式，构建一批整合能力强、协同效率高的供应链平台，培育一批行业带动能力强的供应链领军企业，形成一批供应链体系完整、国际竞争力强的产业集群。同时，以行业垂直供应链为主导、以横向协同为辅助，不断提高物流链标准化信息化水平，推动供应链各环节数据的高效对接，推动上下游协同发展，资源整合、共享共用，逐步形成创新引领、协同发展、产融结合、供需匹配、优质高效、绿色低碳、全球布局的产业供应链体系，打造供应链发展提质增效的新模式。截至2021年10月，杭州市拥有现代供应链企业1600多家，产值近万亿元。其中，14家企业入选国家供应链创新与应用试点企业，9家企业入选国家首批供应链创新与应用示范企业，52家企业入选浙江省省级供应链创新与应用试点企业。

① 本节案例根据作者团队承担的杭州商务局委托课题《杭州市现代供应链发展报告》（2021）整理得到。

（二）主要做法

1. 拓展供应链数字化应用场景，提升供应链数字化能力

以“数字产业化、产业数字化”为主线，鼓励供应链企业加大数字化资源的投入，推动本土供应链企业提升现代供应链服务能力，重点拓展八大数字化供应链场景：一是以祖名为代表的数字化供应链研发创新场景，即通过引进高端研发人才，打造技术研发团队，强化与高等院校、科研院所合作等手段，推动供应链产品、技术、服务、模式和标准等多方面的协同创新，全面提升企业创新能力。二是以吉利为代表的数字化供应链生产制造场景，即通过信息化技术赋能生产制造环节，实现生产节点可视化、数据化、标准化，促进增效降本。三是以华润万家为代表的数字化供应链渠道场景，即统筹线上线下渠道，线上通过信息技术手段构建面向B端的分销服务平台及面向C端的零售供应平台，线下借助VR/AR、人工智能等新技术，创新供应链末端销售门店模式，提升消费体验。四是以永安资本为代表的数字化供应链金融场景，即将多元化的金融与科技工具融入贸易的各个环节，实现企业业务数据、银行风控数据、第三方风控数据的互联互通，强化传统赊销服务基础、创新应用供应链金融模式两手推进，提供功能更加多元的金融服务。五是以云集为代表的数字化供应链仓储场景，即深度链接互联网、物联网、大数据、人工智能、智能自动化等前沿技术，围绕共享经济，连接社会化仓储资源，通过智能设备、作业策略等的应用，以“订单＋数据”驱动的方式改善仓库管理效率。六是以物产中大为代表的数字化全链路配送场景，即基于供应链资源，利用数字化手段，搭建供应链数字化智能互联系统，以信息互联手段取代传统人工协调物流的方式，实现降本增效。七是数字化供应链管理场景，即通过数字信息手段打造研发、物流、采购、订单、制造、销售等完整闭环的信息化生态链，实现供应链数字化和智能化管理。八是以五丰为代表的数字化全程可追溯场景，即以全程信息化管理为特色，打造“来源可溯、生产可记、去向可查、责任可究”的追溯系统，实现产品从源头到终端的全程可追溯。

2. 培育供应链高能级平台，提高供应链产业集聚力

目前，杭州市信息技术服务、电子商务产业集群分布在75个电子商务产业园中，形成了以钱塘新区为核心，以余杭区、高新区（滨江）、桐庐县为特色集聚园区，以萧山信息港小镇、富春药谷小镇、临安天目医药港等特色小镇为支撑点的“一核三园多点”产业格局。近年来，杭州积极引进具有较强拉动力、能够提升杭州重点产业核心竞争力的大项目，以项目为抓手，瞄准产业价值链高端，落实落细、精准发力，补齐补强短板，推进产业基础高级化、产业链现代化；与此同时，积极构建以杭州市为中心的产业链供应链生产组织网络，围绕各个产业链的“链主工厂”，打造“协同工厂”和“硬核工厂”，提升平台能级。此外，支持产业集群内部企业通过股权投资、成立联合体、联合搭建行业平台等形式，加速产业集群供应链的优化和建设。对于部分实力较弱的产业集群，探索引入物产中大、浙商中拓、菜鸟网络等具备上下游资源整合能力的企业等形式，加速产业集群资源整合，推动产业链向供应链转化。借鉴艺尚小镇发展模式，通过政府搭台、企业运作的方式，积极引入外部资源，集聚、提升、扩展研发设计、营销渠道等服务，推动各产业集群之间的有机整合，从而形成一批供应链体系完整、国际竞争力强的产业集群，以行业垂直供应链为主导、以横向协同为辅助，推动形成创新引领、协同发展、产融结合、供需匹配、优质高效、绿色低碳、全球布局的产业供应链体系。

3. 探索供应链金融综合支持体系，提升供应链金融服务力

杭州依托供应链金融创新应用、供应链核心企业名单制管理和“伙伴银行”制度，通过“一企一策”“一链一方案”，鼓励供应链企业对接社会投融资平台和资本市场，支持龙头骨干企业通过核心企业“1＋N”供应链金融模式，对链上企业提供信贷、结算等综合化金融服务，构建生产、贸易、物流等全程综合金融支持体系。支持传统银行保险机构充分运用数字技术，创新供应链金融服务模式，为符合条件的上下游中小微企业提供高效便捷低成本的金融服务，保障重点产业链、供应链形成更加稳固的“核心企业＋战略合作伙伴”链网金融。在创新供应链金融运营模式方面，通过鼓

励供应链核心企业依托沉淀数据，围绕客户预付款、应收账款、库存等关键环节，探索开展仓单质押、客户联合授信、应收账款证券化等供应链金融服务。鼓励各类流通供应链发展应收账款融资、预付账款融资和存货融资业务，增强各类资产的流动性。鼓励联合搭建产业集群供应链金融平台，构建现代产业集群生产、贸易、物流等全程综合金融支持体系。加强各类政府信息平台、企业平台间的信息共享，支持运用大数据、区块链、物联网、人工智能等新技术，创新多元化的新型供应链金融服务模式，为各类经营主体提供个性化、综合化金融服务。

4. 加快供应链国际化步伐，提升供应链全球化运作力

杭州市政府及相关部门立足国内外形势，鼓励杭州本地企业积极参与“一带一路”建设，加强与沿线国家、东盟国家等合作。依托本土跨境电商优势，杭州供应链企业在政府及相关部门的政策扶持下纷纷开展境外经贸合作区、物流配送中心、分销服务网络、海外仓等布局建设，构建互联互通的境外供应链网络，打造全球化供应链体系。据统计，在列入首批国家级供应链创新与应用试点的杭州市供应链企业中，目前已有近70%的供应链企业开展国际业务；从截至2021年底的杭州市现有省级及以上供应链创新与应用试点企业的调研数据来看，有供应链国际化发展相关战略规划的企业达52.94%，落实供应链全球化发展措施的企业达88.89%。部分企业通过与国外企业实现战略合作、投资并购或设厂并建立当地分销网络等方式，提升企业品牌影响力，持续提升中国企业在全球供应链中话语权。例如，菜鸟已建成或正在建设6个大型eHUB和若干个海外仓、订单履约中心、末端配送设施，加速实现“全球买、全球卖”，目前在全球范围内的供应链合作伙伴超过3000家。考拉海购现阶段在欧洲、澳洲、北美、日韩等地设有海外仓，并与马士基、中外运、德铁信可、法国乔达、爱派克斯等国际领先的物流企业密切合作，考拉海购平台现已汇聚全球70多个国家的10000多个品牌，合作工厂已近200家。

5. 完善陆海空交通枢纽建设，提升境内外物流通达力

在交通枢纽建设方面，近年来杭州积极谋划交通基础设施布局，强化杭

州物流枢纽地位，充分发挥区位优势和交通基础设施作用，探索“海陆空”多式联运，拓宽供应链线下网络。充分利用长三角高铁网络、萧山机场、火车东站等交通站点，开展与长三角一体化片区、长江经济带的资源对接，形成区域供应链体系的共建共享。与此同时，鼓励利用已开通的国际航线、中欧班列等通道运力资源，开展国际货物运输中转业务和运贸一体化的供应链服务，推动国际产能、贸易、资源的双向转移和交流，打造立足浙江、面向全国、通往世界的国际物流枢纽。在现代智慧物流系统布局方面，首先，杭州市加大对骨干网络重要节点的支持力度。如积极推动菜鸟网络全球 eHub 枢纽、下沙综合保税区等的建设和运营，深化国家级、省级示范物流园区创建工作，扶持建设了一批运营模式先进、区域带动作用强的示范物流园区。其次，杭州市政府大力支持核心企业整合商流、信息流和物流为一体的平台型开放型物流发展模式，支持生产制造、商贸流通等企业开展带托运输，如传化公路港等的建设，并围绕标准化载具进行设备更新改造，增强定制化、个性化、精细化现代物流服务水平。最后，杭州市积极发展全冷链物流，探索在商贸综合体、邻里中心、农贸市场等场所布设公共冷柜，提升生鲜农产品配送效率。目前已形成了以杭州农副产品物流中心、萧山新农都综合批发市场为龙头，以各县市（区）农产品批发市场为骨干，以农贸市场、超市为终端销售网络的农产品市场体系，确保了杭州市农产品供应和消费需要。

（三）取得成效

杭州市于 2018 年被确定为供应链创新与应用首批试点城市，其中，阿里巴巴、物产中大、天轮股份等 14 家杭州企业被评选为国家级供应链试点企业，占比 5.2%；2021 年 7 月，杭州入选首批全国供应链创新与应用示范城市。其中，吉利控股、物产中大等 9 家杭州企业入选首批 100 家全国供应链创新与应用示范企业，占所有示范企业数量的 9%，居全国第一。此外，浙江省先后开展了三批省级供应链创新与应用试点和一批省级供应链创新与应用示范企业认定工作。其中，2019 年，浙江省第一批 96 家供应链创新与应用试点企业中，杭州市共有 26 家入选，占全部试点企业的 27.1%；2020 年，浙江省第二批 93 家供应链创新与应用试点企业中，杭州市共有 17 家入选，占全部试点企业的 18.3%；2022 年，浙江省第三批 108 家供应链创新与应用试点企业中，杭州市共有 24 家企业入选，占全部试点企业的 22.2%；浙江省第一批 26 家省级供应链创新与应用示范企业中，杭州市共有 9 家入选，占全部示范企业的 34.6%。

同时，通过试点城市和企业的创建，形成了 4 领域 15 条创新经验。即聚焦农业供应链创新与应用试点，形成推进供应链基础设施建设、构建智慧农业服务平台、探索农业供应链金融数字化转型、打造全过程绿色化供应链 4 项创新经验；聚焦制造业供应链创新与应用试点，形成“推动主辅分离，发展专业型供应链管理企业”“整合各方资源，构建现代化供应链平台”“加速数字化赋能，推动制造业供应链企业降本提效”“响应国家政策，深化绿色供应链体系建设”4 项创新经验；聚焦流通业供应链创新与应用试点，形成“强化企业服务意识，提升供应链服务水平”“以市场驱动为导向，打造多元协同供应链平台”“加快数字化转型，提高供应链服务效率”3 项创新经验；聚焦平台服务型供应链创新与应用试点，形成“加快集聚社会物流资源，构建良性发展生态圈”“着力打造智慧物流服务，实现全链路信息共享”，深入推进“金融、科技、产业”三位一体协同发展，大力培育专业化的供应链服务平台 4 项创新经验。

三、经验与启示

（一）聚焦供应链数字化创新，引领供应链发展新模式

一是通过加快推进企业内部数字化改造提升，加快形成高端装备、生物医药、集成电路、光电芯片、新能源、新材料、航天航空等战略性新兴产业增长引擎，致力于成为供应链“单项冠军”和“隐形冠军”，不断强化企业在“互联网 + 供应链”中的互联网技术优势。二是通过超前布局 5G 生态、下一代人工智能、量子通信等未来产业创新供应链模式，大力开展数字化改造，以大数据、云计算、物联网以及智能终端等为依托，围绕“人—货—场”进行深度数据采集，构建链接消费者、产品、服务、营销、渠道、物

流的全链条智慧供应链。三是积极探索组建创新联合体和共性技术平台，打造更多国家（省级）技术创新中心、产业技术创新服务综合体，加快形成创新链、产业链协同融合的产业技术创新体系，集中突破“卡脖子”关键技术。四是积极打造网络化协同制造体系，提升研发设计、生产制造、运行维护及再制造各环节协同能力。深化互联网、大数据、人工智能、区块链等技术在制造业的集成应用，利用数字化新技术、新工艺、新装备，建设智能生产线、数字化车间、智能工厂。

（二）促进供应链协同创新综合体建设，创新供应链组织方式

一是通过横向规模撬动纵向联合，建立农产品供应链协同创新综合体。不断强化农产品生产流通各环节与农资供应链的结合，打通供应链上下衔接，形成联结农户、新型农业经营主体、农产品流通加工企业和最终消费者的紧密型农产品供应链协同创新综合体。二是聚焦“新制造业计划”，建设新兴产业供应链创新综合体。依托制造业链主型企业，以供应链平台化集成创新为主线，聚焦战略性新兴产业，打造一批全链服务、全域资源整合、全程高效响应的供应链协同创新综合体。三是以人民美好生活为引领，打造城市消费供应链协同创新综合体。通过电商应用场景的打造、基础支撑的完善和公共服务供给能力的提升，探索构建高效协同、自主可控、安全便捷的城市消费供应链协同创新综合体，进而实现应急保供与消费升级的协调统一。四是加大服务资源整合，建立现代服务业供应链协同创新综合体。依托原有专业的服务网络，通过原材料采购、分拨配送、分销执行、金融服务等优势资源的整合，依托数据智能驱动，打造一批链式服务能力强、产业带动效果好的现代服务业供应链协同创新综合体，提升供应链服务能级。

（三）深化供应链全球化布局，打造多元化开放市场

一是积极融入全球供应链网络，嫁接全球顶级资源，培养全球化经营人才，通过对外投资合作不断提升企业在云计算、大数据、视觉智能、电子商务、信息软件等领域的技术水平，实现全球价值链优势共享，提高企业在国际竞争中防范和应对各种风险的能力。二是积极探索境外“当地化”运营

方式，通过与境外当地优秀企业合作，力求商业模式本土化、管理能力本土化、管理方式本土化，将其创新能力整合到企业的全球化供应链中，使“本土化运营”创造出“全球化价值”。三是利用企业的海外仓和物流配送服务中心资源，在全球范围内搭建干线运输网络，建立国际营销分中心，为供应链全球化布局降本提效。四是以云计算、物联网技术为依托，利用跨境电商优势，积极构建跨境供应链平台，打造全球一流的供应链协作服务，推进“商品流＋数据流＋资金流＋信息流＋服务流”五流合一的一体化在线交易模式的实现。

（四）推动传统产业转型升级，培育供应链领军企业

一是推进产业集群供应链协同。通过产业集群内协同设计、协同采购、协同制造、协同物流等方面实现资源集中共享服务，降低企业生产成本、提高生产效率；引导集群内龙头企业通过剥离、新设专业化服务公司或做大做强产业链前后两端等方式，释放供应链资源，推动产业集群转型升级。二是促进产业互联网与绿色供应链深度融合。以互联网技术为发展动力，产业产品绿色化为基础，通过信息流通与资源共享为绿色供应链提供技术支撑和价值实现场景，致力于建设绿色供应链企业，推动供应链绿色化可持续发展。三是推动传统以消费者为终点的供应链模式向消费者高度参与的创新服务模式转变。以用户需求为导向，加大产品创新力度，增强客户黏性和提高市场响应速度，实现供应链服务转型，提高企业核心竞争力。四是引导农产品供应链上游企业加大整合的步伐，扩大生产规模，实行标准化、区域化生产，进而通过并购或与其他中小规模企业以产地联合等方式，建立产地联合组织，整合市场资源，提升竞争优势。

（五）促进供应链金融创新，破解企业发展资金瓶颈

一是打造供应链企业高度协同、金融服务特色突出、市场体制机制健全完善的供应链金融体系。立足供应链的健康发展，推动金融机构与供应链企业深入合作，打通金融服务供应链企业的阻滞，完善供应链金融服务业态，持续推动金融资源向供应链重点领域、重大项目和薄弱环节倾斜，拓宽供应

链企业融资渠道，实现金融资源在供应链领域的合理有序配置。二是拓展供应链金融服务新模式新业态。大力发展互联网金融服务，推动互联网金融向结算、应收账款、订单等领域延伸，提升供应链企业的融资结算线上化和数字化水平，为供应链企业创新价值和提供增值服务，提高资产运营效率。三是鼓励银行和金融机构针对供应链产业特点，创新金融产品和服务。发展供应链融资、融资租赁、商业保理、消费信贷、动产质押、仓单质押融资等业务，拓宽供应链企业的融资渠道。四是加强供应链金融风险管理。加强供应链大数据分析和应用，达成全流程物流和企业动产的可视化，依托真实交易数据、企业征信及行为数据、行业及市场数据，推动金融机构、供应链核心企业建立债项评级和主体评级相结合的供应链金融风险控制体系。

双循环格局下跨境电商综合试验区发展案例和浙江经验

作为连通国内国际两个市场的重要通道，跨境电商是发展速度最快、潜力最大、带动作用最强的外贸新业态，能够突破时空限制，减少中间环节，解决国内外供需双方信息不对称等问题。特别是新冠肺炎疫情发生以来，我国跨境电商发挥在线营销、在线交易、无接触交付等特点优势，积极培育参与国际合作和竞争的新优势，促进进出口规模持续快速增长，成为我国外贸发展的新动能、转型升级的新渠道和高质量发展的新抓手。可见，跨境电商不仅能有效拉动国内需求，促进国内需求与产业的良性互动，实现全面通畅的国内循环体系；还可以依托国内完整的分工体系，推动国内企业进入海外市场，扩大中小企业参与全球市场的机会，支持我国产业向全球价值链中高端拉升，促进国内经济深度融合到国际经济循环中。

中国跨境电子商务综合试验区正是在中国跨境电子商务领域设立的先行先试区域，其核心是选择有较强抵御风险能力和较好跨境电商产业试点基础的区域进行先行先试，通过内生性制度创新，形成制度内生增长极，进而以点带面实现跨境电商突破性发展。跨境电商综试区试点涉及与跨境电子商务相关的制度创新、管理创新和服务创新，在跨境电子商务交易、支付、物流、通关、退税、结汇等环节的技术标准、业务流程、监管模式和信息化建设等方面先行先试，破解跨境电子商务发展中的深层次矛盾和体制性难题，优化跨境电子商务产业链和生态链，逐步形成一套适应和引领全球跨境电子商务发展的管理制度和规则，为推动中国跨境电子商务健康发展提供可复制、推广的经验。

中国跨境电子商务综合试验区源于2012年跨境贸易电子商务服务试点，自2015年设立第一批跨境电商综合试验区（以下简称“综试区”）以来，目前已经形成了6批共132个综试区。为破解制约跨境电商发展的体制机制障碍，各综试区结合区域经济与社会发展实际，围绕如何推动跨境电商产业的阳光化、规范化和便利化发展，聚焦制度创新、管理创新和服务创新进行了探索性的创新实践，形成了一批具有可复制推广价值的经验。尽管跨境电商综合试验区的建设取得了丰硕成果，但仍存在以下问题：缺乏对跨境电商综合试验区发展阶段的准确判断，对推动跨境电商综合试验区发展的内在动力机制缺乏深刻认识等一系列问题。因此，有必要对中国跨境电商综合试验区的试点实践和创新经验进行系统评估和总结，揭示跨境电商综合试验区发展的阶段特征、内在动力机制与创新演化机理，以更好地推动下一阶段跨境电商综合试验区试点工作的开展。

目前学术界对跨境电商综合试验区缺乏较为深入的研究，且大多局限于定性的应用对策性研究。除制度变迁的基础理论研究成果外，其他已有可借鉴的理论研究成果主要集中在国家综合配套改革试验区领域，如从改革过程和改革内在机制（郝寿义，2008）、演化阶段和实现机制（程栋和王家庭，2015）来研究国家综合配套改革试验区制度创新的动态演化机理。然而，国家综合配套改革试验区的改革创新探索均不是针对互联网经济，涉及的产业对象也大多为发展相对成熟的传统产业，而跨境电商综合试验区面对的是跨境电商这一典型的互联网经济形态，在产业发展的动力机制、制度创新等方面均有较大差异。此外，现有国家综合配套改革试验区的相关研究大多立足于对影响试验区发展的动力主体（郝寿义，2008；张会恒，2010）、动力来源（郝寿义，2008；许啸宇，2013；王家庭等，2014）等方面的研究，无法有效体现跨境电商综合试验区不同演化发展阶段中以多主体协同创新为核心的动力作用机制特点。而产业集群的研究认为集群内部、集群与环境间的互动、共同演进是集群形成和发展的主要动力（山崎，2002；张和胡，

2014），这为跨境电商综合试验区不同阶段动力作用机制研究的展开提供了理论支撑。综上所述，本书拟结合国家综合配套改革试验区、产业集群发展等相关研究成果，结合杭州、宁波跨境电商综合试验区发展实践，揭示跨境电商综合试验区多阶段创新演化机理。

第一节 跨境电商综合试验区多阶段创新演化模型构建

创新演化阶段的划分和不同阶段内在动力作用机制的识别是跨境电商综合试验区创新演化研究中的两个关键问题。从中国跨境电商综合试验区发展的实践来看，跨境电商产业与外部制度环境在持续冲突与协同状态的转换中推动了跨境电商综合试验区的创新演化，而这种冲突与协同状态间的转换是通过产业与环境中各行动主体间的互动实现。因此，从创新演化阶段、跨境电商产业与制度环境协调互动的动力作用机制两个角度出发，研究跨境电商综合试验区多阶段创新演化机理具有重要的现实意义。

从创新演化阶段的研究上看，已有研究主要从两个方面展开。一方面是基于制度变迁理论，以制度环境发展水平来衡量试验区的演化阶段。如郝寿义（2008）根据我国综合配套改革的实践，将以制度变迁为主线的改革过程划分为发现改革利益、组建利益集团、制定和选择改革方案、贯彻实施和经验推广五个阶段；程栋和王家庭（2015）在国家综合配套改革试验区的制度创新研究中，将动态演化阶段划分为制度输入、制度发展、制度成熟和制度输出四个阶段。另一方面是基于产业发展水平研究产业集群发展演化阶段。如阮建青等（2014）构建了产业集群动态演化的三阶段模型；王和高（2016）从启动、资源诅咒和升级三个阶段研究中国奶业集群的动态烟花。如上所述，跨境电商综合试验区兼具试验区和产业集群的特点，在其创新演化阶段的划分中需要综合考虑制度环境和产业发展水平。

跨境电商产业的发展有赖于具有良好制度创新氛围的空间范围，跨境电商综合试验区的设立为跨境电商的发展提供产业集聚空间，并且跨境电商产业的发展离不开使其区别于传统贸易的业务监管模式。此外，跨境电商综合试验区尚处于全新发展阶段，以标志性事件作为跨境电商综合试验区创新演化阶段划分的时间节点具有一定的可操作性。因此，本研究结合跨境电商综合试验区发展实际，从跨境电商产业发展健壮度和制度环境成熟度两个维度出发，以标志性事件为节点，将跨境电商综合试验区创新演化阶段划分为创新培育、创新突破、创新深化和创新扩散四个阶段。其中，跨境电商产业发展健壮度用综合试验区数量和业务监管模式成熟度衡量；制度环境成熟度用制度环境的完善度和政府出台政策文件数来衡量。具体如图 7－1 所示。

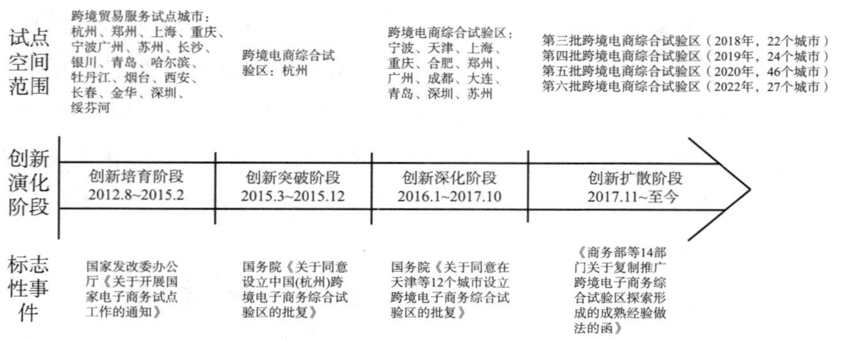

图 7－1　跨境电商综合试验区创新演化阶段

与此同时，制度变迁理论指出，由行动主体构成的行动集团促成制度变迁（戴维斯和北，1970；明等，2014）。国内学者盛洪（1996）、张超和孙健（2005）也采用行动集团理论，分析了不同行动集团在互动与妥协中实现制度变迁。在制度变迁不同阶段涉及不同“行动集团”的角色变化，且存在不同主体的联合行动（黄少安，1999），故单纯划分制度变迁阶段并不能完全揭示行动主体如何通过追求利益以推动制度演化（肖旭，2017）。此外，经济演化思想认为，创新演化是建立在创新系统各要素、各主体、各系统间互动的基础上（蒋德鹏和盛昭瀚，2000；唐剑和袁蕴，2012）。产业集群领域的相关研究也认为，集群内部、集群与环境间的互动推动产业集群的演化发展（何铮和谭劲松，2005；张和胡，2014）。因此，基于行动主体构成行动集团，以行动集团间的互动作用机制，进一步探析跨境电商综合试验区多阶段创新演化机理具有坚实的理论基础。

在借鉴相关理论成果及实践观察的基础上，本书提出推动跨境电商综合试验区创新演化的动力作用机制模型。总体上看，跨境电商产业生态系统与外部制度环境之间总是处于持续冲突与协同状态的转换中，产业生态与制度环境中相关主体形成创新行动集团，在协同互动中共同推动跨境电商综合试验区的创新演化。具体而言，在不同创新阶段微观企业在外部市场需求的推动下，通过模式创新、技术创新和组织创新，孕育出新业态、新模式，进而推动产业生态系统不断发展，并实现产业生态系统的跃迁；另外，产业生态系统中不断壮大的新业态、新模式与现有制度环境产生冲突，进而形成制度创新的内在需求；政府相关主体通过制度创新、管理创新和服务创新，形成有利于新业态、新模式发展壮大的制度环境，并通过合法性确认、便利化支持和规范化引导进一步促进产业生态系统的持续壮大。阶段动力作用机制如图 7－2 所示。

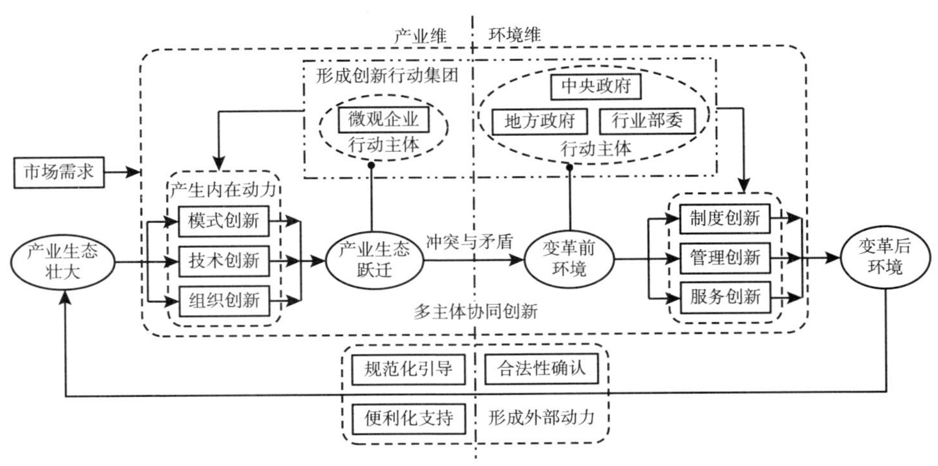

图 7－2　跨境电商综合试验区阶段动力作用机制

第二节　中国跨境电商综合试验区创新演化阶段动力机制分析

一、创新培育阶段

国际贸易的碎片化、小额化推动了跨境网络零售出口业务的蓬勃发展，与一般贸易相比，跨境网络零售具有小批量、多批次等特点，长期以来并未纳入国家政策和海关监管范围，很难通过正常的程序实现报关，导致跨境网络零售无法享受一般贸易的退税、结汇等政策。同时，按照传统国际贸易的监管方式，难以充分发挥跨境网络零售便捷、快速的优势。创新培育阶段的核心任务正是为了解决跨境电子商务发展过程中遇到的上述问题，以地方城市和试点企业为依托，采取项目试点的形式，探索制定跨境电子商务的相关基础信息标准规范和管理制度，提高跨境电商通关管理和服务水平。

该阶段以 2012 年 8 月国家发改委办公厅发布《关于开展国家电子商务试点工作的通知》并批复首批跨境贸易电子商务服务试点城市为起点，在试点审批程序上，前期采用地方申请、国家发改委审批制，后期采用地方申请、海关总署批复制。创新培育阶段具有以下特点：第一，试点范围覆盖杭州、郑州、上海、宁波等 17 个试点城市，其中杭州、郑州、上海、重庆、宁波、广州、深圳 7 个试点城市获得进出口业务试点许可，其他 10 个试点城市仅获得出口业务试点许可。第二，试点内容侧重于垂直式的条块产业链上业务监管模式的试点，通过政策业务和信息化手段创新，初步探索形成直邮进出口（监管方式代码“9610”）、保税进出口（监管方式代码“1210”）等业务监管模式。第三，从制度创新环境上看，重点探索形成促进跨境贸易出口电子商务发展的制度环境。第四，从动力作用机制上看，试点企业、试点城市、国家发改委和海关总署构成推动创新试点的“第一行动集团”，国务院、商务部、国家税务总局、国家外汇管理局、国家质检总局等国家部委形成“第二行动集团”，两大行动集团在互动中推动创新培养阶段的演进发展。其中，试点企业和试点城市以承担跨境电商试点项目的方式推动创新探索；国家发展和改革委员会和海关总署除以批复和授权的方式推动项目试点外，还通过对跨境网络零售业务模式认定、提供贸易便利化支持等形式推动试点工作的展开。国务院授权国家发展和改革委员会开展跨境贸易电子商务项目试点工作；商务部承担部门间的协调工作，助力项目试点的展开；国家税务总局、国家外汇总局等国家部委通过与项目试点相关的业务领域展开制度创新，配合海关总署、国家发展和改革委员会以推动项目试点的展开。

具体而言，在创新培育阶段，国务院出台《国务院办公厅关于促进进出口稳增长、调结构的若干意见》《关于实施支持跨境电子商务零售出口有关政策的意见》《国务院办公厅关于支持外贸稳定增长的若干意见》等文件，为跨境电商的发展提供合法性确认。海关总署通过《海关总署关于增列海关监管方式代码的公告》《关于跨境贸易电子商务服务试点网购保税进口模式有关问题的通知》《关于跨境贸易电子商务进出境货物、物品有关监管事宜的公告》等文件的出台，通过“9610”“1210”监管代码将跨境网络零售进出口纳入海关监管进而实现合法性确认，并以“清单核放、汇总申报”的方式实现便利化通关，从而有效解决跨境网络零售出口商品出口退税和结汇问题。2013 年，财政部、国家税务总局发布《关于跨境电子商务零售出口税收政策的通知》，对符合条件的跨境电商出口货物实行增值税和消费税免税或退税政策，以实现税收的合法性。国家外汇管理局以《支付机构跨境电子商务外汇支付业务试点指导意见》的出台，对跨境电商收结汇进行合法性确认。国家质检总局通过出台《关于支持跨境电子商务零售出口的指导意见》和《关于加大帮扶企业力度促进外贸稳定增长的意见》，对跨境电商进出口检验检疫实现合法性确认和便利化支持。地方政府主要通过管理创新和服务创新，营造有利于跨境贸易电子商务产业发展的营商环境，引导跨境电商产业的规范化发展。具体体现在：通过规范标准、监管办法等产业政策的制定，引导产业发展；通过通关服务平台、仓储物流基地的建设等公共服务供给，提高管理和服务效率，以便利化的支持促进产业的发展。此外，在自下而上的制度创新上，地方政府在实践探索中形成地方经验做法，是国家层面制度创新的重要来源。如杭州建立的“清单核放、汇总申报”便捷通关流程和“信息互通、监管互认、执法互助”部门协同机制，成为海关总署（56 号公告）的标准版本。该阶段各主体间的作用机制如图 7 –3 所示。

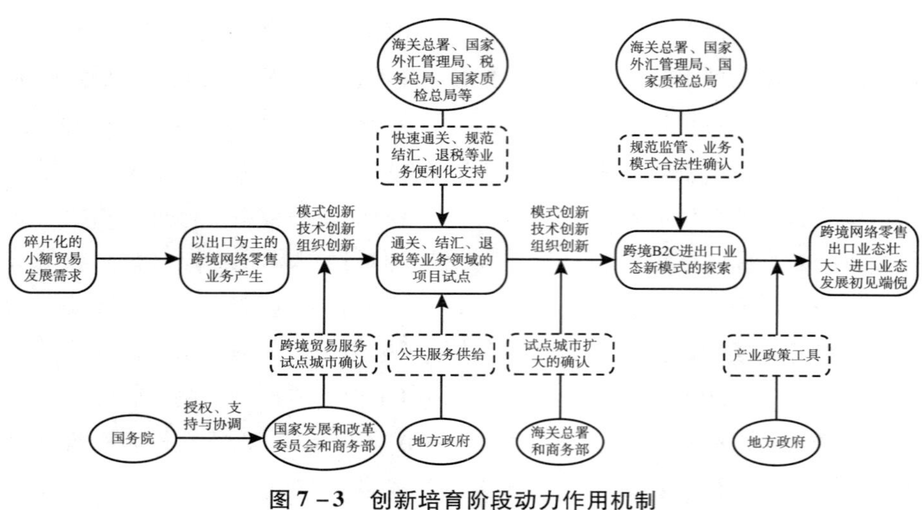

图 7 –3　创新培育阶段动力作用机制

在创新培育阶段，随着首批跨境贸易服务试点城市试点项目的展开到试点城市的扩大，试点工作由“关、检、汇、税”等业务环节的试点延伸至对跨境 B2C 进出口业态新模式的监管探索，并在制度创新和产业发展两个方面取得显著成效。从制度创新成效上看，国务院及国家各部委陆续发布了 9 个意见、5 个通知、3 个公告，共计 17 份政策文件，涉及 10 个部门，解决了跨境电商领域的海关监管、规范结汇、出口退税、检验检疫及快速通关等方面的问题。在制度创新的基础上，通过业务监管模式创新实现管理和服务创新。在进出口业务监管模式方面，探索形成了直邮进出口（监管方式代码“9610”）、保税进出口（监管方式代码“1210”）、外贸综合服务平台等业务监管模式。从产业发展成效上看，截至 2014 年底跨境电商交易规模达 4.2 万亿元，同比增长 33.3%，占外贸进出口总额比重达 15.9%（2014

年中国进出口贸易总额达 26.4 万亿元），跨境出口交易规模达 3.6 万亿元，跨境进口交易规模达 0.6 万亿元，从跨境电商交易模式上看，跨境电商 B2B 规模占比达 93.5%，占绝对优势[①]。

二、创新突破阶段

跨境网络零售出口业务发展壮大及进口业务规范化、阳光化需求，使得现行以出口业务试点为核心形成的监管制度体系与跨境电商发展需求“不适应”，且政府监管部门之间“不协同”，跨境电商企业运作“不规范”等问题时有发生。创新突破阶段的核心任务正是为了从根本上、系统性地解决上述制约跨境电商业务发展的体制机制问题。以跨境电商综合试验区试点的形式，在跨境电商交易、支付、物流、通关、退税、结汇等环节的技术标准、业务流程、监管模式和信息化建设方面先行先试，通过制度创新、管理创新、服务创新和协同发展，破解跨境电子商务发展中的深层次矛盾和体制性难题。

该阶段以 2015 年 3 月国务院发布《关于同意设立中国（杭州）跨境电子商务综合试验区的批复》为起点，到 2015 年 12 月为止。杭州成为首批跨境电商综合试验区，标志着从国家部委和地方政府支持的单一项目试点上升为国家战略层面的综合试验区试点。创新突破阶段具有以下特点：第一，从试点范围上看，跨境贸易电子商务项目试点和跨境电商综合试验区试点并行，涉及杭州跨境电商综合试验区试点和 16 个跨境贸易电子商务项目试点城市。第二，从试点内容上看，通过促进原有业务监管模式的完善和常态化发展，引导业务监管新模式的萌芽，实现跨境电商系统性的制度创新试点。第三，从制度环境上看，完善促进跨境出口电商发展的制度环境，探索形成引领跨境电商发展的制度环境。第四，从动力作用机制上看，国务院、海关总署、本地企业、杭州市政府和商务部构成“第一行动集团”。国家税务总

① 中国电子商务研究中心，《2014 年度中国电子商务市场数据监测报告》；部分数据为作者根据公开数据进行统计整理得到。

局、质检总局等国家部委形成“第二行动集团”，两大行动集团在互动中推动创新突破阶段的演化发展。其中，国务院批复杭州跨境电商综合试验区，并授权先行先试创新；杭州市政府以“两平台、六体系”为核心的建设方案的实施来推动创新试点，涉及制度创新、管理创新和服务创新的方方面面；商务部受国务院委托，承担地方政府和国家部委间政策衔接和协调的综合纽带作用；海关总署除配合业务监管创新以外，仍在推动跨境贸易电子商务试点工作，以此作为跨境电商综合试验区试点的补充。国家税务总局、质检总局等国家部委在地方政府提出创新需求后，通过相关政策文件的出台进行相应的制度创新。

具体而言，在创新突破阶段，2015 年国务院出台《关于大力发展电子商务加快培育经济新动力的意见》《关于促进跨境电子商务健康快速发展的指导意见》等文件，对跨境电商的发展进行合法性确认和指导性支持。海关总署发布《关于调整跨境贸易电子商务监管海关作业时间和通关时限要求有关事宜的通知》《关于加强跨境电商网购保税进口监管工作的函》等文件，对跨境电商通关提供便利化支持，并对跨境进口进行规范化引导，支持新兴业态的发展，使清关流程更加阳光化。国家质检总局通过《关于进一步发挥检验检疫职能作用促进跨境电子商务发展的意见》《关于加强跨境电子商务进出口消费品检验监管工作的指导意见》等文件的发布，创新检验检疫模式，为跨境电商进出口业务壮大提供便利化支持；财政部和国家税务总局就杭州跨境电商综合试验区发展实际，发布《关于中国（杭州）跨境电子商务综合试验区出口货物有关税收政策的通知》，为区域跨境电商企业发展提供地域性税收支持。杭州市政府以“两平台、六体系”为核心的跨境电商综合试验区建设，构建有利于产业发展的营商环境，引导跨境电商产业的规范化发展。具体体现在：通过制定指导意见、落地实施创新清单等产业政策工具，引导产业的发展壮大；通过建设线上“单一窗口”、线下产业园区，组织宣传推广活动、推荐会等管理和服务创新，提供便利化支持；通过组织培训会、提供免费软件等公共服务供给，降低产业发展成本。在制度创新上，杭州综试区出台了第一批共 56 条“制度创新清单”，有效地解决了跨境电商企业的运作“不规范”问题。本阶段各主体间作用机制如图 7 －4 所示。

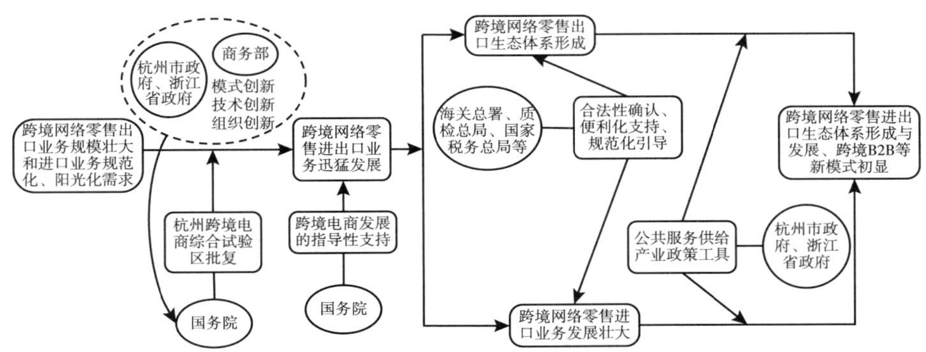

图 7 －4　创新突破阶段动力作用机制

在创新突破阶段，依托杭州的特殊地位及区域内阿里巴巴等平台型企业，跨境电商在制度创新和产业发展两个方面取得了显著的成效。具体而言，国务院及国家各部委陆续发布了 6 个意见、3 个通知、1 个函、1 个细则、1 个公告及 1 个批复，共计 14 份政策文件，涉及 5 个部门，主要涉及跨境电商出口退税、清关检疫、跨境支付等多环节。在海关通关方面，实现“简化申报、清单核放、汇总统计”推行全程无纸化；在检验检疫方面，实现了企业和商品信息的“一地备案、全国共享”；在出口退税和结汇方面，便利跨境电商企业出口退税和收付汇。地方政府通过制度创新、管理和服务创新，形成“两平台、六体系”的建设经验。从产业发展成效上看，截至 2015 年底，中国跨境电商交易规模达 5. 4 万亿元，同比增长 28. 6%，占外贸进出口总额的比重达 21. 9%（2015 年中国进出口贸易总额为 24. 59 万亿元）。其中，跨境出口交易规模达 4. 5 万亿元，同比增长 26%；跨境进口交易规模达到 0. 9 万亿元，同比增长 42. 9%。从跨境出口模式上看，跨境 B2B 出口占比 83. 2%，网络零售出口占比 16. 8%①。

① 中国电子商务研究中心，《2015 年度中国电子商务市场数据监测报告》；部分数据为作者根据公开数据进行统计整理得到。

三、创新深化阶段

创新突破阶段取得的创新经验大多是基于杭州跨境电商综合试验区，而跨境电商产业发展具有多样性和复杂性的特点。因此，在借鉴杭州试点经验的基础上，需要从更大范围内选择更多区域进行试点，以进行系统性的检验、探索和创新，形成更具普适性的跨境电商制度创新方案，为跨境电商产业生态链的形成破解制度障碍。创新深化阶段的核心任务正是为了提高制度创新成果的普适性，并适时进行补充和完善，以地方特色和优势为依托，因地制宜地复制"两平台、六体系"经验，着力在跨境电子商务企业对企业（B2B）方式相关环节的技术标准、业务流程、监管模式和信息化建设等方面开展先行先试，以更加便捷、高效的新模式释放市场活力，力图为推动全国跨境电子商务健康发展创造更多可复制推广的经验，形成跨境电商生态链发展的系统性解决方案。

该阶段以 2016 年 1 月国务院发布《关于同意在天津等 12 个城市设立跨境电子商务综合试验区的批复》为起点，到 2017 年 10 月止。创新深化阶段具有以下特点：第一，试点空间范围侧重在 13 个跨境电商综合试验区，该阶段的试点目的是通过多区域的探索试点以提高跨境电商监管制度的普适性。第二，从试点内容上看，结合更多地方的经验完善原有业务监管模式，引导以规范跨境 B2B 业务为重点的新监管模式的发展，进而丰富业务监管模式体系。第三，从制度环境上看，基本形成了覆盖整个跨境电商产业生态链的制度环境。第四，从动力机制上看，本地企业、地方政府、商务部和国务院构成推动创新的"第一行动集团"，海关总署、财政部、国家税务总局、国家总局等国家部委形成"第二行动集团"，两大行动集团在互动中推进创新深化阶段的演进。其中，杭州市政府负责总结推广"两平台、六体系"，同时在新领域探索新经验，其他 12 个综合试验区地方政府在复制、推广杭州综合试验区经验的基础上，因地制宜提出综试区建设方案，如宁波提出"三四五六"的总体建设框架，通过建设方案的制定与实施，结合地方产业特色，以公共服务供给、创新措施清单、产业政策工具落地等方式推进创新试点；国务院批复广州、深圳等12个跨境电商综合试验区，并授权先行先试；商务部提供跨境电商产业发展方向，并承担部门间的政策协调。海关总署、财政部、国家税务总局、国家市场监督管理总局等国家部委通过增列监管代码、新的通关规定等方式对新的业务模式进行合法性确认，提供贸易便利化支持等。

具体而言，在创新深化阶段，2016年1月15日国务院发布《关于同意在天津等12个城市设立跨境电子商务综合试验区的批复》，对天津等12个城市设立跨境电商综合试验区进行合法性确认。财政部联合国家税务总局等部门发布《关于跨境电子商务零售进口税收政策的通知》《关于公布跨境电子商务零售进口商品清单的公告》等文件，并单独发布《跨境电子商务零售进口商品清单》有关商品备注的说明、《跨境电子商务零售进口商品清单（第二批）》有关商品备注的说明，明确了跨境进口税收政策及跨境进口商品品类，对跨境进口的发展进行规范化引导；海关总署以《海关总署办公厅关于执行跨境电商税收新政有关事宜的通知》和《海关总署办公厅关于执行跨境电子商务零售进口新的监管要求有关事宜的通知》的出台，对符合上述税收新政和海关监管规定的跨境电商业务进行了合法性认证。此后，海关总署又公布了《关于跨境电子商务进口统一版信息化系统企业接入事宜的公告》《关于市场采购贸易方式扩大试点的公告》《关于增列海关监管方式代码的公告》《关于加强跨境电子商务网购保税进口监管工作的通知》等文件，通过信息化监管、增列监管代码等方式，提高便利化通关效率；国家市场监督管理总局2016年公布《质检总局关于发挥检验检疫职能作用促进外贸回稳向好的通知》，2017年公布《质检总局关于跨境电商零售进出口检验检疫信息化管理系统数据接入规范的公告》等文件，通关信息化手段创新检验检疫监管程序，提高便利化通关效率。作为首批跨境电商综合试验区的地方政府，杭州市政府通过实施促进条例、制度创新清单，制定业务认定标准等，进一步深化制度创新；通过优化平台综合、政务服务，组织系列活动，举办深化推进大会等公共服务供给和管理创新，为跨境电商产业的发展营造良好的营商环境。第二批跨境电商综合试验区地方政府在借鉴“杭州经验”的基础上，通过单一窗口、产业园区平台、物流平台等差异化的公共服务供给，人才发展政策、企业税收政策等多样化的政策工具，进一步验证、拓展和丰富了跨境电商创新体系。如宁波市政府通过实施创新清单，制定专项资金管理办法等，为跨境电商产业的发展提供产业政策支撑，引导跨境电商产业规范化发展；通过建设综合信息平台、线下产业园、物流平台等，开展跨境电商业务培训等公共服务供给，为跨境电商产业的发展提供便利化支持，进而降低产业发展成本；通过建立综试区领导小组，召开综试区建设大会、招商对接会等，进一步创新管理和服务模式。在制度创新上，各试验区纷纷出台对应的制度创新清单，如杭州综试区出台了第二批共 30 条“制度创新清单”，以跨境 B2B 发展为重点，注重产业发展和生态圈的营造。本阶段各主体间作用机制如图 7－5 所示。

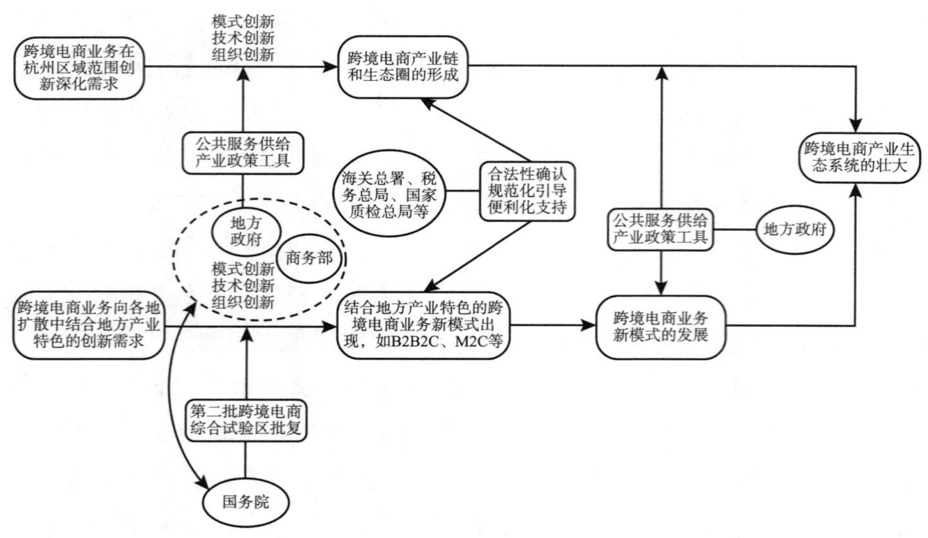

图 7－5　创新深化阶段动力作用机制

经过该阶段的试点，跨境电商已经得到国家层面的认可和支持，跨境电商产业生态链已基本形成，在制度创新和产业发展等方面取得了显著成效。从制度创新上看，国务院及国家各部委陆续发布了 10 个公告、7 个通知、3 个说明、1 个意见及 1 个批复，共计 22 份政策文件，涉及 14 个部门。在制度创新的基础上，通过业务新模式的合法性确认、贸易便利化水平提升等方式实现管理创新和服务创新，形成系列创新成果。具体而言：第一，探索建立了包括国务院、行业部委、地方政府等多主体协同推进跨境电商综合试验区建设的治理模式，通过多地区的实践积累了丰富的政府监管经验。第二，国家部委层面已基本建立涵盖各业务环节且相对完整的制度体系。第三，地方层面上，在“两平台六体系”基础上，因地制宜形成多样化的跨境电商产业发展支撑体系。从产业发展成效上看，截至 2016 年底，中国跨境电商交易规模达 6.7 万亿元，同比增长 24.1%，占外贸进出口总额的比重达 27.5%（2016 年中国进出口贸易总额 24.33 万亿元）。其中，跨境出口交易规模达 5.5 万亿元，同比增长 22.2%；跨境进口交易规模达 1.2 万亿元，同比增长 33.3%。从跨境出口模式上看，跨境 B2B 出口占跨境出口交易比重为 81.8%；从跨境进口模式上看，跨境 B2C 进口模式占跨境进口交易比重为 58.6%，超过跨境进口 C2C 进口模式，成为最主要的跨境进口电商模式。①

四、创新扩散阶段

跨境电商产业的快速发展以及产业向全国的快速转移，要求在更大范围内释放综合试验区改革红利，共享综合试验区政策红利。创新扩散阶段的核心任务正是为了释放综合试验区的改革红利，促进跨境电商产业的全方面发展，在复制推广前两批成熟经验做法的基础上，择优选择电商基础条件好、进出口发展潜力大的地方，因地制宜，突出本地特色和优势，探索推动全国跨境电商健康发展的新经验、新做法，进一步完善并提高跨境电商产业发展经验体系的普适性。

该阶段以 2017 年 11 月商务部等 14 部门发布《关于复制推广跨境电子商务综合试验区探索形成的成熟经验做法的函》为起点。创新扩散阶段具

① 中国电子商务研究中心，《2016 年度中国电子商务市场数据监测报告》；部分数据为作者根据公开数据进行统计整理得到。

有以下特点：第一，空间范围从 13 个跨境电商综合试验区扩大到 132 个，形成区域全面覆盖格局。第二，从试点内容上看，侧重于对已有业务监管模式进行大规模推广中关键风险点进行有针对性地完善，同时结合国家战略转变和地方实际情况进行二次创新及原有业务监管模式体系的落地细化，以形成具有全国统一性的业务监管体系，实现从示范试点向普惠推广转变。第三，从制度环境上看，在制度复制推广过程中，结合更大空间范围的试点，进一步完善跨境电商生态链发展的制度环境；同时，通过制度创新扩散，释放改革红利，让更多跨境电商企业享受普惠性政策。第四，从动力作用机制上看，本地企业、地方政府、商务部和国务院构成推动创新的“第一行动集团”，海关总署、国家税务总局、国家质检总局等国家部委形成“第二行动集团”，两个行动集团在互动中推进创新扩散阶段的演进。其中，第一批和第二批跨境电商综合试验区地方政府进一步深化创新，赋能跨境电商产业的发展，如杭州综合试验区上线大数据平台拓展综合服务。第三批、第四批、第五批和第六批跨境电商综合试验区地方政府在复制前两批成熟经验和做法的基础上，因地制宜进行二次制度创新和落地细化，在更大范围检验、完善并创新制度体系。商务部一方面承担各政府部门间的协调作用，另一方面在前两批以“两平台、六体系”为核心的跨境电商发展基础性政策框架总结的基础上，结合第三批、第四批、第五批和第六批综合试验区发展的实际情况，进一步完善可复制推广的跨境电商经验及政策体系。对业务新模式进行合法性确认、便利化支持及规范化引导。

具体而言，商务部联合其他部门 2017 年发布《商务部等 14 部门关于复制推广跨境电子商务综合试验区成熟经验做法的函》《关于扩大进口促进对外贸易平衡发展的意见》《关于完善跨境电子商务零售进口监管有关工作的通知》等文件，确定了以“两平台、六体系”为核心的 12 个方面 36 条创新经验的合法性地位，明确了扩大进口、平衡对外贸易发展的总基调，规范了跨境零售进口过渡期后监管要求。财政部、国家税务总局联合相关部门发布《关于跨境电子商务综合试验区零售出口货物税收政策的通知》《关于免税业务统一管理等 7 项进口税收政策的补充通知》《关于完善跨境电子商务零售进口税收政策的通知》等文件，进一步完善了进出口税收政策，特别是在进口关税方面进行规范化，为跨境进口的阳光化发展提供合法性确认、规范化引导等。2018 年海关总署通过《关于跨境电子商务统一版信息化系统企业接入事宜的公告》《关于修订跨境电子商务统一版信息化系统企业接入报文规范的公告》等文件的出台，建设全国版跨境电商线上综合服务平台，形成更加高效、便捷的软环境；通过《关于扩大市场采购贸易方式试点的公告》，提升市场采购贸易便利化水平；通过《关于实时获取跨境电子商务平台企业支付相关原始数据有关事宜的公告》《关于跨境电子商务企业海关注册登记管理有关事宜的公告》等文件，完善外贸综合服务企业管理办法；通过《关于跨境电子商务零售进出口商品有关监管事宜的公告》，进一步为跨境电商进口的发展提供合法性确认、便利化支持和规范化引导，跨境进口电商进入全产业链竞争时代。六批跨境电商综合试验区地方政府通过公共服务供给、产业政策工具等方式，进一步深化制度创新、管理和服务创新，营造有利于跨境电商产业发展的营商环境。其中，第一批和第二批跨境电商综合试验区地方政府在已取得成果的基础上，进一步深化创新，为跨境电商产业的发展提供更加便利化的支持和规范化的引导。如杭州市政府侧重推进 eWTP 倡议的落地，宁波市政府侧重加大关、检、税、汇等部门的“放管服”改革。第三批综合试验区试点的重点是复制推广前两批综合试验区成熟经验做法，因地制宜，突出本地特色和优势，着力在跨境电子商务企业对企业（B2B）方式相关环节的技术标准、业务流程、监管模式和信息化建设等方面先行先试，为推动全国跨境电子商务健康发展探索新经验、新做法。第四批综合试验区试点的重点是复制推广前三批综合试验区成熟经验做法，对跨境电子商务零售出口试行增值税、消费税免税等相关政策，积极开展探索创新，推动产业转型升级，开展品牌建设，推动国际贸易自由化、便利化和业态创新，为推动全国跨境电子商务健康发展探索新经验、新做法，推进贸易高质量发展。同时，要保障国家安全、网络安全、交易安全、国门生物安全、进出口商品质量安全和有效防范交易风险，坚持在发展中规范、在规范中发展，为各类市场主体公平参与市场竞争创造良好的营商环境。第五批综合试验区试点重点是复制推广前四批综合试验区成熟经验做法，推动产业转型升级，开展品牌建设，引导跨境电子商务全面发展，全力以赴稳住外贸外资基本盘，推进贸易高质量发展。同时，要保障国家安全、网络安全、交易安全、国门生物安全、进出口商品质量安全和有效防范交易风险，坚持在发展中规范、在规范中发展，为各类市场主体公平参与市场竞争创造良好的营商环境。第六批综合试验区试点重点是复制推广前五批综合试验区成熟经验做法，发挥跨境电子商务助力传统产业转型升级、促进产业数字化发展的积极作用，引导跨境电子商务健康持续创新发展，全力以赴稳住外贸外资基本盘，推进贸易高质量发展。同时，要保障国家安全、网络安全、数据安全、交易安全、国门生物安全、进出口商品质量安全和有效防范交易风险，保护个人信息权益，坚持在发展中规范、在规范中发展，为各类市场主体公平参与市场竞争创造良好的营商环境。该阶段各主体间作用机制如图 7－6 所示。

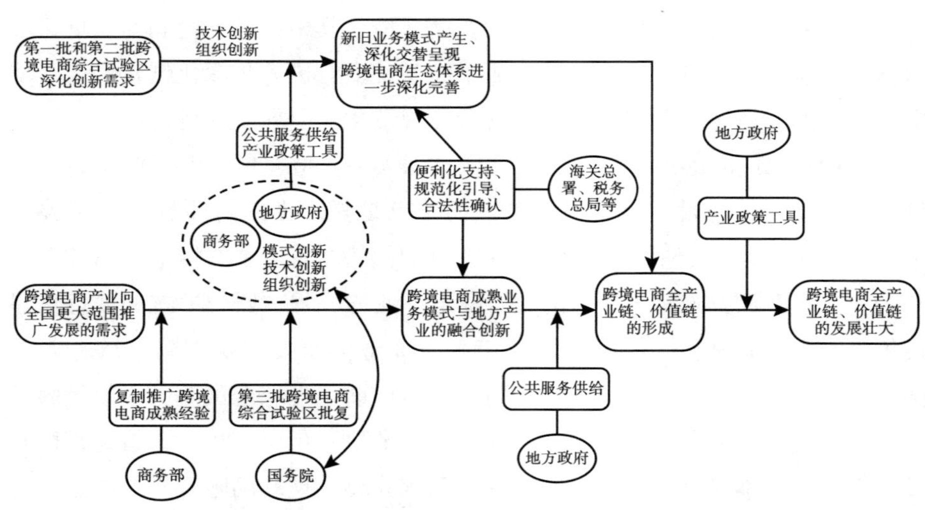

图 7－6 创新扩散阶段动力作用机制

经过该阶段的试点，跨境电商在制度创新和产业发展等方面取得了显著的成果，相关成效还在持续积累和拓展中。跨境电商“中国方案”不断成熟，跨境电商全价值链逐渐形成，对国际贸易规则的重构产生重要影响，助力中国更好地参与全球治理。从制度创新成效上看，从 2017 年 11 月到 2021

年底，国务院及国家部委陆续发布了近 40 份支持跨境电商产业发展的相关政策及规划，涉及近三十个部门。其中，跨境电商零售进口试点基本结束，相关制度体系阶段性成型，跨境电商零售出口试点成为现阶段政策与制度体系设计的重点方向。同时，地方政府在以“两平台、六体系”为核心的跨境电商基础性政策框架下，结合地方实际进一步检验、完善和创新已有制度体系。从产业发展成效上看，随着新技术的应用、制度创新的深化，跨境电商正在成为推动中国外贸增长的新动能、传统外贸转型升级的重要抓手，新型贸易发展的重要增长点。特别是随着传统外贸企业加速转型升级，海外市场需求的不断拓展，品牌出海成为跨境电商发展主流，跨境出口电商的发展从成长逐渐走向成熟，在跨境电商交易中仍占主导地位，而不断涌现的跨境电商新模式，成为中国品牌出海、提升国内消费水平的重要推动力。截至 2021 年底，跨境电商进出口规模达到了 1.98 万亿元，增长 15%；其中，出口 1.44 万亿元，增长 24.5%。跨境电商相关企业达 3.39 万家，海外仓数量超过 2000 个，总面积超过 1600 万平方米。此外，随着全国市场采购试点的扩大，2021 年我国市场采购出口 9303.9 亿元，增长 32.1%，占同期出口总值的 4.3%，拉动出口增长 1.3 个百分点。①

第三节　杭州跨境电商综合试验区高质量发展实践与经验

杭州作为我国首个设立跨境电商综试区的城市，是跨境电商创新策源地，也是全国最早开展跨境电子商务“小包出口”“直邮进口”“网购保税进口”，以及跨境 B2B 出口、保税出口等业务试点，率先探索跨境电商退换货中心、“全球中心仓”、定点配送、“保税进口 + 零售加工”等新模式，在探索中国特色跨境电子商务道路中肩负重大使命。自 2015 年获批跨境电商

① 杜雨敖：《2021 年我国跨境电商进出口 1.98 万亿元，增长 15%》，新民晚报，2022 年 1 月 14 日，https：//baijiahao.baidu.com/s? id = 1721900966835891416&wfr = spider&for = pc。部分数据为作者根据公开数据进行统计整理得到。

综试区以来，杭州加快建设具有全球影响力的跨境电商创业创新中心、服务中心和大数据中心，制度创新红利不断释放，跨境电商拉动外贸增长的作用日益显现。特别是聚焦以“两平台、六体系”为核心的杭州经验，先后制定出台三批 113 条制度创新清单，向全国 131 个综合试验区进行复制推广。纵观杭州跨境电商综合试验区设立、建设与发展的整个过程，无不体现创新实践。本节基于上述跨境电商综合试验区创新演化阶段模型，对杭州跨境电商综合试验区在创新培育、创新突破、创新深化、创新扩散四个阶段的创新实践进行分析，进而总结杭州跨境电商综合试验区发展的经验。

一、创新培育阶段

国际贸易的碎片化、小额化推动了跨境网络零售出口业务的蓬勃发展。在传统外贸增长有限的背景下，跨境网络零售出口正日益成为中国外贸增长的新引擎，对中国经济发展的贡献与日俱增。与一般贸易相比，跨境网络零售具有小批量、多批次等特点，长期以来并未纳入国家政策和海关监管范围，很难通过正常的程序实现报关，导致跨境网络零售无法享受一般贸易的退税、结汇等政策。同时，按照传统国际贸易的监管方式，难以充分发挥跨境网络零售便捷、快速的优势。为探索跨境贸易电子商务快速通关、规范结汇及退税的改革之路，解决跨境电商发展过程中遇到的问题，制定跨境贸易电子商务领域相关基础信息标准和规范制度，提高跨境贸易电子商务通关管理和服务水平，国家发展和改革委员会办公厅于 2012 年 8 月发布了《关于开展国家电子商务试点工作的通知》，杭州获批成为全国首批跨境贸易电子商务服务试点城市。

自获批成为全国首批跨境贸易电子商务服务试点城市以来，杭州市地方政府在制度创新、管理创新和服务创新等方面先行先试。地方政府通过制定规范标准、监管办法等产业政策，引导产业发展；通过构建通关服务平台、建设仓储物流基地、创新监管模式等公共服务供给，提高管理效率，降低产业发展成本，进而营造有利于跨境贸易电子商务产业发展的营商环境。从制度创新上看，杭州率先创新了跨境电子商务的监管服务模式，建立“清单核放、汇总申报”便捷通关流程和“信息互通、监管互认、执法互助”部门协同机制，初步实现“一次申报、一次查验、一次放行”，并成为海关总署（56 号公告）的标准版本。从管理创新上看，杭州下城区跨境电商产业园、跨境电商下沙园区、空港园区分别于 2013 年 7 月，2014 年 5 月和 2015 年 2 月开园运营，为跨境电商产业的发展提供产业发展平台。此外，杭州市建立中国（杭州）跨境电商综合试验区申报建设工作领导小组，创新跨境电商产业发展的管理机构。从服务创新方面看，2014 年 5 月，杭州市与海关总署共同成立工作推进小组并启动课题研究与方案编制工作，在征求相关部门及专家意见后，于 10 月份完成《总方案》并上报浙江省委省政府。杭州自获批跨境电子商务服务试点城市以来，经过多方合作与创新，取得了一定的试点成效。

自成为首批跨境贸易电子商务服务试点城市以来，杭州市积极开拓创新，试点工作取得了“四个最”的成效，走在了全国试点城市前列：第一，业务类型覆盖最全，全国唯一同时开展跨境贸易电子商务“小包出口”“直邮进口”“网购保税进口”等进出口业务的试点城市，试点商品种类最为齐全。第二，交易规模发展较快，以试点进口业务为例，截至 2014 年 10 月 30 日，杭州经济技术开发区保税进口业务累计进区备货总值已突破 1.8 亿元，交易订单突破 35 万单，交易金额达到 8149 万元，单日交易峰值自 8 月突破万单大关后，9 月 22 日达到单日交易 16519 单，位居全国 7 个试点城市之首[①]。第三，监管模式最优，建立了“清单核放、汇总申报”的便捷通关流程和“信息互通、监管互认、执法互助”的部门协同机制，初步实现“一次申报、一次查验、一次放行”，并成为海关总署（56 号公告）的标准版本。第四，产业集聚效应最强，“天猫国际”“顺丰速运”等国内外知名大型综合电商企业陆续入住试点园区，产业集聚效应和影响日益显现。杭州市政府在面对跨境贸易电子商务试点发展成果的基础上，结合跨境电商行业发展实际，整合已有在外贸、物流、电商等产业发展优势同时，积极发挥地

---

① 《下沙跨贸园今年单日交易预破五万单》，钱江晚报，2014 年 11 月 3 日，http：//qjwb. thehour. cn/html/2014 - 11/03/content_2869189. htm？ div = - 1。

方政府作为“第一行动集团”的职责，通过制度创新形成地方性法规政策，促进区域跨境电商和进出口贸易的发展，进而制订跨境电商综合试验区建设方案，并积极与上级部门对接，谋求跨境电商综合试验区的建设。

二、创新突破阶段

随着跨境网络零售出口业务发展壮大及进口业务规范化、阳光化需求，使得现行以出口业务试点为核心形成的监管制度体系与跨境电商发展需求“不适应”，政府监管部门之间“不协同”，跨境电商企业运作“不规范”等问题时有发生。为了从根本上、系统性解决制约跨境电商业务发展的体制机制问题，国务院牵头遴选对外贸易发展较好的地区展开跨境电商综合试验区试点。杭州市政府在杭州跨境贸易电子商务服务试点城市已有试点成果的基础上，结合本地外贸企业及产业发展需求，向国家申报中国（杭州）网上自由贸易试验区。经过多方联动，2015 年 3 月国务院发布《关于同意设立中国（杭州）跨境电子商务综合试验区的批复》，杭州成为首批跨境电商综合试验区，标志着杭州跨境电商综合试验区发展进入创新突破阶段。该阶段的试点工作主要在跨境电商交易、支付、物流、通关、退税、结汇等环节的技术标准、业务流程、监管模式和信息化建设方面先行先试，通过制度创新、管理创新、服务创新和协同发展，破解跨境电子商务发展中的深层次矛盾和体制性难题。

在创新突破阶段，杭州市政府以“两平台、六体系”为核心的跨境电商综合试验区建设思路，构建有利于产业发展的营商环境。即通过制定指导意见、落地实施创新清单等产业政策工具，引导产业的发展壮大；通过建设线上“单一窗口”、线下产业园区，组织宣传推广活动、推荐会等管理和服务创新，加大公共服务供给，降低产业发展成本。具体而言，首先，杭州市政府在跨境电子商务服务试点城市建设已取得成果的基础上，结合杭州跨境电商产业发展实际及已有资源，形成《中国（杭州）跨境电子商务综合试验区实施方案》，以建设“两平台、六体系”的八项创新举措为抓手，分批形成系列创新措施清单，并争取中央各部委的支持以实现创新措施落地，全面推进杭州跨境电商综合试验区的建设。其次，杭州市地方政府作为推动跨境电商综合试验区创新发展的“第一行动集团”之一，以优惠政策、先试先行的创新举措实现制度创新、管理创新和服务创新，形成有利于促进跨境电商企业自由化、便利化和规范化发展的环境。从制度创新上看，杭州跨境电商综合试验区通过出台《关于推进跨境电子商务发展的通知（试行）》，鼓励跨境电商主体培育；通过创新措施清单的落地实施，建设适应跨境电商B2C和B2B发展的监管服务体系，2015年5月首批32条创新措施在综合试验区落地，至同年7月已落地实施的创新措施达55条等。从管理创新上看，召开系列推进跨境电商发展的现场会、推荐会等，进一步加快杭州综合试验区的建设；成立跨境电商综合试验区建设领导小组办公室并开始实体化运作；重点建设中国（杭州）跨境电子商务综合试验区下沙、下城、空港、临安、江干、萧山线下园区，各线下园区陆续开园运营；2015年6月，“单一窗口”平台上线，并实现与各部门、平台数据实现对接，进一步完善“单一窗口”综合服务平台功能等。从服务创新上看，制定并实施各类招强引优行动计划、攻坚转项行动；通过各种方式宣传推广综合试验区，提升综合试验区影响力；依托大型投资洽谈会、论坛、专题推介等方式，全方位加强综合试验区的宣传和推广，提升综合试验区影响力；此外，于2015年8月28日，成立杭州跨境电子商务协会。

通过一年多的努力，杭州综合试验区初步建成“单一窗口”，形成9个方面19条创新政策。从“单一窗口”综合服务平台建设上看，在数据标准和认证体系构建的基础上，与海关、检验检疫、税务、外汇管理、商务、工商等政府部门进行数据交换和互联互通，推动政府管理部门之间“信息互换、监管互认、执法互助”，实现通关全程无纸化，提高通关效率，降低通关成本；功能模块涵盖跨境电商B2C（企业对消费者）进出口业务和跨境电商B2B（企业对企业）业务，实现一次申报、简化流程的功能。“单一窗口”综合服务平台于2015年6月上线测试，B2C业务上线；8月完成与职能部门的数据对接，开展B2B业务接口软件开发，平台集聚各类电商平台、物流企业及相关服务企业；9月B2B服务方面已完成企业备案系统部署和通关服务模块，以及与有关部门接口的对接联调；10月平台完成了与海关、国检、国税、公安、工商等监管部门的联调和跨境电商 B2B 模块的开发，并进行测试；12 月积极探索基于“单一窗口”的金融服务，与建行、浙商银行、中信保等金融机构研究跨境电商结汇、保险等业务项目，加快综合试验区金融服务体系建设。截至 2015 年 12 月，“单一窗口”综合服务平台 B2C 业务运行七个月，已累计传输出口申报小包超过 4488 万票，交易额超过 18.58 亿元；累计传输个人小包进口申报超过 1742 万票，交易额超过 28.45 亿元①。平台已集聚 321 家电商平台、1356 家电商企业、116 家物流仓储企业、31 家跨境支付平台、89 家第三方服务企业。此外，在创新突破阶段，杭州综合试验区先后有 56 条创新举措落地试验，B2C 作为跨境电子商务其中一种交易形态的制度体系已经基本建立，同时，杭州综合试验区在跨境电商 B2B 方面也进行了探索创新。在杭州海关、检验检疫、外管、国税、市场监管等部门共同努力、合力创新下，从便利通关到金融支付，到智能物流，到退税结汇，杭州综合试验区跨境电商 B2C 模式的整个监管流程及相应的制度政策体系已基本建立。如杭州海关为杭州综合试验区企业提供“全年 365 天无休，24 小时内海关办结手续”的服务；质检总局于 2015 年 11 月支持杭州综合试验区指定口岸建设，书面批复《关于在杭州空港设立进境水果指定口岸有关事项的复函》。此外，杭州综合试验区设立以来，围绕建立适应跨境电商 B2B 发展的监管服务体系方面做了大量的探索创新，并取得一定进展。如杭州海关建立跨境 B2B 出口海关监管方案；杭州出入境检验检疫局建立跨境电子商务信用数据库，加大电商企业的信用等级互认，给予诚信企业检验检疫通关便利等。

三、创新深化阶段

2016 年 1 月国务院发布《关于同意在天津等 12 年城市设立跨境电子商务综合试验区的批复》，标志着杭州跨境电商综合试验区建设进入创新深化

① 包勇：《杭州为跨境电商落下“九子”如今成效已经喷发》，浙江新闻，2016 年 3 月 8 日，https：//zj. zjol. com. cn/news. html？ id = 289184。

阶段。随着杭州跨境电商综合试验区建设的不断推进，制度创新、管理创新、市场创新等推动了跨境电商行业的繁荣，然而跨境电商企业市场创新的发展对政府监管服务体系的诉求不断更新，同时杭州跨境电商综合试验区在服务“一带一路”国家战略、探索制定国际贸易新规则、加快供给侧结构性改革中的关键地位，促使综合试验区创新深化不断推进。如上所述，一方面，杭州跨境电商综合试验区以“两平台、六体系”为核心，进行杭州经验复制推广，此时地方政府和中央政府作为“第一行动集团”；另一方面，通过深化“两平台、六体系”推动杭州跨境电商综合试验区的优化升级，加快构建数字丝绸之路战略枢纽，组织开展“新外贸新服务新制造”2.0 计划。

在创新深化阶段，杭州市地方政府继续深化“两平台、六体系”建设，以制度创新为核心任务，推动监管模式创新，促进贸易便利化发展。通过第二批制度创新清单的落地实施，实现通关便利化、退税便利化和金融便利化；依托政府端和企业端的数据沉淀，综合试验区“单一窗口”综合服务功能领先发展，实现服务能级提升、强化风险防控、完善统计监测，进而形成完整的跨境电子商务产业链和生态圈，同时以中国（杭州）国际网络贸易核心功能区、eWTP 实验区等的建设为重点，在全球贸易体系中引领网络贸易规则体系形成和新模式、新业态发展，确立全球网络贸易中心城市地位。在此过程中，杭州综合试验区坚持贯彻落实《实施方案》，始终把制度创新作为核心任务，在基本建立跨境电商 B2C（企业对个人）制度体系的同时，重点推动跨境电商 B2B（企业对企业）制度创新，推动监管模式创新，促进贸易便利化发展。从制度创新上看，深化“两平台、六体系”建设，会同关、检、汇、税等部门制定印发杭州综合试验区第二批制度创新清单，清单包括 10 个方面 30 项措施；2017 年 3 月 1 日起杭州市第十三届人民代表大会常务委员会发布的《杭州市跨境电子商务促进条例》正式实施等。从管理创新上看，杭州跨境电商综合试验区的县级园区进一步扩容，如富阳园区、建德园区、拱墅园区、西湖园区等陆续开园；积极探索“区域通关一体化”机制，在优化完善平台政务服务模块功能的同时，引导电商企业通过“单一窗口”申报出口，尝试“杭州报关，宁波、上海等口岸放行”

的跨关区申报模式。从服务创新上看，进一步深化招强引优行动，开展深化跨境电商 B2B 专项行动，组织开展跨境电商 B2B“标杆 300”行动、“E 揽全球”跨境电商百万创新服务行动，推出创新项目服务平台（e-box）等；召开各类跨境电商发展座谈会、推荐会、后 G20 时代跨境电商企业峰会等，进一步推广杭州跨境电商；确定杭州成为“网上丝绸之路”重要战略枢纽城市等。

在创新深化阶段，各类利好政策不断叠加，跨境电子商务发展势头强劲、要素资源加速集聚、生态体系日臻完善，进而推动了杭州传统外贸企业的转型升级。截至 2017 年底，全市已有超过 8000 家跨境电商企业，跨境电子商务已经成为全市外贸企业转型升级的有效选项；全市新引进跨境电商产业链企业 603 家，亚马逊、谷歌、wish、PayTM 等各大全球跨境电商平台纷纷落户杭州。为进一步提升创新项目服务的精准度和实效性，开发上线跨境电商创新项目服务平台（e-Box），自 2017 年 7 月上线以来，截至 2017 年底平台展示项目达 165 个，跨境电商企业线上预约量 3300 多个，线上线下成功对接并正式签约的合作超过 4000 个，为企业通过跨境电子商务开拓国际市场提供支撑。2017 年上半年，杭州跨境电商综合发展水平持续提升，从跨境线下园区监测的交易额数据来看，跨境电商出口势头良好，保持逐月增长趋势；2017 年 6 月份比年初的水平增长了 7700 多万美元，达到了 20266.90 万美元；而从跨境电商进口来看，除 1 月份以外，其余各月的规模基本保持小幅增长，其中 6 月跨境进口额比年初提升了 5883.96 万美元。截至 12 月底，全市实现跨境电商总交易额 99.36 亿美元，同比增长 22.49%，其中出口 70.22 亿美元、进口 29.14 亿美元，同比分别增长 15.87%和 42.03%，跨境电子商务已经成为外贸增长的新动能①。

四、创新扩散阶段

2017 年 11 月，商务部等 14 部门发布《关于复制推广跨境电子商务综

① 根据中国（杭州）跨境电商综合试验区官网公开资料及数据，进行整理汇总得到.

合试验区探索形成的成熟经验做法的函》，标志着杭州跨境电商综合试验区建设进入创新扩散阶段。该阶段杭州综合试验区试点工作的重点是进一步推动跨境电商 B2C 和 B2B 模式创新，着重培育跨境电商的新渠道、新主体、新品牌、新队伍，深入推进跨境电商供应链智慧化、贸易便利化，加快打造全球一流跨境电商示范中心。同时，积极推动杭州综合试验区的创新经验向新批复的四批 119 个综合试验区进行复制推广。

一方面，在创新扩散阶段，杭州综合试验区通过管理创新和服务创新，率先落实国家层面政策及系列试点工作。主要体现在：一是积极推动跨境电商出口零售税收政策率先落地实施，2020 年 1 月，杭州综合试验区率先走通跨境电商零售出口企业所得税核定征收全国首单。二是积极推动跨境电商 B2B 模式落地实施。2018 年 2 月 8 日，启动跨境保税出口业务，全面走通跨境商品特殊区域出口 B2B 和 B2C 模式的全面走通。2020 年 7 月 1 日起，杭州综合试验区在全国率先实现 9710（跨境电商 B2B 直接出口）、9810（跨境电商出口海外仓）等跨境电商 B2B 出口 4 种模式全覆盖。2020 年 7 月 21 日，天猫国际联合杭州综保区正式启动“保税区工厂”项目，全国首创“保税进口 + 零售加工”大进口新模式。三是落实全国首批本外币合一银行结算账户体系试点，探索贸易外汇收支便利化试点、开展跨境融资转卖，启动首单知识产权证券化项目，试点外汇 NRA 账户（境外机构境内外汇账户）不落地结汇、合格境外有限合伙人（QFLP）、新型离岸转口贸易付汇等业务，促进资金自由便利。四是率先设立一批跨境电商产业服务平台。如 2020 年 5 月 13 日，发布全国首个跨境进口商品质量安全公共服务平台；2020 年 7 月 15 日，设立全国首个互联网法院跨境贸易法庭；2021 年 5 月 26 日，启用全球跨境电商知识服务中心；2021 年 9 月 17 日，亚马逊全球首个、亚马逊全球开店在亚洲的首个综合性卖家培训中心正式启动并落户杭州；2021 年 12 月 30 日，杭州国际邮件交换站正式挂牌运营。五是建立健全跨境电商人才培养体系。共同发起设立了全国首家跨境电商学院——中国（杭州）跨境电商学院、浙江省跨境电商人才联盟。目前共有 20 所在杭高校开设跨境电商专业或方向课程，浙江工商大学、浙江外国语学院、杭州师范大学、浙江金融职业技术学院 4 所院校成立跨境电商学院，依托知名平台推进亚马逊“101 时代青年人才计划”、eBay“E 青春”计划，助力跨境电商“复合型人才”和“数字化人才”的培养。

另一方面，继续全面深化制度创新，激发跨境电商发展活力。主要体现在：一是制定《杭州市人民政府关于加快推进跨境电子商务发展的实施意见》，涵盖主体培育、品牌培育、品牌全球推广、人才建设、产业园区建设、仓储物流六大方面 18 条主要政策。二是发布杭州跨境电商产业三年倍增行动，聚焦加快跨境电商数字化转型、品牌化升级和供应链协同，推动跨境电商实力倍增、数量倍增和服务倍增。三是作为海关总署促进跨境贸易便利化专项行动的八个试点城市之一，杭州海关出台推进跨境贸易便利化专项行动 23 条措施。其中包括：杭州海关将支持浙江省各跨境电子商务综合试验区建设，助力传统外贸出口企业转型跨境电商 B2B，扩大试点企业范围和数量，实现跨境电商出口业务扩围增量；支持打造跨境电商进口退货中心仓；在杭州综保区探索建立跨境电商网购保税进口超期退货商品的管理机制，积极支持杭州综保区打造跨境电商网购保税进口退货中心仓。四是发布跨境电商品牌出海“雏鹰”行动计划，即顺应全球贸易和消费格局的重大变化，尤其是跨境贸易加速线上化、海外电商渗透率大幅提升的趋势，大力实施跨境电商品牌培育行动，以跨境电商带动贸易转型、产业升级和价值重塑。五是为深入推进海关总署 2022 年促进跨境贸易便利化专项行动，制定《2022 年进一步深化杭州跨境贸易便利化改革若干措施》，对标对表先进口岸城市经验做法，进一步深化改革创新，提升杭州跨境贸易便利化水平。

目前，跨境电商已成为杭州外贸发展新动能、转型升级新渠道和高质量发展新抓手。据商务部“2021 年跨境电子商务综合试验区评估”结果，杭州综合试验区为全国第一档“成效明显”。截至 2021 年底，杭州实现跨境电商进出口额 1114.17 亿元，其中跨境电商出口占杭州外贸出口的 20%。在跨境电商综试区建设带动下，杭州外贸出口同比增长 27.2%，增速分别高于全国、全省 6 个百分点和 7.5 个百分点。从平台建设来看，据不完全统计，全球具有影响力的平台如亚马逊全球开店、Shopee、Wish 等平台都来与杭州综合试验区合作，同时，本土跨境电商平台全球速卖通、阿里巴巴国际站、Lazada、Newegg、wholee、Fordeal、外贸快车、集酷等年出口额约

2450 亿元，覆盖 200 多个国家和地区，服务中小企业超 60 万家。天猫国际、考拉海购等杭州本土跨境零售进口平台约占全国一半份额。从主体培育来看，子不语集团、圣奥集团等一大批年跨境电商交易额过千万美元甚至过亿美元的跨境电商大卖家崛起，涵盖了纺织服装、五金工具、家居卫浴等多个领域。截至 2021 年底，杭州跨境电商卖家店铺数 48265 个，培育年交易额 2000 万元以上的跨境电商卖家 411 家、年交易额过千万美元跨境电商卖家 184 家[①]。拥有估值超过 1 亿美元的领军企业 23 家，有 27 家企业 30 个品牌跻身浙江跨境电商出口知名品牌、占全省 1/3。从跨境支付体系来看，杭州拥有连连、pingpong、万里汇、珊瑚跨境等全国领军跨境支付机构，是全球跨境电商支付中心。其中，杭州连连、PingPong、WorldFirst、珊瑚跨境等杭州跨境支付机构占据行业领先地位，服务市场主体达百万级，服务网络覆盖全球，年交易规模约 5000 亿元。从人才培养来看，杭州综合试验区持续开展跨境电商精英人才培育工程、创业人才培育工程等多层次、多梯度跨境电商人才培育工程，2021 年杭州累计培育各类跨境电商人才 8. 63 万人次。

第四节 跨境电商综合试验区试点的经验与启示

（一）深化跨境电商改革持续完善顶层设计

既要重视发挥各跨境电商综合试验区开展跨境电商改革的主动性、创造性和积极性，又要充分发挥顶层设计的引领导向作用，形成深化跨境电商改革创新强大合力：一是商务部、海关总署等部委应进一步加强跨境电商创新业务模式，特别是跨境电商 B2B 业务模式的认定，有序推进跨境电商标准化工作，提高精准化、规范化管理能力。二是各跨境电商综合试验区应进一步深化跨境电商领域“放管服”综合改革，推进境内外跨境电商服务体系

① 王青：《降低物流成本 培养标杆企业 全球跨境电商峰会在杭举行》，都市快报，2022 年 7 月 29 日，https：//mdaily. hangzhou. com. cn/dskb/2022/07/29/article_detail_2_20220729A041. html。

建设，加强数字技术在跨境电商监管、服务领域应用，不断激发改革动力、创新活力与开放潜力。三是加快落实跨境电商零售出口货物税收政策，建立“中欧班列”、全货机航线政府补贴退出机制，营造公平、可预期的营商环境。

（二）加强跨境电商服务国家战略

推动与“一带一路”倡议等国家重大决策的对接，重点加强规划融合、政策协调、措施联动，形成促进“中国制造”高水平“走出去”的战略合力。推动与京津冀协同发展、长江经济带发展、长江三角洲区域一体化发展、粤港澳大湾区建设、黄河流域生态保护和高质量发展等国家区域发展战略的对接，各跨境电商综合试验区应根据当地区位交通条件、产业发展基础以及区域发展战略目标，因地制宜接续制定综合试验区三年行动纲要，突出当地特色，促进区域融通、共赢发展。优先鼓励广东、浙江、上海、海南、福建、河南、重庆、天津、辽宁等自由贸易试验区试点省市，推进跨境电商综合试验区与自由贸易试验区的政策协调、机制协同、区域联动，提升开放型经济发展水平。

（三）协同推进跨境电商业务、管理和服务创新

鼓励跨境电商业务模式创新，支持跨境电商 B2B 业务创新发展，推动跨境电商进口商品零售业态创新。构建与跨境电商新业态、新模式、新业务相适应的行业管理与服务体系，重点依托跨境电商综合试验区线上综合服务平台，有序推进跨境电商业务关键环节的数据归集与综合利用，注重加强境外业务环节与服务资源的信息互通、数据互联与资源共享，建立覆盖贸易全过程的业务数据链，为延伸口岸监管链、拓展行业服务链提供技术与数据支撑。

（四）支持跨境电商综合试验区推进“三个联动”

加强跨境电商与制造业联动，优先依托国家外贸转型升级基地，发展“产业集群 + 外贸综合服务平台”、工贸一体化等联动模式，加快培育跨境

电商供应链企业。加强与非试点城市的联动，通过设立虚拟口岸、建立快捷物流通道、共用跨境电商综合试验区线上平台等方式，推动跨境电商口岸与服务资源输出，共享跨境电商综合试验区发展红利。加强与海外仓、境外经贸合作区等境外网点的联动，建设跨境电商贸易大通道，促进境内外信息、资源、要素互联互通。

（五）深化跨境电商品牌出海模式创新

积极培育具有强大国际资源整合能力和跨境电商供应链集成运营能力的跨境电商龙头企业，支持传统出口制造企业和外贸企业从“产品走出去”转向“品牌走出去、服务走出去”。支持企业加强研发设计，提高文创价值，将文化融入产品设计之中，打造一批拥有 IP（知识产权）的高附加值品牌。支持老字号、历史经典文化产品等特色商品通过跨境电商走出国门。推动“跨境电商 + 外贸综合平台服务 + 制造业数字化”联动发展，支持本地特色产业集群“抱团出海”，通过与全球跨境电商主流平台共建线上特色产业带、自建境外独立站、共享海外服务资源等方式，拓展海外市场。四是落实完善对外贸综合服务平台的包容性监管，引进和培育一批辐射能力强、功能完善的外贸综合服务企业，支持供应链服务能力较强企业打造专业型综合服务平台。

（六）加强品牌建设提升境外权益保障能力

提升企业品牌意识，鼓励企业开展商标和专利境外注册，加强知识产权保护和打击假冒伪劣工作。建立境外权益保障服务体系，培育熟悉海外市场的专业服务机构，为企业提供品牌、商标、法律、知识产权等服务。支持块状经济、产业集群、供应链上下游企业在海外建立知识产权维权联盟，推动共同维权、联动维权、网络维权。构建跨境电商商品溯源与质量监管体系，建立主要进口地、出口地商品质量标准信息目录，加强质量标准信息、动态监测数据、企业信用信息的实时归集，不断完善商品溯源与质量监管数据链。

（七）积极参与跨境电商国际规制建设

积极参与世界海关组织、世界贸易组织等全球权威机构对电商规则的研究和孵化。联合国内外权威机构，共同建设跨部门、跨学科、跨领域的高层次研究机构，加强跨境电商领域重大规制课题的系统性、基础性研究。鼓励各跨境电商综合试验区利用友好城市、国际展会等国际交流对话平台，推进跨境电商国际交流与务实合作，优先加强与共建“一带一路”国家的跨境电商贸易合作，探索双边或多边的跨境电商规制安排，促进信息互换、标准互通、流程互联、执法互助。发挥国际标准化组织电子商务交易保障技术委员会作用，积极参与全球跨境电商标准化制定组织。有序推进 eWTP 全球网点布局，不断完善数字贸易标准和规则体系，构建服务全球中小企业和创业者的数字贸易公共服务平台网络。

第八章

构建现代流通体系畅通双循环的思路与路径

第一节 战略目标

以习近平新时代中国特色社会主义思想为指导，贯彻落实党的十九大和党的十九届历次全会精神，按照《中华人民共和国国民经济和社会发展第十四个五年规划和2035年远景目标纲要》的总体部署，完整、准确、全面贯彻新发展理念，紧紧把握全球新一轮科技革命和产业变革孕育突破在即、国际科技经济分工格局酝酿深度调整的重大机遇，牢牢把握扩大内需战略基点，以推动高质量发展为主题，以深化供给侧结构性改革为主线，以创新发展为驱动，以数字化、标准化、集约化、平台化、国际化为发展方向，以满足人民日益增长的美好生活需要为根本目的，以提升流通效率、降低流通成本为中心，以畅通“生产与消费循环、城市与农村循环、内外贸市场循环以及跨区域循环”为目标，以“引领新消费、拓展新场景、培育新业态、带动新制造、实施新治理”为主线，协同推进八项现代流通体系建设任务，加快构建安全高效、统一开放、竞争有序、城乡一体的现代流通体系，为构建新发展格局和实现经济社会高质量发展提供有力支撑。

第二节 战略思路

一、扩大内需，引领新消费

既要加快推动流通补短板强弱项，破解制约当前扩大居民消费的堵点、痛点和难点，促进农村消费、汽车消费、家电消费等重点消费领域扩容提质，加快形成扩大内需的支撑点；也要积极推动换代消费、5G 消费、服务消费绿色消费等新消费热点的加快形成，培育在线教育、在线医疗、在线文娱、在线购物等线上消费，加快释放文化、旅游、体育、养老、托幼、家政、教育培训等服务消费潜力。同时，还要发挥流通在就业增收和脱贫攻坚领域的重要作用，通过“稳就业、保收入”，提高中低收入群体收入，扩大中等收入人群比例，进一步挖掘国内消费市场潜力。

二、数字赋能，拓展新场景

着力推进商业科技发展，适度超前布局有利于新产品、新服务和新业态拓展应用的消费互联网和工业互联网基础设施，鼓励企业积极开展 5G、大数据、人工智能、物联网、区块链等先进信息技术在商务领域应用创新，完善支撑流通新业态的数字消费基础设施，培育创建一批数字消费示范城市。加速流通数字化智能化改造和跨界融合，进一步利用数字技术改造提升零售商业网点、高品质步行街、夜间经济消费街区等传统流通服务设施，持续推动实现更大范围、更广领域、更深层次的线上线下融合，提升远程办公、云展会、无接触服务、共享员工等新兴商业模式和场景应用，助力流通高质量发展。

三、创新驱动，培育新业态

充分利用国内国际双循环为流通新业态发展提供的市场拉动力量，大力支持新零售、直播电商、内容电商、社交电商等新业态的有序发展，积极培育社区拼团、云逛街、智慧商店、无接触配送、无人零售等新模式。同时，全面部署数字生活新服务行动，打造一批“互联网＋生活性服务业”创新引领区，培育数字生活服务新业态、新模式。另外，继续深化市场采购试点和跨境电子商务综试区试点工作，加快开展以数字贸易为核心的新型国际贸易方式创新，深化在跨境电商、市场采购、外贸综合服务等领域的模式与业态创新，推动贸易数字化创新，促进国内贸易发展质量变革、效率变革、动力变革。

四、畅通循环，带动新制造

既要充分利用流通的市场信息传导作用，实现生产端与消费端的有效链接，提高消费和生产的信息匹配水平，推动供需互促、产销并进，促进消费和生产协同发展；也要发挥流通的品牌和渠道优势，对制造企业进行品牌和渠道赋能，促进生产方式转变，打造高附加值、高技术性与先进性并存，使其处于全球中高端位置的制造业价值链。推动产业升级、消费升级协同共进；更要发挥流通引领需求和创造需求的作用，从最终消费者需求出发，以消费者为中心，通过商流、物流、资金流、信息流和数据流构成的渠道体系，导向生产和供给，扩大优质商品和服务供给，进而带动新制造。

五、制度引领，实施新治理

坚持市场有效和政府有为，加快改革创新和流通治理升级，探索建立“包容审慎”监管、政府与平台协同、行业自律有机结合的流通治理机制。既要充分发挥企业的市场主体作用，探索建立行业自律、自治机制；也要发挥体制机制改革积聚的推动力量，加快推动供给侧结构性改革，以数字化改革为牵引，推进流通治理体系和治理能力现代化，营造有利于新生事物发展、创新创业人群汇聚的生态环境，激发市场主体创新活力和潜能；还要加快探索创新以跨境电商为核心的新型贸易规则，不断完善数字贸易标准和规则体系，统筹市场、商贸、物流、交通、金融、信用等领域，形成和发挥现代流通体系的整体性作用，为高质量流通发展提供必要的制度保障。

六、开放协同，构建新格局

抓好重要窗口建设机遇，坚持实施更大范围、更宽领域、更深层次的对外开放、区域合作。一方面结合自贸试验区及联动创新区制度创新优势，充分发挥我国消费、外贸和电商优势，积极延伸产业链、供应链和价值链，培育大型现代流通企业，深度参与全球分工，全面提升流通国际交流层次和合作水平，努力打通国际循环；另一方面打破区域市场藩篱，推动要素合理流动，以我为主、内外兼修，进一步畅通国内大循环，提升经济发展的自主性、可持续性，增强韧性，引领内外贸一体化创新发展，带动国内、国际协同发展，通过建设现代流通体系为构建以国内大循环为主体、国内国际双循环相互促进的新发展格局贡献力量。

第三节　战略路径

加快构建国内国际双循环发展新格局，是党和中央为有效应对当前复杂严峻国际形势而做出的重大国家战略部署，具有历史性、战略性和紧迫性的时代意义。统筹推进现代流通体系建设，在更大范围把强大统一的国内市场联系起来，更大程度地把国内国际两个市场、两种资源统筹利用起来，将庞大的国内消费需求及其带动的投资需求转化为畅通“生产与消费、城市与农村、区域与区域、内贸与外贸”四大双向子循环的重要动力，促进形成更高层次、更高质量、更高水平和更高效率的国内国际双循环新发展格局，是双循环新格局下现代流通体系建设的战略使命。

一、实现更高层次的生产与消费循环

第一，提升流通业精准匹配生产与消费的信息服务能力，破解生产与消费的空间结构型失衡。尤其是要发挥互联网平台的大数据优势，提高消费和生产信息的匹配水平，促进消费和生产协同发展。第二，提升流通业引领生产方式升级并满足居民品质消费需求的能力，破解低端产品供给与品质消费需求失衡。既要支持、鼓励企业运用大数据分析顾客消费行为，采用网络平台、移动终端、社交媒体与顾客互动，建立健全消费需求反馈机制，做精做深体验消费；也要加快实施品字标工程，弘扬“工匠精神”，提升我国消费品制造水平，有效提升商品供给质量。第三，提升流通对制造业品牌、营销和数据赋能能力，促进生产经营方式升级，破解制造业价值链中低端长期锁定困境，改变以往“低端嵌入”的发展模式。利用电子商务等现代流通方式对企业进行品牌和渠道赋能，支持制造企业深度拓展国内国际市场，支持从“以产定销”的传统生产方式向“以销定产”“智能制造”等柔性生产方式转变。第四，提升流通带动新消费新服务的能力，破解新兴服务供给与服务消费需求失衡、线上商品低效供给与居民线上消费需求失衡。大力发展“互联网+服务”模式，以新服务带动新消费，以新消费促进新服务，推动资源有效整合，带动整个服务业提质增效。第五，发挥现代流通体系在就业增收和脱贫攻坚领域的重要作用，通过“稳就业、保收入”，提高中低收入群体收入，扩大中等收入人群比例，进一步挖掘国内消费市场潜力，带动消费扩容。

二、实现更高质量的城市与农村循环

第一，建设农产品现代化流通体系，拓宽农产品上行通道，破解农产品消费需求与供给能力的不平衡问题。发挥流通对农村农业生产方式转变的牵引作用，引领农业生产力、生产方式和生产关系重构，农业全产业链升级提质，实现农产品的精准化、标准化生产，培育一批具有地域性特点的农产品品牌，加快形成乡村振兴新动能。第二，建设现代农村市场体系，畅通工业品下乡渠道，破解农村居民消费升级需求与农村流通现代化水平的不平衡问题。挖掘我国农村地区腹地的超大规模市场潜力，通过优化农村市场优质商品和服务供给，促进农村居民网络消费扩容提质，更好地满足农村地区人民群众美好生活愿望。第三，完善农村流通基础设施，畅通城乡要素资源流动通道，破解农业农村现代化与农村基本公共服务不平衡问题，促进城乡高质量融合发展。通过补齐农村基础设施短板，发挥农村流通网络提质增效作用，提升农村基本公共服务水平，畅通城乡交易“绿色通道”，保障城乡物资及服务双向顺畅流动，推动城乡高质量融合发展。第四，构建新型农业生产利益联结机制，形成自我发展机制等，破解更加突出的农村区域发展不平衡问题。发挥流通业脱贫增收作用，推动企业供应链下沉、物流下沉、商品和服务下沉，巩固脱贫攻坚成果的同时带动一批面上实践，形成一批特色村落，推动示范村串珠成链，以链拓面，带动欠发达农村地区产业发展及贫困群众脱贫致富。

三、实现更高水平的内外贸市场循环

第一，推动内外贸一体化制度集成创新试点探索，促进内外贸法律法规、监管体制、质量标准等相衔接，加快创建有利于内外市场一体化的体制机制，进一步释放贸易便利化、自由化红利。第二，加快推进自由贸易试验区、海南自由贸易港、国家进口贸易促进创新示范区、综合保税区等对外开放平台的引领示范作用，鼓励各类对外开放平台，结合自身资源禀赋探索发展特色，打造一批实施全面深化改革和试验最高水平开放形态的重要实践样板。第三，全面实施内外销产品“同线同标同质”行动，支持外贸企业多向拓市，完善出口转内销供应链体系，打造国内自有品牌。鼓励外贸加工制造企业通过自营、合作等方式增加国内市场优质商品供给。第四，扩大流通业对外开放水平，以集聚优质消费资源、建设新型消费商圈、推动消费融合创新、打造消费时尚风向标为重点，建设国际一流消费中心城市，扩大进口消费规模，创新进口消费模式，将全球优质商品引入国内市场，满足人民更高水平的美好生活需要。第五，依靠国内市场和产业基础建立内外贸市场循环链条，提升我国全球价值链话语权。培育具有全球竞争力和资源整合力的跨国流通企业，提高流通企业“走出去”水平；积极推动全球新型贸易规则制定，培育发展更具竞争力的新型贸易业态。

四、实现更加协调的跨区域协同循环

首先，加快跨区域铁路、公路和机场等重大交通基础设施建设，优化布局一批全国物流枢纽节点，提升关键物流通道的运行效率，破解制约商品及资源跨区域流动的物流瓶颈，推动区域间融通补充、联动发展，因地施策形成差异化、特色化的区域协调发展模式。其次，加快培育电子商务、网络直播等流通新业态，降低中西部内陆区域及小城镇的企业进入市场的交易成本，促进大中城市及东部沿海地区企业向内陆区域、小城镇及大城市郊区渐次迁移，引导资源要素在空间上更加均衡地布局，集中更多资源在中西部有条件的地区培育发展新的经济区，缩小区域差距。最后，建立健全促进形成全国统一大市场的制度体系。全面落实“全国一张清单”管理模式，增强公平竞争审查制度刚性约束，消除垄断主义及地方保护主义，严禁各地区各部门自行发布具有市场准入性质的负面清单，健全市场准入负面清单动态调整机制，建立有利于发挥大国经济纵深优势的现代市场体系。

第四节　战略任务

一、培育消费热点，壮大新型消费

消费是人民对美好生活需要的直接体现，夜间消费、进口产品消费、国潮消费和文化娱乐、健康医疗、教育培训等服务消费新热点出现，不仅会创

新供给、扩大市场有效需求，还将有力地促进国民经济较快增长，让消费成为我国经济发展的重要引擎。

（一）积极培育壮大服务消费

一是促进旅游消费。加强国家文化和旅游消费试点城市建设工作，加强商业、文化和旅游资源的串联整合，建设一批布局合理、功能完善、特色鲜明、带动力强的商文旅融合消费集聚区，推动演艺、非物质文化遗产和文物资源等与旅游产业融合。做好旅游景区和项目的改造提质工作，围绕“90后”“00后”消费者需求，深挖旅游资源，完善提升景区设施及服务，开发旅游项目和旅游产品，提升服务品质。鼓励建设汇集文创商店、特色书店、小剧场、文化娱乐场所、体育健身场所等多种业态的消费集聚地。二是拓展文化消费。支持有条件的乡村、社区配套建设各类影院、书店、图书馆等；结合消费需求大力发展“国潮”消费，弘扬自身文化特色；鼓励发展新型书店和阅读空间，支持在城镇商业区建设集阅读学习、展示交流、聚会休闲、创意生活等功能于一体、布局合理的复合式文化场所。三是发展体育消费。出台政策要求各地开放各类公共体育场馆，完善、提升社区体育运动设施，提高体育场所和设施的利用率，为群众开展体育活动、进行体育消费提供便利。新建、改造一批体育场馆，鼓励各类体育设施开放运营，支持开展各类体育活动。四是推动养老消费。培育和壮大养老服务机构，制定对养老机构扶持政策，降低其准入门槛和经营成本，改造闲置社会资源作为养老机构的场所；积极支持有条件的地市建立高龄补贴制度，推动长期照护保险制度落地，引导企业开发满足老年人需要的产品和服务。发展智慧养老、康养联合体等新业态、新模式，大力发展银发经济，建设老年友好型社会。五是实施生活服务数字化行动。推动生活服务业向高品质、多样化、智能化升级，引导企业丰富线上服务供给，优化到店与到家双向服务模式体验，完善家政、洗染、美发等生活服务业标准。六是加大服务消费扶持。继续通过免税免租、定向补贴、发放消费券等方式，支持文化旅游、住宿餐饮、休闲娱乐、居民生活服务等受疫情影响较大的行业，扩大信息消费、体育消费等新兴服务消费规模。

（二）精心谋划发展夜间消费

一是建设提升夜间消费载体，培育多个夜间消费节点。打造夜间经济集聚区，依托现有商圈、步行街区、城市综合体、文体场馆、旅游景点和公园等，打造核心夜间经济集聚区；建设改造夜市商业街区，利用现有特色商业街区，明确夜市商业街区的空间规模、业态特点、服务特色，配套各类设施，完善服务功能；培育居民夜间消费节点，依托现有社区便利店、药店、书店、餐饮店等，充分考虑居民夜生活需要，通过改造提升，满足居民“夜购、夜食、夜娱、夜行、夜学”需求。二是丰富夜间消费体验活动。开展“夜赏演艺”活动，在景区、文化场所推出高品质视听演艺节目，满足市民及游客文艺多样化需求；开展“夜购名品”活动，鼓励城市综合体、大中型商场、大卖场开展夜间推广展示、打折让利活动，在店庆日、节假日期间开展“不打烊”等晚间促销活动，为市民夜间休闲购物提供方便；开展“夜游景观”活动，支持开展灯光夜游、江河夜游，开办夜间特色集市、非遗集市等，推出一批“夜生活”打卡地；开展“夜健美体”活动，鼓励各大体育场馆、学校运动场、企事业单位“灯光球场”等健身运动场所夜间免费向社会公众开放，利用城市公园和绿地增设运动场地，引导市民参与夜间群众性体育健身活动。三是创新夜间经济消费模式。通过智慧城市公共服务平台、微信、商业 APP 等实现夜间消费导航、新品发布、精品展览、时尚活动、美食地图、娱乐指南、线上预订等智能服务，构建场景化、立体化、智能化的消费环境，实现夜间经济线上线下消费体验的智慧融合和无缝对接。四是便捷夜间公共交通。进一步优化夜生活集聚区、夜市商业街及周边公共交通线路设置，加密公交车辆夜间运行班次，延长夜间公交车、地铁运营时间。引导出租车企业和网约车平台加强重点夜市区域的夜间车辆调配。规范夜间消费场所停车位管理，增加夜间停车位、出租车候客点，允许夜间特定时段临时停车，鼓励免收或减收停车费。五是完善配套服务。合理配置夜间文化和旅游消费场所咨询服务、夜间标识、景观小品、休闲设施、环卫设施、供水供电、公共 WI－FI、休息座椅、夜间照明等配套设施。完善污水收集处理、餐饮油烟处理、垃圾分类处理、公共厕所设置等配套服务。

（三）有序扩大进口商品消费

一是建立与主动扩大进口相适应的制度与政策体系。重点推动税收体制从服务于出口转向服务于进口，降低关税总水平，尤其是大幅降低或取消药品、常见病所使用的医疗器械进口增值税，以及重要日用消费品进口增值税；同时，加快放开社会资本的市场准入，发挥外资对扩大进口的带动作用。二是充分利用中国国际进口博览会已成为全球最大采购供应平台的有利条件，发挥地区优势，组织地方采购团和企业采购团，引进全球最新的优质商品和服务。同时适时举办国际消费季促进活动，带动消费品进口，满足居民中高端消费需求。三是学习进口博览会在创新贸易便利举措、通关便利模式、展会现场服务方式、展品交易模式、搭建服务平台等方面出台的一系列政策，提炼总结并形成可复制推广经验，为制定进口消费政策提供借鉴。四是推动进口贸易创新示范区创建，积极培育进口交易平台、进口展贸平台、进口供应链平台和进口促进服务平台，搭建产销沟通渠道，打造进口商品“世界超市”，更好地满足多元化消费需求。五是扩大进口商品销售。支持义乌、海宁等地知名商品交易市场引进和培育进口贸易主体，办好进口产品交易区，拓展进口分销渠道，办好进口商品会展；鼓励大型商贸流通企业、电商平台扩大进口类别，设置进口产品销售专柜、专区，促进进口商品销售。六是探索创新“保税 +”业态模式，培育保税仓直播销售模式，支持海关特殊监管区内“即买即提”业务。探索设立市内免税店和退税店，提升跨境电商进口商品触达城市商业综合体、免税店等多样化零售场景的能力，激发跨境进口消费潜力。

二、释放需求潜力，升级传统消费

牢牢把握扩大内需战略基点，顺应居民消费升级趋势，把扩大消费与改善人民生活水平结合起来，以汽车消费、智能手机消费、智能家居消费、高品质生活用品消费为重点，引导消费升级换代，全面促进消费提质扩容，激发居民消费潜力，积极参与强大国内市场建设，增强消费对扩内需的引领作用。

（一）促进重点商品的换代消费

一是在汽车领域，推动汽车等消费品由购买管理向使用管理转变，鼓励有条件的地区开展汽车下乡和以旧换新，健全报废机动车回收利用体系；鼓励品牌经销商在城市中心商业区开设城市展厅，在供电保障和电价方面给予支持；鼓励经销商在郊区（县）开设跨品牌的综合销售展厅并提供相关服务；探索允许居民部分使用住房公积金购车；支持汽车生产企业和经销商提供多样化的汽车金融服务，降低购车门槛；活跃二手车市场的同时积极发展汽车后市场；加大新能源汽车推广应用力度，完善新能源汽车充电设施，降低更换电池成本；做好平行进口车的试点工作。二是在智能手机领域，鼓励厂商、销售商和电信运营商共同发力，推动5G手机扩大市场规模；鼓励研发基于现实增强、人工智能、虚拟现实等新技术的手机应用，拓宽手机功能边界，共建5G商业生态，刺激手机换代消费。三是在数字信息产品领域，进一步拓展信息消费新产品、新内容、新模式，推动数字娱乐、数字传媒、数字出版、网络文学等行业发展；开发超高清视频终端、虚拟现实、增强现实等信息消费产品。四是在智能家居领域，建立统一的接口标准，依托信息技术手段，引导企业打通家电、照明、安防、家具等行业界限，提供灵活多样、方便智能、可升级性强的智慧家居解决方案。五是在高品质日用品领域，以绿色、科技型产品为重点，支持出口代工企业针对终端需求提升研发力度，加强品牌建设，完善产品及服务品质，构筑内销渠道。六是在老字号领域，支持传统“老字号”品牌及产品生产商等开展基于电子商务引领的数字化转型，开发传统IP（知识产权资产）的新价值；建立老字号动态管理机制，完善中华老字号名录；举办“老字号嘉年华”系列活动，打造、提升、扶持一批文化特色浓、品牌信誉高、引领性强、市场竞争力强的中华老字号。

（二）促进传统消费提质升级

一是挖掘农村消费。深入实施快递业“两进一出”工程，改造提升农村流通基础设施，加强农村商贸基础设施建设，加快县乡村三级物流网络和中心站点建设，推进快递服务和电商配送行政村全覆盖；建设现代商贸特色镇、商贸发展特色村，支持建设集休闲、娱乐、购物、餐饮等为一体的农民消费服务综合体；实施电子商务进万村行动，探索推广“特色产业村＋新零售”模式，开展“村播计划”，推动电商与乡村旅游、休闲农业等多产业融合，继续支持淘宝镇、淘宝村建设；加强农产品产销对接，支持发展直播带货、社区电商等，支持订单农业发展；谋划开展汽车家电下乡和以旧换新活动，引导农村居民将报废三轮汽车补助用于购买汽车。二是适当增加公共消费。精准施策引导财政性资金向养老育幼、住房、教育、医疗等公共消费领域倾斜；进一步扩大保障性租赁住房供给；以国家医学中心、国家区域医疗中心建设为牵引，合理布局省级区域医疗中心，推进优质医疗资源有效扩容和均衡布局，深化医共体、医联体改革，实施县级强院工程和基层医疗卫生机构标准化建设工程；有序推进小区配送设施、商业设施、健身设施、家庭生活设施等适老化智能化改造，大力推动住宅加装电梯、共享电梯市场化社会化运作；鼓励各地实施消费券惠民生，联动电商平台发放网络消费券、快递服务券和消费红包，发放汽车、家电、文化旅游、电影剧院等消费券。

三、强化流通设施建设，完善现代流通网络

构建覆盖城乡、安全可靠、高效畅通的现代流通网络，推进数字化基础设施投入和民生型流通设施建设，为现代流通体系建设提供有力支撑。

（一）构建农村现代化流通网络

一是健全农村地区商贸流通网络。依托“万村千乡市场工程”、供销社、邮政等平台，以特色镇和示范村为节点，以中小型连锁超市、便利店为基础，构建城乡一体的农村流通体系；依托农村电商、农超对接、农产品直供等平台发展农资直供直销、连锁经营、统一配送，拓宽农产品进城渠道，大力发展农产品收购、运输、存储、加工、配送等功能一体化的新型流通业态；加强农村地区售后网络布局，提高汽车、家电等大件产品的售后服务质

量。二是加快农村现代物流网络建设。深入推进“快递进村”工程，鼓励和支持规模较大、基础较好的第三方物流企业、电商平台企业、网络货运平台等延伸农村经营服务网络，布局基层站点；支持物流、快递、商贸、运输等企业市场化合作，强化商贸物流、邮政快递、农资配送、客货运输等业务对接，推广城乡统一配送、集中配送、共同配送，推动物流统仓共配；开展乡村智慧物流体系建设试点，因地制宜打造农村物流服务品牌；鼓励有实力的城乡客运企业转型发展农村物流。三是支持农村物流节点拓展冷链物流功能。建设全国性和区域性农产品骨干冷链物流设施，推广移动式冷库应用；提升现有县、乡、村三级农村物流网络的冷链物流服务功能，引导具备条件的县级农村物流服务中心配备农产品预冷、分拣包装、保鲜、冷藏冷冻及冷链运输等设施设备；鼓励农产品优势区域的乡镇级和重点村农村物流服务站点，合理规划建设村级仓储保鲜保活设施，适当布局贮藏窖、冷藏库、预冷库，促进制冷、温控、装卸、分拣包装等设备的推广应用；健全农产品冷链包装、存储、运输、装卸、配送等物流标准，提高农产品冷链流通能力和标准化水平。推动冷链设施设备资源整合和共用共享。四是完善城乡高效物流配送体系。加快建设一批物流枢纽、智能骨干网、产地冷库等重大流通设施；依托市场主体力量，引导有条件的农村住宅加强智能投递柜、生鲜投递柜、社区配送站等末端节点建设，推广冷藏箱、箱体蓄冷等配送设备和技术，疏通流通“最后一公里”。

（二）加大数字消费基础设施投入

一是建设完善信息网络基础设施。有序推进骨干网扩容，协同推进千兆光纤网络和5G网络基础设施建设，加大6G技术研发支持力度，建设高速泛在、天地一体、云网融合、智能敏捷、绿色低碳、安全可控的智能化综合性数字信息基础设施；推动物联网、卫星互联网等技术赋能核心商圈、产业园区、交通枢纽、中心城市，优化布局大数据中心、超算中心、城市大脑，稳步构建智能高效的融合基础设施。二是加快数字消费基础设施建设。支持城市核心商圈、高品质步行街、夜间经济消费街区、旅游景区等加快数字化改造提升，创建智慧商圈，打造一批融合商业、文化旅游、休闲娱乐等多业态的数字服务设施；普及“互联网+”在农村地区的应用，加快数字乡村创建试点，推动农村数字生活服务配套设施建设；推动生活服务领域消费大数据共建共享。三是积极开展智慧商圈（街区）、数字商场（市场）等建设，运用数字技术改造提升一批智慧商店、智慧商业综合体，推进智慧商务、智慧设施、智慧服务、智慧营销、智慧环境、智慧管理等场景应用创新，促进商圈内不同经营模式和业态优势互补、信息互联互通，抱团向主动服务、智能服务、立体服务和个性化服务转变，提高商圈资源整合能力和消费集聚水平；加快改造提升新型消费场所，加强智能服务终端建设，创新无接触式消费模式，鼓励办公楼宇、住宅小区、商业街区、旅游休闲街区、旅游景区布局建设智慧零售网点。四是创建数字生活新服务样板。鼓励有条件的市、县（区）建设数字化水平高、新服务带动新消费能力强的数字生活新服务先行区、样板区；培育壮大一批数字生活新服务重点企业和平台，打造一批样本城镇和标杆区域。五是深化电子商务进农村，提升改造农村电商服务站点，建设一批集“线上线下销售、营销、服务、物流”四位一体的样板服务站；支持电商平台以乡镇为重点下沉供应链，开展集中采购、统一配送和直供直销等业务，赋能农村地区中小流通企业。

（三）加快民生型流通设施建设

一是支持有条件的城市成为具有全球影响力的国际消费中心城市，鼓励做强首店经济和首发经济，吸引外来消费，打造一批商业形态更丰富、城市功能更完善、城市品位更精致的城市消费生态商圈；支持有条件的区域中心城市建设成为辐射带动能力强、资源整合有优势的区域性重要消费中心城市。二是加快物流基础设施优化布局。打造世界级港口群，建设沿海港口江海联运服务中心，构建现代化内河航运体系，推进海铁、海河联运；推广“异地货站”“城市货站”模式，提升全货机航线的国际通达能力；支持建设一批中欧班列集货中心和枢纽节点，提升国家级流通节点城市和物流枢纽城市的中欧班列国际通行能力。三是完善现代流通网络。结合京津冀协同发展、长江经济带建设等国家区域发展战略的实施，加快推进沿江沿路沿海综合立体交通走廊和物流主干道建设，积极培育区域性商贸物流中心和商贸走廊，构建与区域经济一体化发展相适应的区域大流通网络；强化物流基础设施互联互通和信息共享，构建支撑现代流通的多层级物流服务体系。四是深入推进高品质步行街试点培育，支持符合条件的步行街争创国家级高品质步行街，创建一批历史有根、文化有脉、商业有魂、经营有道、品牌有名、数字引领的高品质步行街，打造成为促进消费升级的有效平台、展示城市形象的亮丽名片、享誉国际影响的商业地标。五是开展城市未来社区建设试点。加强邻里中心、邻里街区改造提升，支持连锁零售企业贴近社区布局社区商业，引导生活服务企业积极下沉社区，新建和改造一批社区数字生活服务中心，打造一批线上线下融合，集餐饮、洗染、美容美发、维修、托育等于一体的"社区 15 分钟优质便民生活圈"。六是推动现代商贸特色镇和示范村创建工作，完善镇级商贸服务配套设施，建设村级生活综合服务中心，发展村级商贸经济。重点抓好相关的规划布局、文化传承和业态培育工作，依托现有农村集贸市场、交易市场，规范商品供销渠道，完善餐饮、洗浴、文化、网购等各类服务设施，培育农村养老服务、农村电商服务等业态，形成多功能的乡镇商贸中心。七是提升农产品冷链流通功能。改造升级或适度新建一批农产品批发市场，支持建设低温物流专区，配建冷藏设施、冷链运输、信息管理系统等，提高农产品冷链保鲜流通比例；支持农产品流通企业拓展产业链条，建设有集中采购、跨区配送能力的现代化物流集散中心。

四、提升流通发展方式，增强流通现代化水平

在新发展格局下加快提升流通发展方式，关系到流通工作的方方面面，涉及流通过程的各个环节，关键要把握好四个切入点，即以促进流通产业数字化转型为手段，以提升供应链管理能力为基础，以深化改革为动力，以发展绿色流通为根本，推动流通高质量发展，引领消费和产业升级。

（一）促进产业数字化转型

一是推动工业互联网拓面扩点。借助互联网技术对工业企业设计、生产、研发、销售等环节进行改造升级，带动数字化新制造，培育 C2M 超级

工厂。二是培育壮大工业电商平台。重点发展直接物料类、间接物料类、制造能力类、跨境服务类及综合类五大类工业电子商务平台；推进工业电子商务平台在线支付体系、信用体系、电子认证体系、网络安全体系和物流配送体系的建立与完善；支持 B2B 电子商务交易平台建立数字化整合能力，加速金融、物流、仓储、加工及设计等供应链资源的数字化协同。三是加快工业企业电商应用。围绕供应链场景拓展工业电子商务应用，推动大型工业企业采购销售模式的在线化、网络化、协同化，并带动上下游中小企业加快采购、销售、生产、仓管等关键环节的数字化、网络化、智能化；推进龙头骨干企业全流程电子商务试点，支持企业依托自有电商平台，发展成为集研发、设计、采购、生产和销售为一体的全流程电子商务企业；继续实施“万家企业电子商务推进工程”等普及活动，积极开展工业电商的试点示范项目，持续推进工业电子商务创新发展，提高重点行业骨干企业的工业电商普及率。四是支持工业企业深化与电子商务企业的对接合作，推广生产企业联合电子商务企业运作品牌模式和协同制造模式，通过消费需求直连生产，推动生产端进行柔性制造，提升供给对需求的适配性，形成需求牵引供给、供给创造需求的更高水平动态平衡。

（二）提升流通供应链能力

一是提升关键流通节点和物流线路效率。推广“异地货站”“城市货站”模式，提升货机航线的全地区通达能力；畅通干线物流通道，加强枢纽互联，推动枢纽干支仓配一体建设，打造“通道 + 枢纽 + 网络”运行体系；建立健全沿海港口江海联运体系，支持沿海主要港口发展至重点市场的集装箱直达快运航线。二是支持流通企业规模化发展，采取兼并重组等方式实施纵向一体化发展战略，培育一批“链主型”流通企业。三是支持流通企业与上下游企业建立产业联盟，整合信息、物流、品牌等要素，提高集中采购、品牌及渠道控制能力，并通过设定技术标准和定制条件实现对关键环节的控制，主导供应链的运行。四是支持流通企业构建数字化供应链体系，以大数据驱动上下游产销协同，实现企业间需求、库存和物流信息的实时共享，完善消费端到生产端的供应链。五是鼓励分销企业、物流企业、电商平台等流通企业，对夫妻店、小商店等小微经营主体开放渠道资源，共享集采集配、营销推广、技术管理领域技术和经验，提供、优化集成化供应链服务。六是加快培育新型供应链服务企业和综合服务平台，吸引消费者参与产品设计的同时，通过信息技术手段及时向制造商反馈市场信息。七是提升全球化供应链运营能力。支持流通企业建设和利用海外物流仓储配送中心、全球售后公共服务中心、海外仓和全球退换货中心仓。

（三）加强绿色流通体系建设

一是积极推动绿色生产。倡导可持续的生产方式和消费方式，引导生产企业推行绿色设计，促进低碳化、标准化和品牌化生产，丰富节能节水产品、资源再生产品、环境保护产品、绿色建材、绿色家电等绿色消费品供给。鼓励对居民新购买绿色智能家电、智能家居等绿色产品提供补贴。二是引导绿色消费。倡导简约适度、绿色低碳生活方式，用节约资源的消费理念引导消费方式变革，推广节能家电、绿色家具等低挥发性有机物（VOCs）含量绿色产品消费。三是推行统一的绿色产品标准、认证、标识体系，制定流通节能、节水和环保技术、产品设备推广目录，推广实施节能设备、自动控制技术等绿色流通技术和产品。四是发展绿色流通。积极开展绿色商场、绿色市场、绿色商店、绿色超市等绿色流通网点的创建示范，鼓励开展绿色采购。五是发展绿色物流。鼓励构建线上线下融合的废旧物资逆向物流体系，促进废旧物品、包装等回收再利用。鼓励仓储企业使用绿色建筑材料、产品和设备，执行建筑节能标准；推进快递包装减量化、标准化、循环化，大力推广电子面单，探索简易包装和无包装配送模式。六是完善废旧产品回收处理体系，重点规范发展废旧汽车、家电、电子产品等回收利用行业。积极推动“互联网+旧货”“互联网+资源循环”，支持二手闲置物品在线交易平台发展。七是建立物流领域能源管理制度，持续推进交通运输领域清洁替代，加快布局充换电基础设施，促进电动汽车在短途物流、港口和机场等领域推广，积极推进船舶与港口、机场廊桥岸电改造和使用；开展氢燃料电池在汽车等领域的应用试点，降低交通运输领域能耗和排放水平。

（四）健全流通行业标准体系

一是持续完善商贸流通标准，建立政府主导制定的标准与市场自主制定的标准协同发展、协调配套的商贸流通标准体系；优化相关国家标准、行业标准、地方标准体系结构，培育发展团体标准，放开搞活企业标准，激发市场主体活力。二是加大新业态新模式标准研制力度，重点研制直播电商、社交电商等标准，完善电子商务公共服务标准体系。三是开展国家级服务业标准化商贸流通专项试点，推动各地区、行业、各类市场主体在标准制定、实施、应用方面开拓创新，以标准化促进商贸流通高质量发展。四是加大流通领域规则标准实施应用力度，发挥中介组织作用，引导产业技术联盟率先推广，支持骨干核心企业示范引领。五是加强标准领域国际对接合作，积极搭建标准化双多边合作交流平台，开展标准研究、互认等国际交流合作。六是鼓励行业协会、重点龙头企业、高等院校、科研机构参与流通行业标准的制订、宣传和技术研发，完善标准研究和制定机制。

五、促进商品服务升级，扩大消费优质供给

推动流通与生产融合发展，深化供给侧结构性改革，增强供给对需求变化的适应性和引领性，推动供需互促、产销并进，扩大优质商品和服务供给，以高质量供给满足日益升级的国内市场需求，更好地适应、引领和创造新需求。

（一）优化商品与服务质量

一是弘扬“工匠精神”，创新和提升产品设计水平和制造工艺，推进商品分类、分级、包装、储运等标准化建设；通过制造、流通过程的绿色化、信息化、标准化和全程可追溯，保障商品绿色和安全水平的提升；拓展追溯产品范围，加快推动相关法律修订工作，推进食品（含食用农产品）、药品等重要产品质量安全信息化追溯系统建设入法，并鼓励行业协会、第三方机构等依法依规开展食品、中药材、药品等追溯标准化工作，推进相关领域的

追溯标准制修订和应用推广工作；鼓励企业建立重要产品追溯系统，健全重要产品追溯数据信息，完善数据信息采集指标、传输格式、接口规范及编码规则，提供产品溯源等服务；督促平台企业承担商品质量、食品安全保障等责任；创新发展“云生活”服务，深化人工智能、虚拟现实等技术的融合，拓展社交、购物、娱乐、展览等领域的应用，促进生活消费品质升级。二是加快推进非商品交易类的生活性服务业升级。根据城乡居民消费对高品质生活服务的新需求，推进餐饮、住宿、美容美发、家政、洗染等利用先进信息技术进行升级改造，大力培育拥有自主品牌、跨界联盟的连锁企业品牌；大力培育新型家政服务品牌，提升城乡居民家庭服务体系；积极提升医疗服务品质，积极发展社区健康养老企业品牌；通过发展新业态和培育新热点，提高网络购物、远程教育、法律等服务层次水平。三是加快推动流通领域的生产性服务业升级。提升面向工业、农业的流通环节生产性服务体系，推动生产性服务业向中、高端发展；充分发挥流通业的先导产业优势，引导工业设计向高端综合设计服务转变，培育企业自主品牌、提高产品附加值功能；发挥流通对生产的引导作用，促进反向定制、个性设计和柔性制造等模式创新发展；推动远程检测诊断、运营维护、技术支持等售后服务新业态发展。

（二）加快商品品牌升级

一是鼓励企业突破传统的产品品牌设计理念，结合消费者需求对产品的外观、结构、性能等方面进行多元化创新；鼓励基于精神需求满足的差异化功能或独特的技术作为支撑的概念性产品研发设计、生产、销售，提升商品的精神、文化层面的内涵深度，满足消费者日益增长的精神需求。二是支持企业加强研发设计，提高文创价值，将文化融入产品设计之中，打造一批拥有 IP（知识产权）的高附加值品牌。三是引导消费者积极参与产品设计过程，发现新的消费需求，实施精准化的细分市场营销，为消费者提供基于 C2B 的个性化商品。四是支持互联网平台深化与制造业集群和名特优新品对接，推广平台联合企业运作品牌模式和协同制造模式。支持电子商务企业借助国外消费者日常使用的社交媒体、搜索引擎、网站邮箱等数字化媒介开展精准化引流，引导培育自主品牌，鼓励在新兴市场实施品牌推广行动。五是深入实施“品字标”工程，完善“品字标”品牌制度，建立统一的“品字标”区域公共品牌，将“品字标”品牌由制造业向服务业等领域拓展。鼓励老字号企业创新，进一步挖掘老字号品牌价值，引导企业加强品牌培育创新，打造一批“品字标”企业。

六、鼓励业态模式创新，激发市场主体活力

大力促进流通新业态、新模式发展，推动商贸流通业态转型升级，积极培育流通市场主体，激发市场主体活力，引导企业主动适应市场变化，推动现代流通企业一体化发展，使跨界融合的新业态不断涌现，为促进消费升级、保障市场供给提供有力支撑。

（一）加强流通业态与模式创新

一是发展壮大新零售。鼓励综合体、大中型商场、超市等实体商业，进行“人、货、场”数字化改造；支持社区店、便利店等各类小店借助数字终端产品推进数字化；支持各类商家上线上云上平台，以移动支付、数字地图、数字终端作为入口，入驻生活服务平台；鼓励商户充分利用线下门店网络资源，推动线下线上竞争合作、融合发展，形成良性互促、规范有序发展格局，实现线上线下双向融合。二是鼓励发展新业态。鼓励发展时尚消费新业态，支持在线定制、网络预售、众筹团购等个性化定制化消费，依托大型电商平台线上线下融合，加强与国际时尚传媒机构和时尚买手合作，建设集展示、发布、交易设计师品牌、企业自主品牌、区域品牌等功能的线上时尚商品专区，谋划布局“区块链＋设计师”“区块链＋大数据”等时尚区块链新业态。鼓励跨界融合，支持“商业＋文化”“商业＋运动”“商业＋艺术”等系列业态融合发展，支持打造集合多种业态的消费集聚区，建设文化创意街区、艺术街区、剧场群、文化娱乐场所群等；鼓励批发市场建立电商展示服务专区、网红直播基地等配套设施，打造数字化消费场景，增强用户体验。三是培育消费新模式。加强生活资料批发企业“互联网＋”改造。支持批发企业立足线下网点资源，植入互联网基因，加快O2O模式推广，

建立线上线下一体分销体系；生产资料批发企业创新生产资料交易模式，支持其发展“数字＋生产资料流通”的新型模式；大力发展“互联网＋服务”模式，支持各类生活服务业电商企业发展，积极培育生活性服务新业态、新模式；全面推进数字商贸、数字学习、数字出行、数字文旅、数字健康和数字政务建设，积极推动线上线下融合发展，鼓励发展直播带货、社群电商、在线教育、互联网医疗，以及新零售、云经济、共享经济、平台经济等新业态和新模式，支持电子商务与网络社交、视频、游戏应用的融合创新。

（二）培育壮大流通市场主体

一是支持具备条件的流通企业对标国际一流水准，利用多层次资本市场强化流通技术创新、网络渠道拓展、制度规范建设，打造一批布局全球网络、统筹全球资源、知名度高、主业突出、竞争力强的流通企业集团，重点培育一批内外贸一体化、线上线下融合发展的世界级商贸企业。二是鼓励工业品生产贸易企业在国内开设连锁网点，构建工业品分销连锁网点体系；积极推动其向线上销售转型，应用网络直播、无人零售等新兴贸易方式，提升网上销售能力。三是发挥互联网平台企业的资源和数据优势，以互联网为纽带构筑商业生态系统，赋能“小店经济”，鼓励中小微商贸企业发掘细分市场潜力，拓展经营领域和服务范围，培育独特竞争优势，实现便民化、精细化、多元化、品质化及数字化发展，推动形成多层次、多类别的小店经济体系。四是支持品牌流通企业贴牌商品，增加自主品牌、定制化商品，促进品牌化、规模化、连锁化经营；探索与制造企业进行产品联合开发，开展品牌联营和协同制造，打造有影响力消费品牌的同时加强地理标志产品的商标和品牌保护，提高市场知名度；鼓励有条件的企业实施跨国并购，收购国外知名品牌，提升产品及服务竞争力。五是壮大电子商务市场主体。加大细分领域行业垂直电子商务平台培育，培育一批直播生态企业，孵化一批直播电商品牌，培养一批直播电商达人；全面实施“店开全球”专项行动，加强同亚马逊、阿里巴巴等知名平台的深度合作，培育一批龙头大卖家和重点服务商。六是培育电子商务专业服务商。建立重点培育专业服务商名录，打造一批业务特点鲜明、辐射带动能力强、行业影响力大的电子商务服务商；培育提供交易、物流、仓储、通关、支付、结汇、退税等专项或综合性服务的跨境电商服务商，提升综合服务水平。七是培育壮大一批大宗商品贸易集成商。在全球布局若干大宗商品储运、中转、加工和交易中心，通过协同发展形成规模效应，增加风险抗性，提高全球大宗商品资源配置能力和话语权。

七、推动内外贸一体化，提升国际化竞争力

以扩大内需为立足点，大力推进区域优势互补协同发展，优化区域经济布局，不断激发内需潜力。以实现更高水平对外开放为目标，大力发展对外贸易，培育大型现代流通企业，深度参与全球分工，提升流通国际交流层次和合作水平，全面提升贸易发展质量和效益。

（一）促进跨区域市场协同

一是优化骨干流通网络。完善综合运输大通道，加强出疆入藏、中西部地区、沿江沿海沿边战略骨干通道建设，增强国家综合立体交通网主骨架流通保障能力，畅通国际干线运输通道；推进能力紧张通道升级扩容，加快待贯通路段建设，在有条件有需求的骨干运输通道推动铁路客货分线，完善综合交通枢纽布局，增强流通功能；优化调整运输结构，合理把握不同运输方式之间的比例关系，加快推进大宗货物及中长距离货物运输“公转铁”“公转水”。二是打破区域垄断及地方保护主义。实行统一的市场准入制度，严格落实“全国一张清单”管理模式，严禁各地自行发布市场准入性质的负面清单，确保市场准入负面清单制度统一性、严肃性、权威性，促进商品、服务和要素自由流动；严格落实公平竞争审查制度，统筹做好涉及市场主体经济活动的增量政策公平竞争审查和存量政策的清理，清理和废除妨碍全国统一市场和公平竞争的各种规定及做法，着力破除地方保护和区域壁垒；建立和完善反垄断与反不正当竞争常态化监管机制，有效破除行业垄断；强化知识产权保护，对恶意侵权、持续侵权等行为，严格执行侵权惩罚性赔偿制度。加快建设知识产权保护信息平台，为强化知识产权全链条保护提供有力支撑。三是加强区域市场协同。推动建立区域市场一体化协同工作机制，加

强流通基础设施和市场信息互联互通，推动市场规则和监管共建互认；围绕京津冀、长三角、粤港澳大湾区等城市群建设，探索促进人口合理流动和技术、资本、数据等各类要素资源自由流动的制度安排，打造一流营商环境；加强区域市场一体化与产业协同联动，打造区域上下游关联度高、带动性强的世界级市场与产业集群，强化区域市场的经济集聚和辐射功能。四是优化资源跨区域配置。支持利用废弃厂房等闲置资源建设便民性、公益性流通基础设施，引导金融机构和社会资本加大对内贸重点领域和薄弱环节支持力度；促进知识、技术和数据各类创新要素集聚和共享，加快培育发展流通数据要素市场，完善市场化配置机制、交易规则和服务体系，建立流通数据产权确认、交易流通、跨境传输和安全等基础制度和标准。五是健全商务信用体系。加强商务领域信用体系建设，加快建立商务领域信用标准体系；建立完善全国商务信用信息交互共享平台，依法依规收集商务领域信用信息，并与全国信用信息共享平台共享；支持各地开展商务领域信用管理，提供优质公共服务；积极发展信用销售，完善信用销售保障机制，鼓励国内贸易企业投保信用保险；鼓励内贸企业积极应用信用产品和服务，为诚信消费者提供消费便利。鼓励行业协会商会加强企业诚信管理。

（二）支持流通企业“走出去”

一是鼓励流通企业在“一带一路”沿线设立企业海外代表处，积极拓展新兴市场，实现本土化经营，打造区域市场领头雁。二是鼓励流通企业在成熟市场建设国际精品馆，在新兴市场实施品牌推广行动。支持流通企业自建境外独立站，或与境外电子商务平台共建线上特色产业带，带动产业集群走出去。三是支持流通企业通过跨国并购、股权投资和战略联盟等形式，积极融入海外零售体系；通过引厂进店、产品联合开发、设立特色商品销售专区等方式，带动“中国制造”品牌及优势特色产品进入国外零售终端；支持知名零售企业和电商平台采取特许经营、加盟合作等方式，加快海外零售服务网点布局，推动市场升级。四是支持商品交易市场通过标准、模式、服务输出等方式，加快海外连锁分市场、营销和物流服务网络布局，打造赋能“中国制造”的海外公共营销服务平台，提升消费体验；推广市场采购贸易方式，发展以市场为依托的跨境电商和国际配销网络，培育一批有影响力的国际采购中心。五是支持企业深度拓展国际市场，积极利用跨境电商、市场采购贸易、外贸综合服务等新型贸易方式对流通企业进行品牌和营销赋能，实现降本提效。六是发挥各类“走出去”平台作用，营造“走出去”生态圈。培育一批熟悉海外市场的专业服务机构，尤其是在“一带一路”沿线建立若干海外服务中心，形成海外综合配套服务生态体系，为流通企业“走出去”提供多形式、多层次的海外服务资源对接；支持建立海外专业服务联盟，健全境外投资和权益保障服务体系，为产业升级提供保障。七是鼓励流通企业吸收先进的跨国经营理念，建立跨境业务内部管理机构，针对性制定企业跨国经营的战略目标和任务，结合自身优势确定对外投资的国家和地区、投资的规模和渠道，完善内部规章流程，实现科学、柔性管理。

（三）推进内外贸市场一体化

一是积极对接CPTPP、TTIP、TISA等我国尚未加入的国际高标准自由经贸协定，充分发挥自由贸易区制度创新“试验田”作用，对我国现有制度环境能否适应新一代国际经贸规则事先进行“压力测试”，为我国谋划加入上述自由经贸协定先行“探路”、积累经验。二是对于我国现已加入或达成的RCEP、中欧投资协定等双边或多边自由贸易协议，加快对协议内容的国内法转化和适用。以负面清单为基准最大限度地进行对外开放，积极履行国际协议承诺。三是完善内外贸一体化调控体系。促进内外贸法律法规、监管体制、经营资质、质量标准、检验检疫、认证认可等相衔接，进一步健全内外贸一体化的政策体系；提高国际标准转化率，完善强制性产品认证制度；鼓励行业商协会制定发布内外贸一体化产品和服务标准，支持流通企业参与国际贸易规则标准制定；推进同线同标同质，支持企业发展“三同”产品，扩大适用范围至一般消费品、工业品等领域。四是加强支持内外贸一体化的流通设施建设。深化和扩大国家级自贸区等试点，提高流通领域对外开放水平，加快推进国内外市场一体化进程；沿“一带一路”在国内规划和培育一批经营模式、交易模式与国际接轨的国际采购中心；在国外和沿线国家合作布局一批衔接国内外两种资源、两个市场的境外经济贸易合作区或海外服务中心；提升中国国际进口博览会、中国国际服务贸易交易会等吸引力和国际影响力，在国家级流通节点培育打造若干国际知名度高、影响力大的境内外展会，发展线上线下融合的“云展会”模式，促进国际商品、服务、技术贸易发展。五是深化“市场采购+”贸易模式创新。改造提升现有国家级市场采购贸易区，加快复制推广现有经验，扩大市场采购贸易试点范围；探索推进市场采购集聚区内属地采购申报、异地通关放行的模式；探索推进水路转关机制建设，积极构建“一次查验、一次施封、企业只需一次提单”的海关服务模式。六是依托自贸区、产业集聚区、出口加工区所具备的集聚优势和竞争优势，加大外资商业模式、先进技术和管理经验引进力度，引进和培育一批辐射能力强、功能完善的外贸综合服务企业，支持供应链服务能力较强企业打造专业型综合服务平台。七是拓展境外工作联系网络。加强与驻华领事机构、投资和贸易促进机构的经贸合作对话沟通，发挥驻外机构、海外投资企业等组织和企业的桥梁作用，拓展与境外政府、协会和企业的沟通交流和合作；积极构建跨境电商海外合作圈，设立海外服务站，整合海外园区、服务站点和海外仓等资源，形成海外智慧服务网络，为企业“走出去”提供坚实支撑。发挥商会的纽带作用，借助驻外招商机构、驻外地商（协）会等平台，开展集中招商和有针对性的点对点招商。

八、提升应急保障能力，健全行业治理体系

统筹国内与国际、发展与安全，完善国内应急保供体系，着眼于商品和资源低成本、高效率自由流动，加快改革创新和流通治理升级，构建安全稳定、类型丰富、统一开放、公平有序、配套完善的高水平现代流通体系。

（一）提升流通业应急保障能力

一是将流通网点纳入应急保供系统，建立应对城市重大灾难的生活保供物资应急供应体系。梳理现有流通网点及生活保供产品现状，建立城市重大灾难应急设施流通管理分平台，确定生活保供流通企业及网点目录；基于大

数据等信息技术做好预警预测，完善联保联供机制，推进设施联通、标准联结、信息联网、企业联盟、多式联运，构建内外融合互通的物流网；建立应急状态下流通网点运营财政资金补贴机制。应急状态下，原则上要求列入目录的网点正常经营，合理调整商品品类比例，加强线上业务比重，提升线下服务能力；加强邻里商业、社区商业的应急保障功能，建立社区级生活保供应急配送服务网络；分级、分类建立应急物流预案及响应机制，细化物流资源投入结构、运行组织方式等，明确分工与协作职责，设置不同应急场景、应急级别的应急物资库存要求等，适时开展应急演练，确保预案科学实用。二是建立应急货源与流通网点衔接的物流调配系统。探索邮政速递与民营快递互补协同的应急物流配送网络，充分利用民营快递在网点布局、配送时效等方面的优势，建立区域城市应急物流配送运力储备体系；构建区域城市物资应急仓储网点，引导一批有条件的物流企业在现有仓储场地划定物资应急仓储作业区，进而形成城市应急物资仓储保障网络，为应急配送、物资储备等提供有力支撑；吸引一批流通企业构建自有配送团队，保障生活保供网点的物资配送，形成储备充足、反应迅速、抗冲击能力强的应急体系。三是提高物流体系韧性。依托重要物流枢纽设施，布局建设应急物流核心枢纽。加快交通物流设施应急功能改造，完善骨干物流通道多向调运功能，提高设施修复和通道抢通、保通、复通能力；推动铁路快运、公路转运、货运包机等多元替代，确保异常情况下应急物流正常运行；强化干线、支线、末端应急物流组织衔接，提高应急物资接取送达效率；开拓多元化国际物流通道，做好应对物流中断的预案，有效防范能源、粮食和产业链供应链重点产品断供风险；加强城乡末端通行管理，保障粮食、蔬菜等农产品以及饲料、农资等稳定供应；强化应急物流体系对产业备份系统的支撑保障，提升产能储备投产转化、快速转运能力。四是建立应急物资保供稳价的责任体系。建立生活必需品保供稳价的兜底机制，激发一批流通龙头企业的责任意识，引导其成立应对城市重大灾难的保供稳价联盟；建立属地责任的区域保供稳价的联防联控机制，协调区域之间的差异；面对城市重大灾难时，合理协调流通网点的货源、缺货等情况，建立不同网点间货源互通机制，保障网点区域辐射范围的正常、平稳供货；设定应急物资保供稳价责任分工制度，流通企业作为物资供应主体，积极保障物资有效供应，工商、市场监管等部门密切配合，做好监督工作。

（二）健全流通治理体系

一是完善法律法规。完善流通领域现有法律、法规和规章，健全共享经济、平台经济等领域监管规则，研究制定分行业分领域的管理办法；紧密衔接清单事项与行政审批事项，大幅削减流通领域行政许可前置中介服务事项；全面实施“证照分离”政策。严格落实“三个必须”要求，加强商贸流通领域安全生产管理，指导企业完善安全管理制度，落实安全生产岗位职责，全面排查安全隐患和薄弱环节，有效防范遏制安全事故发生。二是围绕流通领域行政许可、备案和证明事项等环节，提升信用承诺标准化规范化水平。综合运用“双随机、一公开”等方式实施日常监管，加强对承诺市场主体信用状况的事中事后核查，将信用承诺书及履约状况纳入市场主体信用记录；鼓励市场主体主动向社会作出信用承诺，支持协会商会建立健全行业信用承诺制度，强化行业自律。三是推进信用分级分类监管。以信用风险为导向科学配置监管资源，扩大事中事后监管覆盖范围；实施信用风险分类监管，优化监管框架，不断提升监管效能；统筹使用公共信用综合评价、行业信用评价、市场化信用评价结果，将评价结果作为实施信用分级分类监管重要参考；提升信用监管运用深度广度，在流通领域更多行业和部门实施以信用为基础的差别化监管措施。四是完善信用奖惩机制。建立行政审批“绿色通道”，对信用良好的行政相对人实施“容缺受理”“加速办理”等便利服务措施；加大对诚信市场主体及个人的激励力度，在财政性资金项目、招商引资配套优惠等方面给予优先安排；按照合法、关联、比例原则，依法依规开展失信惩戒，推进重点领域失信治理，严厉打击失信行为，提高失信成本；加大诚信企业示范宣传和典型失信案件曝光力度，增强市场主体信用意识和契约精神；健全信用修复机制，鼓励失信主体消除不良影响，重塑良好信用。

第九章

构建现代流通体系促进双循环的对策建议

第一节 加强组织领导

一是成立“现代流通体系建设”推进领导小组，加强统筹现代流通体系建设重点工作，提高流通领域决策和管理水平，牵头建立工作督查评价体系和信息通报制度，跟踪流通业发展态势，定期对工作进展开展调研摸底，总结创新成果，查找存在问题。二是建立国家部委间、中央和地方的纵向、横向联动机制，加强在政策制定、重大项目设立、标准规范制定等方面的协调配合，采取多种形式加强规划政策的宣贯，形成管理和服务的合力。三是要建立现代流通体系建设任务考核体系，进一步将建设任务细化，制定工作计划和进度安排，结合各地实际合理划分国家部委、省、市、县（区）权责，明确责任分工，并将其作为相关部门考核内容；组织开展中期评估和总结评估，密切跟踪工作进展，及时总结和推广经验，强化规划实施的社会监督和评估结果运用；在规划执行期间，如国内外形势发生重大变化，在深入调研的基础上，可依照相关程序，适时、适当、灵活调整规划预期目标。四是各地要将现代流通体系建设工作作为构建新发展格局的重要支撑和抓手，加强对现代流通发展规划的顶层设计和贯彻落实，完善现代流通体系的重大平台、重大工程、重大改革、重大政策“四个重大”要素保障机制，加强政策储备研究和相关政策细化实施措施，切实把各项任务措施落到实处。五是要充分发挥行业协会和促进机构在规划指导、政策引导、行业自律、企业协调、权益维护和风险预警等方面的积极作用，理顺政府部门、行业协会和促进机构、企业之间关系，支持行业协会和促进机构强强联合，在承接政府服务、公共服务、行业发展调研等方面发挥积极作用，协助推动规划落实。

第二节　强化规划实施

一是着眼于发挥现代流通体系在促进国民经济循环中的重要作用，结合新发展格局下现代流通体系建设目标，推动《"十四五"现代流通体系建设规划》加快实施，对规划实施涉及的重要政策、重大工程、重点项目按规定程序报批，并会同行业协会商会等，完善现代流通统计体系，开展规划实施情况动态监测、中期评估和总结评估；引导各级政府将流通纳入其国民经济和社会发展规划编制内容或编制流通专项规划，结合本地区发展实际的同时在导向上体现畅通国民经济循环的战略目标，在路径上体现鲜明的地方供给侧结构性改革主线，细化落实主要目标和重点任务；争取制定并出台新发展格局下城乡商业网点规划管理的指导意见或实施细则，强化规划引导和管控，优化流通业的空间布局和业态结构。二是强化规划执行刚性，加强流通规划、城乡商业网点规划与相关规划的衔接联动、同步修编，将流通设施建设用地纳入城乡总体规划、土地利用总体规划；对规划实施进行细化，按照时间细化到年度、按照空间细化到不同区域，并根据地区基础条件差异实施不同侧重点，体现出地方特色和差异性。三是加强国家级流通节点和物流枢纽资源整合的顶层规划设计，构建以骨干流通节点、关键物流通道和骨干流通市场为主体的现代流通骨干网络，推进城乡协调共进、区域错位发展的流通一体化格局，形成高效、协调的现代流通空间体系。四是强化流通规划和商业网点规划的引领作用，建立城乡商业面积和业态监测制度，避免盲目投资和重复建设，营造大、中、小型和谐共生商业生态圈。加强信息发布，引导各类市场主体合理把握开发节奏、科学配置商业资源。五是建立大型商业网点项目建设规划预审制度，通过限制和鼓励相结合的手段，发挥规划引导商业用房去库存和流通设施补短板作用。推动乡镇商业网点建设纳入小城市培育试点镇建设规划。

第三节　加强财政金融支持

一是要发挥财政资金引导作用，增加专项资金额度，推动与民生相关的流通业发展；将符合条件的公益性流通基础设施建设、便民服务网络建设等纳入地方政府专项债券支持范围；支持创新财政资金使用方式，运用股权投资、产业基金等手段支持流通业转型升级；发挥各级政府产业基金引导作用，吸引社会资本共同设立流通业改造提升产业基金；规范有序推进政府和社会资本合作，稳妥推进基础设施领域不动产投资信托基金试点工作；推动应收账款和存货等动产资源权属“应确尽确”，为中小企业应收账款融资提供便利。二是建立农村物流发展专项资金，对县乡村三级农村物流服务网络、公共信息平台、冷链物流、设施装备改造、运输组织创新等方向，以补贴、奖励等方式给予引导和扶持。三是成立流通企业“走出去”支持资金，利用对外投资合作专项资金，支持流通企业建设境外营销、售后服务和仓储物流网络。推动社会资金加大对流通企业“走出去”的支持力度。四是加强产融对接合作，鼓励金融机构开发针对流通业改造提升的信贷新品种，丰富供应链金融服务产品，积极推广供应链融资、存货质押、仓单质押、知识产权质押、股权质押等创新融资担保方式，继续推广创业担保贷款，稳妥有序推进信用贷款，进一步优化企业信贷结构，拓宽融资渠道，对改造提升的重点项目优先给予支持；规范发展供应链存货、仓单和订单融资，开展供应链金融资产证券化，提高中小微企业应收账款融资效率，扶持符合条件的小微企业创新发展，提升金融服务质效。五是支持符合条件的流通企业上市融资和发行企业债券、公司债券、非金融企业债务融资工具，多渠道筹集发展资金；引导金融机构用于承担社会责任，对中小商贸流通企业融资给予利率优惠，稳步推进还款方式创新，降低企业融资成本和转贷成本。

第四节　落实用地保障

一是优先保障农贸市场、社区菜市场、社区商业网点及乡镇商贸中心等的用地需求，落实新建社区商业和综合服务设施面积占社区总建筑面积的比例不得低于10%的政策。二是创新土地供给利用模式，在符合城乡规划并依法办理相关手续后，鼓励各类流通业市场主体利用存量房产，支持利用公共场所地下空间、原厂房、闲置仓库等土地发展流通业；在不改变用地主体、规划条件的前提下，经依法办理临时改变房屋用途手续后，支持企业利用存量土地拓展符合新产业新业态目录的流通业，可在一定期限内保持原土地用途、土地权利类型不变。三是将公益性流通设施纳入城乡规划和土地利用总规划，并根据城市人口规模做出强制性规划，优先保障国家物流枢纽、示范物流园区等流通设施用地需求，在居民小区、机关学校、商场市场等配建相应的物流设施；对物流设施用地实施严格的用途管制，不论政府和企业都不能随意变更用地性质。四是对符合土地利用总体规划的重点流通建设项目，加大用地保障力度，合理安排用地，参照工业用地价格标准执行。五是加强流通业用地监管，完善大型流通设施开发预警，建立完整的项目用地申报、听证、通报、立项机制，加强对流通领域用地用途监管。

第五节　加大税费优惠

一是对符合我国鼓励方向的流通领域投资实施税费优惠。落实好连锁经营企业总分支机构汇总缴纳企业所得税、增值税相关规定；对单位和个人将房屋出租给“千镇连锁超市”龙头企业及其连锁经营网点用于生产经营活动而取得的租金收入，按规定纳税，确有困难的，减免房产税；新办的连锁经营超市，三年内免征房产税；经认定为高新技术企业或技术先进型服务企业的流通企业，可按规定享受税收优惠政策；对专门经营农产品的批发市场、农贸市场使用的房产、土地，免征收房产税和城镇土地使用税，对同时经营其他产品的按交易场地面积比例确定。二是认真落实国家关于促进物流业降本增效各项政策。继续落实小规模纳税人增值税优惠政策；研究和解决个体运输业（户）开具发票、农产品运输车辆通行、物流用水用电用气价格优惠等实际问题；支持冷链物流企业的用水、用气价格执行与工业同价政策。三是减轻流通企业税费负担。清理规范行政事业性收费和政府性基金，坚决取消不合法、不合理的收费基金项目；鼓励各地对重点流通企业合法装载货物配送车辆经常性在必经的道路、桥梁上通行实行通行费减免、统缴等优惠政策；落实好农产品运输“绿色通道”政策。四是农产品冷链物流企业装备和技术的研究开发费用，未形成无形资产计入当期损益的，在按规定据实扣除的基础上，按照研究开发费用一定比例加计扣除；形成无形资产的，按照无形资产成本的一定比例摊销；冷链物流企业购入固定资产折旧、支付过路过桥费、财产保险费时取得合法有效抵扣凭证的，允许作为进项税额抵扣。五是建立健全流通企业“走出去”的税收政策体系。落实《关于跨境电子商务综合试验区零售出口货物税收政策的通知》的各项税费优惠政策，制定流通企业“走出去”业务的通关、外汇和出口退税政策、商品退货监管方案；完善适应和支持中国流通企业“走出去”的企业所得税法规政策。

第六节　优化行业管理

一是破除连锁经营障碍，各地各部门不得以任何形式对连锁企业设立非企业法人门店和配送中心设置壁垒；工商部门要加快推进商事登记改革，为连锁企业提供便利登记注册服务；统计部门完善连锁经营企业销售额（营业额）纳统方式，实行按连锁网点所在市、县（市、区）属地返还社零等统计制度。二是制定有关法规和行业标准，对大数据采集、可交易性、定价等方面做出明确的规定，对线上线下流通过程所涉及的数据进行有效的管理，推进政策、商情信息与交易、物流等信息融合，构建“一站式”流通信息服务平台。三是支持行业协会和中介机构建设双向、开放的商铺租赁信息服务平台，减少信息不对称，引导供需双方直接对接需求，减少商铺转租行为，有效降低商铺租金，降低成本。四是推进简政放权。放宽对临街店铺装潢装修限制，简化店内装修改造审批程序，提升店铺改造升级积极性；深化“最多跑一次”改革，放宽对临时性商业宣传、户外营销活动、公益宣传活动等审批条件，简化审批程序；在符合公共安全的前提下，支持商业步行街、夜间经济消费街区等具备条件的商业街区开展户外营销，营造规范有序、丰富多彩的商业氛围；完善城市配送车辆通行制度，为企业发展夜间配送、共同配送创造条件。五是积极发挥驻外机构、商（协）会和投资企业的桥梁作用，积极布局监测点，加强与境外政府、协会和企业的交流合作，强化流通企业“走出去”的动态监测能力，提升风险防范和化解能力。六是进一步加强内贸统计监测。建立城市主要商圈、高品质步行街、夜间经济消费街区、现代商贸特色镇等高品质商业聚集区的网点面积、数量和业态监测制度；夯实直报数据基础，加强部门数据共享，推进大数据、移动互联网等新技术应用，拓宽数据来源，构建及时、全面、准确的数据体系；加强趋势研判和预测预警，提升统计分析能力，强化数据发布解读和宣传引导，运用数据提升公共服务水平。

第七节　改善营商环境

一是规范市场秩序。严厉打击制售假冒伪劣商品、侵犯知识产权、不正当竞争、商业欺诈等违法行为，深入开展互联网领域侵权假冒行为专项整治；依法禁止以排挤竞争对手为目的的低于成本价销售行为，依法打击垄断协议、滥用市场支配地位等排除、限制竞争行为。二是加强信用体系建设。充分利用商务信用公众服务平台、国家企业信用信息公示系统，建立覆盖线上线下的企业及相关主体信用信息采集、共享与使用机制，及时发布信用信息，健全守信联合激励和失信联合惩戒机制。支持流通协会商会建立健全行业信用承诺制度，将信用承诺书及履约状况纳入市场主体信用记录；实施信用风险分类监管，将各类信用评价结果作为监管的重要参考，不断提升监管效能。建立行政审批“绿色通道”，对信用良好的行政相对人实施“容缺受理”“加速办理”。同时，健全信用修复机制。三是健全监管体系。健全以“双随机、一公开”监管和“互联网＋监管”为基本手段、以重点监管为补充、以信用监管为基础的新型监管机制；建立贯穿市场主体全生命周期、覆盖线上线下商品和服务市场、衔接事前事中事后全环节的现代流通监管体系；综合运用信用风险分类、大数据分析预警和第三方信用评估监督等方式实施日常监管，加强对承诺市场主体信用状况的事后核查，实现智慧监管。四是加大流通领域商品质量监督检查力度，推进商品质量安全线上线下一体化监管。加强互联网平台经济领域消费者权益保护，引导平台建立争议在线解决机制，改进监管手段和检验检测技术条件；加强定制、体验、智能、时尚等新型消费领域的消费者权益保护，尽快完善新消费领域商品质量标准及监督规范；加快完善重要产品追溯系统，推动相关领域建立全程追溯系统，加强追溯数据安全保障，加大可追溯产品市场推广力度。五是健全商贸流通领域标准体系。建立政府主导制定的标准与市场自主制定的标准协同发展、协调配套的商贸流通标准体系，严格限定推荐性标准制定范围，优化相关国家标准、行业标准、地方标准体系结构，培育发展团体标准，放开搞活企业标准，激发市场主体活力；开展国家级服务业标准化商贸流通专项试点，推动各地区、行业、各类市场主体在标准制定、实施、应用方面开拓创新，以标准化促进商贸流通高质量发展；推进标准推广应用，鼓励中介组织发挥行业推动作用，提高标准执行率和应用水平；鼓励企业参与对标达标活动，瞄准国外先进标准提高服务和产品质量水平；加强商务领域内外贸标准互联互通，开展标准研究、互认等国际交流合作。

第八节　加强人才支撑

一是建立多元化的引培人才机制。推动各地加大对具有全球视野、熟悉国际规则的高层次流通人才培育和引进；对相关人才落实创业扶持、子女入学、配偶就业、住房解决、安家入户、医疗保障等方面的优惠政策和配套措施，促进人才合理流动和优化配置。二是建立现代流通人才培养体系。一方面鼓励高校流通专业加强科研能力，积极吸收国外流通先进技术、先进经验，并结合国内实际国情，提升流通专业人才培养的有效性。鼓励企业与高校等合作，实现产学研用联动，订单式培养流通专业型人才；另一方面，引导高校和科研院所加强现代流通学科体系建设，提升数字商务、现代物流、现代会展、国际贸易、电子商务、市场营销等专业的人才培养能力，培育掌握经济管理、现代物流与供应链、大数据与商务智能等知识的高素质复合型人才。三是建立现代流通人才培养载体，完善现代流通人才培训工作机制。指导地方建设现代流通人才培养及实训基地，开展多种形式的数字化、网络化、智能化培训，重点培养创新型、专业型和复合型流通人才。四是依托高等院校、科研院所、企业等开展面向市场的现代流通人才培养。组织线上线下相结合的多层次、多形式现代流通培训，建立定点培训、定向就业及跟踪反馈机制，打造培训、就业、创业一条龙服务，提升现代流通从业人员职业能力。五是建立现代流通人力资源开发联盟。以骨干流通企业为核心，整合产业链资源，推动流通产业链条上各主体的创新发展，培养跨领域复合人才。六是针对新零售、网络直播、社交电商和农村电商等流通新业态、新模式发展急需的专业人才，探索制定与之相适应的人才评价机制。进一步完善新业态从业人员技能资格认证制度，加强职业教育，强化职业道德和岗位技能培训。七是加强流通领域干部培训，向中西部、贫困地区和边疆民族地区倾斜，强化基层管理队伍建设。创新灵活用工模式，拓宽灵活就业渠道。

附录：与本书相关的部分团队智库成果

（一）国家领导批示或国家部委应用采纳

［1］郁建兴，肖亮，邱毅：《农村电商赋能共同富裕的浙江做法及启示》，商务部《调研与参考》第 9 期编发，经商务部部领导签批并报送中央领导参阅，2021 年 9 月。

［2］肖亮等：《发展现代内贸流通畅通内外循环的战略与政策》（国内贸易十四五规划子课题成果），结题成果获商务部市场体系建设司应用采纳，2021 年 8 月。

［3］肖亮，邱毅，袁霄，郭飞鹏：《提升电子商务进农村 畅通国内城乡大循环》，商务部《调研与参考》第 26 期，经商务部部领导签批并报送中央领导参阅，2020 年 11 月。

［4］肖亮，邱毅，余福茂，袁霄：《提升电子商务进农村的物流短板及对策》，商务部《调研与参考》第 15 期，经商务部部领导签批并报送中央领导参阅，2020 年 10 月。

［5］邱毅等：《新冠肺炎疫情对服务消费影响及初步分析》，商务部《调研与参考》第 4 期编发，获商务部主要领导肯定性批示，2020 年 3 月。

［6］邱毅等：《中美贸易摩擦对我企业的影响与建议》，商务部《调研与参考》编发，获党中央、国务院领导肯定性批示，2019 年 7 月。

［7］邱毅等：《对“促进形成强大国内市场”的思考与建议》，商务部《调研与参考》第 20 期编发，获党中央、国务院领导肯定性批示，2019 年 6 月。

［8］肖亮等：《中美贸易战对两国供应链各自的影响》，商务部（政研

室）应用采纳，2018 年 5 月。

［9］郑勇军，肖亮等：《互联网经济背景下流通升级战略研究》，结题成果被国家商务部采用，2018 年 1 月。

［10］郑勇军，肖亮等：《加快实施流通升级战略》，商务部《调研与参考》第 2 期编发，经商务部部领导签批并报送中央领导同志参阅，2017 年 2 月。

（二）省部级领导批示或重要政府部门应用采纳

［11］肖亮，骆林勇：《基层建议完善“十城百店”援疆方式 促新建农产品外销》，《新华社国内动态清样》第 2888 期编发，获新疆维吾尔自治区主要领导肯定性批示，2022 年 8 月。

［12］肖亮，袁霄等：《设立剑瓷产业融合创新试验区 助推历史经典产业高质量发展的建议》，《浙江社科要报》第 68 期编发，获浙江省委省政府主要领导肯定性批示，2021 年 7 月。

［13］肖亮等：《流通业高质量发展的思路、路径与经验》，中国社会科学评价研究院颁发的中国智库 AMI 综合评价参考案例，2021 年 9 月。

［14］肖亮，余福茂，郭飞鹏，袁霄：《制约我省农产品冷链物流发展的主要瓶颈及对策》，《浙江社科要报》第 196 期编发，获浙江省政府主要领导肯定性批示，2020 年 11 月。

［15］肖亮，邱毅：《制约我省扩大内需的主要瓶颈及对策建议》，《浙江社科要报》第 153 期编发，获浙江省委省政府主要领导肯定性批示，2020 年 8 月。

［16］肖亮等：《实施流通强省战略，促进我省扩大内需》，《浙江社科要报》第 152 期编发，报送浙江省省委省政府，2020 年 8 月。

［17］肖亮，余福茂：《浙江省乡村物流发展现状、思路与对策研究》，获浙江省政府领导批示，核心成果转化为“关于开展《推进浙江省乡村物流补短板强弱项工作的指导意见》编制工作方案”，2020 年 8 月。

［18］刘东，肖亮：《借鉴兄弟省市先进经验发展我省夜间经济的对策

建议》，中共浙江省委党校《决策参阅》第 49 期编发，报送浙江省委省政府，2020 年 7 月。

［19］肖亮：《新冠肺炎疫情对我省批发零售业的影响及对策分析》，《浙江社科要报》第 17 期编发，获浙江省委省政府主要领导肯定性批示，2020 年 2 月。

［20］郑勇军，郑红岗，肖亮：《以世界级商贸功能区建设为抓手加快推进浙江内外市场一体化进程》，获浙江省委省政府主要领导肯定性批示，2018 年 9 月。

［21］肖亮，郑勇军等：《关于进一步促进我省快递业发展的若干建议》，报送政协浙江省委员会并获浙江省委省政府主要领导肯定性批示，2017 年 12 月。

［22］肖亮等：《浙江省电子商务发展“十四五”规划》，核心成果转化为文件《浙江省新型贸易十四五发展规划》（浙发改规划〔2021〕248 号）印发，2021 年 6 月。

［23］肖亮（执笔人）等：《加快我省乡村物流补短板强弱项的思考和建议》，浙江省发展和改革委员会《研究与建议》第 204 期编发，转化为文件《推进浙江省乡村物流补短板强弱项工作的指导意见》（浙发改服务〔2021〕100 号）印发，2021 年 4 月。

［24］肖亮等：《中国（南昌）跨境电子商务综合试验区实施方案》和《中国（南昌）跨境电子商务综合试验区三年行动方案（2019－2021）》分别转化为江西省人民政府文件（赣府字〔2018〕83 号）和南昌市人民政府办公厅文件（洪府厅发〔2019〕28 号）印发，2018 年 11 月。

［25］肖亮等：《实施“225”外贸双万亿跨境电商工作方案》，被中国（宁波）跨境电商综试区领导小组采纳，核心成果转化为中共宁波市委、宁波市人民政府印发的《实施“225 外贸双万亿行动方案”》（甬党发 2019〔61〕号），2019 年 12 月。

（三）起草制定行业标准或团体标准

［26］肖亮等：浙江省地方标准《商业综合体运营管理与评价规范》（DB33/T 2523－2022），2022 年 9 月发布。

［27］肖亮等：《现代商贸特色镇评价规范》（T/ZTAC 002－2022）、《商贸发展示范村评价规范》（T/ZTAC 003－2022），浙江省省级标准化试点项目，转化为团体标准，2022 年 7 月发布。

［28］肖亮等：浙江省地方标准《智慧商圈建设与管理规范》（DD33/T 2310－2021），2021 年 3 月发布。

［29］肖亮等：浙江省地方标准《同城配送体系建设规范》（DB33/T 2153－2018），2018 年 9 月发布。

参考文献

[1] 白暴力、傅辉煌:《经济全球化的资本主义边界与发展趋势——当前形势与我国的对策》,载《经济纵横》2021 年第 1 期。

[2] 曹允春、连昕:《现代流通体系支撑新发展格局构建的理论逻辑与实践路径》,载《学习论坛》2021 年第 1 期。

[3] 产健、许正中:《消费结构升级、政府支持与区域科技创新能力:空间视角下的分析》,载《科技进步与对策》2020 年第 18 期。

[4] 常密密:《中国农村居民消费行为的理论逻辑与实证研究——基于收入分层的视角》,载《商业经济研究》2017 年第 4 期。

[5] 陈丹、张越:《乡村振兴战略下城乡融合的逻辑、关键与路径》,载《宏观经济管理》2019 年第 1 期。

[6] 陈红霞:《基于平台经济的农产品流通业创新机制与路径》,载《长春师范大学学报》2020 年第 10 期。

[7] 陈洁:《后疫情时代产业和消费“双升级”的动力机制》,载《上海交通大学学报(哲学社会科学版)》2019 年第 5 期。

[8] 陈启斐、李平华:《扩大内需会抑制出口吗?——来自长三角的数据》,载《财贸研究》2013 年第 3 期。

[9] 陈骞、陈萍:《我国特色农产品现代流通渠道的优化策略》,载《商业经济研究》2019 年第 22 期。

[10] 陈万灵、何传添:《海上丝绸之路的各方博弈及其经贸定位》,载《改革》2014 年第 3 期。

[11] 陈文玲:《论社会化大流通的形成与发展》,载《经济研究参考》1998 年第 41 期。

[12] 陈文玲:《提前谋划后奥运时代冰雪产业发展》,载《人民论坛》

2020 年第 35 期。

［13］陈文玲：《现代流通体系的革命性变革》，载《中国流通经济》2012 年第 12 期。

［14］陈甬军、晏宗新：《“双循环”新发展格局的经济学理论基础与实践创新》，载《厦门大学学报（哲学社会科学版）》2021 年第 6 期。

［15］成康康：《农业生产性服务业与农村居民消费关系实证研究》，载《商业经济研究》2017 第 19 期。

［16］程瑞芳：《中国流通产业组织结构优化目标模式与实现机制》，载《中国流通经济》2004 年第 1 期。

［17］邓发云、林志新：《网络消费者购买决策的信息行为研究》，载《商业时代》2013 年第 36 期。

［18］邓若鸿、龚新忠、郑小军：《中国流通行业信息化与电子商务发展问题与政策建议》，载《商业研究》2003 年第 24 期。

［19］丁俊发、张绪昌：《跨世纪的中国流通发展战略》，北京：中国人民大学出版社 1998 年版。

［20］丁琪、陈刚：《消费升级引领产业升级的机理、短板与操作取向》，载《商业经济研究》2019 年第 19 期。

［21］董艳玲、安帅：《双循环新发展格局：科学内涵、现实挑战及对策建议》，载《贵州省党校学报》2021 年第 3 期。

［22］董志勇、李成明：《国内国际双循环新发展格局：历史溯源、逻辑阐释与政策导向》，载《中共中央党校（国家行政学院）学报》2020 年第 5 期。

［23］杜丹清：《互联网助推消费升级的动力机制研究》，载《经济学家》2017 年第 3 期。

［24］杜立峰、王艳杰：《农村电子商务的发展趋势与变革效应》，载《当代经济》2015 第 32 期。

［25］杜永红：《乡村振兴战略背景下网络扶贫与电子商务进农村研究》，载《求实》2019 年第 3 期。

［26］段雪珊、黄祥祥：《乡村振兴：战略定位与路径探索——第二届

中国县域治理高层论坛会议综述》，载《社会主义研究》2018 年第 1 期。

[27] 樊文静：《跨境电子商务发展与我国对外贸易模式转型》，载《对外经贸》2015 第 1 期。

[28] 范高潮：《中国现代流通创新的基本思路与目标》，载《财贸经济》2003 第 3 期。

[29] 范兴昌：《流通创新对城镇居民消费升级的区域差异性分析——基于东中西区域面板数据》，载《商业经济研究》2019 年第 3 期。

[30] 方世敏、李向阳：《推进城乡融合，实现共同富裕——基于马克思主义城乡关系理论的思考》，载《现代农业》2021 年第 1 期。

[31] 冯明：《内外贸一体化的内涵及发展思路探讨》，载《商业时代》2013 第 23 期。

[32] 付迪、包秀琴：《城乡流通差距与农村居民消费的关系与优化路径——以西北地区的省级面板数据为例》，载《商业经济研究》2018 第 18 期。

[33] 高帆：《乡村振兴战略中的产业兴旺：提出逻辑与政策选择》，载《南京社会科学》2019 年第 2 期。

[34] 高慧智、张京祥、罗震东：《复兴还是异化？消费文化驱动下的大都市边缘乡村空间转型——对高淳国际慢城大山村的实证观察》，载《国际城市规划》2014 年第 1 期。

[35] 高丽娜、蒋伏心：《“双循环”新发展格局与经济发展模式演进：承接与创新》，载《经济学家》2021 第 10 期。

[36] 高伟、陶柯、梁奕：《“双循环”新发展格局：深刻内涵、现实逻辑与实施路径》，载《新疆师范大学学报（哲学社会科学版）》2021 年第 4 期。

[37] 高远：《居民消费升级驱动我国商贸流通业发展效率提升的机制研究》，载《商业经济研究》2019 年第 22 期。

[38] 顾焕章：《我国生鲜农产品流通渠道的优化研究》，载《农业经济问题》2021 第 1 期。

[39] 关浩宇：《流通业信息化变革对流通产业发展的实证分析》，载《商业经济研究》2017 年第 3 期。

［40］关利欣、宋思源、孙继勇：《“互联网+”对内外贸市场一体化的影响与对策》，载《国际贸易》2015 第 12 期。

［41］郭春丽：《我国内需率下降的成因及建立扩大内需长效机制的思路》，载《经济理论与经济管理》2012 年第 9 期。

［42］郭冬乐、方虹：《中国流通产业组织结构优化与政策选择》，载《财贸经济》2002 年第 3 期。

［43］郭磊磊、郭剑雄：《城乡融合：中国西部地区的分化》，载《西安财经学院学报》2019 年第 1 期。

［44］郭宇：《“互联网+”时代重塑我国商贸流通业的探讨》，载《商业经济研究》2016 年第 8 期。

［45］韩俊：《中国农村改革的基本经验、问题剖解与下一步》，载《改革》2008 年第 8 期。

［46］何代欣：《大国转型与扩大内需：中国结构性改革的内在逻辑》，载《经济学家》2017 年第 8 期。

［47］何慧丽：《当代中国乡村复兴之路》，载《人民论坛》2012 年第 31 期。

［48］何仁伟：《城乡融合与乡村振兴：理论探讨、机理阐释与实现路径》，载《地理研究》2018 年第 11 期。

［49］何星亮：《新发展阶段、新发展理念、新发展格局与伟大复兴》，载《人民论坛》2021 年第 7 期。

［50］洪银兴：《依靠扩大内需实现经济持续增长——学习党的十八大精神》，载《南京大学学报（哲学·人文科学·社会科学版）》2013 年第 1 期。

［51］胡东宁、李沐霖：《互联网背景下现代流通发展对消费升级产生的影响》，载《商业经济研究》2020 年第 17 期。

［52］黄季焜：《乡村振兴：农村转型、结构转型和政府职能》，载《经济研究参考》2020 年第 10 期。

［53］黄茂兴：《扩大内需：从权宜之计到战略基点》，载《经济学家》2012 年第 10 期。

[54] 黄群慧：《新发展格局的理论逻辑、战略内涵与政策体系——基于经济现代化的视角》，载《经济研究》2021 年第 4 期。

[55] 黄卫挺：《加快培育消费新增长点的基本思路与重点领域》，载《宏观经济管理》2013 年第 2 期。

[56] 黄湘萌：《农村流通业对农村居民消费结构的影响分析——基于灰色关联理论》，载《商业经济研究》2019 年第 5 期。

[57] 黄瑛、张伟：《大都市地区县域城乡空间融合发展的理论框架》，载《现代城市研究》2010 年第 10 期。

[58] 黄雨婷、刘向东：《商品流通渠道组织化与出口企业的外贸转内销调整——互联网经济下的新探索》，载《财贸经济》2016 年第 9 期。

[59] 黄祖辉：《农村改革发展：重在政府、市场、行业的协同》，载《财经问题研究》2020 年第 9 期。

[60] 黄祖辉：《乡村振兴促进法草案充分体现农业农村因地制宜发展需要》，载《农村工作通讯》2020 年第 18 期。

[61] 黄祖辉：《准确把握中国乡村振兴战略》，载《中国农村经济》2018 年第 4 期。

[62] 霍壮志、王云霞、陈健飞：《智能制造环境下产业联盟制造资源配置的评价方法》，载《机械设计与研究》2019 年第 1 期。

[63] 纪宝成、李陈华：《我国流通产业安全：现实背景、概念辨析与政策思路》，载《财贸经济》2012 年第 9 期。

[64] 纪宝成、谢莉娟、王晓东：《马克思商品流通理论若干基本问题的再认识》，载《中国人民大学学报》2017 年第 6 期。

[65] 江小涓：《大国双引擎增长模式——中国经济增长中的内需和外需》，载《管理世界》2010 年第 6 期。

[66] 江舟：《流通业发展对农村居民消费的促进效应分析》，载《商业经济研究》2018 年第 23 期。

[67] 姜国强：《畅通国内大循环的体制基础与制度创新》，载《河南社会科学》2021 年第 10 期。

[68] 蒋廷富：《互联网成熟度与农产品流通效率提升——中国视角下

的关系检验》，载《商业经济研究》2020 年第 10 期。

［69］蒋永穆、祝林林：《构建新发展格局：生成逻辑与主要路径》，载《兰州大学学报（社会科学版）》2021 年第 1 期。

［70］金碚：《把握经济全球化新态势》，载《经济日报》2016 年 6 月 23 日。

［71］金成武：《中国城乡融合发展与理论融合——兼谈当代发展经济学理论的批判借鉴》，载《经济研究》2019 年第 8 期。

［72］荆林波、袁平红：《改革开放四十年中国流通领域发展回顾与展望》，载《求索》2018 年第 6 期。

［73］旷健玲：《多零售业态发展、消费升级对商贸流通业增长方式转变的影响》，载《商业经济研究》2019 年第 4 期。

［74］兰健：《拓展对外贸易建设外贸强省》，载《浙江经济》2018 年第 13 期。

［75］李飞：《中国商品流通现代化的构成要素》，载《中国流通经济》2003 年第 11 期。

［76］李浩东：《我国统一市场建设存在问题与深层次原因研究》，载《中国经贸导刊（中）》2021 年第 1 期。

［77］李红玉：《城乡融合型城镇化——中国新型城镇战略模式研究》，载《学习与探索》2013 年第 9 期。

［78］李军国：《实施乡村振兴战略的意义重大》，载《当代农村财经》2018 年第 1 期。

［79］李骏阳：《电子商务环境下的流通模式创新》，载《中国流通经济》2002 第 5 期。

［80］李骏阳：《对“互联网＋流通”的思考》，载《中国流通经济》2015 第 9 期。

［81］李凯：《农产品流通产业与城镇化的时空耦合机制研究》，载《河南农业大学学报》2021 年第 1 期。

［82］李克强：《在改革开放进程中深入实施扩大内需战略》，载《求是》2012 年第 4 期。

[83] 李丽、李勇坚：《中国农村电子商务发展：现状与趋势》，载《经济研究参考》2017 年第 10 期。

[84] 李双金：《加快建设统一开放、竞争有序的现代化市场体系》，载《上海经济研究》2020 年第 2 期。

[85] 李天宇、王晓娟：《数字经济赋能中国“双循环”战略：内在逻辑与实现路径》，载《经济学家》2021 年第 5 期。

[86] 李文宇：《城乡分割会走向城乡融合吗——基于空间经济学的理论和实证分析》，载《财经科学》2015 年第 6 期。

[87] 李永江：《加速我国内外贸一体化的进程》，载《国际商报》2004 年 12 月 24 日。

[88] 李云娥：《扩大内需背景下的效率与公平研究——基于本地市场效应模型的分析》，载《财经问题研究》2016 年第 7 期。

[89] 李震、昌忠泽、戴伟：《双循环相互促进：理论逻辑、战略重点与政策取向》，载《上海经济研究》2021 年第 4 期。

[90] 李政、杨思莹：《科技创新、产业升级与经济增长：互动机理与实证检验》，载《吉林大学社会科学学报》2017 年第 3 期。

[91] 李中建、王泉源：《双循环发展格局的疏通路径》，载《统计理论与实践》2020 年第 5 期。

[92] 梁新莉、胡哲文：《新时代乡村振兴战略的必要性探析——基于波兰尼“双向运动”视角》，载《湖北工程学院学报》2018 年第 5 期。

[93] 廖彩荣、陈美球：《乡村振兴战略的理论逻辑、科学内涵与实现路径》，载《农林经济管理学报》2017 年第 6 期。

[94] 林周二：《流通革命：产品、路径及消费者》，史国安、杨元敏译，北京：华夏出版社 2000 年版。

[95] 刘承昊：《乡村振兴：电商赋能与地方政府外部供给的困境与对策》，载《西北农林科技大学学报（社会科学版）》2019 年第 4 期。

[96] 刘昊、祝志勇：《从地区性市场走向区域性市场——基于五大城市群市场分割的测算》，载《经济问题探索》2021 第 1 期。

[97] 刘合光：《乡村振兴战略的关键点、发展路径与风险规避》，载

《新疆师范大学学报（哲学社会科学版）》2018 年第 3 期。

［98］刘慧媛、吴开尧：《城镇化对扩大内需的实证研究》，载《工业技术经济》2015 年第 7 期。

［99］刘江宁：《扩大内需："中国之治"深化供给侧结构性改革》，载《山东社会科学》2020 年第 10 期。

［100］刘静娴、沈文星：《农村电子商务演化历程及路径研究》，载《商业经济研究》2019 年第 19 期。

［101］刘铠豪：《中国内需增长的理论机理与实证检验——来自人口结构变化的解释》，载《南开经济研究》2017 年第 1 期。

［102］刘念：《我国流通供给体系质量提升及消费升级——理论与实证》，载《商业经济研究》2018 年第 24 期。

［103］刘瑞、戴伟、李震：《降低流通成本畅通国民经济循环》，载《上海经济研究》2021 年第 2 期。

［104］刘守义：《扩大内需背景下的中部地区崛起路径》，载《江西社会科学》2012 年第 10 期。

［105］刘守英、熊雪锋：《乡村振兴制度供给与路径选择》，载《中国自然资源报》2018 年 10 月 18 日。

［106］刘守英：《城乡格局下的乡村振兴》，载《山东经济战略研究》2018 年第 11 期。

［107］刘涛：《我国"互联网＋流通产业"发展的突出问题及建议》，载《经济纵横》2016 年第 9 期。

［108］刘婉瑛、尤绪超：《流通产业发展对城乡居民消费升级的影响机制：理论与实证》，载《商业经济研究》2019 年第 10 期。

［109］刘伟：《完善分配结构　释放消费潜力　转换增长动能》，载《上海行政学院学报》2019 第 1 期。

［110］刘卫东：《"一带一路"战略的科学内涵与科学问题》，载《地理科学进展》2015 年第 5 期。

［111］刘向东、刘雨诗、陈成漳：《数字经济时代连锁零售商的空间扩张与竞争机制创新》，载《中国工业经济》2019 年 5 月。

[112] 刘晓雪：《新时代乡村振兴战略的新要求——2018 年中央一号文件解读》，载《毛泽东邓小平理论研究》2018 年第 3 期。

[113] 刘雅楠、索志林、毕洪丽：《基于“城乡双向流通”的农村 E 物流模式研究》，载《中国商贸》2014 年第 9 期。

[114] 刘彦随、严镔、王艳飞：《新时期中国城乡发展的主要问题与转型对策》，载《经济地理》2016 年第 7 期。

[115] 刘彦随：《中国新时代城乡融合与乡村振兴》，载《地理学报》2018 年第 4 期。

[116] 刘艳瑞：《居民消费行为的同群效应：理论假设与实证检验》，载《商业经济研究》2020 年第 20 期。

[117] 刘元春：《扩大内需战略基点需要体系化政策》，载《中国经济评论》2021 年第 3 期。

[118] 刘志彪：《产业升级的发展效应及其动因分析》，载《南京师大学报（社会科学版）》2000 年第 2 期。

[119] 刘志彪：《基于内需的经济全球化：中国分享第二波全球化红利的战略选择》，载《南京大学学报（哲学：人文科学：社会科学版）》2012 年第 2 期。

[120] 刘志彪：《战略性新兴产业的高端化：基于“链”的经济分析》，载《产业经济研究》2012 年第 3 期。

[121] 柳思维、陈薇、张俊英：《把握机遇　突出重点　努力推动形成双循环新发展格局》，载《湖南社会科学》2020 年第 6 期。

[122] 龙少波、丁露、余康：《中国式技术变迁下的产业与消费“双升级”互动机制研究》，载《宏观经济研究》2020 年第 10 期。

[123] 卢方元、王强：《基于 ECM 模型的消费升级与产业结构升级关系实证研究》，载《洛阳理工学院学报（社会科学版）》2019 年第 3 期。

[124] 陆建兵：《“互联网 +”对内外贸市场一体化的影响分析》，载《商业经济研究》2016 年第 16 期。

[125] 陆明：《创新驱动对我国产业结构转型升级的影响》，载《中国党政干部论坛》2020 年第 10 期。

[126] 罗媞、刘耀林、孔雪松:《武汉市城乡建设用地时空演变及驱动机制研究——基于城乡统筹视角》,载《长江流域资源与环境》2014 年第 4 期。

[127] 马晨、王东阳:《新零售时代电子商务推动农产品流通体系转型升级的机理研究及实施路径》,载《科技管理研究》2019 年第 1 期。

[128] 马静:《“互联网+”环境下电子商务发展对商品流通渠道的影响分析》,载《商业经济研究》2018 年第 5 期。

[129] 马顺英:《社会保障对农村居民消费行为的影响分析》,载《商业经济研究》2017 年第 16 期。

[130] 马小龙、闫鹭:《基于全要素共享的农产品流通业空间集聚效应分析》,载《商业经济研究》2019 第 24 期。

[131] 年猛:《中国城乡关系演变历程、融合障碍与支持政策》,载《经济学家》2020 年第 8 期。

[132] 欧阳菲:《我国流通业发展方式转变的背景、问题及路径》,载《商业经济研究》2019 年第 24 期。

[133] 潘家恩:《“新乡村建设”启动——来自首届新乡村建设研讨会上的报告》,载《中国改革(农村版)》2004 年第 1 期。

[134] 潘家恩:《艰难的回归——返乡实践者的观察与思路》,载《经济导刊》2017 年第 3 期。

[135] 潘文荣、刘英:《我国农村居民消费结构阶段性变化实证研究》,载《农业经济》2019 年第 6 期。

[136] 庞爱玲:《乡村振兴战略下农村电商产业发展困境与路径》,载《农业经济》2019 年第 7 期。

[137] 蒲清平、杨聪林:《构建“双循环”新发展格局的现实逻辑、实施路径与时代价值》,载《重庆大学学报(社会科学版)》2020 年第 6 期。

[138] 祁飞、李慧中:《扩大内需与中国制造业出口结构优化:基于“母市场效应”理论的研究》,载《国际贸易问题》2012 年第 10 期。

[139] 钱学锋、裴婷:《国内国际双循环新发展格局理论逻辑与内生动力》,载《社会科学文摘》2021 年第 3 期。

[140] 瞿春玲、李飞:《中国商品流通现代化的模糊综合评价研究》,

载《北京工商大学学报（社会科学版）》2012 年第 2 期。

[141] 任保平、豆渊博：《“十四五”时期新经济推进我国产业结构升级的路径与政策》，载《经济与管理评论》2021 年第 1 期。

[142] 任保平：《中国商贸流通业发展方式的评价及其转变的路径分析》，载《商业经济与管理》2012 年第 8 期。

[143] 任超、尹燕杰：《我国农业电子商务发展现状及对策》，载《科技经济导刊》2019 年第 35 期。

[144] 任方军：《流通产业转型创新与消费升级关系实证检验》，载《商业经济研究》2019 年第 19 期。

[145] 任君、黄明理：《“双循环”新发展格局研究述评》，载《经济问题》2021 年第 4 期。

[146] 任舒：《流通创新促进农村消费需求增长的机理研究》，载《商业经济研究》2019 年第 17 期。

[147] 荣晨、盛朝迅、易宇、靳晨鑫：《国内大循环的突出堵点和应对举措研究》，载《宏观经济研究》2021 年第 1 期。

[148] 桑瑜：《产业升级路径：基于竞争假设的分析框架及其推论》，载《管理世界》2018 年第 1 期。

[149] 申明锐、沈建法、张京祥、赵晨：《比较视野下中国乡村认知的再辨析：当代价值与乡村复兴》，载《人文地理》2015 年第 6 期。

[150] 申俊喜、徐晓凡：《消费升级引领战略性新兴产业高质量发展——基于全球价值链攀升的视角》，载《南京工业大学学报（社会科学版）》2021 年第 5 期。

[151] 申珅：《基于博弈论的流通产业安全问题探讨》，载《中国流通经济》2015 年第 1 期。

[152] 沈费伟、刘祖云、李永明：《反思与展望：中国“乡村治理”研究评估（2004—2014）》，载《中国科技论坛》2017 年第 4 期。

[153] 沈费伟、刘祖云：《中国乡村治理研究：进路与反思》，载《领导科学》2015 年第 35 期。

[154] 沈坤荣、赵倩：《以双循环新发展格局推动“十四五”时期经济

高质量发展》，载《经济纵横》2020 年第 10 期。

[155] 石奇、尹敬东、吕磷：《消费升级对中国产业结构的影响》，载《产业经济研究》2009 年第 6 期。

[156] 时乐乐、赵军：《环境规制、技术创新与产业结构升级》，载《科研管理》2018 年第 1 期。

[157] 史卫、陈平、路先锋：《新发展格局背景下我国价值链升级与市场一体化研究》，载《广东社会科学》2021 年第 2 期。

[158] 史晓青、林全杰：《内外贸易一体化视角下我国商贸流通业渠道优化路径探索》，载《商业经济研究》2017 第 21 期。

[159] 宋宝安、邓永强、李德成：《贫困对扩大内需的影响》，载《黑龙江社会科学》2015 年第 6 期。

[160] 宋则、张弘：《立足中国国情　加快流通创新》，载《财贸经济》2002 年第 4 期。

[161] 宋则：《新世纪新主题：流通现代化——促进流通创新提高流通效能政策研究》，载《产业经济研究》2003 年第 3 期。

[162] 孙畅：《农村消费升级背景下城乡双向商贸流通体系构建》，载《商业经济研究》2019 年第 13 期。

[163] 孙金秀、孙敬水：《现代流通业与先进制造业协同机理研究》，载《北京工商大学学报（社会科学版）》2015 年第 3 期。

[164] 孙敬水、章迪平：《流通产业发展方式转变国际经验及启示》，载《中国流通经济》2010 年第 4 期。

[165] 孙前进：《中国现代流通体系框架构成探索》，载《中国流通经济》2011 年第 10 期。

[166] 孙薇：《流通理论研究的回顾与分析》，载《商业经济与管理》2005 年第 5 期。

[167] 孙伟仁、张平、赵德海：《农产品流通产业供给侧结构性改革困境及对策》，载《经济纵横》2018 年第 6 期。

[168] 孙早、许薛璐：《产业创新与消费升级：基于供给侧结构性改革视角的经验研究》，载《中国工业经济》2018 年第 7 期。

［169］覃棹：《乡村振兴战略视野下农村电子商务发展研究》，载《电子商务》2019 年第 10 期。

［170］谭祖谊：《内外贸一体化的概念框架及其市场运行机制》，载《商业研究》2011 年第 4 期。

［171］唐志红、骆玲：《经济全球化时代国际产业博弈中的中美产业博弈》，载《理论与改革》2005 年第 1 期。

［172］田野、赵晓飞：《我国农产品现代流通体系构建》，载《中国流通经济》2012 年第 10 期。

［173］涂洪波：《农产品流通现代化评价指标的实证遴选及应用》，载《中国流通经济》2012 年第 6 期。

［174］汪旭晖、陈佳琪：《流通业助推制造业转型升级战略与作用机制：一个多案例研究》，载《中国软科学》2021 年第 2 期。

［175］王爱红、张群：《跨境电子商务模式下对外贸易转型升级模式与路径分析》，载《商业经济研究》2017 年第 19 期。

［176］王朝南：《对外贸易结构转型升级对扩大内需的影响机制探讨——基于异质性企业理论视角》，载《商业时代》2014 年第 6 期。

［177］王浩：《商品流通渠道对内外贸一体化的影响——互联网经济下的新探索》，载《商业经济研究》2017 年第 20 期。

［178］王惠敏：《跨境电子商务与国际贸易转型升级》，载《国际经济合作》2014 年第 10 期。

［179］王建国：《美、日两国扩大内需的经验教训及其启示》，载《华北水利水电学院学报（社科版）》2000 年第 1 期。

［180］王娟娟：《一带一路经济区新兴产业流通服务供给侧结构性改革探索》，载《中国流通经济》2017 年第 1 期。

［181］王娟娟：《以产业链促进“双循环”新发展格局的思考》，载《当代经济管理》2021 年第 5 期。

［182］王丽：《我国农村电子商务发展现状、问题及对策研究》，载《中国管理信息化》2020 年第 24 期。

［183］王丽莎、吕军利：《扩大内需背景下消费主义的遏制与科学消费

的促进》，载《商业时代》2013 年第 29 期。

[184] 王强、刘玉奇：《挖掘农村居民消费潜力：中国经济良性循环发展的重要一维》，载《河北学刊》2020 年第 3 期。

[185] 王少安：《农产品流通与新零售发展的耦合协调水平——基于长三角城市群样本的比较分析》，载《商业经济研究》2021 年第 5 期。

[186] 王水平、陈丽芬：《促进消费的国际经验及启示》，载《时代经贸》2018 年第 10 期。

[187] 王思斌：《社会生态视角下乡村振兴发展的社会学分析——兼论乡村振兴的社会基础建设》，载《北京大学学报（哲学社会科学版）》2018 年第 2 期。

[188] 王韬钦：《长江经济带战略与双循环新格局的耦合逻辑及机制构建》，载《天津师范大学学报（社会科学版）》2021 年第 2 期。

[189] 王微、刘涛：《以强大国内市场促进国内大循环的思路与举措》，载《改革》2020 年第 9 期。

[190] 王先庆：《畅通国民经济循环和现代流通体系建设的内在逻辑》，载《南方日报》2020 年 10 月 12 日。

[191] 王先庆：《新发展格局下现代流通体系建设的战略重心与政策选择——关于现代流通体系理论探索的新框架》，载《中国流通经济》2020 年第 11 期。

[192] 王晓东、陈梁、武子歆：《流通业效率对制造业绩效的影响——兼论供给侧结构性改革中的流通先导性》，载《经济理论与经济管理》2020 年第 4 期。

[193] 王晓东、谢莉娟：《社会再生产中的流通职能与劳动价值论》，载《中国社会科学》2020 年第 6 期。

[194] 王心良、郑书莉：《交易方式变革视角下流通业现代化发展问题探讨》，载《商业时代》2013 年第 16 期。

[195] 王新城、霍忻：《双循环新发展格局的理论阐释与实践价值》，载《技术经济与管理研究》2021 年第 11 期。

[196] 王雪峰、荆林波：《构建“双循环”新格局　建设现代流通体

系》，载《商业经济与管理》2021 年第 2 期。

［197］王亚华、舒全峰：《中国乡村干部的公共服务动机：定量测度与影响因素》，载《管理世界》2018 年第 2 期。

［198］王亚华、苏毅清：《乡村振兴——中国农村发展新战略》，载《中央社会主义学院学报》2017 年第 6 期。

［199］王杨：《内外双循环背景下服务业发展与扩大内需双向互动机制探讨》，载《商业经济研究》2021 年第 2 期。

［200］王一鸣：《百年大变局、高质量发展与构建新发展格局》，载《管理世界》2020 年第 12 期。

［201］王勇、李广斌：《乡村衰败与复兴之辩》，载《规划师》2016 年第 12 期。

［202］王勇：《生态文明视域下的新型城镇化建设》，载《湖南省社会主义学院学报》2016 年第 4 期。

［203］王钰鑫、王耀鸿：《新发展阶段、新发展理念、新发展格局的科学内涵和内在逻辑》，载《广西社会科学》2021 年第 1 期。

［204］王云航、彭定赟：《产业结构变迁和消费升级互动关系的实证研究》，载《武汉理工大学学报（社会科学版）》2019 年第 3 期。

［205］王泽君：《中国参与贸易全球化的法治路径——以中美贸易摩擦解决为视角》，载《商业经济研究》2019 年第 17 期。

［206］卫莉：《我国商贸流通渠道发展现状及优化路径探究——基于内外贸易一体化视角的考量》，载《商业经济研究》2015 年第 27 期。

［207］魏后凯：《如何走好新时代乡村振兴之路》，载《人民论坛·学术前沿》2018 年第 3 期。

［208］吴飞飞、唐保庆、张为付：《地区制度环境与企业出口二元边际——兼论市场取向的供给侧结构性改革路径》，载《国际贸易问题》2018 年第 11 期。

［209］吴红蕾：《中美贸易摩擦对我国的影响及对策研究》，载《经济纵横》2018 年第 12 期。

［210］吴艳杰、徐子淳：《流通创新与消费升级的互动关系研究》，载

《商业经济研究》2019 年第 20 期。

[211] 吴仪：《大力推进流通现代化、培育发展大型流通集团》，载《管理世界》2003 年第 3 期。

[212] 伍山林：《“双循环”新发展格局的战略涵义》，载《求索》2020 年第 6 期。

[213] 伍业君、王磊：《比较优势演化、产业升级与中等收入陷阱》，载《广东商学院学报》2012 年第 4 期。

[214] 武斐婕：《中国基于内需的参与全球分工的战略选择》，载《经济问题》2015 年第 1 期。

[215] 武赫、张嘉昕：《试论扩大民间消费与经济的发展——基于农村消费市场的分析》，载《经济问题》2012 年第 9 期。

[216] 西鹏：《商贸流通方式变革下世界经济集团化发展新格局及展望》，载《商业经济研究》2019 年第 5 期。

[217] 席涛：《国际经济外部冲击对中国经济的影响》，载《山东大学学报（哲学社会科学版）》2019 年第 4 期。

[218] 夏诗园、郑联盛：《双循环新发展格局的逻辑阐释、“堵点”及实践路径》，载《甘肃社会科学》2021 年第 6 期。

[219] 夏妍、程斌：《我国农村流通业与农村居民消费水平协调发展机制研究》，载《商业经济研究》2016 年第 13 期。

[220] 向洪玲：《我国农产品流通渠道变革动力与政策导向》，载《商业经济研究》2020 年第 9 期。

[221] 项继权：《中国农村建设：百年探索及路径转换》，载《甘肃行政学院学报》2009 年第 2 期。

[222] 肖必燕：《产业结构变迁影响居民消费升级的省际面板数据检验》，载《商业经济研究》2020 年第 8 期。

[223] 肖海晶：《扩大内需的影响因素及路径选择》，载《学术交流》2011 年第 11 期。

[224] 肖亮：《加快推动中国流通企业走出去》，载《国际商报》2021 年 11 月 5 日。

［225］肖亮：《推进内外贸一体化　畅通国内国际双循环》，载《国际商报》2022 年 1 月 24 日。

［226］肖亮、邱毅：《制约我省扩大内需的主要瓶颈及对策建议》，载《浙江社科要报》第 153 期。

［227］肖亮、邱毅、余福茂、袁霄：《提升电子商务进农村的物流短板及对策》，载《调研与参考》2020 年第 15 期。

［228］肖亮、邱毅、袁霄、郭飞鹏：《提升电子商务进农村　畅通国内城乡大循环》，载《调研与参考》2020 年第 26 期。

［229］肖亮、王家玮：《现代流通体系畅通双循环的理论逻辑与内在机理研究》，载《商业经济与管理》2022 年第 1 期。

［230］肖亮、柯彤萍：《跨境电商综合试验区演化动力与创新实现机制研究》，载《商业经济与管理》2020 年第 2 期。

［231］肖亮、余福茂：《实施流通强省战略，促进我省扩大内需》，载《浙江社科要报》2020 年第 152 期。

［232］肖亮、余福茂、杨林霞：《目的国网络嵌入、本土化服务能力与跨境 B2C 出口企业绩效：海外仓策略的一个理论解释》，载《商业经济与管理》2019 年第 1 期。

［233］肖亮、王璐雅、徐榆雯、余福茂：《多重知识网络嵌入对跨境 B2C 出口企业绩效的影响研究》，载《管理学报》2018 年第 10 期。

［234］肖士恩、刘文艳、王晓：《区域流通领域创新体系的理论研究》，载《商业研究》2006 年第 9 期。

［235］谢国萍：《农村居民消费升级的表现、特征及对策》，载《商业经济研究》2018 年第 3 期。

［236］谢家贵：《居民消费升级对商贸流通业发展效率提升的驱动机制》，载《商业经济研究》2020 年第 23 期。

［237］谢莉娟、王晓东：《数字化零售的政治经济学分析》，载《马克思主义研究》2020 年第 2 期。

［238］谢莉娟：《互联网时代的流通组织重构——供应链逆向整合视角》，载《中国工业经济》2015 年第 4 期。

[239] 谢天成、施祖麟：《农村电子商务发展现状、存在问题与对策》，载《现代经济探讨》2016 年第 11 期。

[240] 邢成举、罗重谱：《乡村振兴：历史源流、当下讨论与实施路径——基于相关文献的综述》，载《北京工业大学学报（社会科学版）》2018 年第 5 期。

[241] 邢祥焕、赵爱威：《双向流通背景下农村电商物流体系建设研究》，载《技术经济与管理研究》2020 年第 12 期。

[242] 邢小丽：《经济学共生理论下商贸流通对地区经济影响的机制探讨》，载《商业经济研究》2017 年第 16 期。

[243] 熊小林：《聚焦乡村振兴战略　探究农业农村现代化方略——“乡村振兴战略研讨会”会议综述》，载《中国农村经济》2018 年第 1 期。

[244] 徐从才、唐成伟：《现代农产品流通体系的构建研究》，载《商业经济与管理》2012 年第 4 期。

[245] 徐锋、马淑琴、李军：《习近平新时代流通发展观的核心思想及其演化脉络》，载《商业经济与管理》2018 年第 9 期。

[246] 徐汉柱、朱向平：《新型农产品营销体系与现代物流网络的构建》，载《核农学报》2020 年第 11 期。

[247] 徐杰舜：《城乡融合：新农村建设的理论基石》，载《中国农业大学学报（社会科学版）》2008 年第 1 期。

[248] 徐洁、韩莉：《加大农村公共产品供给　促进二元经济结构转化——韩国新村运动对我国农村经济发展的启示》，载《北京联合大学学报》2003 年第 2 期。

[249] 徐俊忠：《党的十九大提出“乡村振兴战略”的深远意义》，载《经济导刊》2017 年第 12 期。

[250] 徐奇渊：《双循环新发展格局：如何理解和构建》，载《金融论坛》2020 年第 9 期。

[251] 徐雅静：《“互联网 +”时代流通组织重构探究》，载《商业经济研究》2020 年第 1 期。

[252] 徐颖：《乡村振兴战略背景下的农村电商发展对策研究》，载

《现代营销（下旬刊）》2021 年第 2 期。

[253] 许凌、陈龙强：《科技与消费金融创新》，载《中国金融》2016 年第 11 期。

[254] 闫坤、于树一：《税收对扩大内需的影响机理与促进策略》，载《税务研究》2015 年第 9 期。

[255] 严先溥：《顺应消费新趋势、提升供给新品质》，载《北京财贸职业学院学报》2017 年第 4 期。

[256] 晏维龙：《论我国流通产业现代化》，载《经济日报》2002 年 12 月 23 日。

[257] 晏维龙：《马克思主义流通理论当代视界与发展》，北京：中国人民大学出版社 2009 年版。

[258] 杨承训：《内循环为主双循环互动的理论创新——中国特色社会主义政治经济学的时代课题》，载《上海经济研究》2020 年第 10 期。

[259] 杨涵涛：《我国流通产业现代化的路径思考》，载《商业经济研究》2017 年第 15 期。

[260] 杨玲：《流通创新视角下农村居民消费升级机制——基于省级面板数据的实证》，载《商业经济研究》2019 年第 14 期。

[261] 杨嵘、米娅、王卓：《中国农村居民消费差异的因素分解》，载《统计与决策》2017 年第 1 期。

[262] 杨天宇、陈明玉：《消费升级对产业迈向中高端的带动作用：理论逻辑和经验证据》，载《经济学家》2018 第 11 期。

[263] 杨颖：《政府扶持农村电商发展的有效性研究》，载《社会科学家》2021 年第 1 期。

[264] 杨元庆、杨继瑞：《扩大内需：困境与突破》，载《求实》2011 年第 10 期。

[265] 杨志恒：《城乡融合发展的理论溯源、内涵与机制分析》，载《地理与地理信息科学》2019 年第 4 期。

[266] 姚树洁、房景：《“双循环”发展战略的内在逻辑和理论机制研究》，载《重庆大学学报（社会科学版）》2020 年第 6 期。

[267] 叶兴庆、程郁、于晓华：《产业融合发展　推动村庄更新——德国乡村振兴经验启事》，载《资源导刊》2018年第12期。

[268] 于淑清：《扩大内需促进我国经济平稳发展》，载《中国经贸导刊》2010年第17期。

[269] 余高：《乡村振兴背景下我国农村居民电商创业驱动因素分析》，载《商业经济研究》2021年第1期。

[270] 余淼杰：《"大变局"与中国经济"双循环"发展新格局》，载《上海对外经贸大学学报》2020年第6期。

[271] 余晓红：《我国农村电商发展的瓶颈及对策》，载《商业经济研究》2020年第24期。

[272] 袁莉：《基于系统观的中国特色城乡融合发展》，载《农村经济》2020年第12期。

[273] 臧旭恒：《如何看消费对我国经济增长的作用》，载《消费经济》2017年第2期。

[274] 张蓓：《交易方式变革与中国流通现代化研究》，载《商业经济研究》2020年第12期。

[275] 张得银、陈阿兴、丁宁：《基于使用价值的流通地位与作用研究》，载《商业研究》2014年第1期。

[276] 张戈、宋安琦、张勇：《乡村振兴背景下天津市蓟州区乡村发展策略研究》，载《天津城建大学学报》2020年第5期。

[277] 张昊：《跨境电商政策的多重属性与协同方式》，载《中国流通经济》2018年第5期。

[278] 张弘：《信息化与中国流通创新》，载《财贸经济》2003年第10期。

[279] 张杰、金岳：《我国扩大内需的政策演进、战略价值与改革突破口》，载《改革》2020年第9期。

[280] 张京祥、申明锐、赵晨：《乡村复兴：生产主义和后生产主义下的中国乡村转型》，载《国际城市规划》2014年第5期。

[281] 张俊娥：《基于绿色消费视角的我国现代流通体系创新构建》，载《商业经济研究》2018年第3期。

［282］张礼卿：《对“双循环”新发展格局的几点认识》，载《南开学报（哲学社会科学版）》2021 年第 1 期。

［283］张令娟：《劳动力流动对农村居民消费结构的影响：基于微观数据的分析》，载《商业经济研究》2019 年第 18 期。

［284］张梦霞、郭希璇、李雨花：《海外高端消费回流对中国数字化和智能化产业升级的作用机制研究》，载《世界经济研究》2020 年第 1 期。

［285］张倩肖、李佳霖：《构建“双循环”区域发展新格局》，载《兰州大学学报（社会科学版）》2021 年第 1 期。

［286］张任远：《构建双循环新发展格局的思考与路径》，载《区域经济评论》2020 年第 6 期。

［287］张淑梅、宋羽：《流通产业组织创新》，载《商业研究》2007 年第 10 期。

［288］张双才、刘松林：《中美贸易摩擦背景下中国出口市场的开拓》，载《学术交流》2020 年第 8 期。

［289］张卫良、何秋娟：《双循环新发展格局的提出、优越性及其构建》，载《甘肃社会科学》2021 年第 1 期。

［290］张喜才：《农产品消费扶贫的供应链模式及优化研究》，载《现代经济探讨》2020 年第 9 期。

［291］张笑菡：《城乡一体化治理推进共同富裕：价值选择与实践探索》，载《新疆社会科学》2022 年第 4 期。

［292］张学良、程玲、刘晴：《国内市场一体化与企业内外销》，载《财贸经济》2021 年第 1 期。

［293］张燕：《物流产业集群中共享性资源对企业绩效影响实证分析》，载《商业经济研究》2020 年第 23 期。

［294］张燕生：《构建国内国际双循环新发展格局的思考》，载《河北经贸大学学报》2021 年第 1 期。

［295］张扬金、邓观鹏：《城乡空间融合的意蕴及其正义建构》，载《浙江社会科学》2021 年第 2 期。

［296］张英男、龙花楼、马历、屠爽爽、陈坤秋：《城乡关系研究进展

及其对乡村振兴的启示》，载《地理研究》2019 年第 3 期。

[297] 张永亮：《“双循环”新发展格局事关全局的系统性深层次变革》，载《价格理论与实践》2020 年第 7 期。

[298] 张勇：《透过“博士春节返乡记”争鸣看乡村问题、城乡矛盾与城乡融合》，载《理论探索》2016 年第 4 期。

[299] 张予、郭馨梅、王震：《京津冀产业与消费“双升级”的耦合关系研究》，载《商业经济研究》2020 年第 18 期。

[300] 张彧泽、赵新泉：《收入不确定性对农村居民消费结构影响分析》，载《商业经济研究》2018 年第 16 期。

[301] 赵爱东、王登海、刘静：《科技进步与扩大内需消费的渠道、效应与政策建议》，载《商业经济研究》2018 年第 13 期。

[302] 赵德起、陈娜：《中国城乡融合发展水平测度研究》，载《经济问题探索》2019 年第 12 期。

[303] 赵广华：《基于共享物流的农村电子商务共同配送运作模式》，载《中国流通经济》2018 年第 7 期。

[304] 赵晓飞、付中麒：《大数据背景下我国农产品流通渠道变革实现路径与保障机制》，载《中国流通经济》2020 年第 12 期。

[305] 赵晓飞、李崇光：《农产品流通渠道变革：演进规律、动力机制与发展趋势》，载《管理世界》2012 年第 3 期。

[306] 郑慧：《建立新消费升级体系》，载《中国金融》2016 年第 14 期。

[307] 郑欣：《我国流通企业商业模式创新路径探索——基于“互联网 + 流通”背景》，载《商业经济研究》2017 年第 15 期。

[308] 郑勇军、肖亮、牛言瑜、廖明、徐锋、易开刚、朱发仓、徐元国：《现代流通业发展与新型城镇化——以浙江省为例》，载《商业经济与管理》2014 年第 3 期。

[309] 周利兴：《论我国扩大内需的重要性和实现路径》，载《学术探索》2014 年第 2 期。

[310] 周伟：《试论流通现代化的内涵及其对国民经济发展的重要作

用》，载《商业时代》2011 年第 24 期。

[311] 朱惠莉：《中国居民消费结构波动周期实证研究：1979～2014》，载《东南学术》2016 年第 1 期。

[312] 朱立龙、于涛、夏同水：《我国现代流通业影响因素及发展对策》，载《中国流通经济》2012 年第 5 期。

[313] 朱琴、姜彩楼：《扩大内需是否促进了中国工业创新》，载《中国科技论坛》2016 年第 9 期。

[314] 祝合良、石娜娜：《流通业在我国制造业价值链升级中的作用与提升路径》，载《商业经济与管理》2017 年第 3 期。

[315] 祝合良、杨光、王春娟：《双循环新发展格局下现代流通体系建设思路》，载《商业经济与管理》2021 年第 4 期。

[316] 祝合良：《统筹推进现代流通体系建设》，载《经济日报》2020 年 12 月 21 日。

[317] 左然：《新形势下急需实施更加积极全面的扩大内需战略》，载《国家治理》2020 年第 27 期。

[318] Bai X, Shi P, Y Liu. Realizing China's Urban dream. *Nature*, Vol. 509, No. 1799, May 2014, pp. 158 – 160.

[319] Carr P J, Kefalas M J . Hollowing out the Middle: The Rural Brain Drain and What It Means for America. *Journal of Rural Social Sciences*, Vol. 291, No. 14, 2010, pp. 30 – 34.

[320] Evgrafova L V, Ismailova A Z, Kalinichev V L . Agrotourism as a factor of sustainable rural development. *IOP Conference Series: Earth and Environmental Science*, Vol. 421, No. 2, 2020, P. 022058.

[321] Kulkarni P M . Study of Rural Consumer Behavior in Relation with Washing Powder. *International Journal of Research in Commerce and Management*, Vol. 8, No. 2, 2011, pp. 108 – 110.

[322] Li Z. Rural revitalization: Introductions for rural planning and development in East Asia. *Urban Planning International*, Vol. 31, No. 6, 2016, pp. 1 – 7.

[323] Xiao L, Zhang Y. An analysis on the policy evolution of cross-border ecommerce industry in China from the perspective of sustainability. *Electronic Commerce Research*, Vol. 8, 2020, pp. 1 – 25.

[324] Xiao L, Luo L, Ke T. The influence of eWOM information structures on consumers'purchase intentions. *Electronic Commerce Research*, 2022, pp. 1 – 23.

[325] Liu Y, Fang F, Li Y. Key issues of land use in China and implications for policy making. *Land Use Policy*, Vol. 40, 2014, pp. 6 – 12.

[326] Mclaughlin K. Infectious Disease. Scandal clouds China's global vaccine ambitions. *Science*, Vol. 352, No. 6285, 2016, pp. 506.

[327] Nonaka A, Ono H. Revitalization of Rural Economies though the Restructuring the Self-sufficient Realm. *Japan Agricultural Research Quarterly*, Vol. 49, No. 4, 2015, pp. 383 – 390.

[328] Nooripoor M, Khosrowjerdi M, Rastegari H, et al. The Role of Tourism in Rural Development: Evidence from Iran. *GeoJournal*, Vol. 86, No. 4, 2020, pp. 1705 – 1719.

[329] Wood R E. *Survival of Rural America: Small Victories and Bitter Harvests*. University Press of Kansas, 2008.